HERMES

在古希腊神话中，赫耳墨斯是宙斯和迈亚的儿子，奥林波斯神们的信使，道路与边界之神，睡眠与梦想之神，亡灵的引导者，演说者、商人、小偷、旅者和牧人的保护神……

西方传统 经典与解释
Classici et Commentarii **HERMES**

世界史与古典传统

董成龙 ● 主编

西方古代的天下观

Oekumene in Western Ancient Perspective

刘小枫 | 编

杨志城 安蒨 袁嫒 王一力等 | 译

华夏出版社

古典教育基金·"资龙"资助项目

"世界史与古典传统"出版说明

　　直至鸦片战争前，中国都是 GDP 世界第一，至 1840 年代，中国武力遭遇产自欧洲的现代国际体系，从此中国不再是全球经济的老大哥和亚洲人向往的文化中心，而沦为西方列强主宰下的"世界之中国"和"亚洲之中国"。1949 年之后，中国一直处于两极世界秩序的"中间地带"，成为附着于两极斗争的"世界之中国"和"亚洲之中国"。而 1980 年代以来中国开创的经济奇迹，必然内在地包含了中国对世界经济秩序的融入，这意味着中国又转身成为"走向世界"的"世界之中国"和"亚洲之中国"。

　　经济决定论认为，经济发展具有决定作用，经济发展的问题解决了，政治和文化问题也会随之得到解决。可是，中国在世界秩序中的政治地位和文明地位果真随着中国的经济崛起而飙升了吗？要知道，日本经济在战后崛起，其世界政治地位却并未随之提升。美国人一面在经济上与中国加大合作，另一方面却在政治上对中国大加挞伐，这些都从某个侧面反映了中国在世界政治秩序中的身位问题。中国有自己的世界秩序设想，"一截遗欧、一截赠美、一截还东国"难道不够高明？但毕竟，如今的世界秩序产自欧洲并由欧美接力领导，经济崛起反倒显得中国的国家肉身（地理—经济）逐渐获得世界性，而中国的民族精神（政治—文化）却试图在区别于西方的"中国特色"中安身。

　　盛世之下的国朝更应知晓世界事务，世界事务的要害不在于繁琐的国际事务，而在于理解世界本身。世界的生成与展开并非一蹴而就,唯有在世界史和有关世界史的书写中寻觅踪迹;世界史绝非诸种国别史的代数相加,而更多是各国历史的几何交错。晚清以降,华夏大地认知世界的热望高涨,遂有传教士的若干编译著作:米怜编《全地万国纪略》、麦都思编《东西史记和合》、裨治文编《亚美理哥合省志略》、郭实腊编《古今万国纲鉴》,等等;此外还有国人编译的《四洲志》、《海国图志》、《海国四说》和《瀛寰志略》等;梁思成等人翻译的韦尔斯《世界史纲》颇为流行,但旋即遭雷海宗撰文批评其欧洲中心论。随后的历史际遇使汉语学界没能拾级而上,追溯欧洲人在"世界"生成时刻的世界史书写,却转而编撰汉语的世界史。其中最具代表性的当属周谷城先生的《世界通史》,此书三易寒暑于1949年出版。

国人这部世界通史的结尾是《明夷待访录》的大段直引,岂是偶然?马礼逊辞典将 history 译作"纲鉴",亦颇有深意。以是观之,立足华夏大地,译介欧美世界有关世界史的书写与再书写,绝不仅是单纯了解各国风俗,而是了解现代世界的生成机理,无疑更是在华夏文明又起一程的新时代使用密藏那笔墨(mise en abyme)的笔法正视我们自身。保国、保种、保教的历史使命必须也只能在世界叙事中完成。

职是之故,本丛书重点译介两类图书:其一,现代早期以降欧洲本土产生的世界史作品;其二,有关现代早期"世界"及"世界史"生成的研究作品。也可考虑在既有作品之外,编译相关主题的论文,结集成册。

古典文明研究工作坊
西方经典编译部丁组
2017 年 4 月

目　录

编者说明　（刘小枫）／1

第一单元　从希腊化王国到罗马帝国
珀律比俄斯　罗马的兴起与天下一统／2
狄俄多儒斯　论共通史／7
莫米利亚诺　史学的书面传统和口述传统／17
沃尔班克　纪事与肃剧／27

斯蒂尔　从亚历山大的功绩看征服世界与世界和平／61
克尔斯特　古人的天下观及其政治与文化含义／118
莫米利亚诺　普遍历史的诸起源／140
努涅兹　公元前4至前2世纪出现的普遍历史写作／167
福格特　古罗马的地球／189

第二单元　基督教与帝国
厄格尔　尤塞比乌斯历史神学中的皇帝和教会／218
霍　恩　奥古斯丁与历史书写、历史哲学及历
　　　　史意识／241
努斐伦　超越罗马：普遍历史与外方人／262
约阿希姆　三位一体的历史含义／288
丹尼尔　约阿希姆：《启示录》中的历史模式／310
克　努　十二世纪的神学与新兴的历史意识／338

编者说明

若干年前，教育部修改学科建制，人文学科中仅史学变动最大：原二级学科"世界史"上升为一级学科，与同样升级为一级学科的中国史学和考古学并列。三个史学类一级学科对语言文学和哲学这两个原有的一级学科形成压倒性优势，可以设想，不久的将来，我国学界会大面积产出史学家。

如今我们的中学生就开始学习"世界史"，而我们的史学家们却很少有人问：西方在什么时候开始有了"世界史"？世界史的叙述框架和史学原则是如何形成和演变的？还有更难人的问题：中国史与西方学问中的"世界史"是什么关系？

这些问题引起我的强烈好奇，却又在我国史学界"世界史"专业的文献中找不到解答，只好自己摸索。原来，"世界史"在古希腊晚期出现时叫"共通史"，差不多一千五百年后，西方基督教塑造的欧洲智识人改称"共通史"为"普遍历史"，而"普遍历史"观念的历史又有自己漫长的历史故事，这个故事的最新发展，便是晚近所谓"全球史"即后现代"世界史"的兴起。

本译文集收集了西方学界研究"世界史"早期历史故事的一些基本文献：自希腊化时期始，经罗马帝国再到中世纪晚期。接下来的"普遍历史"观念的历史故事，另见笔者选编的译文集《从普遍历史到历史主义》（华夏出版社，2017）。

本文集分两个单元，第一单元以两篇希腊化时期的原典起头，然后是两位当代西方古代史权威学者关于西方古代史书的论文，有助于我们了解西方古代史书撰写的文体和性质。随后五篇论文聚焦于如下问题："共通史"（今人也称"普遍历史"或"世界史"）书写的出现，与亚历山大大帝梦想打造的帝国以及随后崛起的罗马帝国有怎样的历史关系？"共通史"观反映了当时西方智识人和帝王心目中怎样的"天下"观？

在拉丁基督教的视野中，古希腊罗马智识人的"天下"观具有了新的含义。第二单元以第二罗马帝国即基督教帝国奠立时期的尤塞比乌斯起头，以12世纪罗马教廷的帝国式权力即将达到顶点前夕的约阿希姆收尾。在20世纪的历史哲学大家斯宾格勒和沃格林看来，这位约阿希姆决定性地影响了近代欧洲人的"普遍历史"观。鉴于我国世界史学界的约阿希姆研究几乎还是空白，这一单元选译了一篇西人辑录的约阿希姆文萃。

1980年代初投身学术之时，笔者就对各色西方学科有强烈好奇，决志此生按部就班地学习自己感兴趣的学科。每进入一个学科，笔者除了咀嚼文献然后为文做"二道贩子"，也随手组译基本文献，以资后人使用。三十多年来，所有参与笔者主编的译文集翻译的译者和校订者，都让笔者心存感念，没有他们的辛劳，笔者做不成地道的"二道贩子"。毕竟，叫卖与贩卖原货是两回事。

感谢北京大学德语系谷裕教授动员麾下博士生承译本译文集中的德语文献。笔者所带的古典学专业世界史方向的博士生承担了希腊语和拉丁语文献的翻译。感谢所有译者、校者以及出版社编辑为本文集付出的辛劳。

刘小枫
2017年腊月

第一单元　从希腊化王国到罗马帝国

罗马的兴起与天下一统

珀律比俄斯 撰

马 勇 译

[中译编者按] 本文为公元前2世纪的希腊纪事家珀律比俄斯（Polybios, 公元前200—前118年）所著《罗马兴志》（*Histories*）第一卷第1–4节。据洛布版古希腊语原文译出，脚注皆为译注，标题为本编者所拟。

一

如果往昔的编年史家们（ἀναγράφουσι）忽略了赞美探史本身（ὑπὲρ αὐτῆς τῆς ἱστορίας），那么，对我来说，兴许有必要向每个人推荐这种探究，从而欢迎这样的论述（ὑπομνημάτων）。因为，就校正世人的行为而言，[最有效的]莫过于关于过去事件的知识。但是，所有史家毫无例外地在其著作的开端和终点宣称：不仅就政治事务而言最真实的教育和训练是探究历史（ἱστορίας μάθησιν），而且就培育高贵地忍受机运之无常（τὰς τῆς τύχης μεταβολὰς）的能力而言，最好且唯一的教师也是关于别人命运突转（περιπετειῶν）的记述。显然，没有人会认为应当赘述那些被频繁且优雅地传诵之事，这一原则尤其与我相关。因为，我选择叙述的事件拥有不寻常的特性，足以激起每位读者——不管是年轻还是年老的读者——阅读这部纪事（τῆς πραγματείας）的兴趣。毕竟，有谁会如此愚蠢或懒惰，竟然不想弄懂罗马人如何以及凭借何种政制（τίνι γένει πολιτείας），在不到53年的时间里，就成功地让几乎整个天下（τὴν οἰκουμένην）屈服于他们的单一统治（μίαν ἀρχὴν）了呢？——这是前无古人的成就。再者，谁会狂热地认为，懂得别的奇事或学问要比通晓这件事的学识更有益？

二

我计划思索的主题的不寻常性和重要性，只有将过去那些最著名的帝国（δυναστειῶν）——它们吸引了众史家（οἱ συγγραφεῖς）最大的注意力——与罗马人的伟业进行比较，才会最清晰地显现出来。那些值得拿来与罗马人比较的是下述帝国。波斯人在过去的某个时期里曾统治过广袤的领土（ἀρχὴν），拥有过庞大的帝国，但是，每当他们跨越亚洲的边界，就会处于危险之中，不仅他们的统治岌岌可危，而且自身也陷入险境。拉克岱蒙人经过多年争夺，终于取得支配希腊的霸权（ἡγεμονίας），但仅仅平稳地统治了十二年。马其顿人在欧洲统治的领土从阿德里亚海一直延伸到多瑙河——你们兴许认为这片土地不过是欧洲大陆上无足轻重的地区——但后来，马其顿人又通过打败波斯人的帝国，赢得了对亚洲的统治。尽管有人认为马其顿人的帝国统治了最多的地区和邦国，但天下的大部分地区仍然掌握在别的邦国手中。因为，他们从未试着争夺西西里岛、撒丁岛或利比亚，坦率地说，他们根本不知道欧洲西部那些极为好战的民族的存在。然而，罗马人让几乎整个天下受他们统治，而不仅仅是统治天下的某几个部分，［他们的帝国如此巨大，以至于不仅今天的人无法抵抗，而且未来也没有谁能战胜它。］① 在我的这部史书中，好学者们（φιλομαθοῦσιν）既可以更清楚地看到［罗马人

---

① ［译按］这里的希腊文原文有缺失，洛布版英译凭残句推测译出，中译（方括号中内容）依据 Robin Waterfield 英译本译出，见 *Polybius*: *The Histories*, Robin Waterfield 译, Oxford University Press, 2010, 页4。有的学者重构了缺失的句子，参 F. W. Walbank, *A Historical Commentary on Polybius*, Vol. I on Books I–VI, Oxford: Clarendon Press, 1957, 页41。

如何获得他们的帝国，]又能懂得通过阅读我这部政治史书（ὁ τῆς πραγματικῆς ἱστορίας τρόπος）可以获得多么大的益处。

三

我这部纪事的开端从时间来说是第 140 个奥林匹亚年（前 220—前 217 年），从事件来说是：在希腊爆发了所谓的同盟战争。这是马其顿王菲利普（Philip）打的第一场战争。他是德米特里乌斯（Demetrius）的儿子，伯尔苏斯（Perseus）的父亲，他在这场战争中与阿凯亚人（Achaeans）结盟打败了艾托利亚人（Aetolians）；在亚洲，安提俄克（Antiochus）与"爱父者"托勒密（Ptolemy Philopator）之间爆发了争夺空叙利亚（Κοίλης Συρίας）地区的战争；在意大利和利比亚地区爆发了罗马人与迦太基人之间的战争，即众所周知的汉尼拔战争。这些事件紧承斯库诺斯的阿拉图斯（Aratus of Sicyon）著作结尾所记之事。①在这之前，天下事务（τὰς τῆς οἰκουμένης πράξεις）互不相关，因为每一事件从其发生到结束，以及它们所发生的地区，皆互不相关。但是，从上述时刻（τῶν καιρῶν）之后，历史（τὴν ἱστορίαν）成了有机的整体（σωματοειδῆ），在意大利和利比亚发生的事件，与在希腊和亚洲发生的事件关联起来，每一事件最终趋向一个单一结果（τέλος）。正因为如此，我将这个时期当作我叙述天下事务的开端。因为，罗马人在汉尼拔战争中战胜迦太基人后，就认为他们已经完成了世界统治中最重要、最艰难的部分，这使他们首次有胆量攫取剩余的地域——率军渡海进入希腊和亚洲地区。

---

① ［译按］阿拉图斯（前 271—前 213 年）著有一部《回忆录》(Memoirs)，至少有 30 卷，叙述了公元前 220 年之前希腊的一段历史，今已不存。此人是阿凯亚联盟最著名的政治家之一，主要功绩是成立和壮大了阿凯亚联盟，珀律比俄斯后文会多次提及他。参普鲁塔克《名人对比列传·阿拉图斯传》。

如果我们熟悉这些争夺世界统治（τῆς τῶν ὅλων ἀρχῆς）的政治体（τὰ πολιτεύματα），我认为就没有必要叙述它们之前的状况，并描述它们在从事这样一项伟业时的目标和物力（προθέσεως ἢ δυνάμεως）。但是，由于大多数希腊人不熟悉罗马人和迦太基人政治体之前的历史，因此，我认为有必要将这一卷书和下一卷书当作这部史书的导言，目的在于不让任何一位读者在阅读我的史书时，还得停下来探究罗马人的目标是什么，或猜想罗马人在从事这项事业时有多少军力、有何种资源——正是这些东西让罗马人成了大地和海洋的主人。通过这两卷书，我希望读者明白，罗马人从筹谋计划到实现世界统治和帝国（τῆς τῶν ὅλων ἀρχῆς καὶ δυναστείας）的整个过程，是基于充分的理由。

四

赋予我这部纪事（τῆς πραγματείας）以独特性、我们这个时代以卓越性的，是下面这一点：机运（ἡ τύχη）将天下几乎所有事务引向同一个方向，强迫它们朝向一个目标；一位史家也应当用史书为读者呈现机运凭何种手段让所有事件趋向这一结果。事实上，正是这一点鼓舞我写作这本史书；此外，在我们的时代，还没有人试图写一部包含所有事件的史书（τῇ τῶν καθόλου πραγμάτων συντάξει），①否则我就没有必要汲汲于这项事业。我看到大多数史家仅仅关注个别战争和与之相关的某些事件，而没有一位史家试图从整体上探究这些事件的普遍联系，即没有探究所有事件的整个过程从何时开始、为何开始，以及如何趋于最后的结果。

因此，我认为绝不应该忽视和遗忘机运所成就的这些最卓越、最

---

① ［译注］英译者一般将这个词组译作 a general history（洛布版）或 a universal history（瓦特费尔德版），亦即所谓普遍史，但这个词组的字面意思是"一部包含所有事件的著作"。

有益的事业，而要从中学习。尽管机运总是更新万物，且令世人的生活处于接连不断的竞争状态，但它从未完成我们时代的这样一种奇观，也从未将我们时代的这一成就当作竞争的奖品。叙述个别事件的史书不可能洞察到这一壮阔的历程，正如有人认为，通过逐个访问那些分散在各处的著名城邦，就一定能够立即知晓整个天下的形状（τὸ τῆς ὅλης οἰκουμένης σχῆμα）及其整个形态和秩序——这绝不可能。那些相信通过研究个别事件就可以公正地把握整体状况的人，在我看来，就如同某人看过曾经活生生且俊美的身体被解剖后的不同部分，就以为他已经看到了这身体生前的活力和俊美一样。假若有人将这身体的各部分完整地拼在一起，恢复其活力和灵魂的美好，然后将之拿给上面那个人看，我想，他会立即承认他的看法离真实很远，几近于做了一个梦。毕竟，尽管通过部分能够获知整体的（τῶν ὅλων）印象，但是绝不能获得整体的准确知识（ἐπιστήμην）和认识（γνώμην）。因此，通过个别史的探究（τὴν κατὰ μέρος ἱστορίαν）来把握整体，所获得的见识非常少，也不可信赖。相反，只能将各个事件结合起来进行比较，考察其相似性和差异——只有这种整体上的概观才能让人从历史探究中获得益处和愉悦。

论共通史

[古希腊] 狄俄多儒斯　撰
顾枝鹰　译

[中译编者按] 本文为公元前 1 世纪的希腊纪事家西西里的狄俄多儒斯（Diodorus Siculus）所著《史集》（Βιβλιοθήκη Ἱστορική / Library of History）第一卷第 1-9 章，据洛布版英译文（1933）以及对应的古希腊语原文译出，标题为编者所拟。

一

向那些撰述共通史书（τὰς κοινὰς ἱστορίας）的人致以深深的谢意，这对所有人而言都理所应当，因为这些人渴盼以个人的辛劳来帮助作为一个整体的生活方式（τὸν κοινὸν βίον）；他们还提供一种毫无危险而有所助益的教诲，通过探史（διὰ τῆς ἱστορίας）给读者留下最好的经验（ἐμπειρίαν）。尽管这种从经验而来的学习在每一种情况中都伴随着重重艰难，但它能使人区分每一种益处；由于这个原因，诸英雄中经验至为丰富的人就伴随着重重不幸——

见识许多民族的城郭以及[他们的]思考。

这种通过探史存留下来的对他人失败以及成功的理解，包含着完全不诉诸[读者]经验的关于邪恶事情的教诲。从而，史家渴盼把所有世人（πάντας ἀνθρώπους）——他们与其他血统的人沾亲带故，但又被空间和时间隔开——联合为同一个共同秩序（σύνταξιν），仿佛史家就是神圣天意的一群帮手。这种天意把可见的星辰秩序以及世人的自然天性纳入共同的符合理性的关联，围绕整个永恒（ἄπαντα τὸν αἰῶνα）持续转动；为每一个人分配来自命运的应得份额——史家记叙天下的共通事务（τὰς κοινὰς τῆς οἰκουμένης πράξεις）如同记叙一个城邦的事务，他们使自己的探究成为关于过去事件的一种道理［言辞］（ἕνα λόγον）以及对他们知识的共同评判所（κοινὸν χρηματιστήριον）。实际上，这是有益的——能够把别人的无知之错用作前车之鉴，面对种种生活变迁和沉浮时，不是必须去探究眼下该做什么，而是能够模仿过去之人已有的成功经验。当然，所有人都喜欢向年纪大的人而非年轻人寻求建议，这是因为，前者随时间流逝积累了丰富的经验；但事实是，这种经验目前被历史所给予人的智慧超越了，因为我们知道，史书善于占据众多的事实材料以为己用。故此，可以认为，对生活中所有想得到的情形而言，了解历史最为有用。因为历史把老迈之人的智慧赋予年轻人，又为老迈之人加增已有的经验。并且，它使得那些邦民个人（ἰδιώτας）当得起权力，又用经由史书的荣耀而来的不朽激发这些统治者着手尝试至为美好的工作。另外，它也用死后获得的称颂使得兵士们更愿意为祖国赴险，还凭借永久的唾骂使人群中的蝇营狗苟之辈摆脱恶的倾向。

二

概而言之，由于这种来自探史的、关乎良好行为的记忆（μνήμην），一些人受激发成为城邦的建立者，一些人则受激发把拱卫共同生活的礼法（νόμους）引入稳固的地位，还有许多人渴盼为了人类这一族的善行而发现知识与技艺（ἐπιστήμας καὶ τέχνας）。因为完满的幸福仅仅经由这些行为的组合才彻底实现，所以，首当其冲的称颂必须给予对这些事情负有极大责任的探史。其实，探史［之人］当被视作值得一提之人的德性卫士、卑劣者之邪恶的证人以及整个

（*κοινοῦ*）人类一族的恩公。设若那关于冥府之事的传说——尽管其中的内容是虚构的——尚且把许多涉及虔诚与正义的事情教给人们，那么，更当被理解作真理预言者的探史——它好像就是整个哲学的母邦那般——又在何种程度上有更大的能力使人具备高贵的风骨？由于所有人都经由天性中的软弱来活过整个永恒中的某个瞬间，又过完整个出生后的时间，所以，一些人的一生根本不值得一提，与此同时，其他所有关乎他们生命的东西也随着肉身的终结一同死去，而对于那些凭德性保留住荣誉的人而言，他们的行动则在整个永恒中被铭记，被最为神圣的史书之口传扬。

我认为，在那些清醒的人看来这是好的：用有尽的辛劳换取不朽的名声。比如我们认为赫拉克勒斯在他和人类一同度过的整个时间中自愿地承受巨大而相继不断的辛劳与危险，从而有恩于人类这一族，获得了不朽；其他良善之人中的一些取得了属于英雄的荣誉，另一些则取得了神明那般的荣誉，所有人都被认为值得大大赞扬——史书使他们的德性永垂不朽。实际上，除了探史之外的其他所有纪念都只延续片刻，而探史却延伸到整个天下并掌控着时间。时间泯灭其他所有的一切而作为护卫，保证史书永远流传给后人。

探史还为言辞的力量作了贡献，我们难以发现比它更高贵的事物。正是因为这点，希腊人才胜过外夷（*τῶν βαρβάρων*），受过教化的才胜过未经教化的；另外，也正是由于言辞，一个人才能够从许多人中脱颖而出。通常，人们所提出的每个衡量标准所留下的印象，与提出该标准的言说者的能力相对应，［比如］我们描述优秀的人时说他们"值得一提"（*ἀξίους λόγου*），仿佛这样他们就赢得了德性的头奖。言辞被划分为几个部分后，发生了这些情况：作诗术（*ποιητικήν*）更使人欢愉而不是更加有益，法典（*νομοθεσίαν*）惩戒人而不教化人；类似地，其他部分［言辞］则毫不促进幸福，还把危害与助益相混合，一些言辞又歪曲真理。唯有史书——其中的言辞与行动完美契合——用叙述容纳了其他一切有用的东西。于是我们看到史书劝勉人们朝向正义，谴责恶人，赞美善人——总而言之就是为读者保留下最有力的经验。

三

我们看到那些撰述史书的人得到了应受的认可，就被引向这种类似的、关于那一主题的热忱。当我们把自己的心思放在先于我们时代的史家身上，尽管我们完全认可他们的目的，却并不认为他们的研究真的会如其所应是的那般对人类的福祉有所贡献。史书为其读者所提供的益处在于，它包含了大量各式各样的情形，但是，大多数史家所记述的不外乎一个民族或一个城邦所发动的零星的战争，只有少数人从开端（ἀρχαίων）下笔，写到他们自己的时代，记述与所有人相关的事件。就后一种情况而言，其中一些史家并没有使他们自己的年代与一些事件相连，另一些人则略过了外夷的事迹，还有一些人由于古代传说（τὰς παλαιὰς μυθολογίας）的晦涩而抛弃了它们，又有一些史家未能实现他们已然着手的计划——他们的生命被命运截断了。在那些撰述整个人类之历史的人中，没有一个把他的史书写到马其顿时代（καιρῶν）。事实上，虽然一些人的叙述以腓力的功业为终点，另一些以亚历山大的为终点，还有的以后继者或后来者的功业为终点——虽然这些功业的数量和重要性相对次要，甚至在我们的时代已遭忽视——但是，没有史家由于这一事业的重大而试图在单一叙述的范围内撰写它们。由于事件的日期以及事件本身都散见于大量论述和不同作者笔下，我们难以获取并记住关于这些事情的知识。

因此，在我们检视了所有这些史家之作品的架构（διαθέσεις）后，我们决定依据一项计划来撰写史书——这项计划可能为读者提供极大的益处，与此同时尽可能地做到无所妨碍。因为，如果一个人应该竭尽所能记录从最古老的时代到他所在的时代之间整个天下的事情（只要还记得这些事情），那么，尽管只是某一个城邦的事情，他所要承担的显然还是一项艰巨的任务；但是，他将会为那些热爱阅读的人作出一篇具有极大价值的论述。的确，每个人都可以毫无困难地从这样一篇论述中找到符合其特定目的的用处。其原因在于：首先，对于那些打算检阅如此众多史家作品的人而言，获得所需要的书籍很困难；第二，由于这些作品的变化如此多样，数量又如此之多，复原过去的事件对于理解力和学识而言，就变得极其困难；而另一方面，那些限于单一叙述并且包含对事件的连贯叙述的论述，则方便我们阅读，并以相当易于遵循的方式复原了过去的事件。大体而言，具有这种性质的史书必须被认为在同等程度上超越其他所有史书，因为，完整的历史相较局部的历史更有用，连续的历史也比不连续的历史更有用；另外，一件日期已经严格确定的事情，也比一件不知道在什么时间发生的事情更为有用。

四

因此，我们虽然领会到，具有这一性质的事业尽管益处多多，却需要花费许多精力和时间，但我们还是历经艰险进行了三十年；我们参观过亚细亚和欧罗巴的很大一部分，从而可以尽可能多地亲眼观察到一切至为重要的地区。由于对位置的无视而犯下许多错误，这不仅会发生在平常史家身上，甚至一些拥有极高声誉的史家亦然。我们已然发现在这项任务中有助于我们的资源：首先，对这一工作的热忱使得每个人都能够去完成这项看起来不可能的任务；第二，罗马所提供的充足材料，适合于所提出的研究。另外，这座城市的强大——它太强大，以至于延伸到了天下的边界——已然为我们在那里的长久居住以最为方便的形式提供了丰富的资源。由于我们原本来自西西里的阿菊瑞欧恩（Ἀγυρίου τῆς Σικελίας），并且由于我们同罗马人在那座岛上的接触，我们已经对他们的语言相当熟悉，所以，我们对所有这些与这个帝国相关的事情拥有了精确的知识——这得自他们精心保存了很长时间的记录。现在,我们开始探究希腊人和外夷的传说,在开始这一过程之前,我们先尽自己的能力对每个民族记录自己早期时代的叙述作一番考察。

由于我的任务现在已经完成——尽管这些卷册尚未出版——我便希望把它们作为一个整体作一简明的初步概括。前六卷书包含特洛伊战争之前的时间和传说,其中前三卷关涉外夷的古代史,后三卷几乎完全在讲希腊人的事情。其后的十一卷则是从特洛伊战争到亚历山大之死这段时期的共通史。在后续的二十三卷中,我们按顺序叙述了所有接下来的事件,止于罗马人与凯尔特人之间战争的始因。这场战争中的指挥官恺撒由于其功业而被奉为神明,他征服了许许多多极其好战的凯尔特部落,并且把罗马统治扩张到不列颠群岛。这场战争中的第一件事情发生在第180届奥林匹亚竞技节的第一年,此时赫若得斯($Ἡρώδου$)任雅典执政官。

五

至于这部作品中所包含的时代,我们不打算严格限定在特洛伊战争之前,因为,并没有可信的、包含这些时间的年表传到我们手中。但是,我们依从雅典的阿波罗多儒斯($Ἀπολλοδώρῳ$)的做法,认为从特洛伊战争开始到赫拉克勒斯的后代归来之间有80年;从此时到第一届奥林匹亚竞技节又有328年;我们还根据拉刻岱蒙的王政认为,第一届奥林匹亚竞技节到凯尔特战争开始——即我们这部史书的终点——共计730年。从而,如果不算上特洛伊战争之前的历史,我们的全部四十卷论述包含1138年。

我们在开头就作出了明确的划分,因为我们想要把这部作品作为一个整体提供给读者,并且把那些惯于通过汇编($διασκευάζειν$)和篡改($λυμαίνεσθαι$)他人作品以成就自己作品的人一并赶走。另外,我们的整部史书都贯穿着我们的这一期待:我们所努力做的事情不会成为嫉妒的对象，而那些我们在知识上有所偏差的事情则可以获得更有能力的史家的订正。

既然已经给出了这一事业的计划和目的，我们会试图呈交一番妥当的论述。

六

有些人最先引入对神明的敬拜，由此形成了对神明的各样观念，对于这些观念以及关于每一位不朽神明的神话，尽管我们会克制住不去详细展开大部分内容，因为这一过程需要长长的叙述，但是，无论有什么关于这些主题的内容，我们都会觉得这些东西与我们所计划的探史中的大部分内容息息相关，我们会以简明的形式把它呈现出来，不会错过什么值得聆听的东西。然而，对于每个种族的人以及所有那些在天下已知部分所发生的事情，我们则会尽可能从久远的事情开始给出精确叙述。关于人类的最初起源，有两种观点，来自在自然学和史学方面（τῶν τε φυσιολόγων καὶ τῶν ἱστορικῶν）都最重要的权威。一种观点所基于的立场认为，宇宙（τὸν κόσμον）并没有生成也不会消亡，这一观点声称，人类这一族也将永远存在，从来不曾有过人类出现的第一时刻；然而，另一种观点认为，整个宇宙曾经生成并且将会消亡，还声称人类就跟宇宙一样，有自己的起源以及大限。

七

在开始的时候——根据一些人的观点——宇宙逐渐形成，天与地有一个共同的形态（μίαν ἔχειν ἰδέαν οὐρανόν τε καὶ γῆν），因为构成它们的元素（φύσεως）混在一起；随后，当它们的形体一个个地分开，宇宙就在其每一个部分上展现出我们现在所见的秩序：大气（ἀέρα）不断流动，其中炽热的元素聚集到最高的地方，因为，任何一种具有这种性质的东西，都由于其轻巧而向上移动（并且正是由于这个原因，太阳以及其他星辰被包含在宇宙的旋转之中），所有那些泥土般厚重并且包含潮湿混合物的东西，则由于其重量而下沉；经过持续翻滚，潮湿之处就变成了海洋，坚固之处则形成了大地，后者就像陶工的黏土，完全是柔软的。但是，由于受太阳的烈焰照耀，大地开始变得坚硬，并且，由于大地的表面因温暖而发酵，潮湿的部分就在许多地方肿胀、聚集起来，这些凸起处被细膜覆盖，形成了它们的外表。下面这种现象甚至还能在沼泽以及湿地中见到——只要大地变冷，空气就会突然急剧变热。当这种湿气由于温暖而以我们描述的方式浸入生命，生命体就在夜晚立即吸收覆盖着空气的薄雾所带来的养分，并在早上借助强大的热量而成为固体；最终，胚胎获得充分发展，薄膜也被彻底加热、突破，此时就产生出每一种生命形态。其中，那分沾了最强热度的动物就拥有了翅膀，前往更高的地方；而那些获得了泥土般稳定性质的，就被归为爬行动物和其他属于大地的动物；另外那些分沾了最强的湿度的动物则聚集到与它们相仿的地方去，获得了"水生动物"的名称。因为，泥土总是由于太阳的烈焰以及大风的活动而变得更为坚固，它最终不再能够孕育更大的动物，但是，每一种生命都会相互交配，繁衍出另一个生命。

显然，欧里庇得斯，自然哲人阿那克萨戈拉（Ἀναξαγόρου τοῦ φυσικοῦ）的学生，并不否认这种对宇宙本性的描述，因为在其《美拉尼璞佩》（Μελανίππη）中他这样写道：

> 天与地原本是一体（μία），
> 但是，自从这二者彼此分开，
> 它们则养育并且给万物带来生命：
> 树木、飞鸟、走兽，还有大海中的卵，
> 以及有死的种族（γένος τεϑνητῶν）。

八

关于宇宙的第一代产物,这就是我们所接受的叙述。但是他们说,第一批出生的人类过着混乱而禽兽般的生活,他们一个个都苟延自己的生命,以细嫩的草叶和野树的果实为食。随后,由于受到野兽的攻击,他们就为了方便而学会互相协助。他们就这样因为恐惧而聚集在一起,逐渐意识到他们共同的本性。他们发出的声音一开始无法识别且无法分辨,但逐渐变得能够清晰地给出自己的言辞;他们一个个地接受了出现在他们面前的每一种东西的符号,使附着于每个名称的意义为他们共晓。不过,由于在天下的每个部分都产生了这种社群,因此,所有人并不拥有共同的语言——这是因为,每一个群组都只是随机地组织构成言辞的元素。这就解释了每一种可认识的语言现今的存在。另外,这第一批社群也就构成了这世上的一切原初民族。

这第一群人类——由于所有对生活有益的事情都尚未被发现——过着衣不蔽体的可悲生活,他们并不知道住宅和火的用处,对粮食种植也一无所知。他们甚至不知道收获野生食物,因此就没有储存果实的地方来应对匮乏,于是,其中很多人在冬天因寒冷和饥馑而死去。然而,经验一点点地教会他们在冬天挖洞来储存果实。在他们熟悉用火以及其他有用的事物之后,这些技艺以及其他所有能够促进人类社会生活的东西逐渐被发现。一言以蔽之,在所有的事情上,其实是需求本身($\tau\grave{\eta}\nu\ \chi\varrho\varepsilon\acute{\iota}\alpha\nu\ \alpha\grave{\upsilon}\tau\acute{\eta}\nu$)成了人类的导师,它在一切事务上以合适的方式为自然所造就的生物提供指导,而这些生物就如每个目的的协助者那般,拥有了双手、言辞以及灵魂的睿智($\psi\upsilon\chi\tilde{\eta}\varsigma\ \dot{\alpha}\gamma\chi\acute{\iota}\nuοιαν$)。

关于第一代人类以及他们最早的生活方式,我们会对上述叙述感到满意,因为我们要在叙述中保持恰当的比例。

九

但是，对于所有那些进入我们的记忆，并发生在天下已知地方的事情而言，我们现在应该承担起详细叙述的义务。

对于那些成为第一批王者的人，我们无法以自己的权威作出任何角度的评价，我们也不赞同那些自称知道的史家，因为，人们不可能在如此早的时期就懂得撰史，以至于这一行为与首代王者见于同一时代。而即便一个人接受这一说法，它依旧表明，史家作为一个群体在人类的生活中是相当晚近的时候才出现的。另外，在人类的悠久过去（ἀρχαιότητος）方面，不仅仅是希腊人，还有许多外夷也同样声称，他们在自己的土地上（αὐτόχθονας）并且比所有民族都更早地发现了有益于生活的事情，值得记录的最早的事情就是他们自己史书中的事情。然而，对于我们而言，我们不应该试图去严格确定每个民族的悠久过去，或是严格确定哪一个种族中的民族在时间上先于别人、早了多少年，而应该概要地记述（在我们的叙述中保持合适的比例）每一个种族因为其悠久过去及其史书中的早期事件而必须言说的事情。我们将要讨论的第一类人是外夷，这并非因为我们认为他们比希腊人还要早——就像厄弗儒斯（Ἔφορος）那样——而是因为，我们希望在开篇就陈述关于这些人的大部分事实，从而不以希腊人给出的各种叙述开始，也不必被迫在关于希腊人的早期过去的不同叙述中去篡改任何与其他民族相关的事情。由于神话把诸神的起源放在埃及这个地方，而关于星辰的最早观测据说也在埃及，并且伟人们的许多值得一提的功绩也发生在埃及，因此，我们的探史就从与埃及相关的事情开始。

史学的书面传统和口述传统

[意] 莫米利亚诺 撰
荆 腾 译

古希腊史学起源于伊奥尼亚（Ionic）思想。我们隐约地认识到，如果没有克瑟诺梵尼（Xenophanes）就不会有赫卡泰乌斯（Hecataeus），但我们并不清楚两人之间的确切关系，对我们来说，甚至希罗多德与其前辈赫卡泰乌斯之间的联系也不确定。克瑟诺梵尼展现了人类知识的不确定性和相对性，但他不允许这些问题对他造成妨碍：他试图通过考察过去留在现在的踪迹来研究过去——从其著作的末页可以看到，他对化石感兴趣。克瑟诺梵尼怀疑当时流行的诸神观念，其必然的结果就是研究诸神与人类之间的边界领域，这对希腊人来说是个神秘领域。这项研究由他的同时代人赫卡泰乌斯所继承。作为一名地理学家和神话学家（mythologist），赫卡泰乌斯比较了希腊传统和东方（至少是埃及）传统，并且意识到：东方历史远比希腊历史要悠久，因而相比于希腊，埃及的神话时代要处于更为久远的过去。我们并不了解赫卡泰乌斯从自己的发现中推断出了怎样的确切结论，但我们知道，他开始贬低希腊传统中不可思议的超自然因素，尽管这种贬低是出于直觉，而且并不系统。赫卡泰乌斯是伊奥尼亚起义中最重要的人物之一，但他似乎并没有撰写他那个时代的希腊史。他的科学兴趣在于地球的结构和神秘过往的传说，他对异邦的了解助长了他对希腊传统的怀疑态度，在他看来，希腊的传统"很多，而且荒唐可笑"。

希罗多德对地理的关注、对旅行的热情，以及对非希腊神话的兴趣就源于赫卡泰乌斯。他跟赫卡泰乌斯一样是个蛮族之友（barbarophile），但作为索福克勒斯的朋友，同时也作为一个在伯里克勒斯时代的雅典长大的人，他并非一贯地轻视希腊的传统。他声明自己对诸神的尊重，同时还强调自己的目的在于保存希腊人和外夷伟大事迹的记录。希罗多德对荷马的理解转变为史学，意味着史学家的首要任务是收集和保存传统，即相比于考证，尊重传统被置于更高的位置；而且，由于考证难免会毫无顾忌地揭露不可公开之事，希罗多德十分谨慎地不去涉及宗教问题的细节。对这种谨慎和恭敬的正面评价缘于希罗多德的新使命：他希望将当代的领域或接近当代的事件纳入到"历史"（historia）的研究中。因为，如果没有史学家的帮助，这些当代事件很快就会被遗忘。通过强调与考证相对立的保存和恭敬，希罗多德设定了自己的角色：收集人们对他青少年时期经历过的那些事件的记忆。

毫无疑问，希罗多德那里混杂着彼此相异，有时甚至相互对立的主题和想法。就纯粹的理性层面而言，希罗多德远不如赫卡泰乌斯。但他揭示了一个使我们所有人都受惠于他的事实：修史最重要的任务，是详尽地记录一系列漫长而复杂的事件。基于这个原因，希罗多德从神话领域转向了新近的过往。此外，他还表明了如何在描述异邦的同时，顺带记述异邦人（外夷）和希腊人得以相互接触的事件，从而为研究住地民的历史探究（historia）和地理学的结合，赋予了一种新的意义。基于这一发现，希罗多德得以把赫卡泰乌斯的许多考证性意见纳入自己的叙述中：关于埃及的描述就明显具有这样的痕迹。赫卡泰乌斯倾向于最大限度地减少神迹，在希罗多德这里也如此。然而，作为一名史学家，希罗多德关心的问题明显不同。对他来说，更重要的是收集新的事实，并提供全面一致的事件陈述，而不是评判那些已知的东西，或审查个别性事件，并断定其真实性。因此，关于事件的收集、编排与整合，希罗多德必须构建一套自己的方法。作为一个事件收集者，希罗多德义无反顾地走向了希腊人和外夷的口述传统；与书面文献相比，他更看重活生生的人的叙述。也许在当时的情况下，这是更为自然的选择。在希腊，书面文献很罕见，而且很少涉及希罗多德所关注的那些政治事件和军事事件。在那个时代，东方编年纪的语言对于只会一种语言的史学家来说，尚无法理解。虽然希腊人和外夷的书面文献在希罗多德的探究中运用得极其稀少，但情况仍然表明，如果他愿意的话，他还是有可能往另一个方向发展。正如希罗多德在自己与埃及人口头交流时使用口译人员一样，他也可能在书面资料方面使用口译者，波斯帝国并不缺少这样的口译。

希罗多德对口述传统的偏好——虽然并非唯一的编好但却具有主导性——产生了一系列后果。希罗多德首先要设法保证，他所收集的一切事实都可信，因此，区分亲眼所见的事实和他从别人那里听到的事实，是他众所周知的习惯。他会尽量呈现不同的说法，并确立其相对的价值，虽非总是这么做，但依然具有一贯性。然而，口述传统的事实收集也需要构建一个编年表，从而可以按照一定的顺序将孤立的事件联结起来。因此，在最初尝试编制多国综合年表时，希罗多德不得不将东方的王朝与希腊的谱系结合起来。他把大流士死后的第六年对应于雅典的卡里阿德斯（Kalliades）担任执政官之年（VII, 51, 1），这即使在今天也是一个重要的历史年代。

当时的人认为，希罗多德的"探史"要比赫卡泰乌斯的考证重要得多，这种看法也为后世所证实。在希腊人和罗马人看来，希罗多德是史学之父。索福克勒斯是他的好友，阿里斯托芬曾戏谑地模仿过他，忒俄鹏普斯（Theopompus）是他的化身，而阿里斯塔库斯（Aristarchus）①则写过关于他的笺注。叙述个别外邦族民（比如克特西亚斯［Ctesias］）②或叙述面涵盖若干地区的史学家都以他为范例。

---

① ［译注］阿里斯塔库斯（约公元前310—前230年），古希腊时期最伟大的天文学家、数学家。

② ［译注］公元前5世纪克尼达斯（Cnidus）人，是波斯阿契美尼德王朝阿达薛西二世王室的御医、史学家，著有《波斯史》、《印度史》，现仅存佛提乌的提要及他人所引片断。

在史学风格上，希罗多德的影响可以从古代史学早期追溯到古代史学的晚期，甚至影响到后来的拜占庭史学。然而，这位史学之父从来没有（或几乎从来没有）被公认为典范性的史学家，因为即便是赞赏他的人，也从不认为他的叙述可信。甚至和他同属一个城邦、对他所有别的方面都颇为赞赏的哈利卡纳苏斯的狄奥尼索斯（Dionysius of Halicarnassus），也闭口不谈他的叙述是否准确。

这种看似矛盾的情形很容易解释。希罗多德成为史学之父，乃是由于修昔底德的含蓄认可；而人们认为他不可信赖，同样源于修昔底德的裁断。换句话说，希罗多德在古代的声誉，基本上取决于修昔底德对史学趋向所施加的影响。

修昔底德接受了希罗多德的设定：历史研究应以口述传统为主。这个基本的一致性非常重要，但一直没有得到足够强调。在修昔底德那里，书面文献的类型虽然不同于希罗多德的时代（是条约而不是铭文和神谕），但也如同在希罗多德那里一样处于边缘地位；而且跟希罗多德一样，修昔底德关注的也是新近事件。然而，修昔底德为研究口述传统所选取的标准，要比希罗多德的更为严格。史家必须亲临行动现场，或者必须使用亲历者的讲述。甚至连演说都必须按照真实确切的标准来构建。那种收集事实的传统作为一种诱惑，在修昔底德那里并未被彻底抑制，但受到严格压制。根据修昔底德的看法，一个人确实能够以某种克瑟诺梵尼式的方式，从现在推想过去，但这是一种有限度的短暂推测，截然不同于对传统和世界传说的无限收集。而希罗多德恰恰事无巨细地把那些东西都收集在一起，他没有把自己无法确证的东西排除出去。值得注意的是，修昔底德很少像希罗多德那样去记载不同版本的说法，也很少说明其说法的来源，或者说他很少允许人们发现其来源。他为自己的著述负责，觉得没必要让读者来选择。

事实上，众所周知的是，修昔底德在方法上对史学的确定性标准所持的异议，在于其生活旨趣上的不同取向。修昔底德关注的是政治生活，正是在这里，他发现了人类努力的意义。他认为，通过理解当下的政治生活及其军事后果，自己也就理解了人类的恒久本性。他的叙述几乎完全没有涉及异邦、异常事件（瘟疫除外）、名人轶事、神话祭拜，以及因美好和伟大而引人注目的那些纪念性遗迹的信息。他竭力将伯罗奔半岛战争理解为对人性的总结，以至于他毫不怀疑有关其方法的任何前提。

毫无疑问，修昔底德至少使古代的大部分读者相信，相比于他自己的真实性标准，希罗多德并不值得信任。他还成功地让后来的史家相信，只有政治的或政治军事的历史才是真正的历史。以色诺芬、忒俄鹏普斯和《奥克西林库斯希腊志》（*Hellenica Oxyrhynchia*）的作者为代表的一些史家，虽然在许多方面不同于修昔底德，但都和修昔底德一样是政治史家。被希罗多德缀入史学的地理学，现在被分离出去，最多只被作为一个引言（厄弗儒斯［Ephorus］）。通过政治史的概念，修昔底德还把基于直接经历或经过严格审查的他人回忆来重构当代史或几近当代的历史（almost contemporary history）的偏好传给了后世。这一点会证实，修昔底德如何强化了希罗多德对口述传统的偏好。希腊和罗马的政治史家很少或仅仅辅助性地诉诸文献。因此，当反对修昔底德的政治史家最终心怀愧疚地决定超越晚近—当代历史（near‐contemporary history）而走向遥远的过去时，他们还是尽量运用修昔底德的研究标准。即使是对于久远的过去，他们也很少或仅仅辅助性地利用我们所说的原始材料。常规的方法是，运用生活在事件发生时代的史家所撰写的记录。不属于事件发生时代的史家要尽其所能地利用当时的史家的叙述，而不是文献。口述传统是绝对的首选，因为同时代的史家是一个史家返回去优先使用的某种口述传统的基本来源。

修昔底德成功地践行了比希罗多德更为严格的真实性要求，他还鼓励其后继者将特定的旨趣限定在政治领域，不过，他并没有改变历史文献的基础，在古代，历史文献仍然主要是口述性质的，其次才是文书文献。关于那些坚持修昔底德立场的史家,这里只要提及珀律比俄斯就足够了。珀律比俄斯不仅基本上接受了修昔底德的方法(尽管据我所知,现存的作品中他只引用过一次修昔底德),还系统地批驳了蒂迈欧(Timaeus),即3世纪唯一将自己与希罗多德联系起来的伟大史家。由于罗马已经出现一群蒂迈欧的追随者(法比乌斯·皮克托[Fabius Pictor]),因而,珀律比俄斯的成功事实上意味着修昔底德学派在罗马的胜利。值得注意,对古人来说,珀律比俄斯并不代表一种新学派。即便是特别关注罗马的希腊史家,比如狄奥·卡西乌斯(Dio Cassius),也仍然忠实于修昔底德的典范。据路吉阿诺斯(Lucian)所说,正是修昔底德教导史家言说 ὡς ἐπράχθη [所做之事],而修昔底德的伟大崇拜者兰克也许铭记的就是这条规定。

修昔底德如此严格地将其史学限定于主要基于口述材料的希腊当代史,其中或许暗含了他本人必定会支持的一种针对性预设,即反对智术师圈子中展现出来的一种倾向:在基于部分书面传统的博学论著中处理过去的某些特定方面。希庇阿斯(Hippias)编撰的奥林匹克胜利者名录和关于诸民族名称的论著,克利提阿(Critias)对不同宪制的研究,以及赫拉尼库斯(Hellanicus,并非智术师)编撰的阿尔戈斯(Argos)的赫拉女祭司名录,都是我们所说的古文物研究(希庇阿斯似乎称之为考古学)的最早先例。古文物研究(antiquarianism)和史学之间绝非判然有别,两者之间也从来没有某种确切的区分标准。人们可以列举出许多主题,而总是无法确定它属于史学还是古文物研究。所有的地方志都带有介于史学研究与古文物研究之间的模棱两可的印记,这种模棱两可始于它们起源之时,并且可以追溯到修昔底德的时代。无论如何,这种区别从广义而言是存在的,而且能够辨识。自修昔底德以来,政治就是史学最重要的主题,这种史学按照某种时间的顺序,着眼于教导和解释,其内容涉及重大事件和重要的民族或城邦。古文史研究(Erudite research)则专注于宗教、艺术、习俗和专有名称,含糊不清的城邦或民族事件之类的主题被排除在外;它通常不喜欢按时间顺序来编排(当然,在地方志中并非如此)。然而,由于古文史研究通常以系统分类的次序来呈现,所以它恰恰体现了哲学的旨趣,或者说它本身就是给哲学家提供的素材。希腊化时代的古文史研究与哲学在某些哲学流派(主要是漫游派[Peripatetic])中结成了同盟,这种同盟早在智术师时期就已经出现。古文史研究与哲学的这种同盟,在后来的时代中似乎又再次出现,而且通常有着虔敬玩乐论(religious libertinism)的特征。这种古文物研究从一开始就着眼于书面材料,收集和报道档案文献,描述雕塑建筑,以及解释异邦语言,都属于这种研究的关注点。古文史研究的技艺也影响到传记领域;事实上,这种技艺所支配的是文人和哲学家的人物生平研究,并不涉及绝大多数政治人物的生平(不过,苏维托尼乌斯将这种古文物研究类型的传记技艺运用到了皇帝身上)。在政治史中很少能发现古文物研究的技艺,即便有(例如哈利卡纳苏斯的狄奥尼索斯和塔西佗的著作),也仅限于研究起源时代或一些题外话。不言而喻,即使塔西佗那样的元老院议员,翻阅的也是元老院决议书,而非自己在元老院会议上的记录,人们也不会在这种情形下想到古文物研究的方法。仅有的一个例外是教会史。在4世纪,教会史的形成最晚,它遵循的是古文史研究模式。毫无疑问,尤塞比乌斯开创教会史的时候,心中所想的乃是哲学家传记中所使用的技艺,正如我们在拉尔修(Diogenes Laertius)那里所看到的那样。尤塞比乌斯是希腊化基督徒(Hellenizing Christians)的集大成者,这类基督徒摒弃了通常以口述材料为基础、对当代史有着浓厚兴趣的史学方法,而他们的超俗精神(unconventional spirit)也由此得到了证实。索佐门(Sozomen)的一段话(I, i, 13)就清楚地说明了教会史学所运用的书面材料。

我们暂且将这种教会史学搁置一边,必须强调,某种档案性质的书面材料研究和原始文献的使用,并不是古代史家的习惯,而是"考古学家"、"语文学者"和"语法学家"等古文物研究者的习惯。

到了15世纪，古文物学的古文史研究与政治史学之间的区分因古代史学权威的复兴而重新出现，并一直持续到非常晚近的时期。此时，教会史学作为一个非常重要的领域，已经在人文主义者的圈子中声名扫地，在关于史学技艺的论述中，人们几乎不会将它考虑在内，它将成为唯一展现大量文献的一个史学分支。政治史学与古文物研究之间持久的区分，解释了古代的史家为什么长久以来始终都是现代史学的典范。现代的史家直到19世纪都很少着眼于收集材料，他们更多关注讲述并充分地理解一个故事。尽管书面材料的使用即使对于近现代史而言，也变得越来越普遍，但对档案的研究即便有的话，也是次要的。理解、记录自己的所见并给出自己的评判，是史家的理想坚守。从文艺复兴到19世纪的作家在撰写希罗多德、修昔底德和珀律比俄斯（还可以加上李维和塔西佗）各自的命运史时，（几乎）可以不去考虑这些史家作为材料研究者的名声。他们的权威取决于其他因素。修昔底德的光芒直到19世纪都还相对黯淡。霍布斯对《伯罗奔半岛战争史》的推崇，并不是常见的品味。甚至拉宾神父（Father Rapin）将修昔底德与李维相提并论，也不过是特例，况且，他并没有说明，两者之中他更倾向于哪一位。与修昔底德相比，明智的珀律比俄斯更受尊崇，因为——不排除其他原因——他处理的主题是罗马。希罗多德则由后来的圣经那里得到了意想不到的支持，因为他为圣经提供了某种补充和解释。而他所讲述的故事，同时也受到了越来越少的质疑。新的地理学研究表明，世界上存在着比希罗多德讲述的事物更为奇特的东西。不管是作为一名罗马的希腊文史家，还是作为一名文艺评论家，哈利卡纳苏斯的狄奥尼索斯所做的思考都极为审慎，他的评判倾向于希罗多德，而不是修昔底德。将修昔底德置于所有古代史家之首的革命，是浪漫主义革命。修昔底德在此成了艺术家、爱国者和孜孜不倦的真理探寻者。珀律比俄斯不仅不是爱国者和艺术家，而且也不会成为艺术家，他只是肤浅地掠过人类生活平淡无奇的表面。当然，这种异议对于希罗多德来说无效，事实上，在浪漫主义者之中，也不乏对希罗多德充满同情的人。然而，修昔底德最终得到大多数人的认可不足为奇，因为，他的政治热情和对于真实的审慎，给他带来了卓越的声誉。

在关于修昔底德命运的这个故事中，有一点需要注意，因为这对我们的讨论至关重要。古文物研究与史学之间的界限，直到18世纪都还十分明显。事实上，18世纪早期本笃派（the great Benedictine）的古文史研究还产生了巨大的影响，但（就我所知）没人敢声称，这种研究应该取代李维或圭恰迪尼（Guicciardini）。到了18世纪后半期，本尼迪克特古文史研究的声望开始动摇。伏尔泰和百科全书学派对某种哲学的肯定，拒斥了哲学与古文史研究的古老同盟，取而代之的是史学与哲学的新同盟。这种史学富有生气且能一般化（generalizing），服务于启蒙宣传。直到进入第三个阶段（始于温克尔曼并在吉本那里达到顶点），才出现了古文史研究重新进入新文明史以及哲学家与古文物研究者在新的基础上再度合作的可能性。然而，认为古文物研究和史学在整个19世纪的融合过程丝毫没有阻碍，却是一个错误的想法。事实上，古文史研究采取的形式越多，在那些像修昔底德一样固守着基本界限且不允许自己沉溺在大量文献之中的史家那里，就越是持守着一种怀旧情结。修昔底德身上所结合的艺术性、准确性和毫不卖弄博学的特点，恰恰使他在一个卖弄学问不可避免会成为一种方法的世纪里，成了理想的史学家。对此，只要看一下罗雪尔（W. Roscher）所写的那本19世纪最重要的关于修昔底德的著作（1842）就够了。在这本书中，作为艺术家的修昔底德与那些缺乏思想而只知抄录史料的职业史家、学究及古文史学家之间形成鲜明对比。事实上，作为艺术家—史家（the artist－historian）和新的修昔底德，尼布尔（Niebuhr）在其垂暮之年虽然编纂过拜占庭史料，但这仅仅是因为他想要像一个真正的领袖那样，将某种推动力传递给其他人。对修昔底德的崇拜一直持续到默耶（E. Meyer）那里，这种崇拜有着含糊而暧昧的基础，那便是对某种史学的一种近乎怀旧的推崇。

这种史学带有严肃质朴的新古文史研究所具有的一切特征，但它既没有沉溺于古文史研究中，也没有丢掉古代直接评价事实的朴素特征。所谓"考古学"——修昔底德著作的开头部分——在各种线索的基础上对过去进行线性重构，这使它具有了一种新的重要性。

这种取向在区分史学和古文物研究的情况下并非没有可能，而这样的区分虽然越来越弱，仍然有合情合理之处：值得注意，默耶就依然接受这样的区分。然而，这种区分终归消失了，因为史家开始越来越多地充分利用文献进行研究；这种变化也缘于那些古文物研究者，他们将自己系统化的古文史研究著作转变为迷人的历史重构，其中就有蒙森和布克哈特。社会学如今也日益与古文物研究和史学紧密地结合起来，以至于在某些情况下，无法分清什么是史学、什么是古文物研究以及什么是社会学：韦伯就是最著名的例子。一旦那种可以追溯到修昔底德时代的古文物研究与史学之间的二元区分已经消失或即将消失，人们就会更容易地意识到，站在希罗多德、修昔底德及其希腊罗马学生肩膀之上的现代史学擅用了一种方法，这种方法非常适用于以口述为基础的史学，但并不适合利用档案、语言材料、考古发掘和系统化考察所进行的研究。对修昔底德方法的背离，如今已是既成事实；这也让我们得以了解到，当我们参照希罗多德来严格界定修昔底德的史学方法时，我们失去了多少，又得到了多少。但就因为这样，我们就更有必要回到希罗多德和修昔底德，如果我们想要明白当代史学有多么不同的话。从文艺复兴以来，我们当代的史学首次成了一种非希腊（non-Greek）的史学，尽管它仍然受希腊的"探寻"精神所激发。

纪事与肃剧

沃尔班克（F. W. Walbank） 撰
杨志城 译 陈颖园 校

  色诺芬的卓著（floruit）与珀律比俄斯（Polybius）的卓著，中间隔了两个世纪，没有一部属于这个时期的具有任何重要性的希腊纪事作品（history）流传下来。因此，要讨论希腊化时期的纪事写作（history writing）的特点，大体上得基于保存在后来的著作家笔下的残篇，以及一些评论家偶尔给出的评论，而这些评论家的前提预设可能与我们现在的前提预设非常不同。看起来显而易见的是，这一时期撰写的许多纪事著作都意在激起读者的各种情感。比如，在令人怜悯地记叙沦陷的城邦时，记叙那些挤在一起、披头散发又胸脯裸露的妇人时，记叙一群群因沦落为奴隶而哭泣悲鸣的孩童和年老的双亲时，斐拉尔库斯（Phylarchus）显然不是唯一这样记叙的著作家。① 珀律比俄斯称

---

 ① 参见珀律比俄斯，《罗马兴志》，卷二，章56，节7-12。[译注] 斐拉尔库斯，具体生卒年份不详，主要活动于公元前3世纪，其最重要的著作是二十八卷的《纪事》（Histories），现已失传，主要以残篇形式保留在其他纪事家的著作里。珀律比俄斯在《罗马兴志》（卷二，章56）曾专章批评斐拉尔库斯，最重要的是如下评论：

> 整体而言，斐拉尔库斯在他的整部作品中，随意给出了很多粗心大意的说法……为了唤起怜悯和吸引读者的注意，他为我们呈现了这样的画面……在他的整部史书中，斐拉尔库斯到处保留了这类描述，总是试图将这种惊骇的场景活灵活现地带到我们的眼前。先不管他以如此低劣

[斐拉尔库斯的]这种写作风格为"肃剧式"(tragic)。这种风格当然分有肃剧的许多特点,但实际上它还包括其他一些要素,比如,令人惊奇的要素和怪诞的要素(τὸ τερατῶδες)——亚里士多德明确把这两个要素排除在肃剧之外。②又比如那些琐碎的、俗艳的和多愁善感的要素——种种夜景、细致入微的衣物描写、浪漫的细节以及一些动物的近乎人类的行为。

即便所有这些作品背后的确有一种希腊化时期的理论,该理论也没有留存下来,现代学者试图发现这理论,但只取得了相当有限的进展。或许最受欢迎而且仍然有影响的假设,乃是施瓦尔茨(Ed. Schwartz)五十年前在一系列文章里提出的那个假设,后来谢勒(Scheller)在一本重要的小册子里又详加阐述。这一假设是:这种"肃剧式纪事"(tragic history)源自漫游学派(Peripatetics),因为后

和女里女气的方式处理他的主题,我们先考虑一下纪事的性质和用处。一个记述史实的作家不应该通过一些夸张渲染的场景来刺激读者,也不应该像肃剧诗人那样,试图虚构他的纪事主角可能说的言辞,或是估计所有可能发生的偶然事件的结果,而是应该仅仅记述真实发生的事情和历史人物真实说过的话,不管这些事情和言辞多么普通。因为肃剧的对象不同于纪事的对象,两者截然相反。肃剧诗人应该通过将貌似真实的言辞放入人物口中,来震颤和迷醉听众。但是,纪事家的任务是通过真实的事件和真实的言辞,来教导和说服所有时代的严肃读者。在肃剧诗人那里,可能之事优先,即便它们不真实,其目的是为观众制造幻觉;然而,在纪事家那里,却要记载真实,以此来施惠于学习纪事的人。除此之外,斐拉尔库斯仅仅记叙这类灾难中的绝大部分事情,甚至不讲明这些灾难的原因和目的,但若没有这些原因和目的,就根本不可能感受到正当的怜悯或合理的愤怒。

这段话对理解这篇文章多有裨益,与本文结尾处的"珀律比俄斯的抗议"有关,故引述于此。中译文依据马勇译文(未刊稿),略有改动,依据Polybius, *The Histories* (Book 1-2), W. R. Paton 译, F. W. Walbank & Christian Habicht 修订, Cambridge:Harvard Uni. Press, 2010。

② 参见亚里士多德,《诗术》14.2.1453b 8。

者奇怪地颠转了亚里士多德本人的教诲。① 众所周知，在《诗术》里，②亚里士多德明确区分了诗与纪事。不过也有人认为，是亚里士多德学派里面的某个人模糊了这种区分，还把诗尤其肃剧诗所特有的特征挪用到纪事领域。大约十五年前，乌尔曼（B. L. Ullman）质疑了这种观点，③他试图把"肃剧式纪事"的起源确定在伊索克拉底学派那里，但我认为他做得并不成功。乌尔曼的论点激起了人们对这个问题的兴趣，引发了大量相关讨论。④总体上的观点倾向于认为，"肃剧式纪事"或许定义得太过死板，应该从一个比迄今为止更宽广的范围并在一个更早的时期内去寻找它的诸种起源。不过，现在任何关于这个问题的进一步思考，都得先反思冯·弗里茨（Kurt von Fritz）教授那篇非常引人入胜的论文。1956 年 8 月，他在哈特基金会（Fondation Hardt）的一次会议上宣读了这篇论文，最近以"亚里士多德之于纪事写作的重要性"（Die Bedeutung des Aristoteles für die Geschichtsschreibung）为题，发表在《关于古典时代的谈话录》（*Entretiens sur l'antiquité classique*）第四册。⑤拙文打算先讨论冯·弗里

---

① Ed. Schwartz, *Fünf Vorträge über den griechischen Roman*² (Berlin, 1943)，页 123 – 125；*Hermes*，1897，页 560 以下；*Hermes*，1900，页 107 以下；*Hermes*，1909，页 491；P. Scheller, *De hellenistica historiae conscribendae arte*, Diss. Leipzig, 1911。

② 参见亚里士多德，《诗术》9.2 – 9.1451b 1 – 32。

③ 见 B. L. Ullman, "History and Tragedy", *Transactions and Proceedings of the American Philological Association*, Vol. 73 (1942)，页 25 以下。

④ 对比 M. Laistner, *The Greater Roman Historians* (Berkeley, 1947)，页 14 以下；F. Wehrli, *Phyllobolia für Peter von der Mühll zum 60. Geburtstag* (Basel, 1946)，页 9 – 34；*Eumusia: Festgabe für Ernst Howald zum 60. Geburtstag* (Zürich, 1947)，页 54 以下；G. Giovannini, *Phil. Quarterly*, 1943，页 308 – 314；F. W. Walbank, *Bull. Inst. Class. Stud.* (London), 1955，页 4 以下。

⑤ *Histoire et historiens dans l'antiquité*, Vandoeuvres – Genève, 1958，页 85 – 145，内含相关的讨论内容。

茨认为"肃剧式纪事"起源于漫游学派的新论据，然后再给出理由，说明我为什么仍然认为必须以一种相当不同的方式来处理这个问题。

一

就诗而言，亚里士多德在《诗术》里如此评论道：

诗比纪事更为热爱智慧、更为严肃。因为，作诗更多言述普遍的事，纪事则更多言述个别的事（ἡ μὲν γὰρ ποίησις μᾶλλον τὰ καϑόλου, ἡ δ' ἱστορία τὰ καϑ' ἕκαστον λέγει）。①

所谓个别的事，亚里士多德指τὰ γενόμενα；普遍的事，亚里士多德指οἷα ἂν γένοιτο，即"所谓普遍的事，指某种人（τὰ ποῖα ἄττα）看似如此或必然如此会说的话、会行的某类事"。冯·弗里茨说得对：这里的μᾶλλον［更加］一词分别与句子的两个部分连用。换言之：诗更加关心普遍的事，而纪事更加关心个别的事。毕竟，要说肃剧里没有任何关于个别的事（τὰ καϑ' ἕκαστον）的成分，显然荒谬，因为肃剧会关涉到个体的命运；这正如否认纪事会涉及任何普遍的事（τὰ καϑόλου）一样荒谬，因为，历史上的境况反反复复出现，适用于一个人的经验教训，往往也适用于另一个人。在我看来，这一点的确不错，而且值得我们说出来，只是它可能不像冯·弗里茨所说的那样，是多么新颖的发现。因为，巴彻尔（Butcher）的英译文已经准确传达出了希腊文的义涵，他把μᾶλλον［更加］这个词的意思同时放到两个分句里，"诗更多言述普遍的事，纪事则更多言述个别的事"（poetry *tends* to stress the universal, history the particular）。

---

① 参见亚里士多德，《诗术》9.3.1451b 5-7。［译按］如非特别注明，本文所引亚里士多德《诗术》的中译，均采用刘小枫先生译文（未刊稿）。

根据冯·弗里茨的说法，正是这个 μᾶλλον［更加］，为所谓的漫游学派关于"肃剧式纪事"的理论保留了可能性。如果说纪事比诗更少哲学味（因此不那么值得赞扬）是因为诗处理的是普遍的事，结论便一目了然：要想提高纪事的地位，就必须使纪事也变得更普遍，因此也就是使纪事更像诗。冯·弗里茨正确指出，亚里士多德没有说，纪事应该更关心个别的事，他只是说，与诗相比，纪事更多关心个别的事。不过，话说回来，亚里士多德当时并非在讨论纪事，只是顺带提到纪事。在亚里士多德的话里，没有任何东西会妨碍人提出并且详细阐述以下这种观点：纪事通过变得更普遍而更像诗，从而可以得到提高。

作为一种先验说法，这也有道理。冯·弗里茨看起来有理由说，如果真有人提出这一点，那多半可能出自亚里士多德的某个追随者，因为，比起与亚里士多德没有任何关系的人，漫游学派中人显然会更迫切地反思其［学派］掌门人留下的定义。有人认为，萨摩斯的杜里斯（Duris of Samos）就是这样一个漫游学派中人，①他不仅以描写激动人心又令人兴奋的场景闻名，②还写过一篇著名文章，批评伊索克拉底学派的两名杰出纪事家（historians）。杜里斯写道，

厄弗儒斯（Ephorus）和忒俄鹏普斯（Theopompus）多半无法

---

① ［译注］杜里斯，具体生卒年份不详（约公元前 350 — 前 281 年以后），以希腊纪事家闻名，曾在某个时期成为萨摩斯的"僭主"或唯一的统治者。杜里斯写过一部记叙希腊史和马其顿史的书，即《纪事》（*Histories*），从公元前 371 年的勒乌克特拉（Leuctra）战役，记叙到公元前 281 年的吕西马库斯（Lysimachus）之死。他的这本书以及其他著作都已佚失，仅存从后世作家著作里辑出的三十多条辑语，见 C. Müller, *Fragmenta historicorum Graecorum*, vol. 2（Paris, 1848），页 466-488（希腊语，带拉丁文翻译和注疏）；F. Jacoby, *Die Fragmente der griechischen Historiker*（以下简称 FGH），vol. 2A，页 1136-1158，希腊语文本；vol. 2C，页 115-131，德语注疏。

② 对比 *FGH* 76 T 12, F 5.7.14.18.52。

胜任他们描述的事件（τῶν γενομένων ἀπελείφϑησαν）；因为在展现事件时，他们没有努力注意叙述中的戏剧性摹仿以及相关的乐趣，只是关心写作形式的方面（οὔτε γὰρ μιμήσεως μετέλαβον οὐδεμίας οὔτε ἡδονῆς ἐν τῷ φράσαι, αὐτοῦ δὲ τοῦ γράφειν μόνον ἐπεμελήϑησαν）。①

显然，这表明杜里斯认为，摹仿（μίμησις）是纪事家不可或缺的任务之一。不过，冯·弗里茨得先追溯摹仿与 τὰ καϑόλου［普遍的事］之间的联系，然后方能把杜里斯与他所假想中的漫游学派理论家联系起来。毕竟，尽管亚里士多德就各种技艺形式的摹仿有很多东西可讲，但他区分纪事与诗，却是因为普遍的事与个别的事的区分，而不是因为有没有摹仿。

什么是摹仿？拜沃特（Bywater）认为，摹仿就是制作仿制品这一简单意义上的"模仿"（imitation）；但戈默（Gomme）非常恰当地纠正了这个看法。②在其论诗与纪事的"萨瑟尔"（Sather）讲座中，戈默提出，摹仿更应该理解为"表现/描绘"（representation）。冯·弗里茨语带赞同地引用了戈默的观点，实际上，比起戈默，冯·弗里茨对摹仿作了过度理解。冯·弗里茨认为,③肃剧里的这种在观看者心里激起恐惧和怜悯的摹仿，可定义为一种"集中的表现/描绘"（concentrated representation），集中表现/描绘那些在现实生活中不那么集中的内容；普遍性（universality）也正是在这种"集中的表现/描绘"中浮现出来。冯·弗里茨继续说道，

> 肃剧的普遍性体现在，肃剧表现/描绘了每一种生活背后作

---

① FGH 76 F 1 = Phot. Bibl. p. 121 a41；这里引的这段话出自杜里斯《纪事》（Histories）第一卷，而且几乎可以肯定，这是出自其前言部分，因为惯常做法是在前言部分进行论战和讨论一般原则。

② A. W. Gomme, The Greek Attitude to Poetry and History (Berkeley, 1954)，页 53 以下。以下简称为 Poetry and History。

③ Histoire et historiens dans l'antiquité，前揭，页 120 以下。

为极端的可能性出现的东西，或许还有可能表现/描绘了在每种生活中以一种不那么极端的形式成为现实的东西。

我并非要与上述关于肃剧内涵的描述争论什么。但是，"摹仿"这个词的意思，看起来的确尤其不可能延伸至这个意义上的"集中的表现/描绘"，更不可能的是，"集中表现/描绘（即摹仿）的特殊肃剧形式，在于上演极端的情况"。在《诗术》第一章，亚里士多德实际上讨论了摹仿的不同形式，即由叙事诗、肃剧、谐剧、酒神颂和用乐器演奏的音乐所表现的不同形式的摹仿。① 亚里士多德说，所有这些都是摹仿的不同形式，只是摹仿所用的媒介、所取的对象和所采用的方式各不相同。那么，什么才是肃剧特有的摹仿形式？是"表现/描绘极端的情况"吗？亚里士多德可没有这样说。亚里士多德试图确定肃剧的摹仿方式，他只是说，与摹仿的其他形式不同，诗人可借助叙述来表现/描绘，就像荷马那样，或者"他可以把所有人物作为活人和运动之人展现在我们面前"。简而言之，摹仿之特殊的肃剧形式在于把人们放在舞台之上。

如果亚里士多德打算把摹仿定义为"集中的表现/描绘"，以及把"集中表现/描绘极端的情况"看作肃剧所特有的特殊面相，那么现在就是亚里士多德做此区分的最佳时机。但既然亚里士多德没这么做，我们几乎就没什么理由把这样一种看法加进对摹仿的理解中去，也几乎没理由断言，这种对极端情况的集中表现/描绘实际上就是肃剧所要表现的普遍的事（τὰ καθόλου）。冯·弗里茨之所以要把所有这些内容加入他对摹仿的理解，当然是因为，他不得不缩小亚里士多德从个别和普遍的角度区分诗与纪事的做法与杜里斯关于纪事写作需要摹仿和愉悦（ἡδονή）的说法之间的差距。倘若冯·弗里茨是对的，

---

① 参见亚里士多德，《诗术》1.2–3.1447a 13–18；对勘《诗术》3.1.1448a 19–23。

杜里斯此处就是在要求纪事（history）应该描述极端情况，即普遍的事（οἶα ἂν γένοιτο）。但看起来更有可能的是，冯·弗里茨心心念念的摹仿，只不过是生动地展现各种事件——我们也可以说，他心目中的摹仿，只不过是那种激起强烈情感的写作。这一点当然切合我们所了解的杜里斯的写作手法，因为根据其现存残篇来判断，任何能够感动和刺激读者的东西，都能在其著作中占有一席之地，如奇行奇事、旅途传言、某人生了怪胎、令人反感的风俗、性爱秘事、珀里奥克特斯（Demetrius Poliorcetes）的长袍，以及爱上一个男孩的海豚，所有这些都是对他有用的材料。然而，这些东西几乎算不上与真正意义上的肃剧有关，不管怎样，人们几乎不会认为，它们是在描述普遍的事（the universal）；再说，杜里斯从没有把他所要求的摹仿定义为专属于肃剧的东西。

诚然，杜里斯是忒奥弗拉斯图斯（Theophrastus）的学生。我毫不怀疑，杜里斯第一次（就我们所知的而言）把摹仿这个词用在纪事上，因为他从漫游学派那里获悉了这个词。但我们并不因此就有理由把杜里斯撰写的戏剧般的生动纪事说成漫游学派的纪事（Peripatetic history）。我们知道，忒奥弗拉斯图斯和另一个漫游学派成员普拉克西法涅斯（Praxiphanes）都写过名为"论纪事"（Περὶ ἱστορίας）的著作；可以有理由地假设，这两部著作都与纪事编撰的理论（theory of historiography）相关。①但他们究竟写了什么，却

---

① 最近，G. Avenarius（*Lukians Schrift zur Geschichtsschreibung*, Diss. Frankfurt, 1954）认为，这两部著作不可能是讨论纪事理论（theory of history）的论著，因为西塞罗在《论演说家》（*de orat.* ii. 62）里让安托尼乌斯（Marcus Antonius）明确宣称，"我没有看见修辞学家为这部分（即纪事）专门讲授过什么规则"（neque eam [sc. Historiam] reperio usquam separatim instructam rhetorum praeceptis）。但这只是意味着，在修辞学指南里，纪事没有得到特别论述——没有得到超出技艺（ars）的一般规则之外的更多论述，可参看另一篇拙文的相关说法，载于 *Gnomon*, 1956, 页 418–419。[译按] 引文的中译文参见西塞罗，《论演说家》，王焕生译，北京：中国政法大学出版社，2003，页 249。

是我们没有办法回答的问题。然而，有微弱的证据——但只是微弱的证据——或许会不利于如下这个观点：忒奥弗拉斯图斯的理论是与杜里斯的写作实践相对应之物。在西塞罗《演说家》（Orator）的一个段落里，①忒奥弗拉斯图斯赞扬了修昔底德和希罗多德丰富华美的措辞，说他们的措辞尽管丰富华美，却可以避开高尔吉亚的"奢华或毋宁说荒谬"（deliciae vel potius ineptiae）。可见，要说忒奥弗拉斯图斯论及纪事的论著强调了恰当的文风，不是没有道理；如果忒奥弗拉斯图斯认可修昔底德的风格，那么总体来说，忒奥弗拉斯图斯就不太可能赞同杜里斯风格，因为根据哈利卡纳苏斯的狄奥尼索斯的说法，②杜里斯属于这样的作家：他们忽视文风的原则，搞得没有一个读者愿意读完他们的著作。穷究［这个问题］或许没有意义；不过，反驳忒奥弗拉斯图斯为杜里斯和斐拉尔库斯提供了理论上的模型，又有何价值？

有理由认为，在富于情感色彩的纪事编撰（sensational historiography）的发展过程中，杜里斯是一个重要纽带；也有理由认为，杜里斯勉强有一种理论——至少就他知道自己想要干什么而言；还有理由认为，他的意图与忒奥弗拉斯图斯和厄弗儒斯的意图完全不同。但没有任何证据表明，杜里斯的理论是漫游学派的理论，也没有任何证据表明，忒奥弗拉斯图斯会认可杜里斯所写的那种纪事。另外，没有任何证据表明，杜里斯的摹仿与亚里士多德意义上的普遍性有任何关系，或者与展现极端情况——冯·弗里茨所说的在肃剧中的展现——有任何关系。最后，施瓦尔茨关于亚里士多德的某个继承者将其掌门人关于肃剧的定义运用于纪事的猜想，也依旧只是一种猜想。冯·弗里茨的主张虽富于独创性且引人思考，却无法有说服力。

或许"肃剧式纪事"这整个问题变得难以解决，是因为它着眼

---

① 参见西塞罗，《论演说家》39。
② *FGH* 76 T 10 = Dion. Hal. *de comp. verb.* 4.

于探寻理论和亚里士多德所说的话,并一心关注后来的纪事家的写作实践在多大程度上遵从该理论。在附于冯·弗里茨论文后面的讨论中,好几个学者表达了他们合理的怀疑:纪事家是不是在很大程度上受到那些论述纪事理论的作家的影响?①学者们普遍同意,许多其他因素——如政治和社会因素、时代思潮和前辈的榜样——对形塑写作传统重要得多。这些因素中,可能还包括纪事家将会继承的种种预设。尽管有亚里士多德的权威意见,尽管有我们熟悉的那种来自珀律比俄斯和路吉阿诺斯(Lucian,旧译"琉善")的批评,但在本文第二部分,我仍然想要审视某些因素,[因为]这些因素合起来,有可能使一个希腊化时期的纪事家倾向于混同(confuse)纪事和肃剧这两种类型的写作。

二

有一个很好的理由,可以说明为什么肃剧和纪事从一开始就被视为相近的东西,即这两者使用相同的主题。比如说,在《伯罗奔半岛战争志》第一卷回顾早期希腊史时,②修昔底德一定程度上在处理与荷马或欧里庇得斯相同的内容。当然,修昔底德的目的与荷马或欧里庇得斯不同。但修昔底德没有质疑海伦的历史真实性(historicity),正如荷马和欧里庇得斯不会质疑德乌卡利翁(Deucalion)之子的历史真实性,米诺斯及其海洋统治的历史真实性,以及阿基琉斯、佩洛普斯(Pelops)、汀达勒乌斯(Tyndareus)、阿特柔斯、阿迦门农和其他人的历史真实性。当然,修昔底德确实区分了涉及这些人物的传说和他称之为神话/故事($τὸ\ μυθῶδες$)的因素,并认为这些因素不适合

---

① *Histoire et historiens dans l'antiquité*,前揭,页131以下;参见 Latte、Syme、Hanell、de Romilly 和 Momigliano 的评论。

② 参见修昔底德,《伯罗奔半岛战争志》1.1–23。

纪事。① 戈默认为，②τὸ μυθῶδες意指"讲故事的方面"，

> 比如说，坎道勒斯（Candaules）和居吉斯（Gyges），克洛伊索斯和阿德勒斯图斯（Adrestus），珀律克拉忒斯（Polycrates）和他的戒指，薛西斯在舰队起航前做的梦，以及马拉松战役前希庇阿斯（Hippias）做的梦，萨拉米斯战役前忒弥斯托克勒斯（Themistocles）以及联军舰队司令的梦，[凡此种种，]也就是历史上的传奇故事（historical romance）。

戈默继续说道，

> 这与相信还是不相信我们称之为希腊史（比如忒拜和特洛伊的战争、民族迁移等等，这些内容修昔底德也都接受）的"神话"阶段的主流传说毫无关系。

在这种解释之外，有人可能还会增加一种说法，即μυθῶδες还包括传说中"神话的"或奇迹的方面。修昔底德在讨论中把阿基琉斯、米诺斯和阿迦门农视作一个没有奇迹的世界里的普通世人，而且直接省略了传说中与他们的名字相关联的任何超自然事件，比如阿基琉斯源自女神血统，或者米诺斯拥有米诺陶（Minotaur）。然而，这种理性怀疑主义的因素并非纪事家所特有，在欧里庇得斯那里，我们在他那种不足信的伪装下，也可以看到这种因素，阿里斯托芬断言，③欧里庇得斯其实是"通过描绘诸神来说服人们相信诸神并不存在"。因

---

① 对比修昔底德，《伯罗奔半岛战争志》1.21.1 和 1.22.4；对勘路吉阿诺斯，《应该如何撰写纪事》（πῶς δεῖ ἱστ. συγγε./Quomodo historia conscribenda sit），42.55。
② 戈默，《修昔底德注疏》（Commentary on Thucydides），卷一，Oxford, 1945, 页149。对比 Poetry and history，前揭，页117。
③ 参见阿里斯托芬，《地母节妇女》（Thesmoph.），行450-451。

此，这种理性怀疑主义无法构成纪事家与肃剧作家之间的根本区别。

依据第一批希腊纪事家的特点，还可以进一步阐述［肃剧和纪事］两者之间的关系。在其纪事著作的第一卷，修昔底德关于早期传说的处理，就清晰性及其对历史证据之性质的可靠理解而言，当然出类拔萃。但修昔底德在处理早期传说时，同样遵从了一种可以追溯到米利都的赫卡泰乌斯（Hecataeus）的传统，①这个传统在雅可比（Jacoby）的如下评论中可以得到概括：希腊人早期历史的主要来源是泛希腊地区的史诗。②

伊奥尼亚那些泛希腊的纪事家和诸如阿提卡纪事家（Atthidographers）的当地纪事家——后者的著作基于前者——都处理了传说时代，其叙述都源自他们对史诗主题的批判分析。他们中的一些人比较容易轻信史诗中的所记，另一些人则没那么轻信；不过，有意思的是，我们可以看到，哈利卡纳苏斯的狄奥尼索斯在批评早期伊奥尼亚的纪事著作时，用了与珀律比俄斯批评斐拉尔库斯时相同的语言。狄奥尼索斯写道，

> 它里面有一些从远古时期就为人所相信的神话，还有许多戏剧性的命运颠转（θεατρικαί περιπέτειαι），这种颠转在当下读者看来非常天真。③

---

① ［译注］米利都的赫卡泰乌斯（约公元前 550 —前 476 年）是第一个为人所知的希腊纪事家。我们知道赫卡泰乌斯的两部著作:《环地之行》（Περίοδος γῆς）和《世系》（Γενεαλογίαι）或《纪事》（Ἱστορία），这些著作只剩下一些残篇。《环地之行》分为两卷，第一卷专论欧罗巴，第二卷专论亚细亚，顺带论及阿非利加，这是一本关于地理的著作。《世系》论及神话，劈四卷，书中质疑那些声称自己源自诸神家族的传说。

② F. Jacoby,《雅典的古代纪事种种》（Atthis: The Ancient Histories of Athens），Oxford, 1949, 页 202；对比 J. F. d' Alton, Roman Literary Theory and Criticism, London, 1931, 页 491 – 492。

③ 参见哈利卡纳苏斯的狄奥尼索斯,《论修昔底德》（de. Thucyd.），5。

或许，修昔底德反对的就是这种天真和戏剧性，修昔底德断言，他自己关于早期希腊史的观察，

> 不会被展示其夸张技艺的诗人的叙述所干扰，也不会被那些牺牲真实以吸引听众的散文作家的编撰所干扰，他们的记叙无法检验，随着时间流逝，大部分作为神话传说（μυθῶδες）取得了成功，但不可信。①

与此类似，赫卡泰乌斯在其著作开篇也给出了一个有名说法，称自己怀疑"那些希腊人的故事"，那些故事"又多又荒谬"。②

正是这些同样的"希腊人故事"，构成了阿提卡肃剧（Attic tragedy）的素材。正如雅可比所指出的，③尽管肃剧是雅典城邦的本土产物，但其大量主题内容取自泛希腊地区的种种神话，只会在很少场合才引入雅典独有的素材。埃斯库罗斯在评价自己的戏剧时就曾说，④ 他的戏剧是"从荷马的丰宴里弄来的细屑"。简而言之，就题材而言，肃剧和纪事都同出一源——史诗。

在纪事家能够将史诗简化成一种适合其目的的形式之前，纪事家在史诗这种材料上还有很多事情要做。很多传说混杂着诸多不可能发生的内容，因而，只有一种彻底的理性化或者"纪事化"（historicizing），才能使这些传说变得真正可信。有很多证据可以说明这一点，尤其是阿提卡纪事家当中的证据。举例而言，普鲁塔克在《忒修斯

---

① 参见修昔底德，《伯罗奔半岛战争志》，1.21.1。[译按] 中译文部分参考了李世祥译文（未刊稿）。

② *FGH* 1 F 1 a.

③ F. Jacoby，《雅典的古代纪事种种》，前揭，页220。

④ Athen. viii. 39 p. 347e。[译注] Athen. 指阿忒奈乌斯（Athenaeus of Naucratis）的《智术师之宴飨》（*Deipnosophistae*）一书，此人是希腊修辞学家和语法学家，主要活动于公元2世纪末期和公元3世纪早期，他的大部分著作都已丢失，幸运的是，其十五卷本的《智术师之宴飨》大部分都保留下来了。

传》里，就把那些经过理性化的米诺陶传说（比如，克里特人的传说把米诺陶说成一个叫作公牛［Tauros］的傲慢将军），与关于这个杂种怪物和迷宫里的受害者的"最肃剧化的神话"（τραγικώτατος μῦϑος）加以对比。①如果阿提卡纪事家要写雅典人的早期史，那他们只能这样处理，因为他们只能使用带传说性质的素材。②他们只能在自己能够找到的地方寻得其主题，实际上，他们既准备利用肃剧，也准备利用史诗——当然是公元前4世纪之后的史诗。③实际上，雅可比暗示说，甚至公元前5世纪时的赫拉尼库斯（Hellanicus），在他关于建立雅典最高法院（Areopagus）的讨论中，都可能已经受到埃斯库罗斯《俄瑞斯忒亚》（*Oresteia*）三联剧中相关说法的影响。④

这些事实当然不是什么新发现。我刚提到的大部分细节，在一些

---

① 参见普鲁塔克，《希腊罗马名人对比列传·忒修斯传》15.2。

② 雅可比这样说是正确的，见《雅典的古代纪事种种》，前揭，页136；在不同的阿提卡纪事家笔下，关于米诺陶传说有不同的说法，参见雅各比关于Philochorus的第17篇辑要的评论（*FGH* 328 F 17）。

③ 雅可比说，赫拉尼库斯反感欧里庇得斯，因此他不把欧里庇得斯作为材料来源，参见《雅典的古代纪事种种》，前揭，页220。

④ 见 *FGH* 323a F1 Hellanicus 处的注疏。［译注］赫拉尼库斯（Hellanicus），或称为勒斯波斯（Lesbos）的赫拉尼库斯，或称为米提勒涅（Mytilene）的赫拉尼库斯，古希腊散文作家（logographer），主要活动于公元前5世纪后半叶，大约生于公元前490年，据说活到85岁才去世。他著作等身，虽然现在几乎全部佚失，但在当时非常有影响力。赫拉尼库斯写过关于地理、年代记和纪事的著作，尤其是关于阿提卡地区的相关著作。在写作过程中，他会区分自己认为是希腊神话的内容和纪事的内容，对雅典当时的纪事编撰有着相当大的影响。他的其中一本著作名为《阿提卡纪事》（*Atthis*），叙述了从公元前683年到伯罗奔半岛战争结束（公元前404年）之间的阿提卡史，修昔底德在《伯罗奔半岛战争志》中提到过这本书。值得注意的是，赫拉尼库斯的著作第一次提到特洛伊人创建罗马的传说，他说，埃涅阿斯在陪着奥德修斯经过拉提乌姆（Latium）时，创建了罗马城。

有名的指南性书籍里都可以找到。不过，看起来我们值得先回顾上述背景，然后再转而讨论古人关于这个问题的论述，且可能是最著名的古人论述——亚里士多德在《诗术》中关于纪事和肃剧之性质的讨论。如我们已经看到的，在那一段里，亚里士多德认为，诗比纪事更具哲学味，而且诗比纪事更严肃，因为诗更多言述普遍的事，而纪事则更多言述个别的事。普遍的事（τὰ καϑόλου）指"某种人看似如此或必然如此会说的话、会行的某类事"；①诗正是在达到这种普遍性，只是给其中的人物加上专名而已。②个别的事（τὰ καϑ' ἕκαστον）指，比如阿尔喀比亚德所做之事或所遭遇之事。但就在这个关节点出现了一个重要说法：ἐπὶ μὲν οὖν τῆς κωμῳδίας ἤδη τοῦτο δῆλον γέγονεν（1451b12）。我和戈默一样，③都认为这句话的意思是"在谐剧那里，这一点立刻显而易见"。④亚里士多德在此接着说，因为在谐剧里，剧作家是"按照看似如此"（τῶν γενομένων ὀνομάτων ἀντέχονται，1451b13）来虚构情节，然后给人物起名字；因此，按照亚里士多德的定义，谐剧明显带普遍性。相反，肃剧作家却坚持使用真实姓名（τῶν γενομένων ὀνομάτων ἀντέχονται，1451b15）。亚里士多德此处所说的真实姓名，当然指像阿迦门农和俄瑞斯忒斯这样的真实人物的名字；这些人的所作所为已经被界定为历史（history）。正因为如此，我们要专门讨论肃剧被认为具有普遍性的这种说法。

---

① ［译按］罗念生先生的译文是：所谓"有普遍性的事"，指某一种人按照或然律或必然律会说的话、会行的事。

② 我同意戈默的说法（参 *Poetry and history*，前揭，页 71），他认为，添加专名并不会真正有碍于肃剧的普遍性。Butcher 如此翻译："诗加在个人身上的名字正是意在获得这种普遍性。"尽管专名可能不会构成严重的阻碍，但也几乎无助于让肃剧变得更具普遍性。Bywater 同意戈默的看法。

③ 参见 *Poetry and History*，前揭，页 72 注 6。Gudeman 的翻译也很有道理：It is now agreed by all for comedy, but not for tragedy ［现在所有人就喜剧而言都同意这一点，就悲剧而言则不然］。

④ ［译按］罗念生先生的译文是：在喜剧，这一点已经是很明显了。

在这一章里，亚里士多德想当然地认为，他的读者立刻就可以领会到谐剧（涉及普遍的事）与纪事（涉及个别的事）之间的区别；但他期望专门讨论肃剧和纪事之间的区别。人们广泛对比过这两种戏剧形式，[这种对比]在更早和后来的评论者那里得到了回应。比如，公元前4世纪的谐剧作家安提法涅斯（Antiphanes）断言，① 肃剧诗人只是提醒观众那些他们都知道的东西，而谐剧诗人则不得不编造一切（πάντα δεῖ εὑρεῖν）。初看起来，这一看法可能反驳了亚里士多德的这一坚决主张：肃剧诗人"更多是情节的编制者而不是格律诗句的编制者"（μᾶλλον τῶν μύθων εἶναι δεῖ ποιητὴν ἢ τῶν μέτρων, 1451 b27），② 既然他是一个诗人，既然他摹仿（represent /κατὰ τὴν μίμησιν），而且他摹仿的东西还是种种行动。当然，亚里士多德的这个说法暗示，正如戈默和鲍德里（Baldry）最近所主张的那样，③诗人在涉及各种传统主题时有很大的编制自由。不过，另一段内容则表明，这种编制自由也有限度，④亚里士多德在这段话中说，

> 诗人不一定要破坏流传下来的故事的架构，比如说俄瑞斯忒斯杀掉克吕腾涅斯特拉（Clytemnestra）和阿尔克迈翁（Alcmaeon）杀掉厄里斐勒（Eriphyle）这样的事实。⑤

亚里士多德还借助例子进一步表明，当他称诗人为情节的编制者时，他自己的意思是，诗人应该展示其运用传统素材的技巧

---

① C. A. F. (ed. Kock) ii. 90 – 1, fg. 191 = Athen. vi. 222. a – c；参 Giovannini, *Phil. Quart.*, 1943, 页308。

② 参见亚里士多德，《诗术》9.9.1451 b27 – 30。

③ 参见戈默, *Poetry and history*, 前揭, 页5 – 6、54 – 55；C. Baldry, *CQ*, 1954, 页156, 注1。

④ 参见亚里士多德，《诗术》14.5.1453 b 22 – 6。

⑤ [译按] 罗念生先生的译文是：流传下来的故事（例如克吕泰墨斯特拉死在俄瑞斯忒斯手中，厄里费勒死在阿尔克迈翁手中）不得大加变动。

(τοῖς παραδεδομένοις χρῆσθαι καλῶς)。因此，尽管这部关于俄瑞斯忒斯传说的戏剧与那部关于俄瑞斯忒斯传说的戏剧有细微差别，但故事主线还是会被保留下来，而且会让一般的雅典观众认为，自己看到的这些肃剧描绘了真实人物的命运，就像伊丽莎白时代的观众大体上肯定会认为，莎士比亚的《理查二世》(Richard II)描绘了一位真实的英格兰国王的经历一样。

如果说对于公元前5世纪或公元前4世纪的观众而言，肃剧处理的是传统的故事和真实的人物，那么就此而言，这些肃剧就非常接近纪事。因此，如果亚里士多德要继续确定肃剧的普遍性——肃剧更关切οἷα ἂν γένοιτο [可能发生的事] 而不是τὰ γενόμενα [（已经发生的）个别的事]，那么，肃剧的这种表面上与纪事相近的特点就会让他有些难堪。亚里士多德说，诗人要叙述οἷα ἂν γένοιτο [可能发生的事]，即看似如此或必然如此可能出现的事情；而且因为这些原因，诗人也包括了肃剧作家；肃剧作家坚持使用真名，是因为使用真名（比如俄瑞斯忒斯和克吕腾涅斯特拉）似乎可以保证可信性：没有发生过的事情到底是否可能会发生，我们自然会在某种程度上抱有疑虑。然而，已经发生过的事显然是可能发生的。另一方面，肃剧也可能包含一些虚构的人物和一些真实的人物（人们可能会想到《安提戈涅》里的那个看守人），甚至可能全都是虚构的人物，就像阿迦通（Agathon）的《安忒乌斯》(Antheus)，这部剧中的事件和人名都是虚构的。亚里士多德补充说，无论如何，既然绝大部分观众并不知晓流传下来的故事，那么，它们几乎就和虚构的一样（τὰ γνώριμα ὀλίγοις γνώριμά ἐστιν, ἀλλ' ὅμως εὐφραίνει πάντας, 1451 b26）。这似乎暗示说，比起基于实实在在的传说的内容，虚构的内容能够更明确地宣称自己具有普遍性。

然而，这种说法可能会引出如下结论，即像《安忒乌斯》这样[完全虚构]的肃剧，实际上比那些基于流传下来的泛希腊传说的肃剧更好。这将是个悖论，因为，大部分肃剧以及实际上所有那些最出名的肃剧都属于第二种。亚里士多德由此下结论说,在任何情况下,如果诗人恰巧以真实事件作为其诗的主题,γενόμενα ποιεῖν [制作个别的事]——这必然指实际发生之事,指与《安忒乌斯》这类肃剧中的虚构之事相反的为人所接受的传说,而不是像某些人认为的那样,指像《波斯人》(Persae)那样的专门的纪事肃剧(historical tragedies)——那就没有任何理由认为,一些实际发生的事件不应该同样遵从看似如此和可能发生之事的规则(the law of the probable and the possible),而且正是由于事件的此种性质,作者才算是诗人。

关于这个论证所花的篇幅清楚表明了其困难。①而且我认为,这些困难很大程度上源于亚里士多德经历的难堪:面对那种牢牢确立的看法——几乎所有希腊肃剧的主题也是纪事的主题,他感到难堪。据说,希腊人只有纪事肃剧。就肃剧大体上的整个类别而言,这话是对的。而这意味着,在《波斯人》那类戏剧与《特洛伊妇女》(Troades)那类戏剧之间,唯一的差异在于,前者遵从了那种回溯到古老的传统故事的习惯做法,而后者没这样做;但这两者都被视作基于纪事材料(historical material)。②

---

① 最近,F. Grayeff (Phronesis,1956,页 110 – 118)甚至认为,《诗术》第九章是一个合成的产物,其中包含一系列漫游学派讲课者的论说,这些讲课者轮番上阵,试图在一个相当失败的讨论中加入自己的评论,但都没有取得多大成效。Grayeff 的这个说法没有考虑鲍德里(Baldry,CQ,1954,页 151 – 157)的相关讨论,因而无法令我信服。

② 伊索克拉底,《尤阿戈拉斯》(Euagoras)第 36 章,被人(被 Gudeman 引证来讨论亚里士多德《诗术》第九章)引证来支持这一看法,但这是错的。那章的意思是,"在所有那些讲述了返回家乡的流放者——既包括真实的也包括他们自己想象出来的流放者——的诗人中,没有一个诗人讲述过这样一个人的故事,他(如尤阿戈拉斯那样)在经历了如此可怕和令人恐惧的危险之后返回家乡。"这并不意味着,没有一个肃剧作家讲述某种神话(μῦθος),恰如前一个句子实际上表明的。然而,在《尤阿戈拉斯》的文脉中,伊索克拉底被诱使去强调诗人和散文颂词家之间的区别(对比第 8 – 11 章)。

三

关于［纪事与肃剧］这个问题，以上是长时间以来的惯常看法。正如一位美国学者乔万尼尼（Giovannini）最近指出的，①从后来的语法学家分类别来划分材料的方式，就可以很好地说明这一点。在《演说术原理》第二卷中，②昆体良（Quintilian）把叙事（narrationes）领域（不包括那些在法庭演说中使用的叙述）分为三类，他称这三类为 fabulae［传说/寓言］、argumenta［论证/推理］和 historiae［纪事］。这三个词所对应的希腊词可见于恩披里柯（Sextus Empiricus，旧译"恩皮里柯"）笔下：③ $μῦϑος$ 对应 fabula，$πλάσμα$ 对应 argumenta，而 $ἱστορία$ 在希腊语和拉丁语中同形。同样的划分也出现在弥尔莱亚的阿斯克勒皮亚德斯（Asclepiades of Myrleia）笔下，④只是具体称谓略有不同；⑤还出现在《修辞学：致赫任尼乌斯》（ad Herennium）和西塞罗的《论取材》（de inventione），以及拜占庭人关于忒拉克斯（Dionysius Thrax）的注释中。⑦ 这三种类型的"叙述"

---

① *Phil. Quart.*, 1943, 页 308-314。
② 参见昆体良，《演说术原理》（*Inst. or.*），ii. 42。
③ 参见恩披里柯，《驳语法学家》（*Adv. Gramm.*），i. 263 以下。
④ ［译注］弥尔莱亚的阿斯克勒皮亚德斯，公元前 1 世纪的语法学家。
⑤ 也就是，$ἀληϑὴς ἱστορία$（= $ἱστορία$），$ψευδὴς ἱστορία$（= $μῦϑος$/fabula），$ὡς ἀληϑὴς ἱστορία$（= $πλάσμα$/argumenta）。关于弥尔莱亚的阿斯克勒皮亚德斯，参见 Reitzenstein, *Hellenistische Wundererzaehlungen*, Leipzig, 1906, 页 90 以下；以及 K. Barwick, *Hermes*, 1928, 页 270。相关文本取自恩披里柯，《驳语法学家》i. 252, Reitzenstein 和 Barwick 都赞同 Kaibel 对此处文本的校订，以便把 $τὴν περὶ πλάσματα$ 包括在 $ὡς ἀληϑής$ 之下。
⑦ 参见 *ad Herenn.* i. 12 以下；Cic. *de invent.* i. 27；Barwick，前揭，页 261 以下。［译注］《修辞学：致赫任尼乌斯》（*Rhetorica ad Herennium*）一书，先前被认为是西塞罗或克尔尼菲奇乌斯（Cornificius）的著作，但实际上，我们目前无法确定其作者是谁。此书是现存最古老的论修辞学的拉丁语著作，可回溯到公元前 1 世纪 80 年代晚期。

泾渭分明。恩披里柯说道：

> 纪事（historia /ἱστορία）是记载某些已经发生的真确之事，比如说，亚历山大因为遭到阴谋者的毒害而死于巴比伦，这或许是一个不幸的例子！虚构（fiction /πλάσμα/ argumenta）叙述那些不是真实事件但讲起来就类似于真实事件的事件，比如在谐剧和哑剧中那些假定的情况；神话（μῦϑος/ fabula）叙述那些从未发生过的不真实之事，比如说，毒蜘蛛和毒蛇从提坦神（Titans）的血液中诞生的故事，以及戈尔贡（Gorgon）被人割喉时佩伽苏斯（Pegasus）从戈尔贡的头里蹦出来的故事，还有狄奥墨得斯（Diomedes）的伙伴被变成海鸟，奥德修斯被变成一匹马，赫库巴（Hecuba）被变成一只狗的故事。①

昆体良同样把 fabula 定义为某种既没有真实性又缺少逼真性的东西。

阿斯克勒皮亚德斯就这些类别来讨论肃剧的主题，还区分了那些称为 ἱστορία［纪事］和因此是真实的东西与那些称为 μῦϑος［神话/故事］（或 ψευδὴς ἱστορία［虚假纪事］）和因此是不真实的东西。但引人注意的是，［在他那里，］很少内容属于后一类；实际上，他只提到一个标题［属于后一类］，即"世系"（τὸ γενεαλογικόν），这很可能包括恩披里柯在神话（μῦϑος）这个类别之下提到的关于生物起源的传说，比如从提坦神的血液里生出来的蜘蛛，从戈尔贡的头里蹦出来的佩伽苏斯，诸如此类。实际上，看起来古代的语法学家，②即古希腊和古罗马的语法学家，保留了 μῦϑος 或 fabula 这个名称，用以指那些根

---

① 参见恩披里柯，《驳语法学家》i. 263 – 4。
② 举例而言，忒翁（Aelius Theon）在他的《预先练习》(*Progymnasmata*) 中认为美狄亚谋杀自己的孩子的故事是"行动类"(πραγματική)，而不是"神话传说类"(μυϑική)，对比 Barwick, *Hermes*, 1928, 页 271 注 1，他引用了 Heinze 的一个看法。

据自然（κατὰ φῦσιν）不可能存在的东西，而传说的所有主题，以及我们应该称之为纪事（history）的东西，都属于ἱστορία，只要这种东西在自然上（physically）可能。恰恰是早期传说中残余的"神话"因素，阻碍着人们把这种流传下来的素材完全等同于纪事。如我们已经看到的，修昔底德把"神话传说"（τὸ μυθῶδες）排除在他的纪事著作之外；后来的珀律比俄斯①在他关于山内高卢和波河流向的叙述中，批评了那些关于这个地区的传说，关于法厄同（Phaethon）及其从天上摔下来的传说，还有他的姐妹转变成哭泣的白杨树，以及

  住在波河附近的居民的黑色衣服，他们说，这些居民仍然这样穿着，是表示对法厄同的纪念。所有带有肃剧性质的事情以及与这传说类似的事情（καὶ πᾶσαν δὴ τὴν τραγικὴν καὶ ταύτῃ προσεοικυῖαν ὕλην），我暂且不谈。

这些故事属于那种类型——恩披里柯用这种类型来阐述μῦθος的性质，阿斯克勒皮亚德斯则在"世系"（τὸ γενεαλογικόν）之下考虑这

---

① 参见珀律比俄斯，《罗马兴志》，卷二，章16，节13–15。珀律比俄斯到底在攻击谁，我们并不清楚。他说，在其著作的这个地方与这些传说故事（stories）争论并不合适（或许是因为这出现在导论卷目中的其中一卷），但珀律比俄斯承诺在书中后面的地方要与之争论，"尤其是因为蒂迈欧（Timaeus）对这个地区太过无知"。这话听起来好像珀律比俄斯批评的对象是蒂迈欧，Muellenhoff 接受了这个看法。最近 Ruth Stiehl 则重新质疑了这个看法（*Palaeologia*, iv, 1995, 页 244–249），他认为，珀律比俄斯自己关于伦巴第（Lombardy）的叙述大部分都取自蒂迈欧。但是，珀律比俄斯不是因为神话而批评蒂迈欧，而是因为蒂迈欧总的来说很无知，这是非常不同的问题（对比 Pédech, *LEC*, 1950, 页 19 注 58）；如果说狄俄多儒斯（Diodorus）在其《史集》中（V. 23. 5）处理的是相同的故事，而且是从蒂迈欧那里得来的（这看起来是可能的），那么，蒂迈欧同样认为这些神话在纪事中没有位置。

种类型——如果这种类型能够加以延伸以包括各种变形（metamorphorses）的话。当然，法厄同的姐妹化身为杨树，正好类似于赫库巴变形为一只狗，或者狄奥墨得斯的伙伴变成海鸟。这些故事必须排除在纪事之外；但是，通过一种谨慎的理性化过程，或许可以把所损失的内容降到最低。比如珀律比俄斯本人认为，借助这种方法，有可能接受荷马的几乎所有内容，从而驳斥了厄拉托斯忒涅斯（Eratosthenes）更为怀疑主义的态度。后者曾有言，如果我们发现了那个缝好风袋的工匠，就有可能弄清楚奥德修斯的行之所至。珀律比俄斯承认，荷马笔下添加了一些神话的因素，但是他说，

  荷马关于西西里的主要说法，符合其他那些谈论意大利和西西里当地史的作家的说法。①

甚至关于斯库拉（Scylla）飞扑海豚和狗鲨以及类似的叙述，都能够直接拿来与梅西纳海峡（Straits of Messina）本地人捕捉剑鱼（sword-fish）的方法作比较。②这样，史诗和肃剧里的 $μῦθος$ 或 fabula 的数量就降至最低，而属于 historia［纪事］的部分则有所增加。第三类叙述即虚构（fiction/argumentum/$πλάσμα$）在此几乎与我们的论题无关，因

---

① 参见珀律比俄斯，《罗马兴志》，卷三十四，章2，节9-10。
② 这种把荷马的叙述理性化的倾向也出现在廊下派斯特拉波（Strabo）的著作里，他在讨论不真实的神话因素在诗人著作中的位置时解释说（《地理志》i.19-20），他的著作属于教育范围（$τὸ\ παιδευτικὸν\ εἶδος$）。但他又解释说，他在其中混入不真实的因素，以便为真实提供支持并让作品受人欢迎——为真实的事情添加神话"就犹如某个技艺娴熟之人在银上镀金"；因而，他意在达到与纪事家或者叙事者相同的目的。这里强调神话控制及应付大众的教育功用，是和柏拉图一脉相承的；不过，区分真正的传说与那种稍微混合着不真实成分的传说的做法，并不限于某个学派。我们可以在帕莱法图斯（Palaephatus）这个漫游学派成员那里看到一些把神话理性化的显著的例子。

为它是哑剧和谐剧所特有的。起初，所有这三种类型似乎只适用于诗歌。①但是，最晚到公元 2 世纪，一些评论者，如阿斯克勒皮亚德斯，在论及整个文学领域中的叙述时用到了这些分类。但我们不清楚这些分类起源于何处。巴尔维克（Barwick）认为它们源于漫游学派，但是，巴尔维克的说法并非十分有说服力。②另一方面，阿斯克勒皮亚德斯的说法至少看起来暗示出，这个理论已经发展到了相当高级的阶段，因为他把三种类型的划分用于一个从诗歌扩展到整个文学领域的领域。因此，看起来我们可以有把握地把这一理论的原初的、更局限的形式向前推到一个比阿斯克勒皮亚德斯还要早的时间，而且可能起源于漫游学派。

诚然，语法学家像亚里士多德一样，从诗的角度关注纪事和传说（legend）之间的关系。他们假设，肃剧的那些并不是特别"不可能发生的"（ἀδύνατα）部分内容（以及基于最近发生之事的肃剧，如埃斯库罗斯的《波斯人》）应该被视作纪事；但是，他们对纪事家关于纪事的概念并不感兴趣。另一方面，尽管这种语法的分类最初可能只涉及诗，但是，任何接受过修辞学教育的人都会明显感受到这种分类的影响，而且随着它们早期就越出了诗歌的狭窄领域，它们肯定也会影响到纪事家。使用 historia［纪事］这个词去描述史诗和肃剧的大部分传统主题，可能会导致亚里士多德已经试图作出的区分被模糊掉，因此也会让人感到困惑：纪事家到底在哪里设立自身技艺与肃剧之间的边界。

---

① 对比 Barwick，*Hermes*，1928，页 282。Barwick 提到它们在关于忒拉克斯（Dionysius Thrax）的注释中出现过，他还注意到，西塞罗和《修辞学：致赫任尼乌斯》（*Rhetorica ad Herennium*）引用的关于它们的例子都是从诗那里来的。

② 他的论证乃是基于把帕莱法图斯（Palaephatus）对神话的理性化处理，与划分成纪事、神话和 argumentum［论证或虚构］的三分法连接起来；不过，帕莱法图斯并没有提到这种三分法，而且他看起来只是关心如何把流传下来的故事里的不可能的东西解释清楚。

四

在这种引起困惑的因素之外，还有另一种因素。亚里士多德关于肃剧的定义并没有得到普遍接受。语法学家以及那些我们为了了解语法学家的观点而经常要依赖的注家（scholiasts）认为，肃剧的主要功能在于提供德行范例，从而说明一种道德。我们在关于忒拉克斯的注释那里读到这样的说法：

> 肃剧这个名称用以指肃剧作家的诗，比如欧里庇得斯、索福克勒斯、埃斯库罗斯和类似作家的诗。这些人都生活在雅典时代。由于身为肃剧作家而且想要帮助整个城邦的人民，他们采用了一些关于英雄的古代故事，其中包含某些苦难，有时包含着死亡和悲哀，他们还在剧院里向观众展示这些内容，以表明观剧者应该提防罪过。因为，如果像这些人那样的英雄都显然会因为犯下的罪过而遭受这样的苦难，那么，我们或者我们的同时代人若犯下罪过，所要遭受的苦难要比他们多多少呢？因此……我们应该尽己所能地过一种摆脱罪过并献身于热爱智慧的生活（ἀναμάρτητον καὶ φιλοσοφώτατον）。因此，肃剧作家作诗，是着眼于帮助公民。①

就看待肃剧的作用而言，和亚里士多德的看法相比，上述这个看法显然既更狭隘又更天真。但是，这个看法显然类似于伊索克拉底和珀律比俄斯对纪事目的的看法：他们把纪事看作存放范例的宝库——依乎特定作家的不同倾向，纪事力求或在道德上或在实践上帮助读者。此外，这个看法不是关于肃剧之目的的一种后来才出现的看法，而是早在亚里士多德那个时代就得到认可的看法。因为，根据阿忒奈乌斯（Athenaeus）

---

① 参见 Kaibel，*CGF* i. II. scholia ad Dion. Thrac. p. 746. 1.

的说法,①亚里士多德同时代的戏剧作家提莫克勒斯(Timocles)——一个实践者而不仅仅是理论者——把肃剧的道德教益归于其现实主义(realism),肃剧以这种现实主义来展示那些显然被视作历史真实的事件。他说道:

> 人是一种生来就要劳动的动物,而且很多劳动是他的生活带来的不幸。因此,他设法……缓解他的种种忧虑……看看肃剧作家,看看他们对每个人而言带来了什么好处。比如说,那穷苦之人从中得知特勒弗斯(Telephus)比他自己更像乞丐,从那时起,他就更容易忍受自己的贫穷……有一个人丧子了,那么,尼奥贝(Niobe)[对他而言]就是一种安慰。另一个人脚瘸了,他看到斐洛克忒忒斯(Philoctetes)……这样,他就意识到,他所遭受的一切不幸……也发生在其他人身上,因此,他就更能欣然忍受自己的艰辛。

与此相对应,肃剧及其故事可能同样会起到一种道德威慑作用。在其《史集》的前言中,狄俄多儒斯(Diodorus)写道:

> 如果那关于哈得斯的事情的神话传说($\mu\nu\vartheta o\lambda o\gamma i\alpha$),尽管包含着虚构的内容,却极其有助于激发人们朝向虔诚与正义,那么,我们必须在多大程度上认为纪事——真理的阐述者和所有哲学的来源——也能够以尊贵的方式形塑人们的品格呢?②

正如我们从亚里士多德的《诗术》中得知的,关于哈得斯的神话当然是肃剧的一种传统要素,③亚里士多德在那里提到"《普罗米修斯》……所展示的那种触目惊心的因素以及以哈得斯为背景的场景"。看起来,在这段话里,狄俄多儒斯(或者无论他从哪个来源获

---

① Athen. vi. 223 b-d;对比 Giovannini, *Phil. Quart.*, 1943,页314注33。
② 参见狄俄多儒斯,《史集》,卷一,章2,节2。
③ 参见亚里士多德,《诗术》18.3.1456a 1-3。

得其序言的实质内容)①可能是有倾向性地选择了肃剧的一个特征，这个特征虽然在道德上有效力，传统上却属于 $\mu\tilde{u}\vartheta o\varsigma$ ［神话］而不是 $i\sigma\tau o\varrho i\alpha$ ［纪事］。狄俄多儒斯之所以这么选择，为的是展示纪事——这一"真理的阐述者"（$\pi\varrho o\varphi\tilde{\eta}\tau\iota\varsigma\ \tau\tilde{\eta}\varsigma\ \dot{\alpha}\lambda\eta\vartheta\varepsilon i\alpha\varsigma$）——作为一种道德教导工具［比肃剧］更优越。但是，狄俄多儒斯进行这样的对比这一事实本身就再次表明，这两个领域［肃剧和纪事］在大众的心目中是多么接近。

五

纪事和肃剧因共同起源于史诗而连在一起，因使用相似且经常相同的素材以及共同的道德意图而连在一起。因此，并不十分令人惊奇的是，专属于这种类型的阐述（treatment）往往也适用于另一种类型；那些试图影响读者情感的纪事家，也会被人说成假冒的肃剧作家。然而，还有一点与这里的问题也并非完全不相干。那就是，对任何特定戏剧演出的反应，显然会因观众的性格不同而差异甚大。汤姆森（George Thomson）写道：

> 在我们伦敦的剧院里，观众通常把自己的情感反应（笑声除外）藏在心里；但是，在爱尔兰西部的剧院里，那里的观众是农民，其氛围则远为强烈。看到剧情的节骨眼处，几乎每个人脸

---

① 巴尔伯（Barber）认为，狄俄多儒斯的来源是厄弗儒斯（Ephorus），参见氏著，*The Historian Ephorus*，Cambridge，1935，页103。但这序言的内容看起来后于珀律比俄斯，可能源自珀西多尼乌斯（Posidonius）。M. Kunz 则认为这是狄俄多儒斯自己的，见氏著 *Zur Beurteilung der Prooemien in Diodors Historischer Bibliothek*，Diss. Zürich，1935，页 103；可同时对比 A. D. Nock 论珀西多尼乌斯，见 *JRS*，1959；见 Palm，*Über Sprache und Stil des Diodoros von Sizilien*，Lund，1955，页 140 注 1。

上都是一幅恐惧之态,可能还会听到持续不断的啜泣声。在这方面,一个雅典人无疑会更习惯爱尔兰的西部而非伦敦西区。①

为了支持这个看法,汤姆森征引了柏拉图《伊翁》(Ion)里一段著名的话,智术师在这段话里描述了自己对观众的影响:②

> 每次我从台上往下看,观察那些观众,都看到他们随着我所讲的内容,或哭泣,或出神,或感动。

在我看来,有理由相信,雅典人这种强大的感受能力——几乎可以说,这种质朴(naïveté)——可以在希腊人对叙述的反应中看到,也可以在希腊人对戏剧表演的反应中看到。如果我们思考一下用希腊语写作的[古代]注家对现存纪事家的部分片段的一些注释,并注意到他们明显的夸张说法,那么,我们就可以证明这一点。修昔底德的纪事著作中包含一些非常戏剧化的因素,这当然完全符合事实。经常有人指出,③修昔底德把米洛斯岛上的对话(Melian Dialogue)和西西里远征的开端并置,从而产生了某种肃剧式的张力。即便我们不得不反对《神话纪事家修昔底德》(Thucydides Mythistoricus)一书的主要论点,但康福德(Cornford)就这个问题写了一本书这一事实本身,就是对纪事家能够产生何等影响这个问题的一条重要注脚。不过,尽管修昔底德的叙述中包含这些戏剧性的因素,如果我们把古代注家对修昔

---

① 参见《埃斯库罗斯和雅典》(Aeschylus and Athens),London,1941,页380-381。

② 参见柏拉图,《伊翁》535c。[译按]这里的引文应该是出自535e,中译文参考了王双洪译本,柏拉图,《伊翁》,王双洪译疏,上海:华东师范大学出版社,2008。

③ 对比Laistner,前揭书,页14。关于修昔底德纪事著作的其他戏剧因素,参见J. R. Finley,《修昔底德》(Thucydides),Harvard,1942,页321-324。

底德甚至对色诺芬的刻画放在作者本人的形象一旁［进行对比］，还是很难看出这些注家刻画的是修昔底德和色诺芬本人。

哈利卡纳苏斯的狄奥尼索斯写道：

> 有时，修昔底德把苦难（即在遭到征服的城邦里）描写得如此残酷、如此可怕、如此勾人怜悯，以至于纪事家和诗人都没有什么更坏的东西可描写了。①

狄奥尼索斯引证的例子有普拉泰亚（Plataea）、米提勒涅（Mytilene）和米洛斯（Melos）。就关于这三个例子的叙述而言，现代评论者可能倾向于认为，修昔底德的叙述生动但在情感上有所节制。然而，普鲁塔克却与狄奥尼索斯的看法相同。普鲁塔克告诉我们，②色诺芬关于库那克萨（Cunaxa）战役的叙述动人逼真，在读者心里留下了一种印象，就好像自己亲身参与了这些事件，甚至一同体验了战役的苦难似的。相似地，③修昔底德也总是争取达到一种高度的形象生动（ἐνάργειαν），满怀一腔热情，想要把听者转变为观看者（οἷον θεατὴν ποιῆσαι τὸν ἀκροατὴν...λιχνευόμενος），还想在其读者心中激起一种恐惧和不安——那种目睹过事件发生的人真正体验到的恐惧和情感上的不安。这令人想起伊索克拉底的一个说法，④他这样评价那些把神话引入戏剧的肃剧作家："使我们不仅能听到还能看到它们"（ὥστε μὴ μόνον ἀκουστοὺς ἡμῖν ἀλλὰ καὶ θεατοὺς γενέσθαι）。简而言之，普鲁塔克批评修昔底德，用的恰好就是其他地方用来批评杜里斯和斐拉尔库斯的语词。

这暗示出以下两个结论必有一个是对的。要么，普鲁塔克和狄奥尼索斯这样后来的［古代］评论家是用明显夸大的词来描述修昔

---

① 参见哈利卡纳苏斯的狄奥尼索斯，《论修昔底德》（*de. Thuc.*），15。
② 参见普鲁塔克，《希腊罗马名人对比列传·阿达薛西传》（*Artax.*），8.1。
③ 参见普鲁塔克，《论雅典的荣耀》（*de. glor. Athen.*），347a。
④ 参见伊索克拉底，《致尼科克勒斯》（*Ad Nicoclem*），49。

德和色诺芬对其读者的影响，任何人只要花工夫亲自阅读色诺芬关于库那克萨战役的记叙，或者阅读修昔底德关于普拉泰亚围城战的记叙，都能够看出普鲁塔克和狄奥尼索斯的夸大成分。要么，希腊人——我想人们肯定会说是普鲁塔克和狄奥尼索斯时代的希腊人，尽管各个时代的古希腊人有可能都是如此——对书面文字和口传文字比我们通常的反应更直接、更富有感情。在这两种解释之间做出选择，并非难事。古希腊文学的历史毫无疑问地表明，希腊人对于语言的影响尤其敏感。高尔吉亚时期以来希腊人对言语策略（verbal devices）的浓厚兴趣，伊索克拉底及其学派的广泛持久的影响，以及希腊观众对史诗吟诵者（rhapsode）和朗读者（declaimer）的接纳度，所有这些都说明了同一件事。这也提供了另一个理由，可以解释为什么人们对肃剧的反应如此经常地与人们对某种纪事叙述（historical narrative）的反应相混同，这种纪事叙述是以所有形象生动的手段构筑出来的，意在影响读者或者听者的情绪。如果最后我们记住，纪事作品（history）就像其他文体的作品一样，通常会被人大声朗读出来，而且通常是在公共集会上，其中某个老练的朗读者还可以为这种叙述赋予一种额外的魅力——如果记住这些，我们就容易明白，肃剧与纪事之间的混同（confusion）为什么会长期存在。

六

冯弗里茨在讨论这个问题时以亚里士多德的影响作为其讨论的起点，但是，如他所承认的，所谓"肃剧式纪事"的许多特点出现在卡利斯忒涅（Callisthenes）的著作里，尽管卡利斯忒涅的著作早在亚里士多德的《诗术》之前就已写成。①我们只需回想一群渡鸦的故事：在亚历山大一行前往阿蒙神庙的著名旅途中，这群渡鸦通过呱呱叫声来唤回亚历山大那些走失的随从；②还可回想海水向亚历山大行跪拜礼（proskynesis）的故事，当时亚历山大离开法瑟里斯（Phaselis）之后经过克里马克斯（Climax）③——普鲁塔克说，④这则轶事旨在为纪事家提供材料，以便进行一种夸大而令人害怕的描述；或者回想布兰奇代家族（Branchidae）的预言突然［使亚历山大］受到激励的故事，斯特拉波用了一句话——"卡利斯忒涅以肃剧风格对这些事情夸张渲染"（προστραγῳδεῖ τούτοις ὁ Καλλισθένης），提到了卡利斯忒涅如何从亚历山大拜访阿蒙神庙的故事，转向布兰奇代家族的预言突然使亚历山大受到激励的故事。这当然并不意味着卡利斯忒涅而非杜里斯才是这类纪事的鼻祖。因为早在卡利斯忒涅之前，科尼都斯的克忒西阿斯（Ctesias of Cnidus）⑤——此人的写作带有伊奥尼亚

---

① *Histoire et historiens dans l'antiquité*，前揭，页130。［译注］卡利斯忒涅（约公元前360—前327年以后）是亚里士多德的外甥，借助亚里士多德的影响，卡利斯忒涅曾作为官方纪事家陪伴亚历山大远征亚细亚。而亚里士多德的生卒年份为公元前384年至公元前322年。不太清楚沃尔班克在这里说的"卡利斯忒涅的著作早在亚里士多德的《诗术》之前就写成"这种说法，到底有什么强有力的证据。

② 参见普鲁塔克，《希腊罗马名人对比列传·亚历山大传》，27 = *FGH* 124 F 14（b）。

③ *FGH* 124 F 31。

④ 参见普鲁塔克，《希腊罗马名人对比列传·亚历山大传》17.3。

⑤ 对比 Wehrli，*Eumusia*，68。［译注］科尼都斯的克忒西阿斯，来自卡里亚（Caria）的科尼都斯地区，希腊医生和纪事家，具体生卒年份不详，主要活动于公元前5世纪，他曾作为波斯国王阿达薛西二世（Artaxerxes II，公元前404—前358年在位，大流士二世和帕里萨提斯的儿子）的医生，随从阿达薛西二世平定其弟弟小居鲁士的叛乱。他写过不少著作，有关于河流和波斯岁人的论著，有名为《印度》（Indica/Ἰνδικά）的关于印度的记叙；还有一本二十三卷的关于亚述（Assyria）和波斯的纪事作品，名为《波斯》

背景——就以一种令人激动而轻信传说的方式撰写了关于波斯和印度的纪事著作,这种写作方式没有给他作为一名医生所接受过的科学式训练带来什么好名声。无论如何,他的著作在后来的评论家那里激起了许多看法,就像斐拉尔库斯的纪事著作在珀律比俄斯那里激起许多看法一样。佛提乌斯(Photius)写道:

> 他的纪事著作的魅力尤其源于他编造叙述文段的方式,这种方式挑起人们的情感($τὸ\ παθητικόν$),还提供了许多意想不到之事的例子以及许多带有种种虚构情节的例子,这些虚构的情节使得它们接近于神话的边界。①

普鲁塔克在其《阿达薛西传》(Artaxerxes)里使用了克忒西阿斯的叙述,在普鲁塔克看来,②克忒西阿斯的著作"经常离开真实而转向神话般的和戏剧性的东西"($πρὸς\ τὸ\ μυθῶδες\ καὶ\ δραματικόν$);在叙述信使如何向皇太后帕里萨提斯(Parysatis)禀报库那克萨战役的消息时,克忒西阿斯把[小]居鲁士之死的消息按下不表,直到信使发言结束才说出来,就是为了取得一种戏剧化效果,就好像这个信使是在一幕肃剧里发言一样。③法勒儒姆的德梅特里乌斯(Demetrius of Phalerum)在其《论风格》(On Style)的专题论文里评论道:克忒西

(Persica/Περσικά),他宣称自己的著作是基于波斯皇家档案,与希罗多德相反,他以伊奥尼亚方言写成此书。

① FGH 688 T 13 = Phot. Bibl. 72 p. 45a 12ff. 。
② 参见普鲁塔克,《希腊罗马名人对比列传·阿达薛西传》6.9。
③ FGH 688 F 24 = Demetr. de eloc. 216。[译注]法勒儒姆的德梅特里乌斯(约公元前350—前280年)是最后一位著名的阿提卡演说家,忒奥弗拉斯图斯(Theophrastus)的学生,也可能是亚里士多德本人的学生,第一批漫游学派成员。他著述广泛,涉及纪事、修辞和文学评论等问题。著作《论风格》(On Style/Περὶ ἑρμηνείας)以他的名字流传至今,但可能是一位生活于公元2世纪的作家的著作。

阿斯以这样一些方式，意在取得一种令人感动的生动效果，就好像他是一个诗人。

把高尔吉亚纳入讨论也非常吸引人。高尔吉亚提出了一种理论和风格，并不在诗歌与散文之间做出清晰的区分，①甚至可能把"令人动心"（ψυχαγωγία）设为艺术、文学和演说著作的共同目标。②不过，尽管高尔吉亚的风格影响了修昔底德——伯里（Bury）说③修昔底德有时会写"东拐西弯的文段，这些文段对一个希腊人产生的影响，几乎就是从格律的束缚中释放出来的酒神赞美诗的影响"——但没有任何证据可以表明，高尔吉亚本人关心纪事写作，也没有任何证据表明，他影响了关于纪事之目的的看法。

但是，即便没有高尔吉亚，要把［肃剧与纪事的混同］向前追溯到公元前5世纪也没有任何困难。路吉阿诺斯就把希罗多德本人和克忒西阿斯放在一起谈，说他们都是"怪诞小故事"（τεράστια μυθίδια）的写手。④在亚里士多德看来，希罗多德是一个说神话故事的人（μυθόλογος）；⑤狄俄多儒斯也批评希罗多德，⑥说他为了娱乐读者而不顾真相，杜撰怪异的传说和神话。在此，我们又一次看到，在公元前5世纪的作家与后来的作家之间，并不存在任何重大的分裂：发展不绝若线。因此，足够的迹象表明，"肃剧式纪事"的主要特点的出现，远远早于希腊化时期和亚里士多德——他被认为在这些特点的形成过程中起着关键的作用，即便他本人没有意识到。

---

① 参见亚里士多德，《修辞学》iii. 1. 1404 a 29。
② 对比 G. Avenarius, 前揭，页 140。
③ 参见 J. B. Bury,《古希腊纪事家》(Ancient Greek Historians, London, 1909)，III。
④ 参见路吉阿诺斯，《爱谎话者》(Φιλοψευδὴς ἤ Ἀπιστῶν)，2。
⑤ 参见亚里士多德，《论动物的生成》(De Generatione Animalium)，3，p. 75 b 5。
⑥ 参见狄俄多儒斯，《史集》，卷一，章69，节7。

七

在冯·弗里茨的论文之后附有相关讨论,讨论者普遍不愿同意他赋予漫游学派的那种重要地位,这完全有道理。在实践的形成过程中,理论似乎不太可能发挥如此决定性的作用。有人反问:难道这种形式的纪事编撰不是更有可能有诸多预先倾向于它的原因吗?比如说时代风气、公众读者的要求、可供[纪事家]利用的历史素材的性质(这些素材本身经常就是感情强烈而且令人激动的),甚至纪事家本人的政治倾向?①诚然,这些因素都有可能突出一种朝向形象生动且调动读者情绪的纪事编撰的趋势,我们应该把所有这些可能的因素牢记在心。不过,或许同样重要的是要意识到,这种"肃剧式纪事"——它作为一种单独的流派(school)明显地独立出来需要一种解释,还需要一种确定而直接的来源——在很大程度上是一种虚构和曲解(figment and distortion)。杜里斯可能的确是从漫游学派那里借用了 μίμησις [摹仿] 这个流行词,但这并不重要;重要的是,肃剧与纪事之间实际上有一种根本的亲缘(fundamental affinity)——这构成了所谓肃剧—纪事学派(tragic-historical school)的一种让人们觉得需要对此进行特别说明的主要特征——这种亲缘可以追溯到纪事和肃剧出现的最早时期,并且在几乎整个古典时期直至后来拜占庭注家(Byzantine scholiasts)的时期都得到了强调。这种亲缘之所以存在,是因为传承,是因为类似的文学技巧,是因为共同的道德目的,也是因为希腊人敏锐的情感促进了它的存在;而在修辞学校里,这种亲缘关系又被教授给一代又一代的希腊学生。

由于亚里士多德的盛名和他关于肃剧与纪事之差异的分析,这个本来应该明显摆在我们眼前的显然事实却变得模糊了。再者,由于亚

---

① *Histoire et historiens dans l' antiquité*,前揭,页 129–145。

里士多德的两个后继者珀律比俄斯和路吉阿诺斯都对纪事感兴趣,而且在某种程度上都接受了亚里士多德的这一区分,因此,这种区分往往被视为受过教育的希腊人的平常看法。也正因为如此,我们才不得不杜撰出"肃剧式纪事"这一表达,以求重新统合那种只有少数希腊作家才有兴趣去区分的东西。忽视这一点不仅仅是误解希腊化时期的纪事,也贬低了珀律比俄斯所表达的抗议的性质。①由于我们前面指出的原因,珀律比俄斯的大部分前辈和同时代人用一种生动的描述展现那些本身就令人激动的场景,以图激起读者的情感;他们还意在调动读者的胃口,其方式是"端上"那些奇异的故事——这些故事起初可以追溯至包括希罗多德在内的伊奥尼亚人那里,但后来人们对这些故事越来越感兴趣,这当然是受到了亚历山大大帝时期的纪事家以及诸如马萨里亚的皮忒阿斯(Pytheas of Marseilles)的刺激。②因此,我们不应把珀律比俄斯的批评仅仅看作一种辩驳——辩驳某个单一的、局限的学派,仿佛该学派有一种特定的、清晰界定的理论,有一种最近起源的写作实践似的。相反,我们应该严肃对待珀律比俄斯的批评:它其实是要求希腊纪事编撰采用一种新的标准和准则。我们若在今后的相关讨论中不再采用"肃剧式纪事"这个术语,那或许会有助于我们更加设身处地地理解珀律比俄斯和他的那些对手。③

---

① [译注]珀律比俄斯的抗议参见本文第一段的第二个注释。

② [译注]马萨里亚的皮忒阿斯,大约生活于公元前4世纪,具体生卒年份不详,希腊的地理家和探险者,大约在公元前325年前往西北欧进行探险,他关于这次探险的叙述在古代广为人知,现已佚失。

③ 这篇论文在希腊学会(Hellenic Society)于伦敦举行的一次会议(1959年4月24日)上宣读。

从亚历山大的功绩看征服世界与世界和平

斯蒂尔(Hans Erich Stier) 撰
袁 媛 译

一 亚历山大大帝的世界史意义

老普林尼(Plinius der Ältere,公元23—79年)在《自然志》(*Naturalis historia*, 35, 93)中谈到帝国时代罗马城内陈列的众多希腊绘画艺术杰作时,简要描述了出自亚历山大大帝宫廷画师阿佩利斯(Apelles)之手的一幅画。画面上,年轻的世界征服者在胜利征服世界之后,乘坐凯旋者的战车从人群中经过;同时,这幅画把战争之魔(Belli)呈现为亚历山大的俘虏,双手被缚在身后。奥古斯都大帝(Augustus)把这幅作品与阿佩利斯的另一幅画一起,陈设在罗马新建广场最热闹的地段。后者描绘的也是亚历山大,但这一次,这位马其顿国王与胜利女神(Siegesgöttin)以及狄奥斯库洛伊兄弟(Dioskuren)一同出现。以武力确保世界和平是奥古斯都这位罗马第一公民最核心的政治使命,因而,这两幅艺术珍品与奥古斯都的政治纲领之间的联系显而易见。人们在希腊—罗马文化影响下长久以来的渴望,通过奥古斯都和平(Pax Augusta)得以实现了,但这对于阿佩利斯的时代以及对于亚历山大而言,却只能是理想。[①]

[①] 也可参见 G. A. Lehmann, "Tacitus und die 'imitation Alexandri' des Germanicus Caesar", G. Radke 编, *Politik und literarische Kunst im Werk des Tacitus*, 1971, 页23及以下。

不久之后，克劳狄乌斯（Claudius）派人将这两幅画上亚历山大的面孔换成了奥古斯都，他想通过这种简单粗暴的做法来表明，上文提及的希腊的过去与罗马的现在之间一脉相承。艺术与政治之间的联系，并非在罗马时期才被引入阿佩利斯的作品，大雕塑家吕西帕斯（Lysipp）与阿佩利斯之间的一次争论清楚地说明了这一点。吕西帕斯同样与亚历山大大帝有密切接触，他曾批评阿佩利斯的一幅引起轰动、技艺精湛之作歪曲了真实的亚历山大：①这幅画陈列于以弗所（Ephesos）城重建的宏伟的阿尔忒米斯（Artemis）神庙，画中的国王手里拿着宙斯的闪电光束。据我们所知，亚历山大对阿佩利斯非常尊敬，因此老普林尼描述的两幅画也一定得到了亚历山大的赞同。②

资深的考古学家早就指出，"阿佩利斯处处致力于用笔下的形象来表现某种特定的想法，他的艺术观十分出色地迎合了国王的愿望"。③但是，如果我们认为阿佩利斯与亚历山大一致的想法仅仅在于征服世界，那就有些狭隘了——尽管征服世界"实现了亚历山大的大业"（同上）。确实，两幅画中的一幅同时描绘了国王和胜利女神，对征服世界的行为大加赞颂，这也是亚历山大在拜访阿蒙神庙时得到的允诺（普鲁塔克，《亚历山大传》27）。但是，最引人兴味的是，阿佩利斯感到自己由一种动力驱使，完成了本文开篇老普林尼谈及的画作，将它作为一幅"亚历山大大帝"主题的独立作品，并把战争（Pólemos）和战争之魔表现为获胜国王的俘虏。这样，画像中除了征

---

① 普鲁塔克，《伦语》（*Mor.* 360 D.）——史家蒂迈欧（Timäos）批评说，亚历山大的史官卡利斯忒涅（Kallisthenes）已经批准他，作为一个凡人使用宙斯盾和闪电（*Polyb.* 12, 12b 3）。

② 我们想到普鲁塔克引用的老普林尼的话：有两个亚历山大，一个是腓力之子，不可战胜；另一个是阿佩利斯笔下的亚历山大，无法模仿（《论亚历山大的机运》[*De Alexandri Magni fortuna*], 2, 2 – *Mor.* p. 335A）。

③ H. Brunn, *Geschichte der griechischen Künstler*, 2, 1 (1856), 页 270。

服者（考虑到亚历山大英年早逝，他对古典世界而言已是一位征服者），①还出现了更重要的含义：一位世界和平新秩序的缔造者，这种秩序不仅仅依靠武力，还有赖于更深层的原因。

正因为如此，显然，战争没有与胜利女神（Nike）出现在同一幅画中。毫无疑问，倘若符合画家的想法，让两者同时呈现也完全可能。亚历山大大帝致力于追求更高的声望，而不仅仅是胜利者的荣誉，不管怎样，当时以及后世的艺术家都想要这样颂扬他，并且已经在这样做。由于此番理解出自这位统治者自己所信任的圈子，所以在我看来，这是亚历山大大帝政治目标的原始证明，必须受到比迄今为止的研究所表现出来的多得多的重视——如果我理解正确的话。②问题是，鉴于希腊化时代造型艺术在公众中效果显著且影响巨大，鉴于彼时其繁盛状况方兴未艾，而亚历山大的生平历经传统的考订验证已广为人知，这一从阿佩利斯艺术创作中透露的关于亚历山大政治目标的暗示，是否能得到证实呢？

众所周知，对于古典世界而言，亚历山大正是典型的世界征服者（$\varkappa\alpha\tau'\ \dot{\varepsilon}\xi o\chi\dot{\eta}\nu$），他把希腊传说中的英雄形象阿基琉斯（Achill）作为自己的榜样实非偶然。罗马帝国鼎盛时期的阿庇安（Appian）非常赞赏他（《内战记》，2，*Kap.* 149），因为他"将每一个他看见的国家都据为己有；正在计划继续夺取已知世界其他地方的时候，他去世了"。奈亚尔库斯（Nearch）是亚历山大年轻时代的朋友，同时也是他的海军主帅，他认为国王总是渴望去做新的不寻常的事情（阿里安［Arrian］，*Indiké* 20），③而他战无不胜的军队，他征服世界的工

---

① 例如《马加比一书》（*Makkabäer*）（1.1-8）就这样看待他，尽管其中关于亚历山大的说法并不友好。

② 著名的研究者塔恩（W. W. Tarn）1947年就已表示："如果亚历山大活的时间再长一点，他就会尝试做点唾弃战争的事！"因此，这种重视不足的情况就更加令人诧异。*Alex. d. Gr.*，1947，1968年新版，页821。

③ 或许可以归入此类的事还有，亚历山大自己也会把某些做法，比如

具，对自己统帅的好运也无比信任，他们相信他无所畏惧且无所不能。

但另一方面，古典时代的学者们也懂得对"征服者们"进行区分。这里仅以普鲁塔克的一段叙述为例，出自他关于伊庇鲁斯国王皮洛士（Pyrrhos von Epiros）的传记（*Kap.* 14）。据说，这位尚武的希腊化时期的国王与他聪明的大臣基涅阿斯（Kineas）之间有一段谈话。基涅阿斯心里想要阻止国王渡海前往意大利，去帮助塔伦托人（Tarentiner）对抗处于上升期的罗马。在谈话中，这位政治家通过巧妙的措辞引导国王制定出一个征服计划，先是意大利，接下来是西西里、利比亚、迦太基，最后是马其顿和希腊。随后他提出一个问题：在幸运地完成这项伟大的计划之后，他要去做什么？皮洛士笑答：要享受大把闲暇，每日觥筹交错，把酒言欢。对此，基涅阿斯故作天真地建议，若意图如是，大可马上就沉醉于这种享受，而不必浴血杀戮，否则耗费精力不说，还会置身危险之中，且给双方带来痛苦。

对于"为了征服而征服"的行为，没有比这更尖锐的批评了。这样的批评就像罗马诗人恩尼乌斯（Ennius）对"狂妄无知的"（stolidi）皮洛士的埃阿喀得斯王朝（Äakiden）的严厉评价一样：bellipotentes sunt magis quam sapientipotentes［他们更长于战争，而不是智慧］（Fr. 68 D = 180 f. V.）。这位伊庇鲁斯国王从职业军人、雇佣兵队长（Condottiere）的立场看待问题，虽然他在亚历山大身后一个世纪实现了一定程度的军事征服，但是也不得不看到政治形势的发展与他所期待的完全不同，最终，众所周知，他不体面地失败了。

作为世界征服者，亚历山大的形象在批判者眼中则截然不同。为

穿越多瑙河、前往印度洋等等说成是受"渴望"驱使的结果；埃伦伯格（V. Ehrenberg）在《温特尼茨纪念文集》（*Festschrift für M. Winternitz*，1933，页 295－296）中提到这一点。克拉夫特（K. Kraft）据理反驳，认为不能因此断定亚历山大的所有做法都是非理性的。他的论证值得多受关注。

了避免各种专业成见形成的假象,请允许我引用一位晚近的史学家希德尔(Th. Schieder)的话——他评价这位年轻的马其顿国王是"曾经出现在欧洲历史上的最杰出的人物之一"。①看看历史地图册,我们可以为这种说法找到有说服力的证明:例如韦斯特曼(Westermann)的《世界历史地图》(*Großer Atlas zur Weltgeschichte*, 1966)页14、15(公元前480年)和页22、23(公元前323年)。前者展现了希波战争时期的世界概貌,那时庞大的波斯帝国居于统治地位;后者展现了亚历山大去世那年的情况,此时波斯帝国已完全消失。数页之间,世界政治图景几乎彻底转变。公元前330年,阿提卡演说家埃斯基涅斯(Äschines)在雅典发表的一篇反对克泰西丰(Ktesiphon)的演讲中说:

> 有哪些我们完全想不到的事在我们的时代没有成为现实?因为我们没有过普通人的生活,我们来到世间,是为了让后世子孙对我们惊叹不已。(132及以下)

随后他列举了一系列最突出的事件来表现这巨大的转变:波斯大王一度号称从太阳升起之处到太阳落下之处所有人类的统治者,却不得不为保命而战;刚刚崛起的马其顿人成了胜利者;雅典的邻国,好战的忒拜(Theben),一天之间从希腊版图中消失;一度有能力向希腊诸城邦要求领导权的斯巴达,在大城(Megalopolis)溃败之后,不得不听凭亚历山大发落;雅典曾经是为他人提供庇护的避难所,后来却只能勉力保全自己的疆土。如果我们不仅考虑这位演说家提及的邦国之间的外部变化,也关注其内部转变——君主制的上升决定了彼时欧洲的命运,造型艺术走向萨莫特拉克的胜利女神(Nike von Samothrake)和佩加蒙祭坛(Pergamonaltar)的动感之路,简言之,就是德罗伊森(Johann Gustav Droysen)以降的研究者们已学会从希腊古典文化中所分离出的、作为"希腊化"(Hellenismus)现象来处理的一切——那么我

---

① *Histor. Zeitschrift*, 195(1962),页267。

们就会发现,埃斯基涅斯对世界巨变的描述并不夸张。

从薛西斯(Xerxes)远征到亚历山大远征的近一个半世纪里,发生了从"希腊"(hellenisch)到"希腊化"(hellenistisch)的剧烈转变。有人问,是不是这个转变阶段本身,一定程度上决定了这位在位近13年、不足33岁便逝世的年轻马其顿国王统治的特点?①确实,公元前4世纪的最后三十几年间,希腊与东方的接触日益频繁,希腊文化显示出优势,而曾经强大的波斯力量逐渐瓦解。希腊的将领和士兵在波斯当差。希腊的商人、音乐家们既传播了希腊文明,又传递了东方的生活理念。希腊的建筑师和雕塑家为波斯的地方总督工作,例如卡利亚总督毛索洛斯(Mausolos von Karien)在哈利卡纳苏斯(Halikarnassos)的墓碑被列入世界奇迹,而古代腓尼基(Phönikien)大都市西顿(Sidon)的市侯们(Stadtkönige)墓穴中的石棺,具有出色的希腊工艺,特别是在那里发现的"哀怨妇女石棺"(Klagefrauen - Sarkophag)。据一则趣闻记载,雅典"学园"建立者柏拉图的雕像出自西拉尼昂(Silanion)之手,由一个心怀感激的波斯人——罗多巴提斯(Rhodobates)之子密特拉达提(Mithradates)捐资设立。②雅典人色诺芬(Xenophon)认为,波斯帝国的缔造者居鲁士(Kyros)是理想的统治者形象。③

这些事件尽管都非常重要,但对于整体发展仍然影响很小,这一

---

① 在1924年的吉森校长就职演说中,拉克尔(R. Laqueur)着重表达了这种观点。很奇怪,巴迪安(E. Badian)的文章《亚历山大三世》也持此看法(Alexander III. d. Gr. ,载于 *Artemis - Lexikon der Alten Welt*,1965,页108),但毫无根据,仅是作者的意见。除此之外,这篇文章观点也异常陈旧。

② 拉尔修(Diogenes Laertius)提到法沃里努斯(Favorin)处,*Diogenes Laertius*,3.25。

③ 参H. Dörrie、R. Stiehl、G. A. Lehmann合集,《古代与普遍历史》(*Antike und Universalgeschichte*;Fontes et Commentationes,补遗,卷1,1972),页150的评论。或可参照孟德斯鸠(Montesquieu)的《波斯人信札》(*Lettres persanes*),其中作者借东方人之口评价了当时法国的状况。

点毫无疑问。伟大的阿提卡演说家伊索克拉底（Isokrates）号召希腊强国共同对波斯作战，以巩固他们对"外夷"的至高权力，尽管他的演说语言和修辞都很完美，还是没有达到效果。马其顿国王腓力二世（Phillipp）被史家忒俄鹏普斯（Theopomp）评价为"欧洲最伟大的人"，①他于公元前338年在凯隆尼亚（Chäronea）之战中取得胜利，有力地打破了希腊均势，但他的计划和措施并没有超出惯常的范围。他天才的儿子亚历山大感到，父亲手下的大多数将军和官员基本代表了老一代人，他们仅仅具有战争经验，想法和自己的计划形成鲜明对比，这种矛盾甚至让他最终犯下不幸的过失。

我们必须看到，对观察者而言，这段时间，即公元前4世纪最后三十几年，与新的"世界希腊化"（Weltgriechentum）爆发式地产生影响的时期之间，发生了剧烈转折，②这反映了一位天才对当时的世界历史所造成的影响。他受教于亚里士多德，18岁时作为王储征战凯隆尼亚，率领骑兵决定了战役的胜利；20岁时成为国王，不仅以罕见的能力保障了父亲的遗产，还不可思议地扩大了这份遗产；仅仅32岁时，他就已征服了当时世界几乎三分之二的领土。③德罗伊森的经典著作以这样一句话开始："亚历山大的名字意味着一个时代的终结，也意味着一个新时期的开始。"这句话仍有道理。帕墨隆元帅（Parmenion）曾是腓力的手下，久经考验，非常可靠。伊苏斯（Is-

---

① Polyb. 8, II, 1 = fr. 26 b F. Jacoby, *Die Fragmente der griech. Historiker.* 2 B (1927), 页541。

② H. U. Instinsky, *Alexander der Große am Hellespont* (1949), 页10："他远征东方，远远超过当时希腊已知世界的边界，这是一次历史性的进程，似乎被一种强大的力量向前推动。这种力量如此令人惊异，它只出现在一个人身上，那就是亚历山大。"

③ 当然是按照当时的地理形态；参《韦斯特曼历史地图册》（*Westermann - Atlas*），页22。《韦斯特曼历史地图册》中载有埃拉托斯瑟涅（Eratosthenes）重构世界地图的尝试，他在地图中加入了亚历山大帝国的范围。

sos)之战后，波斯国王提出议和，表示愿意割让幼发拉底河西岸的所有领土——这里很可能就是后来罗马帝国时期几百年间东西方的分界线。对此，帕墨隆在作战会议上说，如果他是亚历山大，就会接受这个建议。国王亚历山大则回答说："如果我是帕墨隆，我也会接受。"①这是一种新时代的表达方式。从亚历山大开始，伟大的希腊文明才继续发展至中东；基于他的成就，塞琉古王国的（Seleukiden）统治者发展了在各处建立希腊城市的政策，这是"世界历史上最大规模由政府有计划地设计并实行的殖民化"。②大帝国的想法并非由波斯帝国传到印度，而是源于亚历山大帝国。孔雀王朝（Maurya - Dynastie）的缔造者、印度人旃陀罗笈多（Tschandragupta, Sandrokottos）亲历了亚历山大帝国，他从公元前322年开始有幸在继业者战争时期（Diadochenzeit，公元前323—280年）对其进行了模仿。

德国1900年前后成功进行了吐鲁番探险（Turfan expedition），从那时开始，人们得以确认，希腊在艺术方面极大地影响了印度和东亚，而且这种影响绵延至中世纪早期。对此，研究者不能只研究直接的模仿品和复制品，还必须充分认识那些间接的影响。孔雀王朝着力证明自己的东方风格，在一些重要方面有意识地区别于继业者战争时期的典型作品。此外，引人注目的是，尽管亚历山大已摧毁波斯帝国，但波斯艺术在印度仍有存留。显然，这种情况的真正原因是，追求一种民族艺术风格，能够让新帝国在艺术领域也呈现为独立的力量。在恒河流域（Gangeslande）的帕特那（Patna）地区，帕塔里普

---

① 阿里安（2, 25）从通行的传说（*Vulgatüberlieferung*）中提取出这个故事（参 *Proömion* §3），并认为它可信。事实上，这段对话符合我们从其他方面获得的对亚历山大精神气质的认识。

② Meyer 编, *Blüte und Niedergang des Hellenismus in Asien*（1925），页20 - 21。他补充道："很奇怪，恰恰是这一点往往被通行的描述所遗忘，尽管它比其他一切更加突出。"（"Wiederabdruck in F. Altheim u. J. Rehork"，见 *Der Hellenismus in Mittelasien*, *Wege der Forschung* 91, 1969, 页29)

（Pataliputra）新都城的拱顶有力地说明，这种新艺术风格混合了希腊和波斯元素，而不是古代波斯帝国风格的简单延续。①两种元素在雄伟的印度艺术作品中发生了碰撞。②

人们常把亚历山大的统治与拿破仑的统治进行比较。然而，我们目光所及之处一再证明，二者并不相同。亚历山大的统治不只是一段光彩夺目的插曲，还具有划时代的意义。与著名的军事统帅皮洛士这样的人物相比，亚历山大的出现几乎像是一种自然力量。与伟大的迦太基人汉尼拔（Hannibal）相比，亚历山大则从未败过。事实上，他一马当先亲自为胜利而战，仿佛荷马笔下一位"不是今日凡人"的英雄在他身上复活了（狄俄多儒斯，17.1.3 f.）。

众所周知，罗马成了日后古典文化世界的翘楚。李维（Livius）在他的《罗马史》（9.17–19）中试图通过详细的论据来证明，亚历山大的胜利进程迟早会被顽强的罗马人终结，但在亚历山大离世后的40年间，根本无法与这位马其顿国王相提并论的伊庇鲁斯人皮洛士把罗马人带向了毁灭边缘，罗马人只能通过与迦太基联盟才得救——这一无可辩驳的重要事实有力地反驳了李维的观点。根据普鲁塔克（《亚历山大传》62）记述的孔雀王朝旃陀罗笈多的说法，可以推测，夺取恒河流域对亚历山大而言，也将犹如探囊取物。必须承认，无论在东方还是西方，都没有什么能够严重阻碍这位年轻的征服者。

亚历山大通过马其顿君主制征服世界的形式特别有骑士风度：

---

① 参惠勒（M. Wheeler）《波斯城的火焰》（*Flammen über Persepolis*，德文版，1969）页130 的插图。今天，我们可以把华沙（Warschau）内城以"西式"风格的重建看作"政治"建筑的例子。

② 特别是在新塑的佛像中发生了碰撞，带有希腊特点的犍陀罗艺术风格（Gandharatypus），和带有马图茹阿（Mathura）东方特点的艺术风格，从一开始就在佛像中并存。惠勒认为，可能是那些因亚历山大的缘故而失业的波斯艺术家，在从来没有完全希腊化的亚洲开创了这种艺术风格。这个观点首先在时间上就经不住推敲。见 Wheeler，页127 及以下。

"我不会窃取胜利"——这是在高伽米拉（Gaugamela），当帕墨隆建议夜袭数量远胜于己方的波斯军队时（阿里安，3.10.1f.，普鲁塔克，《亚历山大传》31），亚历山大对自己元帅的回复。事实上，他于公元前333年在伊苏斯首次大胜之后，就在阿里安所保留下来的通信中（2.14.8f.）要求波斯国王大流士三世（Darius III）承认自己是当时亚洲的统治者，否则他会再次为此而战。他还解释说："我将在所有能找到你的地方发动进军。"这不是故作姿态。亚历山大确实给了对手将近两年的时间，直到公元前331年在高伽米拉的战场上对他发起决战，战场是波斯国王而不是亚历山大选的。①伊苏斯战役之后，亚历山大俘虏了大流士三世的女眷和宫廷随从，之后很快通过利昂纳托斯（Leonnatos）向她们正式宣布：他与大流士并无个人恩怨，他是为争夺亚洲统治权与他合法作战。对此，阿里安明确指出，亚历山大生前两位权威人物（2.12.5），托勒密一世（Ptolemäos I）和阿里斯托布鲁斯（Aristobulus），是该说法的重要证人。大流士三世被他的总督贝索斯（Bessos）杀害后，亚历山大为他在波斯城（Persepolis）

---

① 汉普尔（F. Hampl）在这两年的过程中看到了支撑自己理解的例证，认为亚历山大这样的决定"更多出于精神和情绪的某种状态，而绝非来自清醒理智的权衡"，给大流士时间重新进行装备的决定"完全违背理性的声音"。但是，另一方面，通过系统地占领强大的波斯舰队的陆上港口和基地，剥夺他们的制海权，如克罗迈尔（J. Kromayer）所说的"大型绕行"（Heerwesen und Kriegführung der Griechen und Römer，1928，页157），又是如此让人惊异的理性行为（即富有责任感的行为）。与大流士三世的战争被认为是"好斗的"，但也有非常理性的一面，这一点在亚历山大于高伽米拉战役前夜对军队统帅所进行的阐述中有所表现（普鲁塔克，《亚历山大传》31结尾；阿里安，3.10）。他在役前的祷告表明，我们应该从这方面评价他前往宙斯阿蒙神庙的做法（普鲁塔克，《亚历山大传》，33 nach Kallisthenes）。另外，现在可以参考克拉夫特题为《"理性的"亚历山大》（Der "rationale" Alexander）的研究（Frankfurter Althistor Studien 5，1970），题目就很说明问题；其中有与对立观点的讨论，非常有益，在我看来很有说服力。

举行葬礼并追捕谋杀犯,都证明了这一点。同样的事例还有,他允诺公元前326年被他击败的印度国王波罗斯(Poros)将享受"国王般的"待遇,并予以兑现。

所有这些都是在战争法则还有效的情况下采取的做法。不久之后,在高卢战争(Gallischer Krieg)中,恺撒(Caeser)就在日耳曼国王阿里阿费斯塔斯(Ariovist)身上展现了战争法则的残酷(1.36.1及以下),令人印象深刻。亚历山大非常重视战功赫赫、助他完成征服大业的军队,他重视他的父亲和先辈,重视贵族"骑兵伙伴"以及那些"步兵伙伴"。这些人与其统帅之间的关系,如同这些称呼已经证明的,延续了来自古希腊的中世纪(griechisches Mittelalter)荷马笔下英雄世界的父系社会族长式关系。

亚历山大具有战争经验,也了解马其顿士兵的勇气,但从不愿轻率地拿他们冒险。在米利都(Milets)围攻战中,帕墨隆这位前文提及的上一代人的重要代表,建议冒险对占据优势的波斯舰队发动海战(阿里安,1.18.6及以下;另参20.1),亚历山大直接予以拒绝。从征战开始,一直到征战结束穿越俾路支(Belutschistan)荒漠,他都是如此。近现代学者中有种少见的看法,认为这个年轻国王在俾路支对军队进行了判决,造成"大量死亡",但克拉夫特在身后发表的论文中(页106及以下),通过有说服力的证据证明此乃误解。① 我们已引用过他的文章。正是由于亚历山大关心士兵,军队几乎狂热地听命于自己的统帅,②即使在征战进入第二阶段后危机一再出现,他们

---

① 同一篇文章在页11-42合乎逻辑地反驳了亚历山大知道有人要谋杀父亲的说法,这里不再赘述这个一再被错误讨论的问题。

② 瓦滕堡伯爵(York v. Wartenburg)的估算,可以作为衡量他们伟大成就的标准,按照他的估算,军队从马其顿出发到抵达绪法西斯(Hyphasis),行军路程约为18,000千米。参 H. Bengtson, *Griechische Geschichte*, 第4版, 1969, 页352。除了伟大人物,有时人们还应该回想起那些所谓的小人物,没有他们,"大人物"的功绩将无从谈起,亚历山大大帝的情况尤其如此。

也总是与他重归于好。

马其顿这个陆军王国（Heerkönigtum）最初位于希腊文明的北部边缘——不久成为其中一部分，迥异于高度发达的希腊文明世界。无论如何，要想理解它，就要将它视为源自英雄传说与英雄史诗鼎盛期的统治形式的延续。我们已经说过，亚历山大正是从这个时期找到了他的典范——阿基琉斯，特洛伊人所遭遇的最伟大的希腊英雄。[①]在上文提过的公元前338年的凯隆尼亚战役中，亚历山大以骑兵进攻取得了决定性胜利，那时这位18岁的年轻人就已向全世界证明，他在战争荣誉方面已无限接近他钦佩的偶像。与传说中的阿基琉斯一样，亚历山大从没有被打败过，他取得的军事胜利并非如贝洛赫（J. Beloch）所认为的那样，仅靠上一代马其顿军队将领，他的最后一场战役可以证明这点。这场重要战役发生在亚洲：公元前326年，亚历山大在没有帕墨隆帮助的情况下，战胜了印度王波罗斯。

在众多的传本中，亚历山大首先是一位军事奇才。事实上，古代的战事较为稳定，因此早期关于军事成就的记述生动实用，很有意义，不像对政治家成就的描写，很快就会被人们遗忘。最出色、可靠地为亚历山大作传的作家，是生活在公元2世纪即罗马帝国鼎盛时期的阿里安（Flavius Arrian）。[②]尽管阿里安对哲学很感兴趣，但他主要

[①] 相应地，部分说法中插入了能够让人想到阿基琉斯经历和行为的部分，例如亚历山大与亚马逊女王的会面等等；见 E. Mederer, *Die Alexanderlegenden bei den ältesten Alexanderhistorikern* (1936)。

[②] 众所周知，阿里安对历史知识的价值在于，他判断可靠，论证恰当，他从大量著名的亚历山大文献中，将两位亚历山大远征参与者的优秀作品选为自己叙述亚历山大生平的基础。这两位参与者一位是后来的埃及国王托勒密一世，另一位是阿里斯托布鲁斯，阿里安认为他们的描写忠于事实，水平一流。他在作品前言中认真负责地告知读者自己的材料来源："如果这位征服世界的国王的形象在小说的迷雾中对于后人来说没有变得模糊的话，如果至少还能出现还算清楚的轮廓的话，那么，这不仅是幸运的偶然，更主要是那位正直勇敢的比提尼亚（bithynisch）罗马人的功劳。"见 Schwartz 编，

是位军事家（Kriegsmann），因此，马其顿国王的军事成就在他的作品中占了很大比重。①从奥古斯都开始，古代在政治上以这位罗马第一公民为标志重新整合，亚历山大以专制君主制的名义所追求的秩序，对于阿里安的时代而言，很大程度上仅仅具有历史意义。但无论如何，关于这种秩序的很多事实都广为人知，我们从中能够看出，亚历山大不只是一位军事将领，还是一位政治家。他性格的这两个方面需要得到同等的对待和评价。如果说原始资料更多反映了这位马其顿国王的军事成就，那并不意味着我们就不能从中看出亚历山大的天性。

二 亚历山大对波斯发动的"复仇战争"

歌德在1824年5月2日对艾克曼（Eckermann）说过一句非常中肯的话：

> 要想在历史上开辟一个时代，众所周知，要有两个条件：第一，要有一副好头脑；第二，要继承一份巨大的遗产。

歌德提到一些历史人物，例如继承了法国大革命遗产的拿破仑，弗里德里希大王（Friedrich d. Gr.）以及路德（Luther）。"一份巨大

《大保利古典学百科全书》（*Paulys Realenzyklop.*）2, 1 (1895)，栏1287，见词条 Arrianus 9；另参 Meyer 编，*Hermes* 33 (1898)，页648及以下。

① 阿里安，1. 12. 4f.："没有第二个人，能在希腊人和野蛮人中像这位伟人（即像亚历山大）一样做这么多伟大、优秀的事。"阿里安由此总结道："他属于战争技艺上（τῶν ἐν τοῖς ὅπλοις）最优秀的人。"如果我们只看阿里安的作品，由于他的目标不同，他的叙述中缺少帮助我们认识亚历山大的政治方面的信息，我们只能对这些进行推测，例如阅读普鲁塔克的叙述，他曾论述到亚历山大在高伽米拉胜利之后采取的有利于希腊人的措施（《亚历山大传》34）。方法上，我们可以以德罗伊森的《历史知识理论》为基础（*Historik*, R. Hübner 出版, 1937；其中，在369页及以下有著名的《希腊化史》[*Geschichte des Hellenismus*] 前言, Bd. 2 von 1843。)

的遗产"也适于描述亚历山大大帝的情况：他继承了父亲的军事和政治成就。腓力只用23年就使马其顿成了一个强国，最终成为当时的文明世界中心——希腊的统治者。①作为公元前338年凯隆尼亚战役的胜利者，他为自己以及后代赢得了希腊霸主的地位，迫使"科林多联盟"（Korinthisches Bund）中一些最重要的希腊城邦彼此联合，并与马其顿联合起来。联盟成员国不得不委托腓力在他们共同进行的对抗波斯帝国的复仇战争中行使最高指挥权。

当时的波斯帝国尽管出现了一些瓦解迹象，仍然是当时重要的强国。一个半世纪之前，波斯帝国国王薛西斯曾大举入侵希腊，特别是雅典，肆无忌惮地将其圣物摧毁殆尽。后来，伯里克勒斯领导民众在雅典卫城（Akropolis）重建了神庙。尽管重建的神庙同样光彩夺目，但波斯人的渎神行为乃是希腊人进行复仇战争的原因。然而，希腊人一直报不了波斯人的渎神之仇。古典时期的希腊城邦为维护自由而展开的军事争斗，反而为波斯国王从外交上进行干预创造了机会，波斯国王甚至还重新获得了对小亚细亚西海岸古希腊人居住区的统治，包括爱奥利斯（Äolis）、伊奥尼亚（Inonien）以及多里斯（Doris）等地区。

腓力被推选为"希腊人"的霸主之后，准备消除这种不正常状态。马其顿的一支陆军分队越过赫勒斯滂（Hellespont）海峡，在小亚细亚西北部对那里的波斯军队采取了军事行动。但由于腓力遇刺身亡，已经打响的战斗不得不中断，不过，腓力的将领们还是尽力保住了在赫勒斯滂夺取的亚洲桥头堡。

年仅20岁的王子亚历山大接管了父亲的政治遗产，结果遇到很多困难，他不得不采取一番强硬行动，才确保自己最终登上王位。新国王不久就显示出自己的能力，但希腊的权威政治圈起初大大错估了这一能力，他们沉醉于一个不切实际的希望，以为可以重新赢得曾经

---

① 参 H. U. Instinsky,（引文）前揭，页11。

的政治自由。为使科林多联盟（Synhedrion）认可自己的继承权，亚历山大不得不连续两次介入希腊。他通过科林多联盟成员国，对叛乱的忒拜这个只看重战争荣誉的城邦进行了严厉惩罚；①而始终在文化之光里熠熠生辉的雅典，尽管对马其顿人也并不顺从，亚历山大还是采取了妥协的处理方式。这些首先确保了"和平秩序"。②"和平秩序"的要求很高；这个说法由腓力首先提出，亚历山大继续沿用。发动对波斯的复仇战争这一决定得到肯定，科林多联盟成员国成立了联军，这当然同时意味着确保本邦的行为会守本分。尽管如此，这位马其顿的"希腊人"盟军统帅还是认为，应该让腓力手下久经考验的安提帕特（Antipater）将军率领一支战斗力强的部队留在马其顿，③以便应付强大的波斯海军朝爱琴海（Ägäis）方向发动反攻的危险，这无疑将危及雅典海军。④斯巴达则拒绝加入科林多联盟，决定伺机与波斯合谋，之后确实也这样做了。

与上述举措比较，亚历山大自告奋勇带领一支军队，通过占领基地和港口——特别是腓尼基——消除敌方海军威胁的做法，似乎是年轻人的蛮干。这支军队人数少，行动敏捷，只有通过快速行军来打乱波斯的计划才有胜算。公元前334年，亚历山大在格拉尼库斯河（Grannikos）骑兵会战中取得胜利，打开了他通往小亚细亚的通道；伊奥尼亚的城市和岛屿得以解放，⑤并入科林多联盟。接下来的一年，

---

① 在这方面，亚历山大阻止了——跟曾经的薛西斯不同——毁坏神庙及著名诗人品达（Pindar）故居的行为。

② εἰρήνη：Arrian 2.14.6。

③ 人数是马其顿精锐部队的三分之一（14,000人）。

④ "金冠诉讼"（Kranzprozess）反映了当时的主要看法，这是亲马其顿派代表埃斯基涅斯极力反对德摩斯忒涅而进行的诉讼，从公元前337年起一直没有审理，直到公元前330年才宣判，结果埃斯基涅斯大败。

⑤ 在被解放的以弗所，亚历山大阻止了当地具有民主意识的平民向他们倾向波斯的寡头执政者复仇，如阿里安（1.17.12）所叙，这使他得到很高赞赏。

在深入敌境的伊苏斯（伊斯肯德仑［Iskenderun］以北）战役中，他首次大胜波斯大王及其军队，从而得以长驱直入，挺进位于东部的波斯都城，如同68年前一支壮观的希腊雇佣军成功地站在巴比伦（Babylon）城门前一样。①

通常，战争以占领敌国的都城决定胜负。上文提及的亚历山大与大流士的通信表明，亚历山大感到自己已是亚洲的统治者。我们可以肯定地说，比起通过围攻推罗岛（Tyros）以及埃及的堡垒加沙（Gaza）来占领腓尼基和巴勒斯坦，亚历山大占领苏萨城（Susas）和巴比伦时困难更小，损失也更少。假如这位胜利者只是想占领对方首都的话，那么，在波斯帝国的海岸线上作战原本没有必要。

在很多观察者看来，青年时期的亚历山大是个喜爱冒险的冒失鬼，为什么他现在如此行事？很显然，对他而言，发动战争并不仅仅意味着征服，而是某种严格按照一定方法开展的行动，目的在于巩固已有的成功，一劳永逸地排除逆转的可能。同父亲手下久经考验的军队将领一样，他不会高估自己，也不会高估自己的能力。他重视力量尚存的波斯海军，并坚持要拿下位于腓尼基的波斯海军基地，困难越大，他越是坚持最初的打算。

有人批评他在军事方面犯了一个战略性的失误，②因为他让自己偏离了原本的目标，从而陷入了被一支新的波斯军队阻断后路的危险。但是，鉴于征战的整体部署和执行从一开始就很谨慎，这样的指责显得并不合适。当然，亚历山大受到的非议不止于此——我们首先想到他曾在东西方向的行军途中绕路穿过伊朗前往德兰吉亚纳（Drangiana）。但可以看出，此番绕路的原因是进行侧翼掩护，也就

---

① 色诺芬叙述了自己作为亲历者，参加"上行"征途前往亚洲北部乃至撤回黑海的历程，清楚显示出波斯帝国在军事上的劣势。

② M. Graf York von Wartenburg, *Kurze übersicht der Feldzüge Alexanders d. Gr.* (1897)，页31–32。

是最大限度地保证安全。①

发动战争对这位马其顿国王而言，不仅仅是为了满足冒险的兴趣，也不是为了检验自己的力量是否能屡屡获胜。成功在他看来是神的裁决，这种理解最符合上文所描述的他特有的"骑士风度"。在给大流士三世的信中，针对格拉尼库斯战役和伊苏斯战役，他强调说（阿里安，2.14.7），他确实力求严格按照一定的方法，用有责任感的行动来隆重地证明神的恩宠。研究这一问题的专家施拉姆（E. Schramm）肯定地说，在对推罗长达七个月的围攻中，"亚历山大军队表现出的能量和勇气，世界历史上没有任何一次围攻战可与之相比"。②

伊索克拉底曾劝腓力王把自由的理念传递给外夷，③尽管后者一再让希腊陷入严酷的战争，并造成雅典人和斯巴达人的邦国解体。而现在，亚历山大正是作为波斯统治压迫的解放者出现的，波斯统治被取代的时候到了。④古老的、文明高度发达的埃及尤其视他为解放者。没有任何一个臣服的东方国家像埃及这样：加沙陷落之后，埃及人竟然在孟斐斯（Memphis）向马其顿统治者欢呼，授予他法老的桂冠，使他在尼罗河流域享有神的尊严。亚历山大城（Alexanderia）让之前以大陆为本的尼罗河流域，在将近一千年中向海洋展示了自己的容颜——在伊斯兰时代再次如此。该城的建立不仅仅证明了这位年轻

---

① 正是在这里，这位年轻的军队领导，用克拉夫特（K. Kraft）的话说，作为"理智的"亚历山大出现在我们眼前。

② 载于 *Kromayer – Veith*，*Heerwesen und Kriegführung der Griechen und Römer*（1928），页218。克拉夫特（前揭，页69及以下）深入且令人信服地反驳了现代针对亚历山大战略的指责，可供此处参阅。

③ Phil. 104. 另参154：等到腓力把外夷从野蛮的暴政中解放出来，使他们能够参与"希腊的"救助（Fürsorge）时，他们将懂得感谢腓力。

④ 我们想到，色诺芬在《居鲁士的教育》（*Kyrupädie*）的结尾着重指出，这是符合事实的真实写照，他本人曾参加"万人远征"。

征服者令人惊异的敏锐眼光，即他能够看出，这是一个最有利于世界贸易的建城地点。

并且，如之后在托勒密一世和继任者的统治中表现出来的，建造亚历山大城这一举措，目的是在远超于当时的程度上强化埃及与希腊世界的联系。①事实上，锡瓦绿洲（Oase Siwa）的阿蒙神庙自古以来闻名世界，而当时保护神庙的希腊城邦派出了使者拜访亚历山大，代表基伦林纳卡（Kyrenaika）的希腊城市向他表示效忠。这样，亚历山大的势力范围就从伊苏斯和推罗一直扩大到了迦太基帝国的边界。按照亚历山大在开始围攻推罗前所说的（阿里安，2.17.4），对他而言，只有拿下埃及，才能消除希腊由于地形不利引发的所有忧虑。现在，他无疑可以去探询锡瓦绿洲宙斯阿蒙的神谕了，这里的神谕在希腊世界比在东方世界声望更高。

亚历山大的"大型绕行"，是一次既年轻果敢又成熟谨慎的行动，在此期间，亚历山大多次公开强调自己是希腊联盟的统帅，他通过自己的王朝已经成为希腊人，并根据科林多联盟的决议进行远征。因此，对于加入波斯"外夷"队伍的希腊人，他有时会亲自施行严厉的制裁，有时则让科林多的希腊城邦会议采取措施。②联盟协定没有提到夺取地盘的事，也没有提及马其顿与希腊盟友之间分享波斯战利品的事。从亚历山大晚期在波斯城的行为（阿里安，3.18.12）可以看出，对他而言，只有整个占领波斯都城才算完成了复仇任务。什么时候、以什么方式进行，完全取决于这位联盟统帅以及主要由马其

---

① 尼泽（B. Niese）已经指出，新建的亚历山大城是"马其顿统治的支撑"（*Geschichte der griechischen und makedonischen Staaten* 1 ［1893］，页85）。维尔肯（U. Wilcken）怀疑，亚历山大城的建立同时具有军事目的，这没有道理，反抗者曾在此地区可以像阿米尔泰乌斯（Amyrtäos）那样长时间坚持对抗波斯力量。

② 尤可参阿里安 1.16.6f.，以及基俄斯岛的碑文（M. N. Tod, *A selection of Greek historical inscriptions* 2，1948，页 263 及以下，编号 192）。

顿士兵构成的军队。依靠军队，作为胜利者的他，有权将他曾率军穿越的波斯领土纳入自己的统治；此外，可以越来越清楚地看到，在复仇战争之外，亚历山大的确还在进行宏大的征服战争。

前文已多次提到他与大流士三世的通信，信中这两点都有表现；这位马其顿人在占领伊苏斯之后，就已公开要求波斯国王臣服。他能够想到这位骄傲的东方人不会接受自己的建议，他在信中最后一段清楚表明，毫无疑问，他也将重新寻求机会发动关乎波斯帝国命运的战役。"胜者获得战利品"——这是亚历山大的格言，但是，他对到那时为止已臣服的邦国及居民的处理方法表明，建立东方风格的新的专制统治，并非要按照这句格言来理解。由于士兵数量有限，他尤其有必要谨慎行事，以防出现逆转的危险。波斯国王始终是他的对手，如上所述，亚历山大给了他再战一次的机会。这一年春天，他必须开始向中东地区进军。①因此，在孟斐斯加冕典礼结束之后，他放弃了造访尼罗上游河谷地区的打算（由于气候的原因，冬天造访该地是非常诱人的计划），转而向北部行进。用自己的名字为城市命名是亚历山大的典型做法，从规模可以看出，这座城市意义重大；与之相比，公元前3世纪的雅典显得偏居一隅，古老而闭塞。②从新建城市的地理位置来看，人们几乎可以确定，未来亚历山大将会在这里重建帝国首都。③

这位年轻国王的计划着眼在未来。很明显，他的锡瓦绿洲阿蒙神庙之行也具有这样的历史意义。这涉及他的军队，是军队让亚历山大有可能将计划变成现实。他们面临一个强大对手的严峻考验，亚历山大没有低估考验，所以，亚历山大一直惦记着从最高的神那里获得预言。从公元前7世纪起，宙斯在希腊就等同于古埃及的阿蒙神。自德

---

① K. Kraft，前揭，页69及以下。

② 参 *Heraklides' Reisebilder* （F. Pfister 出版，*Sitzungsber. der österr. Akad. d. Wiss.* 227，2，1951，页72）。

③ 参 W. Schubart 收集的原始资料来源，*Art. Alexandria*，*im Reallexikon f. Antike und Christenum* 1（1950），Sp. 271 及以下。

尔斐（Delphi）阿波罗的皮提亚（Pythia von Apollo）把神庙归入马其顿的势力范围后，其独立的名声受到了损害。①但锡瓦绿洲预言所的祭司曾在伯罗奔半岛战争中勇敢地拒绝胜利者吕山德（Lysander）的收买，从而引起轰动。对很多希腊人特别是雅典人②来说，这个预言所仍可信赖。亚历山大——当然大费了一番周折——探访阿蒙神庙，并且比当时任何一个希腊城邦的人都更令人印象深刻地进入神庙，这对于亚历山大一直努力给希腊特别是雅典留下的印象③来说，当然不可谓不重要。

亚历山大是否率领大部军队来到锡瓦绿洲，现在还存有争议。④不管怎样，他至少带了上千名军人（其中有托勒密）随行前往阿蒙神庙，意图很明显：⑤一方面表达对神及其圣殿的尊敬，另一方面让军队的行动最大可能地给公众留下深刻印象。关于在阿蒙神谕所究竟发生了什么，原始资料中有很多相关讨论，尽管存在分歧，但有一点一致：年仅25岁的年轻国王没有换掉旅行时穿的衣服，而是像儿子到父亲那里去一样，直接进了圣殿，在他之前没有人能够这样做。普鲁塔克的《亚历山大传》以πλεῖστοι［多数人］的文章为依据，提到亚历山大向宙斯阿蒙的"先知"提出三个问题，这非常符合通常描

---

① 为人熟知的是，德摩斯忒涅劝阻雅典人向德尔斐的皮提亚询问，说她具有"腓力思想"倾向：Äschines 3.130. - Lysander und die Ammonspriester：普鲁塔克，*Lys.* 20.25（nach Ephoros）。

② 他们在腓力时代就已将一艘命名为"阿蒙号"的新船投入使用（亚里士多德，《雅典政制》[Staat der Athener]，61.3）。

③ 这种追求继承自他的父亲腓力（参见普鲁塔克书中所记腓力的格言，*Apophth.*：Phil. 11, p. 178 A）。

④ K. Kraft，前揭，页73及以下。

⑤ 儒弗斯（Curtius Rufus）使用的措辞：cum iis, quos ducere secum statuerat；4.7.9［他决定带这些人一起］，只能这样解释（与克拉夫特意见相反，前揭，页73）。否则这里应该会用"只"（solum）或诸如此类的词。

述的情况。①

　　他的第一个问题是想确定，他是否为被人谋杀的父亲完成了儿子应尽的复仇义务。但他得到的回答是：他没有会死的父亲。亚历山大再次问了这个问题，他希望知道谋杀腓力的人是否已全部受到惩罚——这次他得到了充分肯定的回答。然后到了他求问的最重要②的问题：宙斯阿蒙是否会让亚历山大统治全人类③——这一点也得到了确认。于是，亚历山大向神献上大量贡品，并给这片绿洲的居民分发赏钱以示感谢。在阿里安的作品中（3.4.5），亚历山大只是说，他"听到了符合他想法的话"，但这并没有贬低普鲁塔克作品的价值。

　　对于某件重要的事情而言，半官方的沉默是"到处传播"它的最好方法。④毫无疑问，与宙斯的父子关系在亚历山大拜访阿蒙神庙一事中扮演了重要作用。这一点影响了后世对此事的认识，特别影响了普鲁塔克关于亚历山大在高伽米拉战役之前祈祷的描述（《亚历山大传》33）。当时他骑马巡视前线，来到希腊军队特别是色萨利（thessalisch）骑兵面前——据普鲁塔克本人说，他从亚历山大史官卡利斯忒涅（Kallisthene）的作品中提取了这篇叙述。这位马其顿的统治者，如已提到的，认为神的判决决定战争胜负，他隆重地祈求诸神："如果他真是宙斯的儿子的话"，就请诸神帮助希腊人。这样征引自己直

---

① Anders Kraft，前揭，页 29 及以下。
② 我不再认同我以前撰写的辞条《亚历山大大帝》（*Alexander III. d. Große*），见 *Reallexikon Antike und Christentum* 1，栏 266。
③ 迈德尔（E. Mederer, *Die Alexanderlegenden*, 1936, 页 65 – 66）反对维尔肯（U. Wilcken）的说法，认为亚历山大在公元前 331 年春天尚未考虑统治世界，这次大祭司的预言"只是源于事件的预言"（oraculum ex eventu），他作为前提的一些情况还有待通过历史考证学进行科学的证明。
④ Gegen H. Bengtson, *Griech. Geschichte* ⁴(1969)，页 344。

接源于宙斯的出身,①必定会让每位听众立刻想到锡瓦的阿蒙神庙之行;相应地,士兵们也大声呼喊,并因着他们显赫的胜利而把他们尚在战场的指挥官称作"亚洲的国王"。神谕实现了,大祭司没有弄错;确切地说,在整个战无不胜的生涯中,亚历山大也一直受到如此礼遇,这也让我们充满赞叹。无论如何,高伽米拉战役应该算是(对神谕的)一次检验,而且确实是在对亚历山大有利的意义上。②这次战役之后,人们有理由认为,波斯人的统治已完全瓦解(普鲁塔克,《亚历山大传》34);曾经的国王只能流亡。广大的帝国及其宝藏作为战利品呈现在胜利者亚历山大眼前。

毫无疑问,在这个历史时刻,这位年轻的马其顿统治者再次明确了一点:远征是希腊世界对抗外夷的复仇战争,为报薛西斯率领东方

---

① 克拉夫特认为,这里可能只涉及这一点,而不涉及阿基德王朝(Argeadendynastie)的宙斯出身。遗憾的是,他的大部分解释(前揭,页61及以下)我不能同意。这里无法展开深入讨论。只是我必须指出,早在《伊利亚特》(*Ilias*)中,通常诸神就已不是通过神迹,而是通过英雄的要求来决定胜利,恰如亚历山大在他的祈祷中所求。可以想到,克莱塔尔库斯(有悖于真实的顺序)让亚历山大城的建立发生在亚历山大拜访阿蒙神庙之后,这样,这座城市就是由宙斯的儿子建立的。同样,从这里也可以看出,在阿蒙神庙之行中,国王是神的儿子的身份是一个重要的事实。

② 亚历山大的预言家亚里斯坦德(Aristander)也认为自己理由充足,他曾将公元前332年9月20日到21日夜里发生的月食预卜为马其顿人获胜的迹象——叙述沙漠行军的危险,毫无疑问是对亚历山大在阿蒙神庙询问神谕进行的修饰,目的是让此次拜访更具神秘感。实际上,他们走的是一条商队及朝圣者经常走的路,这条路从帕拉托尼奥(Parätonion)出发,差不多12天才能走完(U. Wilcken, *Alexander d. Gr.* 1931,页113),但是通常不会遇到特别大的困难。对考古遗迹的勘察已证明,阿蒙神庙里根本没有足够的空间让狄俄多儒斯(Diodor 17. 51)所描述的队列行进,见G. Steindorff u. a., *Ägypt. Ztschr.* 69(1933),1及以下;F. Oertel, *Rhein. Museum* 89(1940),页66及以下;这类叙述主要受虚构的故事,特别是克莱塔尔库斯介绍的亚历山大故事所影响。

人进攻西方之仇。亚历山大在胜利之后，自豪地对希腊部署了一些措施，普鲁塔克的讲述中保存了关于这些重要措施的信息（《亚历山大传》34）。亚历山大给科林多联盟城邦会议写信，让他们继续执行以前的规定——与基俄斯［Chios］岛的情况一样。信中说，所有的僭主统治都应废除，所有国家的人民应按自己的法律生活。他特别鼓励普拉提亚人（Plataer），说他们应该重建他们（被忒拜毁掉）的城市，他们的祖先曾经（公元前479年）把自己的土地供希腊人使用，以便希腊人能够在那里为自由而与波斯作战。因多次在德尔斐的皮托竞技会（Pythische Spiele）上获胜而出名的克鲁顿（Kroton）公民法尔洛斯（Phayllos），曾于公元前480年驾驶自己的战舰，前往萨拉米斯（Salamis）参加那里为自由而战的斗争；因为他的缘故，连他的家乡，位于意大利南部的克鲁顿城，也得到了一部分波斯战利品。高伽米拉战役中，由于马其顿损失相对很小，因此胜利显得特别辉煌——亚历山大通过前述规定，把这场胜利与薛西斯远征事件紧密联系起来（阿里安，315.2.6）。

波斯王宫分散在四个地方，但与亚历山大预计的不同（阿里安，3.16.3），巨城巴比伦首先投降，接着是实际上的帝国首都苏萨城（那里拥有大量宝藏），这之后，复仇战争几乎已近尾声。一个半世纪之前，薛西斯把标志着他的所谓胜利的战利品从希腊带到了苏萨城，现在这些战利品则落入了亚历山大之手。值得一提的是，他把由安特诺（Antenor）创作的青铜雕像送回了雅典。①这组雕像塑造的是哈尔摩迪奥斯（Hermodios）和阿里斯托革顿（Aristogeiton），两位所谓谋杀僭主的人、阿提卡民主的肇始者。当然，从亚历山大的角度看，

---

① 阿里安，3.16.7f.（内容编排在时间顺序上很明显是正确的，因为这与普鲁塔克［普鲁塔克，34］提到的亚历山大反对僭主统治的公告相符）。针对与内容编排不一致的地方，阿里安表示，亚历山大在去世之前与雅典人的关系很紧张（阿里安，7.19.2）。

这些措施同时也是为了在希腊制造政治舆论：在那里，斯巴达开始了反对马其顿统治的战斗，尽管获胜希望渺茫；而在雅典，亲马其顿的埃斯基涅斯反对德摩斯忒涅（Demosthenes）外交政策的大型诉讼还悬而未决。但是，国王始终感到自己与科林多联盟站在一起，他也不想让人对此产生任何怀疑。坚持曾经达成的协定，是亚历山大的一个典型特点，在这方面他首先就和帕墨隆不同：伊苏斯战役之后，二人关于大流士三世的议和条件，即割让所有幼发拉底河以西领土的谈话，很清楚地表现了这一点。

三　文学和考古学中的波斯城大火

另外两个波斯王宫所在地还没有被亚历山大征服——波斯城和埃克巴塔那（Ekbatana）。只有拿下这两个地方，才称得上完成了复仇。国王确实寻找了这两个地方，为此军队行军1200千米。他知道，远处的波斯城中宝藏最多，而且他可以同样迅速而残酷地强占这些宝藏（阿里安，3.18.10）。尽管财政问题对亚历山大而言至关重要，但他在战略和政治上的意愿与计划并没有充分顾及财政问题，这一点我们可以从火烧波斯城宫殿一事看出来，26岁的亚历山大在历史上要承担这次事件的责任。

有关此事的文献记载不可谓不充分，而且都观点一致，清晰明确，甚至在众所周知意见不合的两派中也是如此。这两派只是在推断亚历山大的行为动机方面存有分歧：一派认为亚历山大这么做经过了深思熟虑，有清晰的政治意图，另一派意见则完全相反，认为这事纯属偶然。[1]尽管现代亚历山大研究的开山鼻祖、天才的德意志史学家德罗伊森，通过

---

[1]　"一个喝醉之后的念头"（Ein trunkener Einfall）是瓦尔泽（G. Walser）使用的说法，见"Zur neueren Forschung über Alexander d. Gr. ", 载于 *Schweizer Beiträge zur Allgemeinen Geschichte* 14 (1956)，页156。这是一篇很有益的研究报告，但是作者未敢得出结论。

敏锐的批判性审视已对此做出正确判断,①但在他之后,有关火烧波斯宫殿一事的讨论并未休止——这实在不是历史上光彩的一页。托勒密一世和阿里斯托布鲁斯是亚历山大远征的两位知名参与者,阿里安(3.18.11f.)以他们的作品为基础得出的简短描述,只提到一个事实:在与帕墨隆又一次意见不合之后,亚历山大放火烧了波斯宫殿。帕墨隆劝说亚历山大将这座宏伟的建筑保留下来,因为在他看来,波斯宫殿已是马其顿国王的财产,若仍要横加破坏,亚洲人只会认为,亚历山大是为了征服而征服,而不是来当一位新的统治者。

然而,亚历山大以复仇为由,拒绝了帕墨隆的建议。他强调自己肩负着希腊联盟的任务,必须以牙还牙向波斯复仇,因为波斯曾犯下侵略和蹂躏希腊特别是雅典的罪行。波斯城在他看来正是合适的复仇对象:这里宫殿群落巨大,面积几乎是奥林匹亚圣阿尔提斯(Altis)的三倍,且主要由大流士一世(Darius I)和薛西斯建立。

五百年后,阿里安记述了这一事件的经过,紧接着,他没有按照编年顺序讲述此后的事,而是在叙述结束后明确表达了自己对亚历山大的复仇行为及这种行为动机的否定态度。他的记述应该是准确的。复仇行为及其动机是历史事实。第二派也表明,是亚历山大根据自己的身份和信念,第一个将火把扔向这伟大的建筑,这场大火象征着伟大的胜利,象征着复仇者与希腊以及雅典的联系——这第二派的代表人有普鲁塔克(《亚历山大传》38)、狄俄多儒斯(17.72)和儒弗斯(5.7.1及以下)。②他们对事件过程的认识与阿里安的倾向完全相同,两派都认为,"亚历山大的决定"和"为雅典复仇"这两点发挥了决

---

① *Geschichte Alexanders d. Gr.* 第2版,1877,页361注释1。
② 普鲁塔克、狄俄多儒斯和儒弗斯说法之间的关系,参雷霍克(J. Rehork)在纪念阿尔特海姆的文集中的文章:*Beiträge zur Alten Geschichte und deren Nachleben*(R. Stiehl u. H. E. Stier 出版,1969),页254。

定性作用。①

但是，对于上文提到的年轻一代与年长一代，即亚历山大与帕墨隆之间对立的看法，阿里安持批判态度；第二派则完全没有提及此事，而是让一个雅典女人成为事件的中心：她（借助酒精的作用）怂恿亚历山大焚烧了薛西斯宫殿，用这种昭然的方式为希腊和雅典复仇，而人们则在宫殿里欢呼，兴奋地赞同火烧宫殿。对于第二派来说，这事说的并非某个随便什么人物，而是身为希腊人的泰伊思（Thaïs），她当时已很受敬重，②后来成为托勒密一世的"情人"，并为他生养——她女儿的名字颇具深意，叫 Eirene［和平］。出身自这门第不当的婚姻的女孩，后来成了塞浦路斯国王欧诺斯托斯（Eunostos von Soloi）的夫人。③

在第二派看来，事件伊始，也就是泰伊思以雅典和希腊的名义号召马其顿国王火烧宫殿的时候，并不是胡作非为，反倒是亚历山大行动中最美的：从中可以见出他的胜利完全击溃了波斯帝国的势力，以至于现在女人柔弱的手都可以把复仇的火把扔向薛西斯奢华的宫殿，不会遇到任何抵抗。但是，读者诧异地看到，泰伊思的想法不是由她，而是通过胜利者亚历山大实现的。泰伊思只能怂恿他；如同上文一再强调的，亚历山大才是首次将火把扔向宫殿的人，这位宠妃则"在国王之后第一个"扔出了火把（狄俄多儒斯17.72.6）。这与狄俄

---

① 儒弗斯记述的亚历山大故事，在这里只将普鲁塔克和狄俄多儒斯所绘的形象变得粗鄙，行文间充满了对"醉酒的君主"的仇恨倾向。众所周知，他避而不谈雅典的名字；但无论如何，为希腊复仇的想法，在他的叙述中也是主要的主题。参见 E. Mederer, *Die Alexanderlegenden*（1936），页 73 – 74。

② 普鲁塔克 *Al.* 38：εὐδοκιμοῦσα μάλιστα—bei Curtius 5. 7. 4，一个醉酒的妓女！（ein *ebrium scortum*！）

③ Athen. 13, 576 e; Fiehn in Paulys Realenzyklop. der klass. Altertumswiss. 10 (1934), 1184 – 1185, s. v. Thais。

多儒斯(同上)最后的评论有出入:他说,让人完全意想不到的是,①一个故乡曾经遭到蹂躏的阿提卡女人,很多年以后"仿佛游戏一般"报了薛西斯对雅典卫城犯下的罪行,使其遭受了同样的痛苦。普鲁塔克记述了(《亚历山大传》38)泰伊思的呼喊,认为是先有泰伊思的行为,之后才开始出现"亚历山大随行人员中弱小的女人而非军队将领向波斯人报了希腊的切肤之仇"这样的说法。反对的一方则认为,以上火烧宫殿事件的叙述中很大程度上揉进了传奇元素,显得十分突兀,因而与真相不符。

显然,这种杜撰意在讨好与托勒密一世相联的泰伊思。我们从阿忒纳奥斯(Athenäos)的重要评论中(13.576e)得知,亚历山大城的克莱塔尔库斯(Kleitarch von Alexanderia)②在他的《亚历山大传》(*Alexandergeschichte*)中,把泰伊思塑造成火烧波斯宫殿的带头人。自亚历山大的史官卡利斯忒涅开了神化($\dot{\alpha}\pi o\vartheta\varepsilon o\tilde{u}\nu$)亚历山大大帝的先例之后(Polybios 12, 23),这种伪造历史、曲意逢迎的做法就逐渐传播开来。关于克莱塔尔库斯的历史书写,我们有足够的证据可以确定,其中有明显的"效忠托勒密一世的倾向"。③为达此目的,这位作者在不少地方毫无顾忌地篡改事实,例如,他把上文提过的亚历山大城(后来的托勒密王朝的都城所在地)的建立,放在了亚历山大拜访阿蒙神庙之后,这样,这座由最高神宙斯阿蒙的儿子建立的城

---

① τὸ πάντων παραδοξότατον。普鲁塔克(《亚历山大传》,38)解释了泰伊思的呼喊,认为这样做符合她故乡(雅典)的风俗,但是超越了她的等级(!)。作者足够诚实而博学,在叙述的末尾他告知读者,关于火烧薛西斯的宫殿有种种说法,一部分人认为这是醉酒放纵的后果,另一部分人则认为这是亚历山大有意为之(ἀπὸ γνώμης)。

② 关于故乡的说明来自菲洛德穆(Philodem);参 F. Jacobys, *Fragmente der griechischen Historiker*, 编号137 T 12, 包含注解(5. 485)。

③ F. Jacoby, *Fragmente der griechischen Historiker*, 关于编号137 F 24 的注释,页495 上;Curtius 9, 8, 22(极可能源自克莱塔尔库斯)。

市，就高于所有其他的城市；此外，他竟然安排托勒密亲自参加亚历山大在印度马勒城（Mallerstadt）危险的冒险，① 对此托勒密后来明确予以否认（Arrian 6，11，8）。

克莱塔尔库斯没有亲随亚历山大远征，②这当然使他更容易虚构故事。如今我们可以不按照个人印象或"内在可能性"，③而是按照客观的史源学考证方法来考虑其记述的史学价值。就后者而言，人们早就确认，古代晚期有能力进行判断的人，特别是像西塞罗（Cicero）和昆体良（Quitilian）这样的人，已经基于可靠的理由怀疑过克莱塔尔库斯是否诚实，这样的怀疑并非空穴来风。④有种观点认为，托勒密一世关于亚历山大远征的著作，必要且客观地回应了这个亚历山大里亚人捏造的描述，这个论点很有根据。德罗伊森已经以充分的理由指出一种相似情况，⑤那就是西格尔伯爵（Ségur）对拿破仑1812年远征俄罗斯一事的谄媚式描写，以及古尔高（Gourgaud）将军所写的反驳文章中对该描写进行的考订——古尔高曾随那位伟大的科西嘉人一起被流放至圣海伦娜岛（St. Helena）并受到后者信任。这就表明，这类事件并非学术杜撰，而是世界历史上真实发生过的事实。

---

① Curt. 9.5.2（编号138，F 26 b Jac.）；Arrian 6.11.7f.（前揭，F 26a Jac.）。狄俄多儒斯以克莱塔尔库斯的记述为基础，描述了在锡瓦绿洲阿蒙神谕所里军队行进的场面（17.51），根据现代对锡瓦遗址实地考察的结果，没有足够空间供军队行进——前面相关注释也提到这一点。

② Diod. 2.7（编号137 F 10 Jac.）："克莱塔尔库斯和一些之后与亚历山大一起前往亚洲的人"；另参阿里安，Proömium，2。

③ So H. Berve,《群体传记学基础上的亚历山大帝国》(Das Alexanderreich auf prosopographischer Grundlage)（1926）2，页175。

④ 西塞罗，Brutus 11，42 f.；de legibus 1.2.7；昆体良，10.1.74: Clitarchi probatur ingenium, fides infamatur.

⑤ Gesch. des Hellenismus 1（1877），页61注释1："克莱塔尔库斯，亚历山大的西格尔，他才华出众，却记述了有损于历史的历史。"另参2，页392。

由此可以看出，只有那些指点人们注意泰伊思故事只是虚构的研究者，才算已经找到或正在寻找历史真相。卡桑德拉的阿里斯托布鲁斯（Aristobul von Kassandrea）是关于亚历山大性格最可靠的证人，根据他的说法，亚历山大不是因为想喝酒才长时间举行酒宴，而是为了能与伙伴以及战友们聚会聊天，国王从不喝太多酒。①克莱塔尔库斯将这么重要的证据排除掉，仅仅是因为该证据与他让泰伊思出场的背景大相径庭。托勒密在自己的记述中对（克莱塔尔库斯的）全部叙述意味深长地保持沉默，并非因为顾虑亚历山大召集多人进行狂欢这件事，也并非首先考虑到情妇的名声（如上所述，认为她在波斯城的行为恶劣而非高尚乃是现代的一种误解），②而是因为现实中发生的事情很明显完全不同。请允许我们再次引用德罗伊森的话：

>阿里安的叙述很理智（3.18.11），根据他的说法，帕墨隆建议不要火烧官殿，亚历山大则认为这样做很有必要。这样的描述仿佛是托勒密在批判克莱塔尔库斯为这段历史加入的令人不安的欺骗说法。（2，页392）③

经过考证得出的关于波斯城大火的事实真相，如同大家看到的，很大程度上具有说服力。但还缺少一点：确定性。我们还需要对怀疑者而言也具有说服力的其他材料，来终止不断出现的、实际上总在兜圈子的争论。德罗伊森之后，差不多半个世纪过去了，考古学才出现

---

① Aristobul F 62 Jac. bei Arrian 7.29.4；普鲁塔克，*Alex.* 23 Anfang；*de Alexandri fortuna* 2.5（页337 D）。

② So H. Berve, *Das Alexanderreich auf prosopographischer Grundlage* (1926) 2，页175；F. Schachermeyr, *Alex. d. Gr.* (1949)，页512 – 513，注释163；2 (1973)，页290，注释335。

③ 将克莱塔尔库斯的泰伊思传奇故事与现代科学结合继续进行编造也是可能的，拉德特（G. Radet）的《亚历山大大帝》（*Alexandre le Grand*, 1931）第17章 Le comos de Persépôlis（页188及以下）证明了这一点。

了大家一致迫切希望看到的解释。这是一次考古挖掘的重要的附带发现（Begeleiterscheinung），这次挖掘首先由赫茨菲尔德（E. Herzfeld）开始，之后由施密特（E. F. Schmidt）及戈达德（A. Godard）等人继续进行，挖掘地点为波斯城宫殿旧址。①如同人们预期的那样，由亚历山大引发的火灾，在废墟中留下了大量遗迹。主殿的地面上覆盖着 30 到 90 厘米厚的灰烬和木炭——显微镜下的研究表明，这是屋顶的雪松木房梁焚烧而碳化后留下的。其余的废墟中很难确认有什么家具的痕迹。

由此我们可以得出明确的结论：宫殿起火前，大厅里有价值的家具和珍宝已被转移。考古学的发现不过确认了我们知道的说法中阿里安的版本，也就是他以同时代人托勒密和阿里斯托布鲁斯作品为依据的说法。这是一个极其重要的结果，史源学考证的一般做法，即贬低源于克莱塔尔库斯的所谓"通行说法"（Vulgat - Tradition），由此得到了充分肯定。②

----

① 埃德曼（K. Erdmann）做了非常有益的概述，见 *Mitteilungen der Deutschen Orient - Gesellschaft* 92（1960），页 21 及以下，以及 R. Ghirshman, *Iran*（德文版，1964），页 147 及以下。E. F. Schmidt, *Persepolis* 2（1957）5。F. Altheim、R. Stiehl, *Geschichte Mittelasiens im Altertum*（1970），页 201。见 F. Schachermeyr, *Alexander d. Gr.*（1973），页 289 - 290，该处认为："也许这次行动经过冷静策划，但之后执行的时候变成了欢庆活动。"这不是解决问题的科学方法。

② 作为成功的考古挖掘研究者，惠勒（Sir Mortimer Wheeler）于 1960 年出版了富有启发性的作品《波斯城的火焰》（*Flammen über Persepolis*），该书从 1969 年开始有德文译本。他在作品中言简意赅地叙述了波斯城旧址考古研究的结果（德文版，页 23 及以下）。对于事实，他倾向于同意阿里安的叙述，认为他的描写"看上去符合历史事实"。但是，紧接着在下一页，他就说阿里安的描写"可能不完全符合事实"。在页 27 他又表示："我认为，实际上我们没有理由丢弃狄俄多儒斯、儒弗斯以及普鲁塔克讲述泰伊思故事的形式。"惠勒非常欣赏塔恩（W. W. Tarn）。如果说伟大的塔恩做出了不认可泰伊思这段插曲的判断，并且还是在决定性的考古发现之前，那么，

占领波斯城之后,波斯大部分宝藏归亚历山大所有。如果说,这场由马其顿国王领导的希腊复仇战争需要通过一个标志宣布终结,即不管怎样要能让人看到,波斯作为有组织的国家已不复存在,那么,波斯帝国最伟大的中心正是再合适不过的标志。波斯城不同于其他波斯都城,出土碑文清楚说明,这里并不是波斯帝国的政治和管理中心。为了解决波斯城废墟挖掘中必然出现的问题,考古学家与东方学家共同协作,并认为,逐渐建立起来的波斯城,其整体布局极有可能与伊朗新年以及它在宇宙天文方面的特点密切相关。

在波斯大王的所有都城中,波斯城由大流士一世创建,并主要在薛西斯统治期间得到扩建,其名字原本就是"波斯人"的意思,是具有鲜明民族特色的圣地。② 每年帝国的人民都会来这里向大王进贡表示效忠,而大王则需确保自己能够获得诸神的眷顾。这是一个具有强烈宗教意味的地方;不仅如此,希腊人的敌人——大流士一世和薛西斯也对其颇为关注。按照以牙还牙的惩罚伦理,破坏此城就是对曾经毁坏希腊圣殿和文化中心之行为的有效报复,也是为薛西斯亵渎的希腊神灵复仇,亚历山大现在就是这场复仇的全权执行人。③

上文已提到的亚历山大与帕墨隆的争论(我们再重复一遍)在历史上能够得到很好的证实,这就表明,对亚历山大来说,重要的是首先履行道德上的义务——这就是他对希腊特别是对雅典承担的道德义务,而不仅仅是炫耀自己的胜利,即展示政治力量。波斯城的大火并非针对臣服的东方。这次经过谨慎考虑的行动,也不单单是要进行

这很大程度上是因为他幸运地"受到一位英国绅士直觉的影响"(页27),他的直觉,比现代某些人所愿意相信的更为接近亚历山大事件的历史真相。

② So K. Erdmann,前揭,页 46-47,以及参考文献。

③ 埃德曼已经指出(前揭,页47及之前相关注释),波斯城作为"阿契美尼德伊朗(achämenidisch Iran)一个不可触犯的民族圣地……的特点可以解释亚历山大大帝对它的破坏。"

破坏和蹂躏,①这从一系列事实中可以看出:如转移珍贵物品,国王下令扑灭过度蔓延的火势②——普鲁塔克(《亚历山大传》38 结尾)之后的种种说法,都口径一致地承认这一点。另外,亚历山大后来还把被手下刺杀的大流士三世的尸体运回波斯城,以国王的礼节下葬(阿里安,3.22.1)。

帕墨隆担心东方人会对亚历山大的复仇行为做出不利反应,但如同亚历山大明显已经预料到的一样,他的忧虑证明是多余的。更重要的是,希腊世界无疑了解国王的意图。亚历山大现在开始向第四个也是最后一个王宫所在地进军(距离波斯城大约700公里),那是曾经的米底亚帝国都城埃克巴塔那(今伊朗哈马丹),战败的波斯国王和残余部队驻扎在那里。达到目的后,亚历山大遣散希腊联军,向士兵们支付了丰厚的酬金,允许他们返回故国。③他们确实走上了回乡之路,第一段路是从埃克巴塔那通过比索通(Bisutun)关口,前往位于底格里斯河河谷地带的奥匹斯(Opis)。虽然亚历山大乐意把那些愿意继续跟他进行远征的希腊人作为自由战士编入他的军队,但发生在埃克巴塔那的这次郑重的遣散行为,依然确认了波斯城大火的意义:亚历山大和希腊联盟的复仇战争已然胜利结束。我们或许可以在这里稍作停留,并提出这样一个问题:假如亚历山大和他的士兵们走在了回乡队伍最前列,事情将会变成什么样?要知道,在这之后他又

---

① 这表现在亚历山大很爱护附近帕萨尔加德(Pasargadä)的居鲁士墓穴(*Aristobul*:编号 139 F 51 Jacoby,包含注解,页 522 – 523)。

② 亚历山大是否如普鲁塔克所述对此感到后悔,这一点尚存疑。

③ 一定有大量返乡士兵所做的致谢辞部分保存下来,其中,在《希腊诗选》(*Anthologia Palatina*)收录的警句中(Epigramm 6, 344 [J. Geffcken, *Griech. Epigramme*, 1916, 页 59, 编号 158; F. Hiller v. Gaertringen, *Histor. griech. Epigramme*, 1926, 页 32, 编号 79; M. N. Tod, *A selection of Greek historical inscriptions* 2, 1948, 页 278]),有一位来自斯皮亚(Thespiä)返乡者的致谢,他曾经"作为先辈的复仇者与亚历山大去往蛮夷的亚洲"一起远征。这种说法表明,腓力及其儿子包括后人进行的波斯战争曾经在希腊很受拥护。

花了四年多的时间抵达亚洲海岸线。

这段时间里,这位年仅26岁的年轻人颠覆了世界的政治图景,亲马其顿的埃斯基涅斯几乎同时向雅典公民宣告了这一事实。亚历山大在一定程度上已经完成了代表希腊人向"外夷"复仇的任务——除了他自己,大概没有人能够预料到这一点。年迈的伊索克拉底曾在凯隆尼亚战役之后写给亚历山大父亲腓力的最后一封信中(epist. 3.5)提醒这位胜利者:在"强迫仍被称作大王的波斯统治者听命于他之前",他不能停歇;而一旦完成这事,他就只剩"成为神"一件事了。

这阐明了一种在希腊世界的马其顿追随者当中占主导地位的看法。假如年轻的亚历山大现在作为这项"计划"的实现者,与马其顿—希腊军队再次一起出现在希腊,毫无疑问,他将赢得铺天盖地的欢呼。这欢呼将完全盖过雅典或其他任何地方的"爱国者"的意见,特别是鉴于这位年轻国王身上独具的有人情味的特点。①此外,这个时间是亚历山大与雅典的亚里士多德派发生冲突之前,即后者出于政治原因通过充满仇恨的鼓吹宣传扭曲国王的形象之前。亚历山大当时的统帅部早就借助卡利斯忒涅的史书开始对他进行"神化"了(参Polyb. 12.23),这种"神化"也从(很可能是当时的)艺术作品方面继续汲取了营养,例如在世界闻名的阿尔忒弥斯神庙陈列的阿佩利斯的画,画面上这位统治者手拿宙斯的闪电光束。②如果普鲁塔克有理由认为——所有的史料来源都认可他的说法——亚历山大特别欣赏这幅画作(De fort. Alex. 2. 335),那么,后者应该并不厌恶这种艺术追求;拜访阿蒙神庙之后,他也这样做了!如果他看重的只是荣誉,那

---

① 哪怕普鲁塔克在关于这方面的记述中只有一小部分符合事实,或者哪怕阿里安的叙述只有部分符合实情,那么说亚历山大具有人情味就不算夸张。

② H. Berve, *Das Alexanderreich* (1926) 2,页53–54。

么,在正式宣布结束复仇战争之后,他最应该踏上返回科林多和培拉(Pella)的归程。

可是,让今天的我们感到大为惊讶的是,亚历山大接下来放弃了所有这一切。他留在了亚洲,在埃克巴塔那短暂停留之后,他首次向希腊人从未见过的远东开始了自己的征程。这次远征以追捕逃亡的大流士三世开始,并最终越过波斯帝国的边界,汇入了征服世界的进程。亚历山大强调复仇战争已结束,于是,"战争的双重目的"①也随之消失,这就为征服世界创造了前提。

原始资料一再证明,亚历山大极其看重自己在人民心中,特别是在希腊人心中的声望。因此,他在此时遣散盟军,让自己的影响出现一个如此明显的休止,就更加显得让人吃惊。完全占领波斯帝国此前只作为次要方面产生影响,现在则成了公开目标。但是,这仍然不仅仅是因为国王内心充满权力欲。在埃克巴塔那停留期间,亚历山大就派人把从苏萨城和波斯城得到的宝藏,那对于当时而言几乎不可想象的战利品存放在城堡里,并下令将波斯大王大部分只是用来储藏的贵

---

① U. Wilcken, *Alexander d. Gr.* (1931),页 137。这种双重性很难协调,按照狄俄多儒斯,也就是克莱塔尔库斯的说法 (17.7.2),亚历山大于公元前 334 年到达赫勒斯滂时,利用长矛作战进入亚洲海岸,夺取了阵地。为什么他之后接过了希腊联盟的复仇任务?虽然他即刻在亚洲国家进行了统治,但他接着就发动了复仇战争,目的是为公元前 480 年的事件复仇,他还在波斯城大火之前向帕墨隆,即向上一代马其顿人用语言和行动为这个目标辩护。他的研究作品《亚历山大大帝在赫勒斯滂》(*Alexander d. Gr. am Hellespont*)反驳了茵斯廷斯基(H. U. Instinsky)的观点,尽管目光敏锐,信息丰富,令我非常钦佩,但我还是要指出,这项可信的研究在这个地方没有使用后来常用的术语 $δορίκτητος\ χώρα$ [矛尖下赢得之地],这很有代表性,因为这项研究考虑到在亚历山大远征的第一阶段两个战争目标是平等的。在我看来,这个事实对于史源学考证很重要——有意思的是,留西帕斯的"手握长矛的亚历山大"(Alexander mit der Lanze)之后还是获得了经典的声望,因为它符合继业者时代的精神,而阿佩利斯的刻画则与托勒密一世不合。参 H. Brunn,前揭,2,1 (1856),页 208-209。

金属铸成货币，使其进入经济生活。这些贵金属就像助推剂一样促进了经济的复兴和发展。"当强有力的亚历山大从亚洲获得宝藏的时候，如同品达所说，帝国统治世界的日子开始了"；所幸，罗马帝国时期阿忒纳乌斯（Athenäus）的《文集汇编》（Sammelwerk）记载了这个事实，虽然很短但内容很重要（6.231E），考古学和古币学研究也可以完全确认这个记载。

此时受到亚历山大关注的不再只是巨大的帝国以及大帝和贵族的利益，还有臣民的福祉；亚历山大溘然长逝之后，东方人中没人起来反抗这种新秩序，他们以这种方式表明他们认可新秩序。这尤其是因为，国王很明显尽量用"欧洲的"态度对待钱，即他所反映出的那种思想观点乃是尽可能地向人性倾斜，从而不再仅仅把人看作掌权者实现目的的工具。这样的结果是人们的生活水平提高了，即使很多战败的邦国也是如此。既然如此，他们为何还要反抗呢？亚历山大身上不同前人的一点是，他考虑事情和制定规则时，不是从胜者对败者的特权出发，而是从他作为统治者的责任出发。他感到自己有义务这样做。他深知，他所决心代表的新的统治方式是为这个世界而存在，而不是让世界为他存在——从大流士一世和薛西斯开始的波斯大王们则是后一种情形。

四　亚历山大征服世界——世界和平的前奏

"复仇战争"大约持续了四年半，战争结束时，希腊科林多联盟的实力已大大减弱，以至于当获得大城战役胜利的安提帕特委托联盟对造反的斯巴达人进行惩罚时，联盟又将此事转交给亚历山大处理。"复仇战争"之后，随着是五年半时间的对东方"天下"（Ökumene）有条不紊的征服。如果不考虑期间获得认可且广受赞叹的军事成就，这五年在政治上并不怎么引人关注。中东的统治者是像以前那样来自波斯，或是像后来那样来自帕提亚（Parthien），还是像现在这样来自位于波斯帝国西北边界的军事国家马其顿，最终都不是主要问题。东方人早就没有把政治命运掌握在自己手里的习惯了。①人们甘心接受另一个民族的最高统治。相应地，马其顿人则希望从现在起与国王一起把波斯帝国作为丰厚的战利品纳入囊中，而不用与别人分享。

亚历山大对整个帝国提出要求：向东追捕逃亡的波斯国王大流士。后来，大流士被地方总督杀害，弑君者戴上了波斯国王的冠冕。亚历山大以亚洲新统治者的身份下令逮捕弑君者，并依照东方旧例将他严厉处决。为了追捕大流士，亚历山大到达了突厥斯坦（Turkenstan），这是伊朗抗击游牧民族的古代堡垒。已有对手在那里等他，差不多三年的时间里，他一直与那里以拥有自由为傲的民族进行小型作战。尽管现在没有以前父亲手下久经考验的老一辈将领的帮助，他依然证明自己可以胜任。

发生在东伊朗要塞的战争，以及之后即公元前326年在印度——一个对马其顿和希腊世界完全陌生的地方，战胜印度王波罗斯，都能很好地证明这一点。亚历山大听说位于五河之地（Fünfstromlande）另一边的恒河流域还有人口众多、具备国家形态的地区，他决心让这些地方的人们也臣服于他。旃陀罗笈多见到亚历山大时还是个年轻人，后来成了印度帝国的建立者，他一再表示，即使面对恒河流域混乱的政治局势，征服这个地方对马其顿国王而言也不是难事。普鲁塔克记述了这件事（《亚历山大传》62），但很遗憾，他没有给出具体的原始资料来源。

阿里安指出，亚历山大这么做的理由是，他坚信"只要还有

---

① 参 F. Altheim, *Geschichte Mittelasiens im Altertum* (1970), 1, 页 192 及以下；*Alexander und Asien* (1953), 页 73 及以下。值得赞赏的是，亚历山大在策略和战术上对变化的形势有很强的适应性，在这方面他让我们想到罗马人，后者自然比他需要更长的时间才能适应。此外，他很清楚东伊朗骑兵的能力，并设法将他们相应地编入自己的军队。他会努力维持部队的战斗力，如果可能就持续提高它。当然，马其顿人仍是军队的支柱。

一个敌人,战争就没有(最后)结束"(5.24.8)——这显然暗示着征服世界的终极目标,就是这一目标引领这位征服者在东方越过了昔日波斯帝国的边界;①但很显然,对他来说,这还不是目的本身,这仍然是为一个更高的目标服务。这不禁让我们联想到本文开头部分提到的阿佩利斯的画,在那幅画上,"战争"是亚历山大的俘虏。

战士们在自己最高统帅的指挥下取得了一项项伟大成就。他们两次翻越兴都库什山脉(Hindukuschgebirge),充分证明了自身的作战能力。值得注意的是,战无不胜的亚历山大从公元前330年开始,一再与自己的士兵发生冲突。人们经常在这一点上把他跟汉尼拔进行对比。作为战役指挥官,汉尼拔与亚历山大能力相当。尽管打胜仗的日子只维系了三年,汉尼拔从多个民族中组织起来的军队却一直对他忠心耿耿。在差不多15年的时间里,这颗伟大的迦太基之星光芒逐渐暗淡下去,直到在扎马(Zama)战役中惨败,但在此期间,他的军队始终坚定不移地站在他这一边。

亚历山大的情况则相反。他带领众将士从胜利走向胜利,从成功走向成功,但他与手下将士,特别是与马其顿士兵的关系越来越紧张。最终,这种紧张关系于公元前324年在底格里斯河畔的奥匹斯兵变中爆发。②像在战场上一样,亚历山大在这些冲突中都获得了胜利。当然,他在精神上有时受到很大震动,比如受到悔恨的冲击。公元前328年,在玛拉康达(Marakanda,今撒马尔罕)的宴会上,因言语

---

① 阿里安在4.7.5必定是在暗示,亚历山大有意征服利比亚、亚洲和欧洲;另参7.1.2。

② 克拉夫特指出(前揭,页104及以下),在绪法西斯河畔折返途中,亚历山大没有遇到真正的部队"叛乱",这是正确的。但是,从史料中可以明确看出,国王不得不预估继续前往恒河地区的想法会受到抵制。若低估这个过程的困难(前揭,页106),把它当作"文学家为了舞台效果的添枝加叶",那就没有正确理解流传下来的说法。

不和，他亲手把曾在格拉尼库斯战役中救过自己性命的克莱托斯（Kleitos）刺死，事后他非常悔恨，甚至三天卧床不起。①在亚历山大的行为和计划背后，人们看到的是让人惊异的坚定，不屈不挠的决心，以及执行计划过程中同样让人惊异的灵活性。当他在绪法西斯（Hyphasis）河畔被迫班师回国的时候，他没有走最直接的路，而是恰恰相反：军队不是按东西方向而是按南北方向继续行进，在此过程中，有时还需作非常艰苦的战斗。

十个月后，公元前325年7月，亚历山大到达印度河三角洲（Indusdelta）。他驾船继续前行，一直到达这条大河的入海口。经过谨慎地观察，他确信自己到达了海洋，到达了环绕着陆地的"大海"。②亚历山大曾想抵达恒河却受阻的事，如今在印度河入海口得以实现：这是一种确认，确认他的势力范围已到达已知世界的自然边界——在突厥斯坦锡尔河（Jaxartes）以北以草原为界，在南部则以海洋为界。这是一个令人惊异的、几乎神话般的成就，为此，这位年仅30岁的统治者向诸神，特别是向宙斯阿蒙③和海神波塞冬（Poseidon）隆重献祭，以示感谢。显然，印度河入海口的献祭绝不仅仅是为征服了印度河流域，而是为其原本的目的，即征服的意义。④

马其顿人不论身份等级向东挺进，既是为了获得战利品而战，也

---

① 本格森（H. Bengtson）的《希腊史》认为"这种行动后的悔恨绝无政治动机"（*Griech. Geschichte* ⁴[1969]，页350）。如果我理解正确的话，我们的史料来源（阿里安4.8.1及以下；普鲁塔克的《亚历山大传》50及以下）看法正好相反。
② 尤参阿里安6.19.3及以下；儒弗斯9.9.27；狄俄多儒斯17.104.1。
③ 阿里安认为，阿蒙神只是作为代理者为大多数没有提到的神灵接受祭品。他自己有没有受到供奉则很难猜测。
④ 此外，普鲁塔克的记述（《克拉苏传》16，2）证实，亚历山大的后人正是这样理解他的目标的。记述中说，三执政之一克拉苏（Crassus）于公元前53年东征，打算到达巴克特里亚（Baktrien）、印度以及外海，众所周知，此事通过西塞罗得到了证实。

是为了他们的统帅想要获得的统治世界的地位而战。他们显示出的作战勇气令国王十分满意。在伊朗中心地带的普洛夫达西亚（Prophthasia）举行的士兵集会上，当（公元前330年秋）亚历山大指控他们最杰出的军官，贵族骑兵的指挥官、帕墨隆引以为傲的儿子菲洛塔斯（Philotas）犯有谋反罪时，他们毫不迟疑地宣判这个不幸的人有罪，并处决了他。国王认为，应该将菲洛塔斯曾担任的最高指挥权拆分成两个职位，并将其中一个委托给与他特别亲密的赫费斯提翁（Hephästion）。亚历山大还认为，出于国家利益至上的原则，有必要处死菲洛塔斯的父亲——受命驻守西部军事要道的帕墨隆。鉴于战争仍在继续的实际情况，士兵们对此也没有做出什么引人注意的反应。

直到在东伊朗的战争开始之后，情况才发生了变化。军官团中出现了反对的阵营。国王声称的与阿蒙神的父子关系，他的服饰中出现的波斯元素（公元前329/328年），①以及从臣服者的利益出发而采取的措施，都使他们感到，不仅仅马其顿人作为胜利者的尊严受到了伤害，他们自己也在受到威胁。的确，随着时间的推移，关于如何重建被征服的国家，以及如何对待这些地方的居民，亚历山大与忠诚于他的军官们——其中最重要的当然是赫费斯提翁，已明显形成与先前迥异的观点。

从古希腊殖民时代开始，地中海地区的希腊城邦中就出现了将人区分为"希腊人"和"外夷"两种人的看法，这已是约定俗成的观点，柏拉图曾对其合理性进行批判。②对亚历山大及其心腹们来说，他们要用行动战胜这样的观点。阿里安（4.11.7）提到，③史官卡利斯忒涅在与国王的一次谈话中提醒他，他远征的目的是要让亚洲成为

---

① S. F. Altheim, *Alexander und Asien* (1953), 页81及以下；阿里安7.29.4. 参 u. S. 41。

② 柏拉图，《政治家》(*Politikos*), 262及以下; H. E. Stier, *Die geschichtliche Bedeutung des Hellenennamens* (1970), 页34。

③ 但不是根据托勒密和阿里斯托布鲁斯的说法（4.10.5）。

希腊世界的附庸。①但人们越来越清楚地看到，在这个重要的基本点上，亚历山大的想法与之前完全不同了。对他而言，时间越长，就越是要克服很大程度上被视为自然法则的"希腊人"与"外夷"的对立。他通过取得战争胜利并兴建希腊城市，把希腊高度发达的文化传播到遥远的外夷的国家。亚历山大没有理所当然地将胜利者置于战败者之上，而是大胆地对战败者一视同仁。

早在复仇战争期间就能看出这一点。当时他多次任用并批准波斯人作为新打下的疆域的地方总督。在东伊朗以及突厥斯坦，通过远征中与那里的波斯贵族交战，亚历山大证明了自己的骑士气质。他视这些贵族代表为未来的战友。公元前327年，在这些贵族当中，他与年轻美丽的罗克珊（Roxane）出于爱而缔结了婚姻，但另一方面，如同生活中常见的那样，很多政治因素也掺入了他们的婚姻。当他按照伊朗礼仪完成婚礼的时刻，他让危险的敌人从那一刻起变成了盟友。在接下来对印度的征战中，泰克西里斯（Taxiles）王公向亚历山大和平友好地表示臣服，亚历山大则予以他"国王般"的待遇。亚历山大不仅对这位王公如此，甚至对与自己决一死战的波罗斯也如此，也就是说，他与他们平等相待，并让他们与自己共事。凡此种种皆符合亚历山大一贯的路线。

然而，该路线也有其残酷的一面：老马其顿人和希腊人对亚历山大做法的任何指摘，则会遭到亚历山大冷酷的对待。曾救过亚历山大性命的马其顿人克莱托斯，希腊人史官卡利斯忒涅，还有他的战友们——奥匹斯兵变中的头目，都感受到了这一点。这不是因为什么特别"魔鬼般"的事物在作祟，至少不是完全由于这个原因。这里涉及的问题是：怎么能够尽可能地让非希腊人臣服者在波斯帝国灭亡之后，能够分享自由并被以人相待（Menschlichkeit）——即分享希腊文化一直以来的基本概念？

---

① $\pi\varrho o\sigma\vartheta\epsilon\tilde{\iota}\nu\alpha\iota$，意思是使人听命于自己。

亚历山大比批判他的人更清楚地看到，要达此目的，必须克服通行的把希腊人与外夷作两样看待的观点。国王的思想符合"仁"（humane）的含义，但与当时的观点激烈对立。从亚里士多德给亚历山大写信一事可以看出这一点。亚历山大曾经的老师和朋友亚里士多德，他参与了征服世界的领导者之间的讨论，他从雅典写信给亚历山大，①信中特别强调，对待"外夷"只能像对待动物或植物，而不能像对待朋友或亲戚一样，这是只有希腊人才有资格得到的待遇。后来，亚历山大和赫费斯提翁试图将一种波斯礼仪引入马其顿人和希腊人中，那是一种敬拜波斯大王的跪拜礼节（Proskynese），表示谦卑的恭敬。像已经提到的那样，亚里士多德的亲戚卡利斯忒涅对此进行抵制，最终成为反对者的殉道者，这个冲突又引起已在雅典和希腊享有很高声望的亚里士多德哲学流派愤怒的敌视。众所周知，他们充满仇恨地对这位锐意改革的国王进行重新诠释，把他塑造成一个毫无节制、胡作非为的暴君。②

对昔日老师的表态，亚历山大非常愤怒，他置之不理，继续按照自己的想法走下去。他需要做的最重要的事情之一就是扩建军队，有效地保卫这个庞大的帝国。非常有意思的是，从阿里安（7.23）的叙述中可以推测，亚历山大自己并不满足于按照之后罗马辅助军团（Auxilien）的形式，将臣服的军队培养为后备军，他还敦促将"外

---

① Fragment 658 Rose。近来，阿拉伯文献中发现了据说是亚里士多德写给亚历山大的信（M. Plezia, *Eos* 58, 1969, 页 51 及以下），韦斯（M. A. Wes）（*Mnemosyne* 25 [1972], 页 261 及以下）不认可这些信函的历史真实性（雷曼 [G. A. Lehmann] 的提示）。

② 忒俄弗拉斯图斯（Theophrast）作品目录中有一篇题为"卡利斯忒涅——关于哀悼"（Kallisthenes oder über die Trauer）的对话录，尽管这篇文章没有保存下来，但仅题目本身就足以让我们了解当时悲惨的情况。普鲁塔克（《亚历山大传》55）根据亚历山大写给安提帕特的信推测，他也威胁到亚里士多德；安提帕特与亚里士多德关系密切。

夷"编入帝国军队。他的战友、波斯总督佩乌克斯塔斯（Peukestas）由于在这些措施上坚决支持他而受到特别嘉奖；借着马其顿老兵曾在奥皮斯发动兵变的由头，一支由东方人①组成的、数量相当可观的队伍已经做好替代准备。

据阿里安叙述（7.11.8），在接下来的和解庆祝会上，亚历山大向诸神祈求马其顿人与波斯人能够和睦相处，团结一致，而当时在场的除了马其顿人和波斯人，还有例如我们着重提到的"其他民族"的代表，他们的等级或其他功绩也有权得到优待。国王这么祈求，并不是因为他心中所想的只是与马其顿人和波斯人，②而是因为按照当时的局势，这两方是东方和西方军事上的代表。公元前324年春，亚历山大亲自组织了"苏萨城集体婚礼"，大约80名出身高贵的马其顿人，按照他们在军中的职位，分别与波斯公主或波斯贵族女子缔结了婚姻。③按照波斯礼仪缔结婚姻，使双方上等阶层的人以一种能想象到的、最令人愉快和最有效果的方式进行了"融合"。

在国王组织的这个壮观庆典上，波斯新娘的人选自然有限定。只

---

① 阿里安（7.23.1）记述说，佩乌克斯塔斯不仅从波斯人中，还从为数不少的克赛尔人（Kossäer）和塔布尔（Tapurer）人中组建部队，这是两个公认为特别好战的山地民族（一个居住在苏萨城，另一个居住在里海南岸）。这样的叙述清楚地表明，在亚历山大大帝征募东方臣民时，起决定作用的不是民族，而是作战能力。

② 例如 F. Altheim 的 *Weltgeschichte Asiens im griechischen Zeitalter* 1（1918），页225。

③ 参阿里安所列名单（*die Liste bei Arrian* 7.4.4）。在名单上，巴耳馨（Barsine）应该正确地称作斯塔蒂拉（Statira），参普鲁塔克，《亚历山大》，70, 77。马其顿的重要人士对这次在国王大厅里举行的庆祝会的评价是：一种亲切友好的行为；前揭，页7。按照史料来源的说法，个别人（阿里安，7.6.2）产生抵触情绪并不是因为反对新的婚姻（参 F. Schachermeyr, *Alex. d. Gr.*, 1949, 页401下，²1973，页486），而是因为反对婚礼按照波斯风俗而非马其顿风俗举办。有著名的考古发掘人员、东方学专家告诫我，不要高估苏萨城婚约缔结中强迫为之的因素，这一点我不会忘记。

有当时波斯帝国的上层女子，才能够成为骄傲的马其顿军事贵族（亚历山大的秘书长，希腊人卡尔迪亚的欧曼尼斯［Eumenes von Kardia］也在其中）的合法妻子。这时缔结的婚姻带有明显的政治特征，从亚历山大突然早逝之后马其顿人就解除婚约这件事上，这一点看得非常清楚。无论如何，继业者中可能最成功的塞琉古（Seleukos）还是对自己的妻子阿帕玛（Apama）保持了忠诚。这是在苏萨城，他的国王引到他面前的新娘，她是亚历山大在突厥斯坦战场上最强劲的对手斯皮达门尼斯（Spitamenes）的女儿。

公元前324年的"集体婚礼"，并不是说明这位世界征服者只关心马其顿人与波斯人之间的融合。我们已经提到，他的目标是克服从智术师时代的希腊思想家那里流传下来一种可疑的观点，即把人从质量上和数量上分成完全不同的两种。实现了这个目标，就可以从亚历山大帝国的广大民众中寻找并培养能够胜任帝国治理任务的人才，当然，首先是为军队寻找人才。

在这种秩序中，大多数马其顿人有理由认为，国王对他们提出了过分的要求，让他们放弃了作为胜利者应该享有的在帝国中的统治地位。正因为如此，亚历山大的世界帝国在结构上明显区别于大多数其他帝国。奥古斯都本人是伟大的亚历山大的钦慕者，但就连他的罗马帝国，统治阶层也是建立在罗马人和印度日耳曼人的基础上，明确地跟非罗马人的臣民划清界限。但是，正是在研究罗马帝国时期历史的时候，我们看到，那时的发展趋势是，帝国的居民在权利方面彼此越来越接近，直到公元212年，卡拉卡拉（Caracalla）普授罗马公民权，明确显示出在此期间已发生的转变。如果说，亚历山大帝国的结构按照其创建者的意愿从一开始就符合这种普遍类型的话，那么，这件事极好地证明了这位创建者的现实意义。

这一点在公元前3世纪的希腊化时代还有一次证明。公元前217年，为了抵御塞琉古安提俄克大帝（Antiochos' d. Gr.）的进攻，托勒密王国被迫调用本土的埃及人民。他们的战斗力帮助希腊化埃及人的马其顿统治阶层取得了加沙附近拉菲亚（Raphia）战役的胜利。埃及人本应受到与他们的马其顿—希腊主人同等的对待，但后者却从中阻挠，结果当地人一再发动起义，不断动摇帝国的根基，在很大程度上造成了帝国不久之后的衰落。①

据我们所知，当时非常著名的学者埃拉托斯瑟涅（Eratosthenes von Kyrene），正是这个时候在埃及亚历山大港的缪斯神庙（Museion）很有影响力，他重申亚历山大之前对亚里士多德努力捍卫区分希腊人与外夷这一看法的评价，着重指出，应该像那位伟大的马其顿统治者曾经实施的那样，把人按照美德与丑行而非按照希腊人与外夷进行区分。很明显，这并非偶然：②托勒密的当政者没有听从这位学者的提醒，结果给自己造成了严重后果。

亚历山大以令人惊异的敏锐目光，认识并把握了事物的真正内涵，而他能够做到这样，是因为他超越日常需求，远远地看到了未来。对他而言，浩大的东征给他及部下们带来的不断增加的成就，只是实现建设持久和良好秩序的帝国设想的其中一步，是实现他把整个世界作为国家来构想的其中一步。在短暂得不可思议的年月里，这种新的想法已经变得相当稳固，即使老兵们的忧虑日渐增长并最终在奥匹斯爆发了危险的兵变，亚历山大还是完全实现了自己的计划。亚历山大关怀马其顿部下与东方女人所生的后代（阿里安 17.12.2f）；在

---

① Polybios 5. 65. 8f.；107. 2f.；B. Niese, *Geschichte der griechischen und makedonischen Staaten* ²（1899），页 376、404 – 405；E. Will, *Histoire politique du monde hellenistique* 2（1967），页 28 及以下；H. E. Stier, *Roms Aufstieg zur Weltmacht*（1957），页 37、44。

② Strabo 1.4.9（页 66）。J. Jüthner, "Hellenen und Barbaren"（载于 *Das Erbe der Alten* 8，1923），页 49。埃拉托斯瑟涅的很多见解进入了普鲁塔克的著作《论亚历山大大帝的机运或德性》（*De Alexandri magnifortuna aut virtute*），例如他关于亚历山大服饰的内容就非常可信（330 A）。如果这是他的早期作品，那么，这也证实了一种经验，即年轻作家也可以有出色、正确的想法。

与大约一万名对他最忠心的老兵告别时,他和这些现在起成为"亲人"的人们,都由衷地洒下了感动的泪水,这些都说明亚历山大的想法不仅仅涉及权力斗争。

如果我们把目光从公元前 324 年投向之前那不可思议的五年,那对已知世界的东部进行征服的五年,可以看到,随着权力的不断增长,军队核心部门的反对意见也愈加明显:他们感到一种巨大的危险,因为,任何一种征服世界的行为都不是马其顿国王的主要目标。融合政策是导致军队和将领闹情绪的原因。谁如果只把融合政策看作一种补充和确保后续兵力的措施,那么,他只看到了全部事情的一部分,并且他必须回答这样一个问题:为什么在我们的相关文献中,竟然没有出现关于这个政策的哪怕非常简单的解释呢?

我们一开始就指出,在亚历山大的生平中,军事上的传说比这位国王的政治成就远为丰富,研究者最重要的任务,应该是客观地研究后者的痕迹,以便重新获得对过往的完整认识。这种完整的认识看到,对建立世界新秩序而言,征服世界很明显只是一个次要方面。①可以看到,除非这位征服者先做一切可以在各个方面让战士感到满意的事,到最后才考虑臣服者的命运(如果不是完全不考虑的话),否则,如同阿里安所述(4.8.5),他就不得不被克莱托斯指责,说他

---

① 只有从这里,我们才可以理解,为何在普鲁塔克最早的作品《论亚历山大的机运》(*de fortuna Alexandri*)中,亚历山大被作为哲学家赞颂。虽然这部作品讲究修辞,具有赞美诗性质(enkominastisch),历史可信度不高,但作者用以论证的材料具有历史可信度,因此无论如何不是完全的虚构。普鲁塔克多次提到所用文献的作者名字,单是这种情况也提醒评论者要谨慎对待。参齐格勒论述详细的词条 Plutarchos,载于《大保利古典学百科全书》(*Paulys Realenzyklopädie der klassischen Altertumswissenschaft* 21, 1, 1951),栏 636 – 962,尤参 923 – 924。

征途中大量的英雄行为并非他的功劳,而是马其顿士兵的功劳。①这让亚历山大十分生气,②因为,这样的批评是在暗示国王应该像大家都会做的那样行事,让胜利者在新臣服的国家成为主人——腓力就肯定会这样做。随着远征越来越深地迷失在未知世界里,这样的事情也一再发生,有时是公开地,有时是秘密地。于是,人们觉得不能再把这些事情仅仅视为征服过程中偶尔出现的伴随现象而低估它,而是必须承认,征服者当中出现了原则性的意见分歧。这让征服行动变得困难,甚至受到威胁。

毫无疑问,如果亚历山大能尽全力摆脱这类冲突,事情就会变得简单些,但这同样也意味着他只"是帕墨隆"。然而,他还寻求别的东西——如所有原始资料显示的,首先是最高的荣誉;因此,他与自己传奇的祖先,与传说中的古时东方的统治者塞米拉米斯（Semiramis）,甚至与狄奥尼索斯神竞争。在所有做给大众看的努力背后,我们看到的是对权威的深切渴望,这权威不仅在于他的皇冠,更主要是靠他的功绩。复仇战争取得的胜利以及整个波斯帝国的臣服,让这位天才的、总是令人感到惊异的年轻君王,作为迄至那时最重要的现象

---

① 因此,在我们的时代,布莱希特（B. Brecht）笔下一位阅读的工人会发问:"年轻的亚历山大征服了印度——他独自一人吗?"拿破仑一世早就在圣海伦娜岛上做出了回答:"不是马其顿的士兵方阵逼近了印度,而是亚历山大。"另参 W. Hoffmann, *Das literarische Portrait Alexanders d. Gr.* （1907）,页 18 注释 4;页 32 注释 2。

② 尽管出现很多危机,军队还是把亚历山大进行了神化。鉴于与马其顿军队的密切关系,亚历山大可以相信,或通过说服,或通过嘉奖,他能够在军队中执行他的新政策,他坚信这些政策正确。在公元前 330 年秋的菲洛塔斯和帕墨隆事件中,军队已向亚历山大证明自己的忠诚。公开的反对派只可能在军队领导中出现,克莱托斯是老马其顿人,比起具有"革命"想法的人或年轻的上层军官,他在军队中一定更能够引起共鸣,因此亚历山大对他极度恼怒。在亚历山大（及赫费斯提翁）英年早逝之后,老马其顿人的强势就体现出来了。

出现在世界历史舞台。从印度回来之后,他在亚洲又重新建立起权威,很明显,这种能量让世界期待从他那里看到更多惊喜。

五 被神化的亚历山大

如前所述,想要不用专制手段而在受希腊文化影响的国家中实现安定局面,且不是转瞬即逝而是长久持续的安定局面,那么,亚历山大的融合政策是最稳妥的方法,这一点无可争议。复仇战争期间亚历山大实行的政策,①以及前文提到的把处死僭主之人的雕像从苏萨城送回雅典这件事,都表明他完全不赞成专制手段。仅凭武力,无法在爱好自由的希腊长期维持马其顿及其统治者的权威。②

另外,希腊仍是世界的中心。亚历山大承认这一点,他派给战友克拉特若斯(Krateros)任务——让他负责关照"希腊人的自由"——就是明证(阿里安,7.12.4)。克拉特若斯曾率领一万名马其顿老兵班师回国,在马其顿接替了几乎一直跟亚历山大的母亲发生冲突的安提帕特的位置,同时领受了亚历山大布置的这项任务。从雅典令人惊异地崛起为真正的世界强权并让其他希腊城邦感到威胁时起,"希腊人的自由"就是希腊古典时期一句古老而受人敬仰的箴言,但是,这话看上去理所当然,实现起来却非常难。特别是因为,

---

① 因此,人们不接受最近的一个观点,该观点认为,亚历山大让人把菲利斯托斯(Philistos)的作品转运到东方,是为了作为僭主(!)了解僭主狄奥尼索斯一世(Tyrannis Dionysos I)(参 T. S. Brown, *Historia* 16,尤参页 365-366)。应该说,他真正的原因是为了了解西部,在那里,他的舅舅摩洛瑟的亚历山大(Alexander der Molosser)于公元前 331 年被杀害。

② 在公元前 3 世纪及前 2 世纪爱琴海地区的历史上,这一点简直令人吃惊;请允许我在这里劳大家参阅拙作 *Roms Aufstieg zur Weltmacht* (1957),页 55 及以下。

它需要以稳定的和平秩序为前提，只有在这样的秩序中，希腊根本的自由以及自治要求才能实现。

公元前 5 世纪的人们所理解的和平，仅仅是十年或几十年内有效但终究有具体期限的停战状态。在希腊城邦的共存中，为了尊重各城邦的自由而设定的期限，实际上带来很多问题。公元前 4 世纪的前四分之一时间里，这个高度文明化世界里有责任感的政治家们决定，在公元前 387/386 年间所谓的"国王合约"（Königsfrieden）中放弃这种时间期限，因为他们考虑到，人们越来越渴望得到永久保障的自由。这次缔结合约以及随后的"和平状态"虽自我标榜为"更加普遍"的，还是没有实现人们的期望。渐渐地，由于肆无忌惮的外交滥用，它更多成了一个骇人听闻的例子。如果对比近代文化上最繁盛的某个时期来解释，它就好比 18 世纪缔结的某些大型和约。腓力和亚历山大通过自己的胜利建立了科林多联盟，成为一种和平秩序。①他们以及他们的后裔由此得到了联盟的统治地位，联盟存在的合理性是基于针对波斯发动的富有传奇色彩的复仇战争，目的是报薛西斯的进犯之仇。

但我们不会忘记，随着公元前 330 年战争的正式结束，亚历山大的力量已如此强大，以至于科林多的希腊人委员会（Hellenrat）并没有亲自惩罚叛乱的斯巴达，而是转交这位马其顿的统治者来处治。当亚历山大肃清波斯残余力量、到达海洋之后，又令人惊异地——或者说让人又喜悦又震惊地——重新出现在曾经的波斯都城时，他的力量已大到希腊人只能将他视作暴君（Zwingherr）、僭主了，而众所周知，暴君在希腊人看来完全不受法律约束。公元前 336 年，即亚历山大登基这年，雅典人还在更新有关如何处置杀死僭主这种事的法律。在希腊自由的共和城邦中，没有什么比暴君更令人厌恶。而另一方面，对

---

① 亚历山大在给大流士三世的信中（阿里安，2.14.6）这样描述这种和平秩序（εἰρήνη）：这是他为希腊人完成的（同上，5.16）。

于这个已由他在希腊成就基础上所开启的文化世界新形态,如果说亚历山大没有将其发源地放在他的政治创造中加以考虑,这将是不可理解的;更何况,如已提到的,他甚至在遥远的印度还想着雅典,想着自己希望在那里得到的名望。①

在这种情况下就只有一种出路,那就是:国王必须超越尘世间的一切界限,成为神。这样,他就不再是城邦里的自由公民拒绝跟随的外来掌权者,他的命令也不再是命令,而是神谕,是想要得到建议的城邦及人们在德尔斐、在阿蒙神庙等地祈求的神谕。实际上,亚历山大确实走了这条路,在他幸运地征服东方世界并折返西方的那个多事之年的夏天,他对科林多联盟中的希腊城邦(并且只对这些城邦)提出要求,将他纳入城邦的神灵之列。

公告文书没有流传下来,但毫无疑问,文书中一定表明了此举的动机,也一定对这样一项不同寻常的要求的正当性进行了辩护。此要求必定基于一个事实,那就是亚历山大的行为,尤其是他征服世界的行为,超出了当时人力所能及的范围。②如若没有这样的证明,③将亚历山大公布为神就成了僭越,成了渎神行为。④征服世界就是他有力的辩护;作为正当性辩护,它含有一种正面的内容,那是亚历山大赋予"大帝"这个称号的全部含义。在东方,这种确实新型的融合政策已经证明,人们不会把亚历山大的征服看成残酷的暴力压制。执行

---

① 欧奈西克瑞塔斯(Onesikritos)的这个证据,普鲁塔克在《亚历山大传》(60)中也有描述,它不能像现在这样没有受到普遍重视。
② 这里可以引用普鲁塔克(《亚历山大传》,64)笔下这位世界征服者与一位印度婆罗门(Brahmane)之间的对话,在对话中,后者对一个人怎样才能成为神的回答是:"如果他做出人力不及之事。"
③ 这种证明很可能考虑了亚历山大与阿蒙神的父子关系。
④ 威尔肯从托勒密帝国的机构形式出发,证明亚历山大仅是出于对希腊和希腊文化的考虑而采取神君统治,并不是受东方即埃及的影响("Zur Entstehung des hellenistischen Königskultes", 载于 *Sitzungsberichte der Berliner Akademie der Wissenschaften* 1938)。

这一政策的人必定是在特殊的神性保护之下成就了难以想象的伟业，这在当时不容争议。

六　平定希腊及继续征服世界

要求把亚历山大列入城邦神灵之列的公告，有其特别现实政治性的一面，这一点很快就显示出来。在大多数希腊城邦的内部，都有一个主要弊端，即很多人遭到驱逐，失去自己的家园和财产，这是彼时特别激烈的政治斗争造成的。只要想想雅典的德摩斯忒涅与埃斯基涅斯之间的争论，就很容易理解这一点。国王在继续推进他的希腊化政策时，关照了这些遭驱逐的人。①夏天的时候，亚历山大从"战地营"（Feldlager，很可能是苏萨城）宣布了一项公告，公告中说：对于希腊遭驱逐者的命运并无过错的他，现在愿意对此负责，他们可以回到自己的家园（除了犯有谋杀罪和渎神罪的人，以及公元前335年被灭的忒拜的原居民以外）。②

一项被核准的附加条款突出了这项要求的严肃性：国王委托大城战役的胜利者安提帕特（而不是科林多的希腊人委员会）强迫那些拒绝接纳驱逐者返乡的城邦执行这项命令。国王的代理人尼卡诺（Nikanor von Stagira）也受命于同年夏末前往希腊。彼时奥林匹亚竞技会仍是自由的希腊最重要的公众场合，当他借此机会宣布国王的公告时，超过两万名在场的希腊遭驱逐者疯狂欢

---

①　H. Bengtson, *Griech. Geschichte* ⁴（1969），页356，注释1中的参考文献；另外还有 U. Wilcken，"Alexander d. Gr. und der Korinthische Bund"，载于 *Sitzungsberichte der Berliner Akademie der Wissenschaften* 1922，页115及以下。这个流传的说法源自卡迪亚的希洛尼摩斯（狄俄多儒斯在18.8.2及以下用过这个说法），因此肯定可信。

②　普鲁塔克，*Apophthegmata Lac. Eudamidas* 9, 221 a。

呼，感谢亚历山大为他们做的善事。可靠的说法证明，①国王曾想通过这种仁慈之举②增加自己的声誉，后来则希望在每一个希腊城邦都有一群他能够信任、对他友好的人，以此防止希腊出现动乱或闹独立的想法。

重新安置这些遭驱逐者的人带来了大量麻烦，③部分城邦甚至实际上放弃了执行这项命令，比如，雅典就不得不开放长期以来作为殖民地（Kleruchie）从属于它的萨摩斯岛（Samos）。激烈的争论出现了，有人力求妥协，也就是主张希腊人可以将亚历山大纳入城邦神灵之列，从而免于执行接纳遭驱逐者的命令。④这有力地证明了这两项规定相互关联。这样的争论一直传到统治者身边：在埃克巴塔那，一个看管武器的萨摩斯人戈尔戈斯（Gorgos）主动表示，如果亚历山大对雅典发动战争，⑤他愿用自己的财产负担购买武器的费用。这一次，这位世界征服者也实现了自己的愿望。从埃克巴塔那前往巴比伦的路上，他遇到了来自几乎所有当时还自由的地中海国家的使者（Arrian 7.15.5），以至于他和他的朋友都认为他已是"整个地上和海上的主人"。公元前323年春，来自希腊的使者终于抵达巴比伦，见到亚历山大。他们头戴花环，作为 Theoren［朝圣者］来敬拜这位神（Arrian 7.23.2）。科林多城邦会议对亚历山大而言，现在"只是又一个他表

---

① 狄俄多儒斯，18.8.2（根据卡迪亚的希洛尼摩斯［Hieronymos von Kardia］的说法）。

② 公告原文提到所有遭驱逐的人，不仅仅是马其顿的朋友，但显而易见后者占主要比例。参拙作"Zum Gottkönigtum Alexanders d. Gr."，载于 Welt als Geschichte 5（1939），页394。

③ 参托德（M. N. Tod）书中的重要碑文，A selection of Greek historical inseriptions，2（1948），页289及以下，编号201（Mytilene）及202（Tegea）。

④ 出处及文献：Reallexikon Antike und Christentum 1，栏265。

⑤ Ephippos fr. 5 Jacoby；以及雅可比（Jacoby）的评论（页439）。

达的愿望可以完全生效的公共场所"。①

恺撒曾考虑远征帕提亚，为他的政治生涯画上一个完美的句号，但后来他却不想进行这次远征了，因为在他看来，意大利和罗马——当时世界的中心——的政治形势尚未确定（随着他于公元前 44 年 3 月 15 日遭遇谋反被刺杀，混乱未定的政治局势最终以对他而言灾难性的结局收尾）。而在亚历山大看来，在西方世界臣服于他以及他获得统治全世界的权力之前，有必要首先在共和政体的希腊建立自己的神性君主制（göttliche Monarchie）。根据我们掌握的说法，他力求统治天下，这一点不存在争议。对他来说"战地营"（στρατόπεδον）就是当时的都城，这一点颇具启发性。在与希腊人协商的过程中，为了确认"大海"之岸的所在，他派船进行考察。亚历山大还想亲自参加其中最重要的一次环游阿拉伯的探险，将这理解的"海军和陆军协作的完全的军事行为"是正确的。②在亚历山大的遗物中，人们发现了一些笔记，关乎未来规模宏大的计划。卡迪亚的希洛尼摩斯把其中最富启发性的一些笔记内容写入了自己的史著中。

我们在上文提到的、已得到现代史源考证学确定的事实，即狄俄多儒斯（18.4.4）对亚历山大后人的描述，就以这部出色的史学著作为依据。前不久又发生的事情再次说明，想不相信他的表述根本不可能。③在那些笔记中，国王谈到建立城市以及亚洲与欧洲之间相互

---

① 威尔肯（U. Wilcken）中肯的描述，见 *Sitzungsberichte der Berliner Akademie der Wiss.* 1922，页 117。

② F. Schachermeyr，*Alexander d. Gr.* 2（1973），页 543。

③ K. Kraft，*Der "rationale" Alexander*（1971），页 126。另参 Meyer 编，*Blüte und Niedergang des Hellenismus in Asien*（1925），页 11 – 12（1959 年新版，页 22 – 23）。克拉夫特判断，亚历山大对执行西部计划没有时间压力；远征本都（Pontos）与计划完全一致。谁能预料到国王英年早逝？参 G. A. Lehmann，*Weltherrschaft u. Weltfriedensgedanke im Altertum*（Mitt. der Univ. Braunschweig 8，1973），页 50 注释 14。

移民，通过这类举措，他就"可以通过婚约和联姻把片这最广阔的土地引向完满的和睦以及建立在亲属关系上的友谊"。征服世界的下一个阶段性目标是迦太基。让这个遥远西部最强大的都城臣服的一切必要条件，例如舰队建设、道路设施等等都准备好了，甚至征服本身也已部分在进行当中。面对这样的侵袭，这个城市并没有过多的天然屏障。它的母城推罗的命运（公元前332年）表明，仅凭岛屿的位置和唯一一支舰队，根本无法对马其顿的战争技艺构成难以逾越的障碍。

远征本应穿过直布罗陀海峡（die Meerenge von Gibraltar），通过伊比利亚（Iberien），继而穿过高卢（Gallien）南部到达意大利，从那里继续向希腊和马其顿行进。伊庇鲁斯国王皮洛士在将近半个世纪之后，在两场野战中告诉了罗马人何谓惨败：罗马唯靠与迦太基联盟才挺过了这次危险，保住自由，而当时的罗马已经是亚平宁半岛的最高统治者。我们考虑到这一点，在统帅天分上远远超过皮洛士的亚历山大，一定会将罗马这个共和国归入自己庞大帝国的版图，这一点毋庸置疑。公元前321年，这个共和国曾因萨姆尼特人（Samniten）而在考比尼关口（Caudinische Pässe）被迫承受失败的耻辱。①

当然，尚还独立的民族向亚历山大派遣了使团，我们在上文对此有所描述，因为这些民族认为，他们都可能被这位世界征服者列入征服计划，因此必须设法获得关于他的计划的可靠消息。然而，如之后表明的，这位强者公元前323年6月的突然死亡，令人惊讶地终结了西部的忧愁和疑虑。特别是同时很快有消息传出，说从现在起，马其顿人自己放弃了他们的领袖和主人（Meister）的雄图大计。

---

① 李维（Livius）针对这种认识展开了著名的论战（9.17－19）。普鲁塔克（De fortuna Romanorum, 13）认为，亚历山大由于英年早逝而没有对意大利发起进攻，这对罗马是最大的幸事。在我看来，克拉夫特（前揭，页125）高估了叙拉古（Syrakus）的海军力量。

马其顿人现在很明显转向了战争英雄亚历山大力图回避的方向。跟以前一样,这关乎行使权力和实现抱负。口号不再是和平及人类和解,而是战争荣誉(gloire)。在拜占庭的《苏达辞书》(*byzantinische Suda‑Lexikon*)中,"王政"(Basileia)这一概念,通过一段——如同人们早已见过的——成文于希腊早期的选段来进行定义。其中说到:"国王不是仅仅具有王室出身的人,而是懂得怎样带兵作战、怎样夺取胜利的人。"马其顿腓力王和亚历山大的后人,即所谓的继业者(Diadochen),其行事正是如此。特别要指出的是,这里不提亚历山大只可能是有意为之。事实上,新的时代遵循的是另一种不同于他的理想:他们憧憬着"矛尖下赢得之地"以及在这些地区建立统治,而且与亚历山大时代不同,他们不需与别人分享这统治权。亚历山大的继任者们——除塞琉古之外——表态性地赶走自己的波斯妻子,正是与这个理念相符的做法。①

七 作为史料的亚历山大石棺

让我们再来回顾一下对亚历山大生平的阐释。我们的起点是介绍了几幅伟大艺术作品的主题,画作出自这位天才国王的时代。必须明确的是,由当时最著名的画家阿佩利斯在亚历山大半是允许、半是激励之下完成的创作,留给人们这样一种思考空间:这位屡屡获胜的国王想要消除战争。

我们所做的概述意在更加确定一点:从亚历山大政策中不少引人注目之处可以看出,亚历山大不仅把征服作为目的本身,他还要在世界上建立一种持久的和平状态。我们现在来看看造型艺术世界里另外一件能表现亚历山大愿景的作品,这部作品含有受人喜爱的希腊雕塑

---

① 参"Die Makedonen als eines der ausgeprägtesten Soldatenvölker",载于 *Welt als Geschichte* 7 (1941),页 16 及以下。

的元素。这是上世纪末（1887）从腓尼基的古城西顿出土的，在一位市侯的地下石墓中，被称作"亚历山大石棺"。①石棺里安葬的很可能是重新被亚历山大列入国王遗产继承人之列的阿伯达洛尼穆斯（Abdalonymos）市侯。石棺用大量浮雕装饰，其风格和内容清楚表明，亚历山大时代是一个宏伟壮丽、许多无名希腊艺术家生产出大量作品的时代。

石棺的一面首先清楚无误地展现了一个年轻人骑马冲进战场，用长矛指向一个波斯贵族的画面（见图1）。祖先赫拉克勒斯（Herakles）的头上有雄狮的鬃毛在舞动，让我们可以确定，这就是年轻的马其顿国王。希腊人和外夷也加入混战；一个从右边奔驰而来的上了年纪的马其顿人，很可能是帕墨隆，使画面更加饱满，让人印象深刻。战斗和战争主宰着画面：显然，主题是西方国家征伐东方国家的胜利。

石棺的另外一面展现了我们没少提到的"希腊人"（马其顿）和"外夷"（波斯）的形象，他们在共同狩猎；两股巨大的"东方"和"西方"的力量在和平与平等中找到了共同协作、改善生活的方式（见图2）。石棺上的浮雕，在我们眼前呈现出一个同时代东方国家的王侯对亚历山大远征的真正意义的理解。很明显，这位王侯乐于在艺术家及其创作中看到这种共同协作。亚历山大的石棺完全按照古代晚期希腊的风格制作，这也有力地证明，这位年轻的马其顿英雄的政策，即使在之后的发展中，也没有脱离希腊的文化力量。②

---

① V. von Graeve 对此有很好的讨论，见氏著，"Der Alexandersarkophag u. seine Werkstatt"，载于 *Istanbuler Forschungen* 28，1970，另参 K. Schefold, *Der Alexander – Sarkophag*, 1968，页 33 – 34。

② 拉德特（G. Radet）在他的《亚历山大传》中（s. H. Berve, *Das Alexanderreich* 1, 页334）认为，远征开始的时候，是亚历山大征服亚洲，但远征结束的时候，是亚洲向他臣服。也有人持相反看法，例如埃拉托斯瑟涅关于亚历山大服饰的引言，见普鲁塔克，《论亚历山大大帝的机运》（*De Alexandri Magni fortuna*）1, 329 F. f.。

图1 亚历山大石棺其中一面的浮雕,描绘亚历山大击溃波斯人的场景。

图2 亚历山大石棺另一面的浮雕,描绘一派和平的狩猎场景。

浮雕中表现的战争情景,时间上与我们描述的革命性世界历史事件的开端相符,相应地,浮雕上的和平情景就可以阐释为:在一位真正的天才,确切地说,在一位具有希腊和平理念的国王的领导下,西方与东方曾经的战争,以及早期的敌对关系,最终导向了愉快的结果。整件艺术珍品不仅反映出亚历山大的个人魅力,同时还展现了他的政治愿望。①

最后,我们想用普鲁塔克的话②来结束演讲——如同现代研究在史源学考证基础上一再显示的那样,他的话符合亚历山大的历史形象:

> 神给世界送来了亚历山大,假如神没有过早召回亚历山大的灵魂,那么,一种无以伦比的法则将会统治全人类,他们将望向一种——也是同一种——公正,如同望向同一束光芒。但是现在,世界上没有见过亚历山大的地方,仍然不见阳光。

---

① K. Schefold,前揭,页28:"只有当人们认识到石棺的早期形成时间是在亚历山大大帝去世(前323年)之前,才能公正地评价它的意义。它是证明这位国王直接影响的原始证据,意义不可估量。" K. Gebauer, *Alexanderbildnis u. Alexandertypus*, Mitteilungen des Deutschen Archäolog. Instituts, Athenische Abtlg. 63/64 (1938/1939),页51及以下。

② 普鲁塔克,前揭,330 D f.。

古人的天下观及其政治与文化含义

克尔斯特（J. Kaerst） 撰
卢白羽 译

作者前言

下面的探讨原为 1902 年 12 月就职演讲的讲稿，为付印又有所扩增，并添补了一系列例证作为脚注——当然并无求全求备之意。因本次润色之特殊目的，不必有更为全面的增补，因我更担心如此会破坏演讲原本自成一体的统一风格。自然，如此简短的形式仅能管中窥豹，然而我也希望，统一的概述便于更为透彻地将"天下"（Oekumene）观的发展脉络从整体加以阐发，同时展露那些在其中较少引起关注的要素。笔者此处无法进一步论证个别观点，留待今后有机会再作详尽阐发。

莱比锡，1903 年 1 月

中世纪基督教世界从古人那里继承了一笔意义深远的广博遗产，这就是"天下"的观念。天下，是一个由共同的法律凝聚起来的大一统的文化世界，人类在其中被联合成一个不可分割的整体。这样的世界构成一个有组织的整体，包括人类的全部生活，世俗的与宗教的。按照中世纪晚期的"双剑论"（die Lehre von den zwei Schwertern）学说，世俗与宗教权力被两柄剑相互分开，其实二者不过是同一个共同体的两面而已。这个共同体承载并守护着个人，同时又通过法律约束个人的生活。个体生活都被安置、整合进这个全面而统一的有机体之中。在某种程度上，这个有机体是最高机构，它意味着牢不可破、无法逃脱的秩序，对于这个世界而言终究是被给定的。

共同体通过其秩序规则而具有绝对的约束力，承载这一观念的思想，并不是从原初基督教中生发出来的，而是诞生自古希腊文明的土壤之中。它的根源延伸至那样一个世界，其中似乎还没有为一个包含人类的普遍形态（universale Bildungen）留出位置。

从古希腊城邦生活的狭窄领域之中诞生出了统领世界的天下观，此乃古希腊精神生活的内在完整性与广博之力量的奇妙证明。探究这一观念的生成，将引领我们进入古希腊文化真正最具创造力的时期。就是在那一时期，古希腊天才创造出了伟大的文化价值，并以此丰富了世界。

我本想更为详细地阐发古希腊科学发展出的作为地理概念的"天下"，但这超出了我的使命和能力。我们也有幸拥有一些对地理问题鞭辟入里的内行研究，①此处仅希望能够扼要强调那些对"天下"这一地理思想的整个研究最为基本的东西，即设想延展在大地上的已被居住或可供居住的关联（Zusammenhang）。②我们能在这一关系中发

---

① H. Berger, *Geschichte der wissenschaftlichen Erdkunde der Griechen*。也参看"Die geographischen Fragmente des Erasthenes"，尤参 73 及以下，以及"Die Grundlagen des Marinisch – Ptolemaeischen Erdbildes"，*Berichte der sächsischen Gesellschaft der Wissenschaft*，1898，页 87 及以下。

② "天下"假说中的 Perioeken、Antoeken、Antipoden 不在考虑范围之列。[译按]这三个词均为古代地理术语，是以"天下"为基准，以大地为范围，对"天下"以外地区居民的称呼。其中 Perioeke 居住地指与"天下"处于同一纬度，但经度往西或东 180°的地方，Antoeke 居住地指与"天下"位于同一经度，与赤道等距的位于另外一个半球的地方；Antipode 居住地指从"天下"的位置出发，穿过地心，到达地表另一面的点。有译为"对跖点"，即这两点的人刚好脚跟相对。

现地理观的逐步累积。长期盛行于希腊地理科学中的观点是:"天下"局限于一个气候适度的地带,①而随着地理科学的发展,这一观点逐渐让位于另一个观点,它摈弃了其他地带无法居住的想法,而将"天下"主要设想为四面由大洋环绕着的陆地岛屿。②无论如何,对于"天下"观的形成具有重大意义的是,希腊科学早就形成了大地是球形的学说。

"只有一个大地"这一影响深远的真理若想成为现实,其前提必须为:相信大地是球形的。因为这才是大地得以成为处处相互关联、作为一个整体而环游着(als Ganzes zu umwandernd)以及被人类视为唯一家园的先决条件。③

我们现在则要说明,这样一个原本是地理方面的思想如何成为政治和文化思想,以及这一思想在这个转变过程中又带来了什么样的影响。

古希腊城邦的繁荣期诞生出一种关于国家生活的独特理想。正是它使古希腊人成为伦理性国家概念的真正创始人。应该在国家之中实现紧密的生活共同体,这个共同体不是狭义上的政治共同体,同时还明显是一个文化共同体。国家共同的法律成为具统摄性的、无所不包的生活秩序。共同的生活目的规定着每个邦民的单独存在,约束着邦

---

① 有趣的是,按照亚里士多德简略的说法(参看 Meteorol., II 5, 13-15, de coelo, II 14, 15),天下的东西边界彼此靠得如此之近,关联(Zusammenhang)只能设想通过大海来隔断。参看 H. Berger, Ber. d. sächs. Gesellsch. d. Wissensch., 前揭,页109及以下。

② Berger 比较怀疑埃拉托斯瑟涅是否持这样的看法。不过至少从帕奈提乌斯(Panaetios)(参看 Berger, Gesch. d. wissensch. Erdk., IV 20)和珀西多尼乌斯(Poseidonios)开始,这一观点就已十分盛行,并且完全清晰地在马力诺斯(Marinos)和托勒密的大地观(Erdbild)中体现出来。在他们的大地观里,天下之范围大致南起南回归线(或者按托勒密的说法,南纬16°),北至北纬63°。

③ Ratzel, Ber. d. sächs. Gesellsch. d. Wissensch., 前揭,页147。

民的内心，此目的应该在前述共同生活根基之上得以实现。要实现这些共同的生活目的，离不开一个独立、自为的邦民阶层富有创造力的共同努力，他们通过自己的作为，使国家的共同秩序得以呈现。

古希腊城邦的自足（Autarkie）是促成其独特本质的主要原因。这一"自足"概念更多表达的是国家生活共同体的伦理关系，而非国家的对外权力关系。单个邦民主要从国家共同体生活的目的之中获得他的生活内容。国家能够也可以用它的使命涵盖、渗透个人生活，因为只有实现国家共同体的目的，才能保障单个邦民有可能过上尽可能完美而幸福的生活，配得上一个希腊人（Hellene），即一个真正的人的生活。

古希腊城邦的普遍文明意义就建立在这一独特的共同体理想之上。然而，通过更加深入和公允的研究，我们明白，尽管共同体的理想具有建设性力量，我们也应该正确认识和重视那些具有瓦解性和多重破坏性的社会趋势，社会阶层之间的相互冲突，以及社会统治阶层的自私自利。国家共同体生活的那个理想，在古希腊城邦的实际发展之中的确实现得相当不充分，经常受到阻挠，且被社会上那些自私自利的特殊企图扭曲，可是，难道它就因此失去力量和历史意义了吗？

对城邦共同体生活的伦理使命、城邦作为文化国家的特征，强调得最为厉害，且最先从原则上进行描述的，是古希腊的观念哲学，尤其是柏拉图和亚里士多德。这两位哲人也最为坚定地强调精神共同体在城邦生活中的必要性。①诚然，古希腊观念哲学从某些特定的、非常片面的哲学前提出发，勾勒出古希腊城邦的理想形象，这形象作为理想与现实形成某种程度的对立。然而，更深入地审视这一理想形象，能让我们同时也辨认出历史上古希腊人的城邦所持的理想化观念，只不过以独特的方式有所增强、扩展。

前人在重构古希腊城邦时，流行对柏拉图和亚里士多德的城邦理论进行片面有时甚至不加批判的利用。今人则又同样片面地轻视它们

---

① 参看 Windelband, *Platon*, 页 182 的阐述。

而不加利用。若要更为深入地理解古希腊城邦生活，柏拉图与亚里士多德是必经之途，将来也仍然如此。无论如何，正是透过观念哲学对古希腊城邦理想的独特表述，古希腊人政治生活的理想内涵才最大限度地成为共享的世界性文化的一个基本组成部分。

在城邦里实现的共同体理应是生活的共同体，在历史上古希腊人的城邦里（城邦的鼎盛期），也仅仅是生活的共同体。不论如何明确强调都不为过的古希腊城邦的宗教特征，也突显出这一基本特征。城邦宗教不过是对城邦共同生活目的的理想化表述或认可。宗教的凝聚意义主要体现在共同的祭礼（Kult）上，履行祭礼是与城邦邦民阶层本身息息相关的内心义务。在希腊历史上的城邦里，人们从未提及这一教义的强制性，同样也没有提及任何等级制的专制作风。

另一方面，人们也从未提及在古希腊城邦里是否有基本的自由来遵循这一教义。在他们的共同生活中，自由、自足的邦民阶层是宗教的载体，可是，如果忽视这一共同生活及其在城邦中的秩序所带有的约束力特征，就会犯下后果严重的错误，尽管在这方面不同城邦之间实际上肯定存在着显著差别。我们只需看看斯巴达——当然是希腊城市国家生活最为粗暴和片面的代表——就能知道，在这样一种共同体的生活秩序中可能会有何等的强制，虽然它根本不具备有教益（lehrmäβig）的特征。斯巴达尝试通过统一的教育来达到贯彻共同生活的目的，从而遵循了规定着它独特形态的趋势，并带来了特定的后果。

希腊的观念哲学——最为明显的是柏拉图的理论——在构建城邦理论时，于共同的生活秩序之上又增添了一个新的要素：一体与共同的学说（eine einheitliche und gemeinsame Lehre）。只有一体与共同的学说方能使真正的共同生活成为可能。那些理应将公义理念实现于城邦生活的邦民，必须知道什么是公义，①因此，城邦肩负着公共教育

---

① 在这里，我们的研究悬置了完美的（哲学）认知与 ἀληϑής δόξα [真实意见]之间的差别。

和指导的义务。这一点在柏拉图的《法义》（804d）中说得尤其清楚：

> 只要有可能，每个男孩必须强迫接受教育，因为他们首先属于国家，其次才属于父母。

真（哲学）认知越是被赋予更大的确定性，伦理生活的形态越是单一倚重并依赖正确的认知，教义包含的约束力特征就越为明显。

古希腊文化的伟大理想所生长其中的狭隘世界，既不能满足不断进步的政治和社会发展的需求，也无法满足古希腊探索精神的要求，即对环绕在人周围的自然、搭建在他头顶的宇宙形成融贯的知识并进行研究概括。古希腊哲学不辞辛劳，创造出形式各异的关于一体宇宙的图景。一体宇宙这一观点在我们今天已司空见惯，可是，过去却需要多么强大的哲学抽象力，需要它多么勇敢地冲出民间宗教观、冲出那些独断专横的渺小世界啊——这些世界用法律约束个人，想把个人牢牢吸引在它们的圈子里！

一种普遍的哲学宗教诞生了，它设想有一个一体的神性存在，这不意味着别的，正是一体地充盈着（einheitlich durchdringend）世界的基本原则，或一体地统领着世界的普遍法则的化身。这场世界观的革命，引发了人生观和人生方向的剧烈转变。一个广博而大全的世界逐渐成形，通过普遍的法则将单个人结合在一起。这法则在理性思想中得到佐证，作为未成文法，它也能够凌驾于个别城邦的特殊法律之上。传统的城邦世界必须站在思考着的、具有理性认知的个人讲坛前为自己辩护，而个人则越来越以普遍世界为准绳，力图以思考的方式来把握普遍世界。随着视野拓宽，个体可以对比观察人类的各种习俗与观念，这样，个体有时甚至也会把人们普遍使用，因此似乎也符合他们普遍人性的本质奉为基准。哲学个体大胆阐释，相信自己不但能够认识世界法则，也能够将人类公共生活的规则与宇宙法则联系起来。①

而今，普遍世界不但为思维提供规范，同时也逐渐为个体的生活领域提供规范。由此观之，哲学与政治方面尤其自公元前 4 世纪以来出现了平行发展的现象，也就尤其值得注意。普遍世界既是实现哲人的个人主义美德及幸福理想的舞台，也是在政治上展现将世界收入囊中的野心与统治欲的舞台。统治的个体，其统治权立足于个人的治国能力，这一统治权膨胀到无以复加、不可测度的地步，随之而来的是统治者个体也挣脱希腊诸城邦狭小的世界，转而寻求征服广阔的大千世界。对于他的统治而言，除了统治的可能性外，基本上就不再有别的界限。同样，哲学的个体也带着个人主义的生活理想，追求过上有美德的幸福生活，从而成长进入（hineinwachsen）一个普遍的世界。个体进入世界乃一特别的现象，只有古希腊文化（Hellenentum）的特殊发展方能解释清楚。与所有真正意义重大、影响深远的历史发展一样，这也是一场特殊的、绝无仅有的历史进程，其本身乃是我们文化发展整体的根基，在古人的历史中无能出其右者。

从宗教方面看，或许旧约先知代表的宗教普遍主义可资作为某种类似对照。②然而，另一方面，我们也发现二者间一个值得注意的差异。这两者之间，不仅神的概念完全不同：一边是超验的、凌驾于这

---

① 参看 *Hist. Zeitschr. N. F.* 47，页 210。

② E. Meyer 在其精彩绝伦的《古代史》(*Geschichte des Altertums*) 一章（第三卷，页 167 及以下，另参"犹太教的诞生"[Entst. d. Judentums]），页 221-222）阐述了在波斯统治期间，普遍主义与个人主义已颇具规模，成为一切宗教具有代表性的特征。我认为这一观点没有得到证明，也无法证明。在我看来，它低估了——至少没有足够重视——旧约宗教发展的独特性，并且高估了波斯阿契美尼德帝国统治对当时宗教构成的影响。此处当然无法对这一问题进行更为详尽的探讨。不过，我希望本研究的脉络最为关键的要害，即希腊文化的独特发展，足以从此处勾勒的梗概中得到清晰的呈现。关于拜火教，请参阅拙作，*Gesch. d. hellenist. Zeitalters*，I，页 225 及以下。

世界之上的神，一边是内在的、化为这世界的神，是世界法则的化身。此外还有一个方面的差异。在旧约的先知宗教里，我们发现普遍世界进入到犹太人特殊的民族世界中，宗教发展的中心永远是犹太民族，即神的民族。古希腊文化则完全两样，在其中个体成为载体，普遍世界成为政治和文化发展的根基。

因此，古希腊哲学的生活理想因其个人主义和普遍主义，而超出了城邦自足这一古老的希腊理想。哲学个体感觉自己已经不再受到小国共同体生活的狭隘天地的约束。城邦统治政权依据的思想根基由此受到动摇。而那场与亚历山大大帝这个名字绑定在一起的政治变革，则朝另一方向击溃并摧毁了古希腊城邦的自足。之前不过是概念的，如今则在某种意义上成为现实。政治生活以世界帝国的规模呈现，这一形态对当时的世界具有决定性意义。统治者个体走出古希腊文化领域空间局促的境况，进入东方的大众聚合（Massenverhältnisse）之中，而希腊文化也追随那位伟大的征服者，踏上他开辟的新道路。

即便在东方较早的历史中，我们也发现强有力的统治建构（Herrschaftsbildung），可以不无道理地称之为世界帝国。亚述列王，以及部分古巴比伦和新巴比伦王，就已宣称对"世界"的统治权，自封为"天域、地域的主"，"全体或万有之主"，而阿契美尼德帝国（das Reich der Achämeniden）的统治建构则更加整全，自称为"万国之王，大地之王"，"从日出至日落之地一切人的主"。①那么，从亚述帝国到亚历山大之间难道仅仅只是量的差别吗？世界不过是一个相对概念，随着政治和思想视野的扩展，它自然也会跟着扩张——可是，如此评判会忽视一个根本的要素。虽然在古代史中，我们认为，亚述

---

① 参看拙作 *Gesch. d. hellenist. Zeitalters*, I, 页 220, 3.224-225, E. Meyer, *Gesch. d. Altert.*, III, 页 24-25。

乃至波斯帝国①在国家以及精神生活的伟大统一进程中具有重大意义，但那些东方帝国却因为一个本质差异而与亚历山大截然区别开来。无论疆域如何扩大，东方帝国统治建构中的本土或民族的根基仍然保持了下来，即由一个特定的部族或民族来实施统治。在这样的统治建构中，"世界"并没有获得一个独立的意义，它只不过是统治阶层民族的权力或帝国的根基。

亚历山大的帝国则不一样。首先，它不仅疆域更大，我想说的是，它也更具原则意味。亚历山大设法在他的统治建制内尽可能最为全面地实现"天下"这个虽然一直处于流动变化之中的地理概念，③这主要体现在他四面八方想要寻求与大洋（Weltmeer）联系的抱负。亚历山大尝试查明里海与北大洋（das kaspische Meer）之间可能存在的关联，一路挺进，直到抵达东边与印度接壤的大洋。他委托舰队司令奈阿库斯（Nearchos）出航，使波斯海海岸地带与印度河河口建立联系；他下令舰队绕行阿拉伯半岛，胸怀大志，要将势力西扩至赫拉克勒斯之柱［译按：直布罗陀海峡］，以抵达大西洋。

尽管对亚历山大规划疆域的大小众说纷纭，但在其他方面，关于其帝国的世界主义这一根本特征，却不可能有任何异议。亚历山大希望（这一点毋庸置疑），帝国里不同民族因素之间的政治与文化差异，让位于大一统的帝国思想，通过一个由他本人代表的帝国联盟

---

① E. Meyer 对波斯帝国的阐发（氏著《古代史》第三卷）是迄今为止我们拥有的最全面、史料最丰富的阐述。然而，他对波斯帝国的理解过于理想化，高估了波斯帝国作为文化帝国的特征。在我看来，他把阿契美尼德王朝与希腊罗马时期的普世形态在思想方面靠得太近。据我所知，实际上，波斯王的臣仆并未因隶属于一个大一统帝国，而获得一个统一的、同样由这个帝国所代表的文化关联的意识。希腊的天下观蕴含的独特精神要素，在阿契美尼德帝国里尚未成型，或只是少量成型。

③ 更为详尽的论证参看拙作，*Gesch. d. hellenist. Zeitalters*，I，页 365 - 366，页 394 及以下，页 413 及以下。布克哈特在其《希腊文化史》第四卷的若干紧要方面，与笔者观点切近，虽只寥寥数笔，吾心已然甚欣慰。

（Reichsverband）这一共同观念与建制，来克服征服者与被征服者、希腊人与蛮夷之间的对立。亚历山大的统治在疆域上越是努力接近天下的边界，他的帝国臣民的归属感就越是明确且唯一地建立在从属于一个大一统的、囊括世界的统治联盟这一事实本身之上，这一统治建构的新颖之处就越是清晰可辨，在与古代晚期的世界帝国观相关联这一意义上的世界帝国特征，就越是清晰地突显出来。此帝国本身从根本上与天下本身重合，它体现出天下黎民在一个大一统的政治组织里的相互关联。

亚历山大的帝国以这位伟大君主赋予它的形态存在的时间并不长久。亚历山大政治上大胆冒进，那些本需要经过几百年的连续发展方能根深叶茂、根基牢靠的政治与文化现实，他却在单单系于他一身的强大的统治建筑（Herrschaftsbau）里提前施行。不过，亚历山大给后世留下一笔重要的遗产，这就是不会再度湮没的世界帝国这一观念。罗马、罗马帝制就继承了这笔遗产。

除了政治事功可以征服世界，哲学思想也能够统治世界。为天下观在思想上奠定基础，正好也发生在亚历山大统治时期以及不久之后的时期。尤其是古希腊自己的世界哲学廊下派，将之前的古希腊精神生活的基本思想发扬光大，将天下观的思想内涵用哲学方式表述出来。

与伊壁鸠鲁派的原子化个人主义相比，廊下派哲学以独特而生动的形式和充沛的活力代表了共同体式思想。不过，真正表明廊下派观念特有的文化意义及其独到之处，是它代表了迄今为止在古希腊城邦之中体现出来的共同体生活的趋势与理想，并把这种趋势和理想投射到普遍世界上去。宇宙万物相互关联，这关联充满整个世界，也承载着世界。这才是廊下派思想体系真正令人振奋的核心思想。

普遍世界的自足取代了城邦的自足。只有从属于这个普遍世界，才有完满幸福的生活可言。进行理性认知活动的个体，在其理性认知过程中也分有了整体的幸福。克律希波斯（Chrysippos）曾言：

> 只有普遍世界才能在自我中得到满足，因为在它自身之中就有它需要的一切。①

金嘴狄翁（Dio Chrysostomos）有言：

> 整体世界自身幸福而智慧，它在无尽的周期里一直漫游在无垠的时间之中，施行仁政，其统治也最为公义、良善。②

人类被嵌入这一普遍世界关联之中。因着这一关联，人类共同体也有了根基。人类显得是一个统一体，其内部因为人类天性而相互关联，这天性不是别的，乃是普遍自然的一种特别溢出。人通过共同的理性资质而相互依赖。这资质使人们可以与众神一起分有一个普遍的理性共同体。③这个将人与人联结起来的共同体越是全面，越是反映出宇宙的普遍关联，它就越为真实、有效，内部也更有活力和约束力。由此可以看出，天下观正因其与宇宙观相关联而具有了何等意义。"天下"也只是普遍世界关联的一部分、一个摹本，当然，"天下"比某个特殊的国家要在更高程度上体现出这一普遍关联。这个存在于人类理性特征之中的联结替代了特殊的、受历史局限的、随民族或地方而各异的各个共同体。廊下派创始人的共同体理想追求的是：

> 我们不再按照城邦、部族、特殊法律相互分隔开来，所有人应该都被视为部族成员、同乡人，但愿出现一个统一的生活秩序，被一个共同的法律维系在一起，就像兽群那样。④

---

① 普鲁塔克，*de Stoic.*，rep. 39 p. 1052d。
② 金嘴狄翁，I. 42。
③ 参看 Ar. Didym.，*Epit. frg. phys.*，29. 4，Diels 编辑。金嘴狄翁，XXXVI 31f. 38（Arnim 编辑）。西塞罗，*de nat. deor.*，II 77 及以下，133，154；*de fin.*，III 20，67。M. Aur.，*commt.*，VII 13。
④ 普鲁塔克，*de Alex. M. fort.*，I 6 p. 329。

由此可以看出发生在天下观内部的深化。"天下"不再只是诸如犬儒派或昔勒尼学派（Kyrenaiker）智者的个人生活的舞台，基本上处处毫无二致；相反，这样的个人生活被嵌入一个充满活力的关联之中，而且作为关联对人发生约束力。就为人的生活提供自然条件而言，"天下"是同样的（gleichartig）世界，①不仅如此，"天下"还是一个整体，其中各个个别部分息息相关，这样的整体将它的居民相互联结在一起。天下观蕴含的文明意义也就在此。仁（Humanität）观就是建立在人类的内在统一之上，现在成了天下的精神纽带。

　　与仁观相对应的思想是 φιλανθρωπία［爱人］。它与人道观本身一样，都只有在与天下建立起联系时，才获得完全的力量与意义。φιλανθρωπία［爱人］这一概念最先出现在犬儒派，他们的圈子尤其积极地维护这一美德理想。廊下派从犬儒派那里继承了这一概念，并以自己的独特方式进一步加以发展。犬儒派还未形成完备的共同体思想，与之相应，他们的 φιλανθρωπία［爱人］似乎主要针对代表人类的个别人，而廊下派却明确把重心放在人类的关联以及由此而受到约束的共同体理想之上。在这点上，爱比克泰德把他的廊下派观点归在第欧根尼名下，很具典型性：

　　　　他如此温柔，如此爱人，为了全人类的利益，他愉快地承受了这一切身体上的痛苦折磨。（*diss.*，III 24，64）②

---

　　① 参看普鲁塔克，*de exil.*，5 p.601。然而，该处已同时对一个真正的关联有所暗示。

　　② 奥勒留的劝说，φίλησον τὸ ἀνθρώπινον γένος［你当爱人类］（*comm.*，VII 31），指的也是人类的关联。在 *Stob. ecl.*，II 7，13 里面，归在逍遥学派名下的关于 φιλανθρωπία［爱人］的学说，尽管能在亚里士多德本人的表述那里（参看 *Eth. Nicom.*，VIII I p.1115^a 20 及以下）找到一定根据，但它或许带有折中主义特征，很有可能已经受到廊下派的影响（参看 Wachsmuth 对于所引段落的评注）。

"天下"的地理概念在以上观点的脉络之中也获得了更深一层的崭新意义。"天下"诸国在地理上相互依存,这恰好从根本上在大地乃球形的观点之中获得了支撑,而这一点现在又过渡为诸国居民内心的相互依存。作为人类文化共同根基的"天下",也维系了人类本身,并且更加强烈地体现出立足于共同天性的人类的统一。地理观以独特的方式渗透进政治观和文化观之中。相对其他概念而言,民人(Volk)的这一概念理应获得政治和文化上的绝对优先权,但它在人类大一统的思想中不再享有完整的权利。当然,亚里士多德尝试从地理上论证希腊人优于外夷这一理论(Polit., VII 7 p.1327^b 20及以下)。鉴于希腊人坚不可摧的民族自豪感,地理上的论证倒在其次,这一论证与新的天下观、与由此生发出的政治和文化上的结论,都无法取得一致。亚里士多德曾建言亚历山大,当如将领般对待领袖希腊人,如主人般对待外夷。①然而,在天下这一普遍观点面前,某一特别国家作为一个优先的政治与文化发展载体的独特地位,甚至我们可以说,特别的祖国土壤具有的排他意义,已经烟消云散。就地理而言,可以理直气壮地说:"大地丰富多样,并无天然的主仆之分。"②不过,这是现代的看法,就我们所知,古代并没有得出可与之对应的直接结论。正因如此,我们更不应忽视的,恰恰是"天下"的地理观所具有的平衡效应。

因此,不仅古希腊思想上升至宇宙一体的假设,政治和思想的发展也纷纷趋向于此:大地,或至少是大地上可以居住、能产生文化的那部分,被视为一个相互依存的整体、人类文化生活的统一舞台。由"天下"的大一统和休戚与共这些性质,又引申出"天下"的各部分

---

① 亚里士多德,frag. 658 Rose。不过,埃拉托斯瑟涅对此表示反对,他希望用善恶之分代替希腊与外夷之分(Strabo, I 66;也参看 Berger, geogr. Fragm. d. Erat., 页168-169),或许他同时也反对亚里士多德论证中的地理根据。埃拉托斯瑟涅的观点与廊下派以哲学方式表述的"天下"之含义之间无疑有关联。

② Ratzel, Polit. Geogr., 页56。

从根本上具有平等的权利。因此，一些新东西从这一思想整体中脱颖而出，这一新的理念在之前的发展，尤其在东方的历史中还很陌生。然而，我们整个历史文化就建立在这一决定性的成就之上。古人熟悉的"天下"疆域相对较小，那时的视域与我们今天相比也十分狭窄，但这并未削弱这一成就的重大意义。我们甚至可以说：鉴于古代的交通条件给政治上征服广大地域并对其进行文化渗透带来的困难不容小觑，古人视域所受的限制，或许反倒恰恰有利于推行并巩固天下的统一。

古代晚期的发展大体而言以世界邦民论（Kosmopolitismus）为标志，然而，这个世界邦民论并没有否认它的希腊出身以及由此而来的独特色彩，正如这个词本身就表明滋养了"世界邦民论"这一理念的那片独特的希腊土地。曾经的普遍人性，如今作为具有规定意味的文化理想，身着希腊服饰登台亮相。希腊的东西成为普遍有效的东西。在希腊历史更早的时期，"民族"（das Nationale）这一概念就已经带有某种抽象的特征。它不是特定政治形态的根基，而是真正的共同体生活——也即名副其实的国家共同体生活的一般前提。

这一基本特征在日后的发展里得到进一步深化。正如哲学观点所陈述的那样，真正的"天下"邦民阶层是理想中的希腊（idealhellenisch）邦民阶层，只不过褪去了偶然的历史特征而已。理想的希腊城邦民，其本身又是世界邦民，它代表着真正的人性（Menschentum），脱离了自己特殊的地方背景，占据了世界。根本就不存在什么各个民族文化并立并存，而是文化要素作为普遍的文化要素而出现，并要求具有普遍约束力。本来非希腊之物，现在因被视为普遍人性之物，因此也被吸收进希腊之物里去；它在理性之物这一概念下，被提升至理想的希腊之物这一领域。何为希腊，何为外夷，两者之间的对立发生了位移。希腊之物为了统领天下，放弃了它的民族限制。文化世界基本上与"天下"是一回事。化外之地（Unkultur）则被移至

"天下"的边缘。

如今,一个广博整全的世界接替了城邦。它似乎与希腊城邦国家那个疆域狭窄的小世界形成了无比鲜明的对比。然而,即便具有普遍性,这个整全而广博的世界仍然有着与城邦的理想本质相关的独特的共同体特征。普遍的世界是城邦的一个副本。此处给出狄都谟斯(Ar. Didym.)的其中一段,以飨读者:

> 以这种方式,据说城邦在两种意义上就是天下:天下是天下人的整体,正如城邦是邦民的整体;因而宇宙就像城邦,由诸神和人组成,诸神拥有领导权,人则服从。①

整个宇宙都以城邦的样式来加以察看,这样不仅体现出世界内部的紧密关联,并且主要由此也同时表明,某个确定的秩序是这一世界共同体生活的根基,并对它有约束力。作为宇宙秩序的这一秩序同时约束着人类,人类不过是那个广博共同体的一部分而已。以弗所那位深刻的思想者曾经极大影响过廊下派哲学,他强调指出,规定人类生活的法律与宇宙的秩序之间有某种关联:

> 就像城邦用法律来武装自己那样,人们应该用大家共有的东西来武装自己,甚或过之。因为一切人间法律都受那唯一神律的滋养。②

这一思想现在以各式变体的形式不断得以强化。统辖世界的普遍法则,νόμος κοινός或λόγος ὀρθός,是人类共同体的生活法则(Lebens-

---

① 参看尤具代表性的段落:金嘴狄翁,XXXVI 29及以下,36及以下,Arnim编。西塞罗,*de. nat. deor.*,II 78. 154(Stoic. vet. frgm. coll. v. Arnim II p. 327 – 328。)西塞罗,*de. fin.*,III 19, 64。Ar. Didym. *epi. phys. frgm.*,29. 3 – 4,Diels编。M. Aur.,*comment.*,II 16, III 11。

② Heraklit frg. 114,Diels编。

gesetz），①也是人类对待彼此的一切公义之源。②这一法则坚不可摧且绵延万年，不受任何人间制裁的约束，也不受限于任何地方，处处以同样的必然性强迫理性认知接受自己。③因此，这一秩序必须首先在维系人们自身的最整全的共同体之中，在"天下"的共同体之中，展现它具有约束力的特征。

正如某特定城邦的法律（Nomos）将邦民紧密联结起来，同样，普遍的世界法则也将"天下"的帝国之民紧密联结起来。这一点在普鲁塔克的《亚历山大的机运或德性》（de Alex. fort.，Ⅰ6）论述芝诺的理想国家时，表述得最为清楚，这部著作后来还把在普天之下推行共同秩序这一意图归在亚历山大名下：

> 但他想使大地上的一切属于一种理性统治和一种政制，使所有人属于一个部落，他将自己塑造成为此目的而生；若不是那将亚历山大派到这里的神灵迅速将他的灵魂召回，一部律法将看顾所有人，使他们朝向正义，就像望向同一束光。（Ⅰ8 p. 330d）④

如此建立起来的将人与人维系起来的纽带，同时也是所有特殊纽带的根基，正如所有特殊法律和秩序的约束性力量都派生于普遍法则。

人们通过一个共同的秩序，与一个整全且井然有序的整体的各部

---

① 参看 Chrysippos 的 περὶ νόμου ［论法律］ 著作残篇，见于 Pandekten（Frg. 2D de legg. Ⅰ, 3）：Ὁ νόμος πάντων ἐστὶ βασιλεὺς θείων καὶ ἀνθρωπίνων πραγμάτων ［法律是一切神事与人事之王］，等等。拉尔修，Ⅶ 88。西塞罗，de nat. deor.，Ⅰ 14，36；de legg.，Ⅰ 6，18–19。金嘴狄翁，Ⅰ 42；也参看 Hist. Bibl.，Ⅵ 64，1。

② 参看普鲁塔克，de. Stoic.，rep. 9 p. 1035。

③ 尤为突出的段落是西塞罗，de rep.，Ⅲ 22，33。

④ 另参 Ⅱ 11 p. 842a f.：ἀλλ' ἑνὶ κόσμῳ κοσμήσαντα πάντας ἀνθρώπους μιᾶς ὑπηκόους ἡγεμονίας καὶ μιᾶς ἐξάδας διαίτης καταστῆσαι ［而是为了用一种秩序规范所有人，使他们服从一种统治权，习惯一种生活方式］。

分联系起来。然而,人与人之间并不完全平等。正如在柏拉图的理想国里,只有受哲学影响成长起来的邦民阶层,才能够认识善并依此行动,从而也只有他们才能完全维护真正的共同体,同样,如今在囊括世界的联盟之中,也只有具备哲学素养的世界邦民阶层方能担此重任。①柏拉图建构的国家伦理观极为片面,由此他必然要贬低大部分邦民。他不能让那些无法把握城邦共同体崇高目标的阶层,主要是商业(erwerbend)邦民阶层,自动参与到城邦生活的真正任务中去,无论是精神层面的任务还是其他层面的任务。对于"天下"这一团体而言,就像对于理想城邦一样,也会产生类似的差异。进行哲学思考和行动的人有能力将世界法则纳入自身,他们与其余的大众形成对立。大众则或多或少还未成年,他们自然也必须以某种方式被吸收进共同体生活中去。

然而,从真理、普遍的世界关联中流溢出的大一统,可以且必须以强迫的形式加诸大众身上。在这里,我们再次看到整个观点极具特色的基本特征。就其本质而言,这是始终如一的真理,它经由一个具有均等约束力的秩序而得以实现。这个真理由理性认知力从万物本性之中推导出来,而不是通过人类在历史中不断进步的劳作而获得和实现。这样整一的真理,由哲学认知力获得,被提高到人类共同体之来源与规范的地位——它难道不能轻易成为对芸芸众生具有约束力的传统吗?尤其是统治世界的这个理想已经真正转变成为现实。从这一脉络中,我们很容易就能发现,在大公教会成立时期,是什么从精神上将这一观念与基督教思想联系在一起,又是什么使它必定对基督教思想的教义和基督教建制的形成产生重大影响。一个大一统的真理——它植根于个体,约束着个体生活——以及一个与这个大一统真理相呼应的组织,此二者乃支撑教会这幢大厦的顶梁柱。

---

① 此处几乎不需特别的证据。参看拉尔修,VII 33.122 - 123; *Stob. ecl.*,II 7, 11b, 11g, 11i, 11m; *Wachsm.*,等等。

政治发展又以一种独特的方式与精神思潮（尤其以哲学为代表）相遇。大众都是思想不成熟的人，他们必须受到哲人更高的智慧的引导。这些人在政治领域中就对应臣仆阶层，政治上不成熟的大众。这个臣仆阶层的自身利益要求统治者以居于统治地位的力量和关怀来统治他们。他们取代了之前希腊国家里自治的邦民阶层所占据的位置。①哲学为这场转变做好了准备。而真正的政治发展在亚历山大及其继业的王国中就已经实现了这场转变，后来在罗马帝制时期的世界帝国里又实现得更为彻底。这场转变的道德特征恰恰随着领土疆域的扩大而更加深化。君主被视为泽被世间的宇宙主宰宙斯的摹本。②由于交通工具简陋，中央行政无法迅速有效地干预地方事务，而君权神授这一概念则用圣光弥补了这方面的欠缺，尽管在许多方面来说还相当不充分。

在罗马帝制时期，"天下"观越来越深入人心。人类大一统的这一文明性质的观念与罗马世界帝国组织方面的联合越来越紧密地融合在一起。不过，统治团体还远远没有囊括当时所知的整个天下。东方的大片土地，尤其是繁衍伊朗民族与文化的地域，一去不返。尽管如此，天下的大一统基本上得到了巩固与深化。天下向西方敞开胸怀，时刻准备着，同时也有能力将新要素吸纳进它的文化圈——我们的整个历史世界主要就奠立在这些新要素之上。如果说在这段时间里，自主塑造生活的自由度和原始力量在逐渐衰竭，那么，一种归属于整体的意识却因此而愈加强烈。这个整体的政治中心、它的支柱及立足点，都落在统治者个人身上。罗马帝制时期的墓志铭，钱币上的文字与图案，都从许多不同侧面体现了这一主流趋势。笔者回想起钱币上的大地和海洋如何与皇帝像联系在一起，以及将皇帝刻画为 $\sigma\omega\tau\eta\rho$ ［拯救者］和 $\kappa\tau\iota\sigma\tau\eta\varsigma\ \tau\tilde{\eta}\varsigma\ o\iota\kappa o\upsilon\mu\acute{\epsilon}\nu\eta\varsigma$ ［天下的奠基者］，诸如此类。很

---

① 参看笔者的讨论，Hist. Bibl.，VI 26 及以下。
② 参看 Hist. Bibl.，VI 92 及以下。

具代表性的，比如一则哈利卡纳苏斯（Halikarnassos）的铭文里就用 σωτὴρ τοῦκοινοῦ τῶν ἀνθρώπων γένους [全人类的拯救者] 来称呼奥古斯都。①

在罗马帝国囊括寰宇的大一统之中，原初带有民族和地方特色的生活形式逐渐吸纳了"天下"的普遍特征。罗马法逐渐转变成世界法。从经验方面出发，罗马法要求统一那些不同民族的特殊法里同等有效的东西；而从理性论证出发，罗马法又与普遍自然和世界理性建立起内在联系。天下的宗教大一统也随着政治和文化的大一统而逐渐壮大起来。按照古代的观点，政治和文化的大一统要求有相应的宗教表达，那些相互抵触或相互斗争的宗教权力在大一统的帝国里没有位置。罗马帝制时期极具代表性的宗教调和论就是植根于如下基本前提：本质上不同的宗教形态都属于一个世界，特别的宗教世界之间也不再老死不相往来或势不两立。基督教在罗马世界帝国的胜利，除了它更优越的宗教力量之外，还有一个并非不根本的因素，就是它为大一统的需求提供了一个特别有效的宗教基础。从帝国的利益或存在于帝国之中的大一统需求出发，我们甚至可以说：异教的国家权力无法消灭基督教，或者说基督教能够与当时具有普遍主义特征的异教建立起持续的内在联系，可以解释为何恰恰是基督教取代异教而成了帝国宗教，并由此成为帝国机构一统天下的有力工具，以更有效的新宗教方式来表述帝国的国祚绵延。②

随着基督教会占据了统治地位，统一的学说对于一统世界也具有决定性意义。宗教权威由原初的内部依据更替为外部依据，则更强化了这一决定性意义。我们虽然必须合理评估基督教会自身产生的趋势

---

① Anc. Gr. Inscr. in the Brit. Mus. 894；参看 Wilamowitz, Ath. Mittlg., XXIV, 1899, 页 292-293。泛泛了解可以参看 Hist. Bibl., VI 91-92、96-97。

② 这一发展过程反过来对基督教自身起了作用，这一点无法在本文加以详细阐发。

及其影响，但也不能不知道，早在希腊—罗马世界，某些有组织的生活方式，它们的约束力具有的意义——尤其是对这些生活方式的哲学论证①——就已在某种程度上为统一学说的威力和强力约束提供了土壤。不过，其中最为特别的是，在逐渐衰落的古代末期，宗教、教会思潮与某些哲学学说之间产生了特有关联。这些哲学学说迎合了在教义和建制方面都有统一组织的基督教会的雄心壮志。而那些植根于俄耳甫斯—毕达哥拉斯学说的宗教流派，由于旨在形成一种处于"神律"②之下的特殊宗教或精神生活，则被城邦宗教排挤到幕后，但也并未彻底销声匿迹。作为时隐时现的暗流，由于伴随古代宗教生活的一路发展，在其最后阶段再次发挥了更有力的效用。它们与新柏拉图体系独特地融合在一起，从而为建立一个统一的学说规范创造出了一片合适的宗教生活土壤。异教的国家权力自身也积极尝试，以自己的方式来实现这一雄心壮志。罗马帝国东部的皇帝马克西米努斯（Maximinus Daja，公元270—313年）就已试图用国家权力来服务异教教会。例如，最高祭司接到命令，叫他注意：

> 既不要让基督徒建造（会场），也不要让他们公开或私下聚会，而要让那些根据他们的法律被捕的人聚在一起献祭，或把他们交给法官。③

尤利安（Julian）皇帝在位时期虽然短暂，这一趋势却体现得更加鲜明。他力争让国家权威服务于一个对立于国家生活的超验目标，即实现僧侣共同体的理想。④

---

① 参看页21及以下。
② 例如可参看 Orph. frg.，33.109.110 Abel。
③ Lact., de mort. pers. 36.4。另参尤塞比乌斯，h. e., VIII 14.9。
④ 尤其参看尤利安书信残篇 p. 289ᵃ（Hertlein 编，I. p.372），以及在此一残篇中后续的分析，以及第49和63封信。

格拉提安和狄奥多西皇帝在执政期间颁布了著名的380年皇帝敕令,①确立了基督教会的绝对统治地位。归属于罗马帝国,我们甚至可以说,归属于"天下"这一有组织的团体,②基本上与认信正统大公教绑定在一起。一个统一的学说在普天之下具有的绝对约束力以及普遍有效性——这两点是基督教世界帝国建制(konstituierend)秩序的鲜明特征。只有学说的统一才能将天下观特有的内在完整性淋漓尽致地发挥出来。

大一统就此完成,后续发展都深受其影响。天下之民结为一个相互依存、被统一组织起来的整体,这个圈子已经封闭完整。大一统虽然没有完全消灭新萌发的独特生活的自由和自主,但却越来越加大力度致力于征服诸种丰富多彩的构成,从而向人类施加了一些重压。因此,我们更不应忽视大一统观造成的重大文明意义。对于我们历史上的文化生活至关重要的是:那些特殊的政治和文化世界因其特殊性而宣称对人有唯一的统治权,并因其偏狭片面的局限性使人们结成的各共同体之间相互封闭;但这样的世界被废除、消融进一个整全广博的普遍世界之中,这个普遍世界把所有可开化人类都卷入它具有绝对约束力的共同体圈子之内。假如这些普遍强制秩序和有组织的权力没有克服那些特殊构成的话,人类文化生活的普遍关联这一思想或许根本就无法占据统治地位。

这种人类大一统的思想如何在基督教的影响之下另起炉灶、另辟蹊径,此处无法也没有必要进行详述。不过,请允许我借此指出另一个重要的因素。天下观在最深刻的字义层面上是一个普遍历史(universalhistorisch)观念。不管在哪里都没有在此处更为清楚地显示出,不可能将古代史视为一个自身完全封闭的发展史,或将之与后续的历史时期割裂开来。另一方面,通过古代史更深刻地理解后来的发展,

---

① *Cod. Theodos.*, XVI 1, 2。
② 这一团体(Verband)基本上等同于罗马世界帝国。

这也是存在于历史大脉络本身之中的必然性。这个历史生活大进程作为整体，也必须被科学研究所把握，因为它自身实际上也是一个历史的整体。

我们现在的历史世界呈现出完全不同于前面所描述的趋势和理想。取代古代那个普遍、封闭且自成一体的世界的，是无尽扩展着的合抱大地的文化生活及涵盖世界的视野。精神的内心世界尝试着实现更大的独立自主，对抗用法律来规定并约束人的外部世界。宗教生活也脱离了与一个固定形态的世界，尤其与国家共同体及其具有约束力的秩序之间的紧密团结的联系，并努力以生机勃勃的内向性赢得自由和独立。与世界国家、世界文化相对的，是民族国家、民族文化。与天下之有组织的大一统相对的，是整全广博的理想的文化共同体，其特征并不在于具有约束力的组织形式。然而，所有这些新的精神力量和追求，都生长于古代政治和精神发展创造出的统一的共同生命根基之上。天下观实现了它宏伟的教育大业。

普遍历史的诸起源

莫米利亚诺（Arnaldo D. Momigliano） 撰
杨志城 译 陈颖园 校

[译按] 原标题为 The Origins of Universal History，莫米里亚诺于1981 年 2 月 2 日在伦敦大学的克莱顿讲座（Creighton Lecture）上宣读，后收入 Annali della Scuola Normale Superiore di Pisa, Serie III, vol. XII, fasc. 2, 1982, 页 533 – 560。

一

如果我说"普遍历史"（universal history）从来就不是一个清晰的概念，那我便是在轻描淡写这个世纪。就字面意思而言，"普遍历史"这个概念近于荒谬：哪个人能够述说一切已经发生过的事情？如果有人述说，又有谁愿意听？

但在希腊人和希伯来人的史纂传统中，那种试图叙说从开端至结尾的整全故事（whole story）的强烈愿望却显而易见，而且普遍历史已成为我们源自犹太人和希腊人的双重遗产中最受争议的部分之一。在那些我们直接可得的文本之中，一个希腊人的文本，即赫西俄德的《劳作与时日》，为我们提供了关于世代更替的最古老的构设。不过希腊化时期的犹太人比希腊人更进一步，他们让纪事（the story）超出当下而通向未来，从探史（history）渐变为启示。从圣约翰的《启示录》到汤因比的《历史研究》，历史因素与弥赛亚因素的混合，常常出现在教会史家与俗世史家的普遍历史叙述中,而且普遍历史的研究毫无衰微之象。

主流看法认为,大部分时间里普遍历史在希腊文化中只起过微小的作用;与这种看法相反,希腊文化中持续出现了相当数量的范式(patterns),这些范式就算不是意在给人类的纪事赋予一种意义,也至少意在赋予它某种秩序。不过,这些范式中的大多数都起源于我们可以宽泛地称之为希腊人的神话或哲学想象的东西,而非源于那种被称作探史(historia)的关于过往之事的经验收集和考订解释。对于真正的史家而言,只有世界帝国的更替才算得上代表了一种指导思想。因此,我将在这次讲座的第二部分讨论希腊史纂中关于世界帝国更替的观念如何演变,并尝试表明犹太人——更准确地说是《但以理书》的作者们——如何从希腊人那里获得了这种观念,并将之转变为一种启示的观念。

不过在这之前,我需要首先厘清其他三种关于普遍历史的希腊构设,这三种构设本身很重要,尽管对史家仅有过微弱的影响。它们分别是:以不同金属为特征的不同种类的更替的构设;生命过程式的构设(biological scheme),这种构设认为不仅个体生命,还有各个民族,甚至是作为整体的人类,都会经历童年、青年、壮年和老年阶段;最后一种构设认为,人类经由一系列技术发现从野蛮状态进步至文明状态。

对于严格意义上的历史研究而言,这三种构设中的每一个都曾具有重要的可能性,每一种构设在后来的世代里都大规模地被史家们采纳和发展。然而,希腊史家主要关注政治和战争,所以,他们对这些构设的关注远少于我们。从希腊史纂中,我们习得的第一件事是:关于人类演化的种种构设,在历史研究出现之前就可在某种特定的文化中杜撰出来,而且在历史研究建立起来之后还可以得到增加,并不需要考虑史家要说的内容。我们史学研究者只是探史(history)的一种相当微不足道的附带品。

希腊史纂的传统鼻祖赫卡泰乌斯（Hecataeus）生活在公元前6世纪末；希罗多德和修昔底德，这两个以我们知晓的方式塑造了希腊史纂的人，则活动于公元前5世纪的下半叶。然而，赫西俄德已展现了一种几乎不晚于公元前8世纪末的关于普遍历史的构设。几乎同样确定的是，赫西俄德亦有一种先前就已存在的模式作参考，以思考人类经由不同种类（黄金种类、白银种类等）的更替演变。赫西俄德的构设还有两个突出的难题。出于某些动机——这些动机至少在黄金种类身上是完全神秘的，而在随后的种类（白银、青铜、英雄和黑铁种类）中也绝非自明——至少可以说诸神允许根除现存的种类，并允许另一个种类来代替它，而比起刚刚根除的那一种类而言，他们没那么喜欢这个替代的种类。但有一个例外。这个例外是介于青铜时代和黑铁时代之间的英雄种类，这个种类很反常，它并没有从某种金属得名，还在一段时间内打断了整体的衰落过程。

很久以前，人们认为，在根据金属命名的四种种类的构设中插入英雄种类的做法是第二位的，且这是因为希腊传统中英雄的重要性才变得必要。我们无法判定是不是赫西俄德实际上将四个时代的构设作了改编，以适应希腊人的特定要求。黄金种类和青铜种类以及英雄种类似乎都只限于一代，这就意味着，诸神从一开始就没有赋予他们繁衍后代的能力。诸神明显赐予了后代的仅有白银种类，但这个白银种类也是唯一被诸神亲自消灭的种类，这是赫西俄德明确告知我们的。对此，赫西俄德没有做任何评论，所以我也无可置评。

后来，所有以希腊文或拉丁文述及四个种类的作家（犹太教或基督教的作家除外），都直接或间接地凭靠赫西俄德的内容。柏拉图自由地使用这个神话来支持他书中的共同体的等级结构，尤其是在他的《王制》（卷三，415a-c）一书中。像阿拉图斯（Aratus，公元前3世纪）这样的希腊化时期的诗人和奥维德则改编赫西俄德笔下的神话，以传达他们对黄金种类的怀旧之情。这种情感是赫西俄德从未真正体验过的，因为他对黑铁种类的种种痛苦更为敏感，而较少关注过往时代的吸引人之处。这些种类在数量上可减少也可增加。我们记得，尤文纳尔（Juvenal）在他的《讽刺诗集》（Satura）第十三首讽刺诗中提到了第九个世代，但没有相应的金属。他把第九个世代看得比黑铁世代还要糟糕（"我们活在第九个世代，这世代比黑铁世代还糟糕"，第十三首第28行）。① 他很可能把四世代的构设与其他文本中出现的十代际（generations）的构设结合了起来。

在此必须注意，从希腊文到拉丁文的转变本身，造成了重大的差异。拉丁作者所说的黄金世代（saeculum aureum）或最幸福的世代（saeculum felicissimum）并不与［希腊作品的］黄金种类（genos chryseion）相等同，② 尽管他们声称这些拉丁语词是在翻译这一希腊语词。希腊人强调人的种类，罗马人则突出世代的特征，这种差异使得罗马人更易于利用这一神话进行政治宣传。可想而知，一个好皇帝更易于改变其世代的品质，而不是改变其治下臣民的种类。比起黄金种类的回归，黄金世代的回归在诗歌、碑铭或造币中都是更有意义的宣传主题。

总而言之，罗马人自由地发掘循环回归的黄金世代的种种言外之意，这是希腊人的那些说法从未强调过的。在提及黑铁世代的种种罪恶时，赫西俄德无法压抑其言辞激烈的哀叹（cri de coeur）："但愿我不是生在第五代人类中，要么先死要么后生。"（《劳作与时日》行174–175）③

然而，赫西俄德到底有没有暗示过这些世代构设中的循环以及从

---

① ［译注］这句诗的拉丁原文为 nona aetas agitur peioraque saecula ferri temporibus。有的抄本把 nona 识读为 non，有的抄本则把 nona 识读为 nunc。

② ［译注］希腊语词 genos 有多种含义：氏族，家族；后代；种族；世代；属；莫米里亚诺在此将之译为 the golden race［黄金种族］，取的是"属"这个意项。

③ ［译注］中译依据吴雅凌，《〈劳作与时日〉笺释》，北京：华夏出版社，2015，页114–115。

黑铁世代返回黄金世代的可能性，这一点非常可疑。与此相反，罗马人的政治宣传则不得不预设或至少暗示这些世代构设中的循环，如此方能使得一位皇帝带领他的帝国从黑铁世代返回黄金世代的这种形象显得合理。在公元400年，诗人克劳狄阿努斯（Claudius Claudianus）不祥地把那位日耳曼将军斯提里科（Stilicho），而非把罗马皇帝描写成那个将黄金世代带回罗马的人。《斯提里科颂》（*Laudes Stilichonis*）第二卷（422行及以下）开头有一个场景，描写太阳前往永恒之洞（the Cave of Eternity），为担任执政官的斯提里科恢复罗马的黄金世代，这一场景与赫西俄德《劳作与时日》中的那些诗行形成了显著对照，因为，后者在一千多年前就已经死死地把希腊文化置于黑铁世代之中。

无论希腊人还是罗马人，在这类关于各个世代的构设背后几乎都没有什么基于史实的观察。无论我们举赫西俄德、阿拉图斯、奥维德抑或克劳狄阿努斯，抑或举出其他利用过这种纪事体裁的哲人和道德论家，他们都没有真正谈及任何为人所记忆或被人记载下来的过往历史。青铜世代的命名可能保留了某些关于黑铁尚未得到使用的时代的记忆，然而，这个名称并非在定义一种技术。

关于英雄世代的集体印象很可能保留了某些关于迈锡尼时代的模糊记忆，不过，这记忆不会多于人们在史诗或某些悲剧中所能看到的东西。这种构设程式（schematization）并没有增加人们的知识，无论如何，在关于黄金世代和白银世代的观念背后，并没有什么民间记忆。实际上，只有黑铁世代属于历史领域，前面的四种世代都是由神话再现的，而且是不受实际历史影响的人类生活的理想替代形式。非犹太作家和非基督教作家所提及的关于各种金属世代的构设，是古典神话学而非古典史纂的一部分。我们在后文将会看到，波斯作家和犹太作家将之与历史事件勾连起来。

二

生命过程式的构设提出了不同的想法，不过我们将会发现，在前基督教作家笔下，这和探史只有微弱的联系，几乎没有影响关于普遍历史的写作。生命过程式的构设区分了童年、青年、壮年和老年时期（还有更多仅有细微区别的替代性说法），这种构设只有在用于单个民族而非人类整体时，才显示出相对较大的用于历史纂写的可能性。那些认为某些民族比其他民族更为年轻的朦胧观念，在希腊民族志中四处流传，自从希罗多德以来，人们普遍认为，埃及人是比希腊人古老得多的民族，而且希罗多德还知道，斯基泰人（Scythian）作为一个民族已有将近千年之久（《原史》4.7）。在这一点上，罗马人再次从希腊人的前提中得出了诸种更为精确的结果。拉克坦提乌斯（Lactantius）在其《神圣制度》(*Divinae Institutiones*) 中说到（7.15.14），基于这种关于生命阶段的隐喻，塞涅卡（Seneca）——究竟是修辞家塞涅卡还是哲人塞涅卡尚无法确定，构建了从罗慕路斯至奥古斯都的这段罗马历史。我们无法得知，塞涅卡如何详细说明这一构设，不过在哈德良（Hadrian）皇帝治下，弗洛鲁斯（Annaeus Florus）也根据这种相同的指导原则，精巧地概述了罗马历史。弗洛鲁斯的著作被保存下来（它非常成功），为我们提供了对这种类型的生命历程式的历史所可能形成的最佳理解。弗洛鲁斯把长达 250 年的童年期分配给国王治下的罗马，把与之相当的时间跨度分配给其青年期，然后是长达 200 年的止于奥古斯都的壮年期。接下来在皇帝治下的好几百年则是老年期。不过，弗洛鲁斯在图拉真皇帝（Emperor Trajan）和哈德良皇帝的治下看到了返老还童的迹象，他本人恰巧生活在他们统治的时期。相当有趣的是，在他的实际叙述中，弗洛鲁斯并没有谈及奥古斯都之后的时期。

由于罗马帝国常被等同于世界整体，有人可能会想到一种观念，即从正在衰老的罗马简单过渡到正在衰老的人类。然而，我手头上没有任何证据可以表明，有哪一位异教史家曾经以个体衰老过程的方式来展现世界历史。关于正在衰老的罗马这一观念，主要从以下这种现实印象中获得了在历史写作上的影响力：那种印象认为，在罗马帝国的疆域之外甚至在其疆域之内，已经有一些民族准备开始拿罗马的衰弱做文章了。如果塔西佗没有不安地感到那些野蛮人准备掠夺正在衰老的罗马，他就不会写下《日耳曼尼亚志》（Germania）。这么说的一个更明确的证据是，公元4世纪晚期，马尔克里努斯（Ammianus Marcellinus）把罗马的老态龙钟，与罗马统治阶级日益严重的轻浮粗鄙风气联系在一起，后者使得罗马帝国的各种敌人日益猖狂。对于一个根植于罗马政治传统的史家而言，把罗马的衰老与世界的衰老相等同，并没有太多的意义；正如他看到的那样，危险在于罗马的懒散软弱与她年轻敌人的活力之间的对比。

这或许可以解释——就我所知的而言——为什么对世界老年期（senectus mundi）的清晰系统的论述，只出现在基督教作家笔下，且直到奥古斯丁时才成为一种起作用的史纂观念。在德尔图良的《论戴头纱的贞女》（De Verginibus Velandis, 1.7）中，我们已经清楚看到，他改编了这种生命历程式的构设，以适应基督教的历史观念：世界在摩西律法颁布之时达至幼儿期，在福音书出现时达至青年期，在圣灵出现时达至壮年期。不过，他以一种漫不经心的方式谈及这些内容。这一改编使得奥古斯丁在冷静地严格说明罗马遭到洗劫一事时要面对世界的老年期，而且使得他断定人类之城表面上的老年期正是天上之城的青年期：

> 切勿试图坚守这个年老的世界；切勿拒绝在基督身上发现你的青年时期，是祂告诉你这个世界是短暂的，这个世界正在衰老，这个世界正在衰颓，这个世界在其年老之时将气绝而亡。切勿恐惧：你的青年时期将如鹰的青年时期一样再现。（Sermo 81, P. L. 28.505）

到目前为止，显而易见的是，除了这些大胆的元历史的（meta-historical）运用之外，普遍历史写作中很少有生命历程式构设的用武之地。我们必须推断说，在古典异教的史纂中，把生命历程式的构设用于人类历史的做法，几乎并不比把金属世代的构设用于人类历史的做法更为成功。

三

还有另外一种构设需要考虑，尽管它和前面两种构设一样，都产生于历史研究之外，但很快就经受了经验性的证实，从而让古代的语文学家和古物研究者兴致勃勃，但它没有让史家感兴趣。无疑，那些向无助的人类透露技术秘密的诸神或文化英雄（culture-heroes），在各种文化中都可见到。《旧约·创世记》第四章崇拜耶和华的那些叙述，可能早至公元前10世纪。希腊人看起来有个特点：他们并非总是对自己的英雄感到满意，尽管这些英雄可能很卓越。在埃斯库罗斯的《普罗米修斯》中（埃斯库罗斯是否《普罗米修斯》的真正作者，与此处的问题不相干），文化英雄象征着竭力获取知识的人类。在《安提戈涅》中，索福克勒斯省去了文化英雄，直接让人本身成为所有难以理解的由才智取得的成就的来源。即便保留了神话形式（比如柏拉图笔下的普罗塔戈拉所说的新版普罗米修斯神话），人类如何获得诸种技艺这个问题，仍然是思考的关注点。

希腊人有时把个别人或个别城市挑出来称赞。把雅典称颂为一座文明之城的做法，至少可追溯至伊索克拉底（Isocrates）。伊壁鸠鲁信徒自然而然会强调这座城市的启蒙传统，毕竟，伊壁鸠鲁属于这座城。所以，我们在卢克莱修《物性论》第六卷中可以看到他对雅典城的赞颂。不过一般来说，对诸种技艺的发现不仅仅归在个别的神、人或城市的名义下，他们还试图设想那些有利于一般发现的种种条件。气候条件、对兽类的恐惧、语言的发展、金属的发现和各种形式的耕作、社会生活的组织，以及不同领域的观察所得的累积效果等都是得到考虑的因素，这些因素出现在我们目前关于人类技术进步的两部最为重要的讨论之中：狄俄多儒斯（Diodorus）的《史集》（*Bibliotheca*）① 第一卷和卢克莱修的《物性论》第五卷，除了这两者之外，我们还可以加上维特鲁维乌斯（Vitruvius）的《论建筑》（*De Architectura*）② 第二卷，以及在他们之后一个世纪的曼尼里乌斯（Manilius）③ 的《天文》（*Astronomicon*）第一卷。

这四个人的前辈包括公元前5世纪的智术师派（Sophists），以及公元前4世纪晚期和早期希腊化时期专门研究技艺之发现的研究者，但他们的大部分著作都佚失了，这部分是因为晚期希腊人和罗马人对经典的（classicistic）筛选。我们能知道亚里士多德的学生忒奥弗拉斯图斯（Theophrastus）所写的关于献祭习俗的精细研究，只是因为公元3世纪的哲学家波菲利（Porphyry）恰巧对此非常感兴趣。狄凯阿尔库斯（Dicaearchus）影响了关于希腊生活方式的观念，并启发了瓦罗，前者显然把文化构设（cultural scheme）与关于从黄金时代堕落到黑铁时代的构设结合在一起了。④他有一些关于不同技术阶段的想法，比如游牧生活和农耕生活。瓦罗笔下的几处迹象，岑索里努斯

---

① ［译注］即西西里岛的狄俄多儒斯（Diodorus Siculus），公元前1世纪的古希腊史家，因史著《史籍》（*Bibliotheca historica*）闻名。

② ［译注］维特鲁维乌斯是公元前1世纪著名的罗马作家、建筑师，以其多卷本的《论建筑》（又称为《论建筑十书》[*De Architectura libri decem*]）闻名于世。

③ ［译注］曼尼里乌斯（Marcus Manilius），公元1世纪的罗马诗人、占星家，著有五卷本诗体的《天文》。

④ ［译注］狄凯阿尔库斯（约公元前350—前285年），希腊哲人、地图绘制师、地理学家，曾在吕克昂学园师从亚里士多德，是忒奥弗拉斯图斯的朋友。他写过关于希腊历史和地理的著作，最著名的是《希腊生活方式》（*Βίος Ἑλλάδος*/ *Bios Hellados*/ *Bios Hellados*），仅存24条辑语，启发瓦罗写作《论罗马人民的生活方式》（*De Vita Populi Romani*）。

(Censorinus)①笔下的一处迹象,以及波菲利笔下的一处迹象,向我们略微反映出一些想必是狄凯阿尔库斯关于希腊之演变的所思所想。

我们本以为卢克莱修和狄俄多儒斯之前一代的珀西多尼乌斯(Posidonius)②曾就技艺发现这一主题说过一些极有影响力的话,但材料只有那些,我们主要凭靠塞涅卡的第九十封信(Letter 90)获悉珀西多尼乌斯关于文化之历史(cultural history)的看法。在那封信中,塞涅卡同意珀西多尼乌斯的看法,认为在黄金世代时,哲人是人类天然的领导者,但塞涅卡并不认同珀西多尼乌斯进一步的推测,即神话所认为由普罗米修斯带来的各种技艺和技术实为哲人所发现。这事无关紧要,所以研究者既可以肯定地说,珀西多尼乌斯的说法是狄俄多儒斯在《史集》第一卷里论及人类演变的那些章节的来源,也可以同样明确地否认这种看法。

我们必须补充一点:在希腊化时期和罗马时期,东方的作家自然会用希腊语来反驳那种号称希腊人及其诸神和英雄是开化者(civilizers)的说法。像公元前2世纪的阿尔塔帕努斯(Artapanus)这样的犹太作家,就把摩西变成了一个文化英雄;公元1世纪晚期,腓尼基人斐洛(Philon of Byblos)吹嘘说,自己在比特洛伊战争还要早的腓尼基作家的著作中看到,那位作家清晰描叙了腓尼基诸神和英雄如何引入文明开化的技术。在乌加里特(Ugarit)出现的各种发现之后,天真的东方学人倾向于相信斐洛的说法。所有这些讨论几乎没有超出神话的范围,而且甚至在这些范围限制之内,他们还接受了希腊人详

---

① [译注] 公元3世纪的罗马语法学家和题材多样的作家,现存著作有《论诞辰》(De Die Natali),内容包括人的自然史、星体和天赋(genii)的影响、音乐、宗教祭仪等,主要凭靠的权威作家是瓦罗和苏埃托尼乌斯。

② [译注] 珀西多尼乌斯大约生于公元前135年,或卒于公元前51年,著名廊下派哲人、政治家、占星家、地理学家和史家。他被誉为那个时代最博学的人,其丰富的著作今仅存一些残篇,今人对他的了解主要源自诸如斯特拉波和塞涅卡这些作家。

细阐述的那些术语。

时间的破坏，也就是说，这么多原始资料的佚失（如珀西多尼乌斯本人的著作）或许造成了一种不公正的印象，即认为这一领域的成果贫乏。如果我们拥有珀西多尼乌斯的更多著作或忒奥弗拉斯图斯的更多著作，或者拥有克里提阿斯（Critias）和普罗塔戈拉论及这一主题的更多文献，我们将会作出更明智的判断。这些问题都为人所识，值得注意的是，如此多样的方法——从对兽类的恐惧到气候再到语言——为希腊人所知（即便不为希腊人的东方论敌所知），并继续为罗马人所知。然而，即便我们知道得更多，我们也几乎不会看到文化的演变成为希腊人历史探究的中心主题之一。更具体地说，我们不会看到希腊人把普遍历史建基在关于文化发展的构设之上。

我们被带回到一个个铁一般的事实面前，即在基督教之前，希腊罗马史家都把政治和军事事件视作他们探究的自然而然的对象。普遍历史如果要在历史探究中占据核心地位，就不得不在政治史中占有一席之地。然而，人们普遍承认，通过研究政治史可以避免重蹈过去的覆辙，改进未来的行动，文化发展的历史则顶多证实了某些哲学理论而已。希腊罗马史家并不意在改善文化的未来发展，而是停留在好奇和示范的层面。要看到普遍历史的完整面貌，我们必须转向自称是写作普遍历史的政治史家珀律比俄斯，或者用他自己的话说，他是 ta katholou graphein［书写普遍的历史］（《罗马兴志》5.33）。他是现存第一位如此宣称的作家，尽管他自知并非第一个这类作家。

四

珀律比俄斯之所以成为书写普遍历史的史家，是因为他认为自己严肃地置身于一系列看起来真正影响了整个世界的政治和军事事件之中。根据珀律比俄斯的说法，罗马人创造了普遍历史，靠的是征服世界，或者靠直接或间接影响整个世界的未来。这意味着，珀律比俄斯绝不是把普遍历史视为发现一切人之为人所共有的行为范式。在珀律比俄斯看来，普遍历史在某个确定的日期成形，比如说在第二次布匿战争时，即大约在公元前220年，因为，那个时候标志着一个新的历史发展阶段。珀律比俄斯并不熟悉那种从人类起源开始的普遍历史观念，然而，他会欣然承认，在更遥远的过去，某些历史情况已经把人类带到一个接近政治统一的处境，而且某些史家已经看懂了这种困境，因而以某种近乎写作普遍历史的史家的自我意识来审视种种史实。实际上，珀律比俄斯把公元前4世纪中叶的史家厄弗儒斯（Ephorus）视作自己的第一个也是最为严肃的写作普遍历史的史家前辈，厄弗儒斯曾经审视了那些与希腊人的历史事件联系在一起的东方历史事件。

珀律比俄斯认为，能够与罗马人征服世界相提并论的情况，便是之前那些帝国的形成过程。他明显提及波斯、斯巴达和马其顿；特别的是，他把雅典排除在外，因为他并不中意雅典的民主政制。他认为，罗马和迦太基在罗马赢得战争之前，是两个争夺世界统治权的大国。既然帝国的更替是珀律比俄斯历史视野的核心关注点，那么，提醒我们自己想起他那段精确的话将有助益：

> 我计划叙述的[这段时期内罗马人所取得的]伟业是多么复杂、多么宏伟，只有把过去那些最著名的帝国——它们一直都是纪事作家们的主题——挑出来并拿它们与罗马霸权进行比较，才会最清晰地显现出来。那些值得拿来与罗马人进行比较的是下述帝国：波斯人……拉克岱蒙人……马其顿人……但是罗马人统治的绝非世界的某几个部分，而是几乎整个人类居住的世界（《罗马兴志》1.2）。①

这不仅仅是一种智识上的洞见，也是一种情感上的觉悟。对于珀

---

① [译注]中译文参考珀律比俄斯的《罗马兴志》，马勇译（未刊稿），中译文略有改动，下同。

律比俄斯而言，一个帝国的衰亡是一个让高尚之人为之痛心，甚至可以让自己放声大哭的理由。他清楚自己背后有这样的一种书写传统来为自己的情感辩护，并为这些情感赋予恰切的描述。在结束叙述公元前168年马其顿王国在佩尔修斯（Perseus）的治下陷落时，珀律比俄斯提到一篇专论机运的文章，法勒鲁姆的德米特里乌斯（Demetrius of Phalerum）在这篇文章里对波斯帝国的陷落发表了评论，并笼统地抱怨人类机运的反复无常。在亚历山大之后的一代人中，德米特里乌斯已经预见到马其顿有一天也会衰亡，这个事实给珀律比俄斯留下了难以磨灭的印象。珀律比俄斯引用了德米特里乌斯的话并总结说：

> 正如我写下并反思了马其顿王国消亡的时刻，我不认为不加任何评论就略过这个事件是正确的，因为我本人就亲身见证过它的陨落，但是，我认为应当说一些与这样一个时刻相宜的话，因而我想起了德米特里乌斯的预言。（《罗马兴志》29.21）

我们引用另一个更为著名的段落（《罗马兴志》38.21）似乎多此一举，在这个段落里，珀律比俄斯告诉我们，公元前146年迦太基被烧毁之时，他站在罗马统帅斯基皮奥身边，斯基皮奥紧紧抓住他的手，不断吟诵荷马的诗行"有朝一日这神圣的特洛亚将要灭亡"（《伊利亚特》6.448，罗念生、王焕生译文）。不过，这一段落引出了一个问题。我们没有看到珀律比俄斯所有原初的文本，因而只好借助三处引文尽我们所能地重构这一段落：一处引文是所谓《论种种意见》（De sententiis）的一些片段，第二处引文是狄俄多儒斯的《史集》（32.24），第三处引文是阿庇安《罗马史》中论布匿战争部分的第132章。①三处引文中唯有阿庇安的引文告诉我们，斯基皮奥一边

---

① [译注] 莫米利亚诺在这里的原文是 Libyca（论利比亚部分）132。核查阿庇安《罗马史》后发现，这指的是论布匿战争的第132章。参见阿庇安，《罗马史》，谢德风译，北京：商务印书馆，1976/1997，页299。

流泪吟诵荷马诗行，一边思忖着亚述帝国、米底亚帝国、波斯帝国和马其顿王国的消亡。这四个世界帝国或许是阿庇安自己的增补，毕竟，他身为公元2世纪的埃及作家，知道的就是这四个世界帝国。然而，要确认阿庇安以如此方式改动了这段显然是从珀律比俄斯那里取来的场景叙述，尚需要很强的论据。因此，对这四个帝国的提及，显然必须归于珀律比俄斯。如果这么说正确的话，这便表明，尽管珀律比俄斯身为史家对波斯—马其顿—罗马的更替感兴趣，但他熟悉另一个更长的世界帝国序列，其中亚述帝国和米底亚帝国排在波斯帝国之前。

实际上，我们可能会马上补充说，这一序列即四个帝国的著名序列，在珀律比俄斯所处的时代一定盛行于世，因此，他和斯基皮奥都能轻松获知。从一处插入帕特尔库鲁斯（Velleius Paterculus）①的《历史》第一卷第6章的奇怪笺注中，我们凑巧得知，苏拉（Aemilius Sura），即一位原本名不见经传的作家，著有《论罗马人民的岁数》（De annis populi romani），他把罗马人放在帝国序列的最末端。这个序列以亚述人为开端，随后是米底亚人、波斯人和马其顿人。苏拉将罗马世界帝国的开端时期更精确地定在马其顿的腓力五世和叙利亚的安提俄克（又译"安条克"）三世统治期间，也就是说，或公元前179年（腓力五世去世那年）前或公元前187年（安提俄克三世去世那年）前。这个文本中有太多困难，使得我们无法确定其成书时间，不过我们倾向于认为，苏拉之所以给出一个准确且不同常规的年份，是因为他的写作在公元前2世纪早期，而且他亲身见证了罗马人征服马其顿和叙利亚的胜利。

实际上，希罗多德和克特西阿斯（Ctesias）这两位在公元前5世

---

① ［译注］帕特尔库鲁斯乃罗马史家，其《历史》（Historiae）尤为讲究修辞，涵盖了特洛伊战争结束至公元29年李维娅（Livia）之死这段时期，有助于了解公元前44年恺撒之死到公元14年奥古斯都之死这段时期。

纪和公元前 4 世纪早期述及亚细亚的主要史家,已经系统提到过世界帝国更替的观念。希罗多德不吝笔墨,明确说到波斯人接替了米底亚人的帝国(《原史》1.95 和 130);他还进一步承诺要专门叙述亚述帝国,只是由于某些不明原因没有兑现这一承诺而已(《原史》1.184)。克特西阿斯实现了这个愿望,在叙述米底亚人和波斯人的历史之前,他用很长篇幅叙述了之前的亚述帝国。当然,他们两人都无法预见到,波斯人的世界帝国会被马其顿王国取代。不过,至于亚历山大大帝的同时代人,则一定会很快在希罗多德系统提及的和克特西阿斯描述的三个帝国之外,加上马其顿世界帝国。像珀律比俄斯引用的德米特里乌斯这样的作者,想必就熟悉希罗多德和克特西阿斯的著作。

珀律比俄斯真正感兴趣的是希腊、马其顿、迦太基和罗马,这不足为奇。对他而言,甚至波斯都是一个遥远的幻影。在公元前 4 世纪晚期和公元前 3 世纪早期,四个世界帝国的更替一定显得更为重要,那时希腊化时期的四个王国作为一个整体,看似明显且持久地替代了波斯王国:因为,当时的罗马还局限在意大利。尽管早期希腊化时期的绝大部分史著都亡佚了,使得我们难以证实这种说法,然而,在我进而审视公元前 3 世纪唯一现存的关于四王国的文本之前,还是可以提出三点看法。

如果说在这个关于四王国(亚述、米底亚、波斯和马其顿)的构设中有一个显而易见的特点,那便是埃及被排除在外。接触了希腊化时期的文化的埃及人,以及持守并钦慕埃及人的古老希腊传统的亚历山大里亚的智识人,肯定会注意到这一点。希罗多德尽管没有想到帝国问题,但他已经把半神话色彩的埃及国王瑟索斯特里斯(Sesostris)看得比波斯国王大流士(Darius)更胜一筹,大流士也相当温和地承认了这一点(《原史》2.110)。

不过,将瑟索斯特里斯抬高到全世界的统治者这一高度的是赫卡泰乌斯(Hecataeus of Abdera),他是公元前 300 年左右生活在埃及的希腊作家。在赫卡泰乌斯的叙述中（我们可以从狄俄多儒斯《史集》1.53的概要中看到其叙述），瑟索斯特里斯的父亲让瑟索斯特里斯接受一种与未来的宇宙统治者（cosmocrator）相符的教育，而瑟索斯特里斯也证明了自己是世界的典范帝王。到底是埃及人把这些想法传授给赫卡泰乌斯还是相反，都无关紧要。三个世纪之后，当地理学家斯特拉波和罗马皇帝提贝里乌斯（Tiberius）的养子日耳曼尼库斯（Germanicus）各自在埃及游历时，当地祭司告诉他们的传说，与赫卡泰乌斯所说的那些内容颇为相似（斯特拉波，《地理志》17.816；塔西佗，《编年史》2.60）。美索不达米亚的当地史家当然更为轻松地运用了王国更替的模式。在向希腊人讲述巴比伦（Babylonia）的历史时，贝若苏斯（Berossus）可以把巴比伦放入这种四个更替的王国的构设中。

另一方面，如果不参照这些相继更替的世界帝国的观念，便不可能理解罗马共和国最后两个世纪里所有那些反罗马的政治宣传。希腊人甚至东方人看到罗马人统治着每一个地方，只能在希望、预言甚至实际的反叛行动中寻求慰藉，这些反叛行动承诺要把历史颠转过来，要把曾经失去的世界统治权归还给希腊或者东方。对于这些叛乱，珀律比俄斯只字未提，不过安提斯忒涅斯（Antisthenes）——与珀律比俄斯同时代的史家兼哲学家——记载了其中的一些叛乱。在安提斯特涅斯的叙述中，一位已死的叙利亚官员和一位已死的罗马将军都宣告了罗马的衰亡，并宣告亚细亚将重返权力之巅（《希腊史家残篇》[*Fr. Gr. Hist.*] 257 F.36）。一封托名汉尼拔写给雅典人的信件流传下来，信中说，迦太基人发誓要更加严厉地教训罗马人，比希腊人教训罗马人的祖先即特洛伊人还要严厉。①

意大利的奴隶起义、公元前132年左右在小亚细亚的阿里斯托尼

---

① 参见 R. Merkelbach,《汉堡州立图书馆和大学图书馆的古希腊莎草纸》(*Griechische Papyri der Hamburger Staats-und Universitaetsbibliothek*, 1954), n.129, ll.106 及其以下。

库斯（Aristonicus）的反抗、①公元前 88 年至公元前 63 年之间长达 25 年的本都（Pontus）的米特利达特斯（Mithridates）国王反对罗马的战争，以及最后克娄帕特拉（Cleopatra）与屋大维的战争，都伴随着亚细亚民族重返世界帝国的预言，并得到了这些预言的支持。由于波斯人的移民地以及他们的巫术师（magi）在小亚细亚，所以，有些人在这场意识形态的战争中求助于他们，其结果便是许斯塔斯佩斯（Hystaspes）的预言，据说此人是比特洛伊战争还早的米底亚国王。公元 4 世纪时，这一预言还在广为流传，当时拉克坦提乌斯对其做了具体阐释：它预言了罗马帝国的毁灭以及东方将要重返权力之巅。

第三点同时也是最后一点，我们不得不转向那些在公元前 1 世纪罗马战争和征服扩张的特殊氛围中迅速增多的关于普遍历史的著作，当时庞培和恺撒似乎都在挑战亚历山大大帝的声望。其中一些写作普遍历史的史家完全接受了珀律比俄斯的前提，即只有等到罗马崛起为一个世界帝国时，才能写作严格意义上的普遍历史。所以，他们继续沿着珀律比俄斯止笔之处一直写到自己生活的时代：珀西多尼乌斯（Posidonius of Apamaea）最晚写到公元前 60 年左右，斯特拉波（Strabo of Amaseia）写到内战结尾，或者公元前 30 年左右。从珀西多尼乌斯传至斯特拉波的新颖之处，就其可以传达的范围而言，在于使用希罗多德的民族志方法，描绘主要而非全部由罗马人的征服扩张所发现的种种文化。珀西多尼乌斯成功地在其生动丰富的散文著作中想象出来的大部分世界，已经随着其著作的佚失而可惜地消失了。尽管珀西多尼乌斯可能比珀律比俄斯之后的任何其他写作普遍历史的史家都更为出色，然而，对于我们的探究而言，那些没有接受珀律比俄斯所设

---

① ［译注］指的是尤美涅斯三世（Eumenes III）。公元前 133 年佩伽蒙国王阿塔鲁斯三世（Attalus III）去世时，在遗嘱中把自己的王国遗赠给罗马人民。由于罗马人在接管过程中拖沓，阿里斯托尼库斯竟冒称自己是前任国王尤美涅斯二世（即阿塔鲁斯三世的父亲）的私生子，从而填补这个权力真空，获得了王权，成为尤美涅斯三世，后来被罗马人所杀。

置的年代限制，并勇敢地模仿厄弗儒斯回到远古的史家，则是一个更值得注意的群体。

我不会提及公元前1世纪后半叶的两名意大利人，仅仅因为他们是第一个写作普遍历史的意大利人，就会自然而然地挑起我们的好奇心：我们几乎不知道涅珀斯（Cornelius Nepos）三卷本的普遍历史著作的内容，尽管其友人卡图路斯（Catullus）称赞了此书；我们也无法确切地知晓阿提库斯（Titus Pomponius Atticus）如何为他的《编年纪》(*liber annalis*) 挑选主题，（西塞罗称）此书"激起我考察那些杰出人士的时代和情况的热情"（*Brut.* 18.74）。①

不过，我们可以读到狄俄多儒斯所写的普遍历史的部分内容，而且至少还可以读到尤斯汀（Justin）在公元2世纪或3世纪时就一部鸿篇巨制所作的概要，这本大书被奇怪地称作《腓力家族史》(*Historiae Philippicae*)，作者是一位来自纳尔波高卢（Gallia Narbonensis）的高卢人特洛古斯（Trogus Pompeius）。②

我们同样可以稍微知道那本必然是古代最为庞大的普遍历史史著，即达马斯库斯的尼科劳斯（Nicolaus of Damascus）写的长达144卷的史著，这位尼科劳斯是希腊化的叙利亚人，他成功当上了克娄帕特拉和安东尼的孩子的傅保，是犹太王希律（King Herod of Judaea）多年的秘书和特使，最终则成了奥古斯都的友人，还为奥古斯都写过传记。我们同样不清楚那本在希腊语中肯定被称作"诸王记"的普

---

① [译注] 拉丁原文如下：me inflammavit studio illustrium hominum aetates et tempora persequendi。

② [译注] 特洛古斯是高卢—罗马史家，来自凯尔特人的部落，生活在奥古斯都治下，几乎是李维的同时代人。其主要著作是多达44卷之长的《腓力史以及整个世界的起源和地球上的各个地方》(*Historiae Philippicae et Totius Mundi Origines et Terrae Situs*)，简称《腓力家庭史》。这本书的主题是腓力二世创立的马其顿帝国，描写了在亚历山大大帝及其继业者所控制的世界的所有部分，大量提及民族志和地理学方面的内容。

遍历史史著的内容，其作者提玛戈涅斯（Timagenes）①在公元前56年左右从亚历山大里亚被强行带到罗马，并为自己赢得了尖刻批评一切罗马事物的名声。

上面四个出身罗马行省的人——其中两个来自西部行省（狄俄多儒斯和特洛古斯），另外两个来自东部行省（尼科劳斯和提玛戈涅斯）——试图略微抵制那种世界历史的观念，即那种暗地里甚至公然美化罗马的观念。他们赋予东方和希腊的古老文明以头等重要的地位，不是突出罗马人相对于这些古老文明的野蛮，就是强调罗马人最近才归附希腊人的习俗（这两种说法其实是同一回事）。他们谁都没有严格按照世界帝国更替的构设建立自己的历史宏图。他们都不得不考虑被那个构设所忽视的属于凯特尔人的西部地区。特洛古斯就来自这个属于凯特尔人的西部地区，这四个人中他或许最为出众。

在出现了如此多的抗议声后，埃及也不能被忽视了。身为希腊人的狄俄多儒斯可以强调希腊教育更为出色的优点；作为犹太王希律的秘书的尼科劳斯则不得不顾及犹太人，总的来说，他同情近东地区的那些小民族。不过这四位史家似乎都十分清楚关于东方王国相继更替的构设，在其中两名史家即狄俄多儒斯和特洛古斯的著作中，这一点尤其明显，我们现在还可以连贯地阅读他们两人的史著，而不仅仅是依靠他人的引用。

特洛古斯的生花妙笔在于结束其史著的方式，他把东方自由的帕提亚人（Parthians）与西方不再自由的凯尔特人和西班牙人相联结，这的确是极妙的历史想象。他直率地宣称，帕提亚人在赢得了三次与罗马人的战争后，正在与罗马人分享世界的统治权（《腓力家族史》41.1）。我们都知道，帕提亚人的这些胜利如何挫伤了罗马人。特洛

---

① [译注]提玛戈涅斯写了两本著作：一本涉及普遍历史（直到恺撒），一本涉及高卢人的历史。这些著作都佚失，只能通过其他史家的引用才为人所知。

古斯击中了罗马人最为难受的地方,他还进一步挑明:上一个世纪大量谈论的东方和西方之间的斗争,绝未到此为止。人人皆知,帕提亚人的帝国终究或延续或复兴了波斯帝国。

在其《罗马古事纪》(Roman Antiquities)的开头部分,哈利卡纳苏斯的狄奥尼索斯(Dionysius of Halicarnassus)同样明显提到亚述、米底亚、波斯和马其顿这四个王国。此书写于公元前7年。我们还可以继续追踪提及这种构设的情况,直到公元5世纪早期,当时的纳玛提亚努斯(Rutilius Namatianus)还在拿罗马与古老的伟大帝国相比较,这让罗马占了上风。他称阿契美尼德人(Achaemenids)的波斯帝国为"伟大的帕提亚人的国王"(magni Parthorum reges, *De reditu suo*, 85)。① 不过,我们准备要讨论此时此刻我想要提及的最后一个文本——《但以理书》(Book of Daniel)了。

五

希腊化时期的犹太人和异教徒一般都习惯于把各种格言、异象(visions)和著作归于过去的智慧之人。但以理(Daniel)算不上什么大人物,但他的知名度在那几个世纪却持续攀升。先知以西结(Ezechiel)将挪亚(Noah)、但以理和约伯三人选为"义"的典范(《以西结书》14:14,14:20)。以西结(《以西结书》,18:3)嘲弄推罗王(King of Tyre)说:"你比但以理更有智慧?"所以,但以理不仅正义,而且有智慧。而且,他可能不是犹太人,就像挪亚和约伯严格而言都不是犹太人一样。

《禧年书》(Book of Jubilees)与我们目前看到的《但以理书》的

---

① [译注] 纳玛提亚努斯的 *De reditu suo*(《论自我的返回》)是诗体著作,写于公元416年他的一次从罗马到高卢的沿岸旅行,共两卷,仅存约七百行诗,第一卷的绪论和第二卷大部分已佚。

最后版本差不多同时，在此书中我们看到一个叫作但以理的人，或者不如说一个叫作但内尔（Danel）的人（《禧年书》4：20），他的女儿嫁给了以诺（Enoch），这个以诺是另一个更重要的圣经人物，公元前2世纪的一些启示书都归在这个以诺身上。似乎毫无疑问的是，但以理和但内尔只是同一个名字的两种不同写法；如果是这样，那么，义人但内尔这个人物可能就得追溯至公元前14世纪的一个乌加里特语的（Ugaritic）文本"阿克哈特神话"（The Tale of Aqhat）。

但令人惊讶的是，以但以理之名命名的那卷书，说但以理是在巴比伦和波斯的宫廷之中服侍。根据《但以理书》的内容，但以理应该是在公元前6世纪初期耶路撒冷城陷落时沦为俘虏的，至于他什么时候且如何成了公元前6世纪的著名人物，我们则无从得知。据《但以理书》所说，但以理和他的三位犹太友人先是在尼布甲尼撒（Nebuchadnezzar）的宫廷里，接着是在伯沙撒王（Belshazzar）的宫廷里——这个伯沙撒王被说成尼布甲尼撒的儿子，而且是巴比伦的最后一任国王（其实他都不是）——最后是在米底亚人大流士（Darius the Mede）的宫廷里。这个大流士在其他地方没有出现过，据说他征服了伯沙撒王。

在《但以理书》的第一部分（按晚期中世纪的章节划分对应于第1至6章），但以理能够解释异教君王看到的各样异象和梦兆。但以理和他的三个同伴是典型的坚定不移的犹太人，他们宁愿死去，也不愿意崇拜外来的神或世上君王。但是，尽管（正如我们将看到的）这些章节预设了亚历山大大帝和希腊化王国的形成，但并没有特别暗指安提俄克四世（Antiochus IV）或他的那个时期。这些章节展现了住在王庭中的犹太人试图不顾一切地调和自己身为朝臣的世俗成功与他们作为虔诚犹太人的责任。这种情景更像《以斯帖记》（Book of Esther）的情景而非《马加比书》（Books of Maccabees）的情景。

《但以理书》第二部分的导向不同于第一部分。第二部分显然涉及安提俄克四世治下的耶路撒冷和犹太（Judaea）其他地方的情况，而且，但以理是以第一人称直接传达他自己看到的异象。但以理本人的话语取代了关于但以理及其同伴的故事。然而，看似显而易见，编写了现在《但以理书》第7至12章这些内容的那位作者，或者那些作者，非常熟悉《但以理书》的第一部分。实际上有一些迹象表明，尽管《但以理书》由不同成分汇编而成，仍然是一位编者极其用心的所为，这位编者意在［给读者］造成一气呵成的印象，甚至造成文风协调一致的印象。这绝非简单之事，因为众所周知，圣经中有两卷书一部分用希伯来文而另一部分用亚兰文（Aramaic）写成，《但以理书》便是其中之一。就我们现在的章节划分而言，即第一章用希伯来文写成，接下来的六章用亚兰语写成；在《但以理书》的第二部分，各章节的顺序和章数与第一部分反向，即一章以亚兰语写成，接下来的六章以希伯来文写成。即便我们忽视章节划分，其中的比例仍然保持和谐一致。这必然是有意为之，表明《但以理书》的编者尽其所能地赋予它统一的外观。

  两个部分之间的联系不仅仅体现在形式上。《但以理书》的第二部分还发展了出现在第一部分第二章中的历史哲学（the philosophy of history）。这当然是受到帝国更替观念的启发。

  我们都记得，在《但以理书》第二章里，尼布甲尼撒做了一个梦，任何一个非犹太人都无法解释这个梦，所以他决定杀掉这些专门为他提供意见的人。后来有人把但以理带到他跟前，但以理正确地解释了这个梦，挽救了他的那些非犹太人同僚或者对手。尼布甲尼撒梦到一个巨大的像，这个像的头由精金制成，胸膛和膀臂是银，腹部和大腿是铜，小腿是铁，脚是半铁半泥。一个石头从天而降（梦是这样说的），打碎了这座像。

  按但以理的解释，这座像的不同部分的不同金属分别象征着一个王国，这些王国并非同时出现，而是相继出现。石头是那真正的上帝，这座像被毁之后所建立的是将会永存的上帝之国。然而，这个故事有一处含糊不清。这石头同时粉碎了这座像的所有成分，包括精金制成的头，它用一个上帝的永存的犹太王国取代了所有加在一起的过去的帝国。可见，这座像并不是要代表各个帝国的更替，毋宁说，它象征着所有过去之物的共同存在，因为，它是从帝国更替中发展而来，然后所有过去之物都被神的石头击碎，并被一种新的秩序所取代。

但以理没有说明被石头粉碎的四个王国是哪些王国。第七章的作者采纳了相同的四王国观念，但他没有保留各种金属象征，而且他无疑把这四个王国等同于巴比伦、米底亚、波斯和马其顿。在第七章中，一只无名的十角兽代表第四个王国，后来十角兽又长出了第十一个小角。这第四个怪兽的十个角肯定象征三个马其顿国王和七个塞琉古国王，第十一个小角则象征安提俄克四世。根据第七章所提供的这些细节，我们可以把这一章的写作时间定在公元前169年至前167年之间。第七章的作者和第二章的作者一样，都在期待着上帝的王国快快取代地上的王国。

有人推测说，第七章的作者能够理解第二章的作者通过四个王国所表达的意思，但这一点需要证实。半铁半泥的第四个王国可以证实这一点，因为但以理是这样解释的：

> 那国将来也必分开，因为有一些铁的成分在其中。（和合本中译文，略有改动）

只有对应被亚历山大大帝的继业者瓜分的马其顿王国或帝国，这个解释才有意义。另一处证据在第二章第43节那句表面上神秘难解的诗句中：

> 你既见铁与泥搀杂，那国民也必通过联姻而搀杂一起，却不能彼此相合，正如铁与泥不能相合一样。（同上）

这里暗指一次不幸的皇室婚姻。亚历山大大帝的继业者之间有一次灾难深重的婚姻，即塞琉古的安提俄克二世与托勒密二世的公主贝雷妮丝（Berenice）的婚事。实际上,《但以理书》的第二部分（11：6）更为明白地记载了这事。我们在《但以理书》第二章第43节中也看到这一相同的暗指。既然这场婚事大概发生在公元前250年，而且是第二章中暗指的最为晚近的事件，那么第二章很有可能成书于此事发生不久。倘若如此，我们可以试探性地把《但以理书》第一部分大概定在公元前250年至230年之间，而把第二部分的章节确定在公元前167年至164年之间。

如果我们对《但以理书》文本的解读几近正确的话，那就意味着我们找到了一个在公元前3世纪下半叶的犹太人，他以一种象征的形式解释了四王国说，并以一种启示的含义重新解释了这一学说：即将到来的第五个王国将是上帝的王国。这种观念在抵抗安提俄克四世时的耶路撒冷城中受到欢迎，重新流行并获得了一种新的紧迫感：那时，祭司马塔提阿斯（Mattathias）和自己的儿子玛卡贝乌斯（Judas Maccabeus）拿起武器，前去保护祖宗留下的律法书（the Torah of the Fathers）。这种观念在犹太人的思想中依然起着作用，翻翻犹太人的《西比拉预言书》（*Sibylline Books*）和其他启示著作，就能很容易地看到这一点。不过，我们必须以如下显而易见的问题来结束：《但以理书》第二章的作者是从哪里看到这种观念的？

《但以理书》的第二部分直接受到安提俄克四世治下的危机的激发，而且是在安提俄克四世仍然在世时写好的，如果只有这一部分文本，那么人们很早以前应该就能看得出，这些作者或者四王国异象的作者是基于希腊人关于世界帝国更替的观念来写作的，其中的宗教解释以及启示性的结尾，当然是犹太人专门加上去的理解。再者，我们还必须承认，在但以理的异象中，巴比伦代替了亚述：对于一个希腊化时期的犹太人而言，巴比伦是一个自然而然的开端，这些犹太人会将巴比伦帝国与第一圣殿（the First Temple）的毁灭联系在一起。

不过，所有这种涉及救世主的结构的基础，都是关于帝国更替的构设，我们在希罗多德、克特西阿斯及其后继者的著作中，都可以看到这种构设。关键在于，目前还没有哪个人能够给出真正的证据，证明在希腊人的历史思想之外还有哪里存在关于四个世界帝国的观念。有很多说法指向印度、波斯和巴比伦，但没有一个经得起严肃推敲。赫西俄德式的四个世代在印度也为人所知；四个在善的秩序上依次递减的国王在伊朗人的国家里也被提到过，这出现在中世纪波斯人关于《阿维斯陀》（Avesta）已经佚失的叫作 Vohuman Yasn 的一卷的注释里。一些严肃的学者认为，这些文本本身受到了希腊人的影响。如果不是，那便证明赫西俄德关于衰落的神话有着广泛的印欧根基和影响。

不过，把这种由四部分构成的构设运用到关于世界帝国的政治观念的做法，依旧是希腊人特有的，如果不算上《但以理书》以及模仿《但以理书》的著作的话。1975 年，格雷森（A. K. Grayson）教授在大英博物馆发现了一个晚期巴比伦文本，这值得称赞，他称此文本为"王朝的预言"（*Babylonian Historical – Literary Texts*，24 – 37），从而提出了又一个冒称是《但以理书》来源的文本。这是以预言形式出现的年代记，上面列举了一系列统治过巴比伦的国王，并指明了王朝更替以及疆域界线的变化。

这份文本与《但以理书》有一些明显相似之处，我希望在其他地方表明，这份文本并不像格雷森认为的那样，是在第一批塞琉古国王任内编撰的，而是成书于亚历山大大帝时期。实际上，它可能是我们可以看到的巴比伦反对马其顿的最早宣传文献。不过，这份"王朝的预言"与《但以理书》的相似之处，并不包括关于帝国更替的构设，因为，这种构设并不见于这份巴比伦的文献之中。

然而，我们有一个很好的理由，可以解释为什么学者这么晚才看出，《但以理书》乃是把希腊人关于世界帝国的勾勒转变成了一种为救世主时代做铺垫的计划蓝图。这个理由就是，没有一个希腊文本像《但以理书》第二章那样，把四个帝国与四种金属关联在一起。类似地把各种金属与各位国王关联起来的做法，还见于中世纪的波斯文本

《宗教行止》(Denkard / Acts of Religion) 和《琐罗亚斯德启示书》(Bahman Yasht) 之中。这些文本描述了四个伊朗国王,他们代表着对琐罗亚斯德(Zoroaster)及其教义的尊重日益减弱的不同阶段。然而,我认为这并没有反驳我们的主要观点,即在希腊人向东方引入世界帝国更替的理论之前,东方没有这一理论。

很有可能的是,一些把金属与君王(即便不是统治寰宇的国王)联系在一起的文本,向《但以理书》第二章的作者暗示了用一种金属代表一个世界帝国的观念。但悖谬的是,《但以理书》这样把金属与世界帝国联系起来,却使这种联系成了次要的。在《但以理书》的语境中,金属要素很难算得上有多大意义。四种金属在价值上递减,应该代表着地上王国衰亡的更替阶段。然而,《但以理书》并没有流露出对这些王国的一丝偏好,因为,所有帝国都要一起被毁。我们也不可能期待一位犹太作家会把最高的评价给予巴比伦,毕竟它毁掉了耶路撒冷的第一圣殿。我们在《但以理书》第二章之外的地方发现的关于各种金属的构设,与关于世界帝国的构设毫无关系,这不可能是一种偶然。甚至《但以理书》第七章也放弃了这种世界帝国与金属之间的结合,从而证实了这种结合只是《但以理书》特有的。《但以理书》中关于世界帝国的构设本身没有价值偏好,希腊人关于世界帝国的构设也如此。

从这四种金属构成的塑像在数个世纪里具有的魅力来看,我们必须承认,《但以理书》第二章的作者找到了一个有用的象征,尽管前后并不一致。他一面利用希腊人的帝国更替观念来阐明上帝的种种方式,一面为上帝的破坏之力构造出一种古怪的攻击对象。在此,我想重复克莱顿在相似语境中说过的一句话:"没有任何足够猛烈的沮丧足以告诉人们,这种理论不过是一场梦而已"。[①]

---

① 克莱顿(Mandell Creighton),《教宗史》(*A History of Papacy*),第一卷,1882,页11。

我们不可能再对此感到惊讶：犹太人在公元前 3 世纪时就曾与希腊人对过话。甚至所罗门王在他后来化身为传道者（Ecclesiastes 或 Qohelet）时，也提到了伊壁鸠鲁学派的最新论述。在另一处地方，我希望我能够表明，稍晚出现的犹太文本《犹滴传》（*Book of Judith*）的作者也知晓希罗多德。引人注意的是，犹太人在完全颠倒希腊思想时，体现出了活力和独立性。

公元前4至前2世纪出现的普遍历史写作

努涅兹（J. M. Alonso Núñez） 撰
杨志城 译 陈颖园 校

很难在半个多小时内概要描绘普遍历史写作（universal historiography）在那两个关键世纪里的各种起源和演变过程，因为，我们将要提到的每一位史家，都值得我们细致研究。此外，由于时间限制，我们只能有选择地挑选出一些片断和段落。无论如何，我们将尽力勾勒有关这一主题的全景。

首先，我们必须指出，我们所列举的史料残缺不全。毕竟，在我们将要分析的多位史家之中，只有珀律比俄斯提供了数量可观的内容，根据这些内容，我们才有可能相当有把握地下断言，尽管珀律比俄斯的《罗马兴志》（*Histories*）也没有完整保存下来。

从方法论的角度来说，我将首先展现"世界历史"这一观念在不同作家笔下的演变过程，然后给出一般性结论。

在研究那些史著的作者及其关于这一主题的著作之前，我必须指明，若要把一部著作归于普遍历史之列，则这部著作的基础必定是以人类为主角的普遍时空观念。换言之，严格意义上的普遍历史史家只能是这样一些史家：他们叙述从最早时代开始以及在他们所知世界的所有部分居住的人类的历史。正如我们将要看到的，这是一个在历史写作中逐渐出现的过程：严格意义上的普遍历史在奥古斯都皇帝的时代才完全成形。然而，尽管珀律比俄斯并未关注最为远古时期的历史，他却开创了［普遍历史的］范式。现在我们开始探寻这一过程的种种起源。①

最伟大的希腊史家希罗多德和修昔底德都没有写过普遍历史史著,他们写的是专题史著:希罗多德的主题是波斯人和希腊人之间的战争,修昔底德的主题是雅典和斯巴达之间的争霸。必须等到公元前4世纪,普遍历史写作的各种起源才会向我们显明出来,我们能够把这些起源与伊索克拉底(Isocrates)关于泛希腊(Panhellenic)理想的教诲,并与马其顿作为第一个政治强权在希腊诸城邦中的出现相连。

伊索克拉底的学说②显示出一位年长者的老道经验,他深知当时的政治环境。在他于公元前380年公之于世的《泛希腊集会献词》(*Panegyricus*)中,伊索克拉底竭力鼓吹希腊人与外方人之间的战争以及希腊人内部的和睦,这种思想在其著作的不同段落里反复出现——比如在第三段,尽管有时他没有明白地表达"和睦"的观念(15;19)。伊索克拉底

---

① 学者们并没有广泛研究过古代世界普遍历史写作的各种起源和演变过程。关于这一主题的综合论述,参见 M. Büdinger, *Die Universalhistorie im Alterthume*, Wien, 1895; E. Täubler, Über antike Universalgeschichte und Geschichte im allgemeinen, 收于 *Tyche. Historische Studien*, Leipzip – Berlin 1926, 页 1 – 16; W. Burkert, Universalgeschichte, 见 *Lexikon der Alten Welt*, Zürich – Stuttgart, 1965, col. 3165; A. B. Breebaart, "Weltgeschichte als Thema der antiken Geschichtsschreibung", *AHN* I (1966), 页 1 – 21; H. Preller, Weltgeschichte in der antiken Historiographie, 收于 *Geschichte der Historiographie unseres Kulturkreises. Materialen, Skizzen, Vorarbeiten* I, Aalen 1967, 页 346 – 352; F. Vittinghoff, Christliche und nichtchristliche Anschauungsmodelle, 收于 *Mensch und Weltgeschichte. Zur Geschichte der Universalgeschichtsschreibung* hrsg. von A. Randa, Salzburg – München, 1969, 页 19 – 40; P. Burde, *Untersuchungen zur antiken Universalgeschichtsschreibung*, Diss. Inaug. Erlangen – Nürnberg, 1972, München 1974; A. Momigliano, Origins. [译按] Momigliano 这篇文章的中译文见本文集中的《普遍历史的诸起源》一章。

② 伊索克拉底著作的洛布版(*LCL*)由 G. Norlin 和 L. Van Hook 编辑而成,London – Cambridge, Mass. 1928 – 1945,三卷本。

认为，针对外方人的战争将会为希腊带来和平（173），在接下来的一段（174）里，他清楚表明了向外方人发动战争的理由：消除希腊的贫困，这将为希腊带来和睦。

　　希腊人之间的和平以及针对外方人的战争这两种观念，贯穿整篇《泛希腊集会献词》。重要的是，我们要记住伊索克拉底并不是从人类统一的角度出发进行思考，而是从捍卫希腊人的利益的角度出发，因为，在伊索克拉底的两位学生厄弗儒斯（Ephorus）和忒俄鹏普斯（Theopompus）的历史写作观念中，这种关于希腊人统一的观念而非关于人类统一的观念有着至为重要的地位。在《泛希腊集会献词》中，雅典以领导希腊对抗波斯人的面貌出现，但在成文于公元前346年的《致腓力》（To Philip）一文里，马其顿国王作为泛希腊化（Panhellenism）观念的化身而出现。这一点反映出希腊政治环境的变化，忒俄鹏普斯的《腓力传》（Philippica）也将在历史写作的领域重现这一变化。伊索克拉底试图在这篇文章中表明，雅典和马其顿有着共同的利害关系。在《致腓力第九书》（To Philip, 9）中，伊索克拉底请求结束希腊内部的冲突，开启对抗亚细亚外方人的战争，这与他在《泛希腊集会献词》第17段表达的意思一致。

　　伊索克拉底总是把"希腊人之间的和平"这一观念建立在"向波斯人发动战争"这一观念之上，我们在《致腓力第八十八书》（To Philip, 88）中可以看到这一点。在这篇致辞的结尾部分（154），伊索克拉底鼓励腓力把他的武力伸向外方人，然而，伊索克拉底实际上是在提议半野蛮化的马其顿国王腓力对外方人进行希腊化。同样这种观念，即关于希腊人之间的统一和对抗外方人的战争的观念，也出现在大约公元前342年的《致腓力第一书》（First Letter to Philip）中。

　　伊索克拉底在思想上启发了由马其顿领导的泛希腊运动，他因此为希腊民族统一的观念作了许多阐述，这在历史写作的领域里将结出丰硕的果子。①与此同时，有意思的是，我们要注意到伊索克拉底关注每一个他正在考虑的希腊城邦的历史，这说明他对历史问题感兴趣，而且以这种方式把历史与政治联系在一起。我们同样可以观察到，历史书写的根源并不在于客观地考虑所有民族，而在于那种认为希腊品质（Hellenism）高于外方人的确信。吊诡的是，正是这种泛希腊化的观念使得希腊人逐渐开始关注那些并非希腊人的民族。

珀律比俄斯（《罗马兴志》5.33.2）视厄弗儒斯为自己撰写世界历史的唯一前辈。②因此，我们将以研究他的史著来开始我们的论述。③狄俄多儒斯在《史集》卷十六第76章第5节（=《史家残篇》70 T 10）里描绘了厄弗儒斯史著的范围：始于自称为赫拉克勒斯的后裔之人（Heraclidae）的返回，止于马其顿王腓力二世围攻佩林图斯城（Perinthus），涵盖将近750年，囊括了希腊人和外方人的事迹。所以，这部史著涵盖的时间段，差不多是公元前1090年至公元前340年。狄俄多儒斯还注意到，厄弗儒斯分三十卷撰写他的史著，还为每一卷加上了序言。狄俄多儒斯在《史集》卷十六14章3节（《史家残篇》70 T 9a）里还说，厄弗儒斯的儿子德莫斐罗斯（Demophilos）

---

① 关于这些问题，参见 A. Momigliano, "L'Europa come concetto politico presso Isocrate e gli Isocrate", RFIC N.S. 11（1933），页477 – 487（= *III. Contr.*，页489 – 497）。

② 这些残篇的校勘版和注疏见《希腊史家残篇》（*Fr. Gr. Hist.*）70。[译按] 以下简称《史家残篇》。

③ 关于厄弗儒斯的综合研究，参阅 F. Schwartz, Ephoros, *RE* VI 1（1909），col. 1 – 16（= *Griechische Geschichtsschreiber*, Leipzig 1957, 页3 – 26）；E. Cavaignac, Réflexions sur Ephore, *Mélanges Gustave Glotz* I, Paris 1932, 页143 – 161; A. Momigliano, "La storia di Eforo e le Elleniche di Teopompo", RFIC N.S. 13（1935），页180 – 204（= *V. Contr.*，页638 – 706）；G. L. Barber, *The Historian Ephorus*, Cambridge, 1935；T. J. G. Locher, "Ephorus' jüngstes Nachkommen", *Saeculum* 7（1956），页127 – 135；以及最近的 G. Schepens, Historiographical Problem in Ephorus, *Hist. Ant.*, 页95 – 118。

增补了其父亲的史著。由于德莫斐罗斯肯定是完成了厄弗儒斯这部未竟史著,因此,厄弗儒斯可能原计划一直写到亚历山大,只是生命的终结使他无法遂愿。根据狄俄多儒斯在《史集》卷五1章4节(《史家残篇》70 T 11)的说法,厄弗儒斯"根据种族"(kata genos)组织材料,我们大可以把这一点解释为根据主要地理区域周边的对象来组织材料,即希腊、东方、西方和马其顿。①

似乎是马其顿实力的增强促使厄弗儒斯撰写他的《史籍》(Historiai),这部史著涵盖的时段始于多里斯人(Dorian)的入侵、征服以及在伯罗奔半岛的定居——因为这是第一个可以证实的事实,并一直叙述到他自己的时代。他在一则辑语(《史家残篇》70 F 18)里提到,他从自称为赫拉克勒斯的后裔之人的返回开始叙述。

由于地理是历史的两大支柱之一(另一个是纪年),我们必须强调厄弗儒斯对地理背景的关注。另一则辑语(《史家残篇》70 F 30)也证实了他的这种关注,他在其中提供了一幅世界图景,印度人(Indoi)住在世界的东边,埃塞俄比亚人(Aithiopes)住在世界的南边,凯尔特人(Keltoi)在西边,斯基泰人(Skythai)则在北边。因此我们必须注意到,厄弗儒斯同样关注希腊世界之外的各个民族的地理分布,这体现出其视野之宽广。

在这一语境下,我们还应该记得他的另一则辑语(《史家残篇》70 F 109),厄弗儒斯在那里谈及外方人和希腊人,并且说明他认为外方人比希腊人更为古老。我们能够看到厄弗儒斯对地理和民族志的兴趣,这一点与伊奥尼亚学派的散文作家(logographer)相符,也与希罗多德撰写史书时的兴趣相符,其中突出的例子就是他的各种故事(logoi)。受其老师伊索克拉底的泛希腊理想的影响,厄弗儒斯把希腊

---

① 关于这个问题的讨论,参见 R. Drews, "Ephorus and History Written kata genos", *AJPh* 84(1963),页 244-255;以及 R. Drews, "Ephorus' History kata genos revisited", *Hermes* 104(1976),页 497-498。

人的历史视作一个整体,还描叙了外方人的事迹——只要这些事迹对希腊人有影响。然而,希腊人的历史并不仅仅限于本土,还包括移民地(colonies)的事件。另一方面,我们必须强调,厄弗儒斯和希罗多德一样,都出生在一个既能够接触到希腊人也能够接触到东方人的地方,这可以解释他对希腊世界之外的各个民族的兴趣。

厄弗儒斯撰史的主导原则是描述希腊世界的演变过程,并让人觉得,他非常关注希腊世界的霸权更替。①在另一则辑语(《史家残篇》70 F 118)里,我们可以认识到他将希腊历史视作各个霸权的更替过程。还有一则辑语(《史家残篇》70 F 119)表明了厄弗儒斯对各霸权的兴趣,在这则辑语里,他试图解释忒拜城获得霸权以及迅速衰落的原因,并将这原因归于忒拜人对"逻各斯"(logos)和"来往"(homilia)的忽视。另两则辑语(《史家残篇》70 F 148 和 F 149)表明他对克里特人的政体也感兴趣。

希腊的最后一个霸权是马其顿的腓力,虽然厄弗儒斯没有专门谈及,但它却促成了厄弗儒斯写作这类整全历史(comprehensive history)的举动,这是第一次普遍历史(general history)写作的严肃尝试,尽管涉及的范围有限。

城邦强国消失了,在马其顿王国领导下,一种新的政治组织冉冉升起。在这种政治环境下,伊索克拉底的另一位学生忒俄鹏普斯写了《腓力传》,②这是一本分为58卷的普遍历史史著,其中有许多希罗多德"故事"式的离题话。其著作止于公元前336年,即腓力二世离世的那一年,起于公元前359年,即腓力登上王位的那一年。不过,考

---

① 关于这个问题,参见 A. Momigliano, "L'egemonia tebana in Senofonte e in Eforo", *A&R* 3 (1935),页 101 – 117 (= *III. Contr.*,页 347 – 365)。

② 《古希腊史家残篇》115。

虑到忒俄鹏普斯在书中有一段插叙讲到波斯帝国从厄瓦戈拉斯战争（war of Evagoras）起的历史（《史家残篇》115 F 103 – 124），这部史著在东方的事情上便起于公元前394年左右，在西方的事情上起于公元前406/405年，因为他关于这最后一个地区的插叙就始于这个时期（《史家残篇》115 F 183 – 205）。①

这部史著的标题"腓力史"表明了腓力二世以及马其顿的崛起在忒俄鹏普斯的史纂观点中的重要性，他将之视作历史上的新时期。他在史著中把自己对腓力这一人物的兴趣，与关注这一时期日益彰显的重要性结合起来。同时，还可以反讽式地把标题"腓力史"理解为这段时期的道德堕落，期间最为显眼的特征，就是腓力本人的所作所为。忒俄鹏普斯围绕着腓力这个人物以及这位马其顿国王接触过的那些人来组织材料，不过，这位史家笔下也涵盖了整个希腊世界和波斯人等等内容，这部史著因而成了一部关于腓力二世及其时代的普遍历史。无论如何，这部史著的要旨是腓力的事迹，他提升了马其顿的地位，使马其顿成为希腊人之中的霸权。在这方面，我们可能察觉出修昔底德的一些影响，即对某个单一主题感兴趣。在忒俄鹏普斯那里，这个主题就是马其顿因腓力而崛起。

忒俄鹏普斯这部史著最为显著的特征是他关于腓力品格的分析。②忒俄鹏普斯意识到了腓力的政治重要性，但他同时从道德角度

---

① 关于忒俄鹏普斯的综合研究，参见 A. Momigliano, "Studi sulla storiografia del IV secolo a. C. l. Teopompo", RFIC N. S. 9 (1931), 页 230 – 242、335 – 353 (= III. Contr., 页 367 – 392)；最近的研究，参阅 I. A. F. Bruce, "Theopompus and Classical Greek Historiography", H&T 9 (1970), 页 86 – 109。同时参见 G. A. Lehmann 的有趣研究，"Theopompea", ZPE 55 (1984), 页 19 – 44。

② 关于这个问题，参见 W. R. Connor, "History without Heroes: Theopompus' Treatment of Philip of Macedon", GRBS 8 (1967), 页 133 – 154 和 G. Shrimpton, "Theopompus' Treatment of Philip in Philippica", Phoenix 31 (1977), 页 123 – 144。

以一种否定的方式描写腓力，正如我们在一则辑语（《史家残篇》115 F 27）中可以看到的那样：他在这则辑语里强调了腓力在政治上的重要性，同时以一种并非肯定的方式描绘了腓力其人。在另一则辑语（《史家残篇》115 F 224 - 225）里，他强调了自己关于腓力的消极评价，兼而论及腓力的朋友。另一方面，这也证明了忒俄鹏普斯身为史家的客观态度，因为，尽管他热情拥护泛希腊理想——腓力二世这个人物在此体现了这一理想，他仍然不断揭露腓力的不良品性，反映出犬儒学派关于统治者的道德行为的观点。①

不过，厄弗儒斯与忒俄鹏普斯之间有一个共同之处：②马其顿因腓力而出现的崛起刺激了他们撰写历史著作，我们可以从他们的史著中察觉到普遍历史写作的开端。马其顿势力的出现，无疑是政治上的转折点，两位史家都体会到了这一点。

忒俄鹏普斯《腓力传》的标题和结构将有着持久的影响力，我们在高卢史家特洛古斯（Pompeius Trogus）的著作里可以清晰地看到这一点。特洛古斯在奥古斯都皇帝时期用拉丁语写了 44 卷的普遍历史著作，其标题为《腓力家族史》（Historiae Philippicae），其中的卷七至卷四十描写了马其顿王国的崛起和衰落，以及那些继承了亚历山大大帝的王国的崛起和衰落。

特洛古斯史著的标题还流露出一种悲观看法：腓力终结了希腊人的自由，而马其顿王国开始堕落。特洛古斯无视罗马史纂的传统方式，在其已经佚失的著作的前言部分，我们可以看到他笔下涵盖了四十个民族、城市、共同体、君王以及五个地方（situs）的起源（origines），或者说描述了城镇、地区和民族的地理位置，这与忒俄鹏普

---

① 参见 G. Murray, Theopompus, or the Cynic as Historian, 收于 Greek Studies, Oxford, 1946, 页 149 - 170。

② 在这些问题上，参见 K. von Fritz, "The Historian Theopompus", AHR 46（1941），页 765 - 787（= "Die politische Tendenz in Theopomps Geschichtsschreibung", A&A 4 ［1954］，页 45 - 64）。

斯的写法非常相符。

在人类大一统观念的发展过程中,①从而也是在普遍历史写作的形成过程中,亚历山大大帝代表了重要的一步。那种认为亚历山大大帝是人类大一统观念之先行者的看法饱受争议,②但他的成就影响巨大,促成了廊下派政治哲学和社会哲学的形成。③对其他民族的了解,以及亚历山大那普遍国家的短暂存在,推动了人类大一统观念的发展。④亚历山大试图征服的那个世界比波斯帝国还要大,包括了印度的某些部分,这里从来不曾遭到波斯和东方其他地区的统治。在亚历山大启发下的地理探索和军事征服行动,为普遍历史写作打开了眼界。

亚历山大大帝时期的史家叙述了波斯的衰落和亚历山大帝国的出现,然而,由于他们惊奇于亚历山大这个气象堂皇之人,他们更注意亚历山大这个人而非普遍历史写作本身,这可以说明他们史著叙述的传记色彩。尽管亚历山大大帝时期的史家并非严格意义上的普遍历史史家,但是,他们在写作中加入了与亚历山大的战役和征服相关的其

---

① 关于这一观念的研究,参见 M. Mühl, *Die antike Menschheitsidee in ihrer geschichtlichen Entwicklung* (*Das Erbe der Alten*. 2. Reihe 14), Leipzig, 1928; S. Lauffer, " Der Menschheitsgedanke des Hellenismus ", *StudGen* 14 (1961), 页 583 – 592; H. C. Baldry, "The Idea of the Unity of Mankind", *Entr. Grecs*, 页 167 – 204; H. C. Baldry, *The Unity of Mankind in Greek Thought*, Cambridge, 1965。

② 此观点由 W. W. Tarn 提出,见 "Alexander the Great and the Unity of Mankind", *PBA* 19 (1933),页 123 – 166。不过这一观点遭到 E. Badian 的批评,见 "Alexander the Great and the Unity of Mankind", *Historia* 7 (1958),页 425 – 444。

③ 关于这些问题,参见 M. Pohlenz, *Die Stoa. Geschichte einer geistigen Bewegung* 1, Göttingen 1964³,页 131 – 141、277 – 290。

④ 关于其中的背景问题,参见 G. J. D. Aalders, *City – State and World – Power in Hellenistic Political Thought*, Actes du VIIe Congrès de la F. I. E. C. I, Budapest 1983,页 293 – 301。

他内容,扩大了历史写作的范围,从而为普遍历史写作的形成创造了条件。我们可以注意到,亚历山大缔造的世界国家的现实,与记载这一现实的普遍历史史家的缺失之间存在着矛盾。毕竟,亚历山大大帝时期的史家更想描绘亚历山大的功勋,而非这样一个帝国的政治构架。

在亚历山大大帝时期的史家中,如果考虑到史纂的政治功用,身为亚里士多德的外甥兼学生①的卡利斯忒涅(Callisthenes of Olynthus)②不失为一位最值得注意的史家,因为他把亚历山大视作泛希腊化的倡导者。我们可以在一则辑语(《史家残篇》124 F 36)里看到这一点,该辑语出现在普鲁塔克的《亚历山大传》的第33章,取自卡利斯忒涅的《亚历山大的行迹》(*Alexandrou praxeis*),其中描绘了一个充满传奇色彩的亚历山大形象。亚历山大以领导希腊人对抗外方人的领袖形象出现在这则辑语里。③这种思想与伊索克拉底的泛希腊思想相符合。在这一文本语境里,我们必须记住,亚里士多德思考时从未超出城邦的范围。无论如何,我们必须记住,这则辑语是从普鲁塔克这样的传记作家那里辑出来的,而普鲁塔克是在亚历山大去世数百年后才开始写作,况且他还对亚历山大抱有偏见。

亚历山大大帝驾崩后,继业者之间的混战以及希腊化时期各王国的崛起成了新的关注点。希耶柔尼姆斯(Hieronymus of Cardia)④的史

---

① 参 L. Pearson, *Alexander*, 页 22 – 49; W. Tarn, *Alexander the Great* II, Cambridge, 1948, 页 130 – 131; J. Seibert, *Alexander der Grosse* (*EdF* 10), Darmstadt, 1972, 页 11 – 12; P. A. Brunt, *Arrian* I, Cambridge, Mass. – London, 1976, 页 XVIII – XXXIV。

② 《希腊史家残篇》124。

③ 参 T. S. Brown, "Callisthenes and Alexander", *AJPh* 70 (1949), 页 225 – 248; P. Pédech, *Historiens*, 页 15 – 69。更为宽泛的概述研究,参见 K. Rosen, *Ziele*。

④ 《希腊史家残篇》154。

书扩大了历史写作的视野,其叙述涉及亚历山大大帝的继业者(Diadochi),以及皮鲁斯(Pyrrhus)在西边[意大利]的战役。①

在其《继业者及其后代的历史》(*Ton Diadochon kai epigonon historiai*)里,希耶柔尼姆斯叙述了从亚历山大大帝之死(公元前323年)直到公元前272年左右(可能与皮鲁斯之死同时)这段时期的历史。②但他的书只留下少得可怜的辑语,我们只能据此重构希耶柔尼姆斯关于历史事件的看法。③在其中一则辑语(《史家残篇》154 F 3)里,我们看到,他在亚历山大大帝的继业者彼此混战的语境下叙述了卡帕多奇亚(Cappadocia)的历史事件以及本都(Pontus)王国的起源,从中我们可以看到他的历史视野是多么宽广。

非常重要的是另一则辑语(《史家残篇》154 F 12),其中提到皮鲁斯在意大利的战役(公元前280年至前275年)以及皮鲁斯在奥斯库鲁姆(Ausculum)打败罗马人一事(公元前279年)。皮鲁斯的意大利远征使希耶柔尼姆斯意识到西部以及罗马势力的重要性(《史家残篇》154 F 11)。因而,西边的希腊人([译按]指意大利南部的希腊人)和意大利开始吸引希腊化时期史家的注意力,由此也扩大了他们史著的视野。

---

① [译注]罗马经过三次萨姆尼乌姆(Samnium,又译萨莫奈)战争之后决定性地打败了萨姆尼乌姆人,从而控制了意大利中部地区。几年后,罗马向南意大利扩张,与那里的希腊移民地发生冲突。其中重要的城邦塔伦敦(Tarentum)邀请厄皮鲁斯的国王皮鲁斯过海相助。这是罗马第一次与希腊化时期的王国发生正面冲突。

② 根据 T. S. Brown 的说法("Hieronymus of Cardia", *AHR* 52 [1947],页 684 – 696),希耶柔尼姆斯在公元前 272 年之前并没有完成自己的史著(页691)。

③ 希耶柔尼姆斯的思想在从欧墨涅斯(Eumenes)过渡到独眼的安提戈努斯一世(Antigonus I Monophthalmus)时,有一种连续性。R. Engel 捍卫了这种连续性,见氏著,"Zum Geschichtsbild des Hieronymus von Kardia", *Athenaeum*, N. S. 50 (1972),页 120 – 125。

从地理空间的角度来看,西部地区进入世界政治推动了普遍历史写作的发展,因为这些史家在历史叙述中涵盖了那些常见区域之外的其他区域。①奥古斯都皇帝时期,狄奥尼索斯(Dionysius of Halicarnassus)在其《罗马古事纪》(Roman Antiquities)卷一5章4节至6章1节(《史家残篇》154 F 13)把希耶柔尼姆斯判定为一位西边的史家。

蒂迈欧(Timaeus of Tauromenium)的《纪事》(Historiai)朝这个方向往前迈进了一步,②他写的是西边的希腊人以及希腊文化向西边的传播。③我们可以把这位西西里史家视为西边希腊人之重要性的发现者,他也因此扩大了普遍历史写作的眼界。

一则辑语(Fr. Gr. Hist. 566 F 31)表明,蒂迈欧和他那个时代的通常做法一样,把世界分为亚细亚、阿非利加和欧罗巴。还有大量的辑语表明他对西西里以及南意大利感兴趣,④ 在叙述中展现出对当地人风俗的好奇心,如他提及科罗顿(Croton)人的骄奢淫逸(Fr. Gr. Hist. 566 F 44)或锡巴里斯人(Sybarites)的风俗(《史家残篇》566 F 50)。他甚至对毕达哥拉斯的性格感兴趣(《史家残篇》566 F 13;131)。

不过,像撒丁岛(《史家残篇》566 F 63;64;65)和科西嘉岛(《史家残篇》566 F 3)这样更远的地方也在他的兴趣范围之内,他

---

① 关于希耶柔尼姆斯这位史家的基础性研究著作是 J. Hornblower 的 Hieronymus 一书,她研究过这部史著的标题、内容、结构和意图(页107 – 179);她评论说,希耶柔尼姆斯是一个朝着普遍历史写作进发的史家。

② 《希腊史家残篇》566。

③ 关于这位史家,参见 A. Momigliano, Timeo, 见于 Enciclopedia Italiana 33 (1937),页 849 – 850,以及 G. De Sanctis, Timeo, 见于 Ricerche sulla storiografia Siceliota, Palermo, 1958,页 43 – 69。

④ 《史家残篇》566 F 92 – 93b;22;6;100;102;25;26a;26c;149;27;28;105 – 110;112;32;158;114;116;119b;117。

还讲到埃特鲁斯坎人（Etrurians）的风俗（《史家残篇》566 F 1），利古里亚人（Ligurians）、凯尔特人和伊伯利亚人（Iberians）的风俗（《史家残篇》566 F 7），这都说明他对民族志问题感兴趣。除了对地理和民族志问题感兴趣之外，蒂迈欧史著的另一面相是对纪年问题的关注。我们有如下证据表明这一点：他提到了马萨利亚（Massalia）的建立时间是公元前600/599年（《史家残篇》566 F 71）。这说明他对这个建立在凯尔特人领土上的希腊城市感兴趣。蒂迈欧还通过同时段（synchronisms）系统推动了普遍历史写作的发展。蒂迈欧用这种同时段系统来强调某些城市的历史重要性，比如，他提到罗马和迦太基的建立（《史家残篇》566 F 60），①另外两则不同的辑语（《史家残篇》566 F 81；82）表明这两座城同等地吸引着蒂迈欧。蒂迈欧第一个意识到罗马和迦太基这两个西地中海势力在政治上的重要性：②由于他第一个预见到罗马在未来的角色，他算是珀律比俄斯的前辈，后者延续了他的史著的内容。

西边在政治上日益凸显的重要性明确体现在罗马帝国身上。珀律比俄斯就是描叙并试图理解这个帝国的出现的史家。罗马帝国在某种程度上是短暂的亚历山大帝国的完善，不过罗马帝国并没有吞并波斯，而波斯［译按：即后来的帕提亚人］恰恰是罗马在东边持久的敌人，至于西边未被亚历山大征服的地区，则逐渐成为这一新的政治架构的一部分。

珀律比俄斯在其史著的开头部分（卷一，1.5）提出了他的基本问题：罗马凭借什么手段、凭借何种政制，在不到53年的时间里，

---

① T. S. Brown 在其关于蒂迈欧的出色专著《蒂迈欧》（*Timaeus*）里讨论了罗马城和迦太基城建立的时间同步问题，页35。

② 关于这些方面的问题，参见 A. Momigliano,"Atene nel III secolo a. C. e la scoperta di Roma nelle Storie di Timeo di Tauromenio", *RSI* 71（1959），页529 – 566（= *III. Contr.*，页23 – 53）。

成功地让几乎整个有人居住的世界屈服于他们的统治?①这可是历史上独一无二的伟业。②珀律比俄斯结束其著作时（39.8.7）重复了这些话，不过没有提到 53 年（公元前 220 年至 168 年），因为他改变了最初的写作计划，决定继续写到公元前 146 年，即迦太基和科林多遭到毁灭那一年。

《罗马兴志》的卷三十至卷三十九叙述的就是后面添加的这一段时期，而他在卷三至卷二十九叙述的是公元前 220 年至前 168 年这段时期，即从汉尼拔战争直到皮德纳（Pydna）战役。《罗马兴志》的头两卷是序言，涵盖了公元前 264 年至前 221 年这一时段，即以第一次布匿战争为开始的那一时段。这些卷目是蒂迈欧《历史》的续写。在第三卷的开头（3.1.4），珀律比俄斯重复说，他的目的在于解释世界的已知部分在什么时候、如何并通过何种方式屈服于罗马人的统治：所有已知世界的各部分如何、何时以及何以会臣服于罗马的统治。珀律比俄斯在《罗马兴志》的结尾部分（39.8.5-6）清楚展现了他的规划：

> 直到汉尼拔接手了迦太基的军队，德米特里乌斯之子腓力继承了马其顿王位（指的是公元前 221 年继业的腓力五世）——当时斯巴达的科勒奥门涅斯被驱逐出了希腊（指他在公元前 222 年的瑟拉西亚［Sellasia］战役之后逃到埃及一事），安提俄克继承了叙利亚王位（指公元前 223 年继业的安提俄克三世），爱父者托勒密是埃及的王（指公元前 222 年继业的托勒密四世）——从这个时期起，亦即从第 139 个奥林匹亚年（公元前 224 年至公元

---

① T. Buettner-Wobst 在 *Bibliotheca Teubneriana*（托伯纳书库）的校勘本，Leipzig, 1889-1905, 五卷本，重印于 Stuttgart, 1962-1963; F. W. Walbank 的注疏。

② ［译注］中译文参考珀律比俄斯,《罗马兴志》, 马勇译（未刊稿）, 中译文略有改动, 下同。

前221年）开始，我着手叙述整个世界的历史，以奥林匹亚年编排，每几年放在一卷里，对于事件的前后顺序采取了一种比较的视角，一直叙述到迦太基陷落（公元前146年）、阿凯亚人和罗马人在伊斯特摩斯地峡的战役以及随后对希腊事务的处理（公元前146年）为止。（马勇译文，有改动）

遵循蒂迈欧的方法，珀律比俄斯提出了基于奥林匹亚年的纪年体系，在卷五31章3－7节，他还解释了根据奥林匹亚年和同时段（synchronisms）编排材料的做法。①几乎在其书的结尾处（38.5－6），珀律比俄斯又为自己叙述历史事件的同时段方式做了辩护。②

必须注意，珀律比俄斯并没有从人类的起源开始写作世界历史，而是从自己时代的历史出发来考虑其史著的普遍性。他成为一位普遍史家，是因为那个时代的政治环境：罗马帝国的出现。如上所示，其史著的原初规划是叙述那关键的53年（公元前220年至前168年）之间的事情，这些事情起于汉尼拔战争，止于皮德纳战役导致的马其顿王国的覆灭，在此之后，罗马成了世界的主人。珀律比俄斯竭力向希腊人解释，为什么罗马能够成为世界帝国。③

绝对有必要知道，珀律比俄斯如何理解被罗马人征服的世界。这

---

① 关于珀律比俄斯的纪年问题，参 R. M. Errington, "The Chronology of Polybius' Histories, Books I and II", *JRS* 57（1967），页96－108，尤其页96－97。

② 关于珀律比俄斯的时间同步问题，参见 F. W. Walbank, Synchronisms in Polybius, Books 4 and 5, 收于 *Polis and Imperium*: Studies in honour of Edward Togo Salmon, J. A. S. Evans 编，Toronto 1974，页59－80（= *Papers*, 页289－312）。

③ F. B. G. Millar（Polybius between Greece and Rome, 收于 *Greek Connections*: Essays on Culture and Diplomacy, J. T. A. Koumoulides 编，Notre Dame, Indiana 1987，页1－18）认为，珀律比俄斯从希腊城邦或希腊联盟的角度来看待罗马。

个世界包括几个希腊化王国，迦太基，以及一些与希腊人、罗马人和迦太基人有关联的西边外方人构成。珀律比俄斯在卷一1章5节和卷三1章4节提到的"天下"（oikoumene [有人居住的地方]）也必须在这个意义上加以理解，换言之，这个世界并非指罗马人所知道的整个世界，并不是像 arche [统治]（1.1.5）或 dynasteia [统治]（3.1.4）这两个政治概念所暗示的那样，指罗马人几乎完全控制的那个世界。珀律比俄斯以及其他在他之前的人都知道，在这些疆界之外还存在着其他民族，而且自希罗多德以降，希腊人当然已经意识到外方人早就有过去的历史，且远在外方人与希腊人相互接触之前。

在卷三37章1节至38章3节里，珀律比俄斯在地理学意义上描述了他所知晓的世界图景，因此他使用了 ge [大地] 这一概念。这部分内容相当重要，因为它表明了珀律比俄斯的普遍历史的地理根基和地理视野。在卷三59章3节处，他进一步说，由于亚历山大和罗马人的征服行动及随之而来的政治统治，几乎整个世界都为人所知。珀律比俄斯阐释的关于世界的地理概念，指历史事件发生的空间，这种理解只见于他之前的两位史家：希罗多德和厄弗儒斯。还有一则证据可证明珀律比俄斯对地理感兴趣，即他的整个卷三十四关注的都是这个问题。

珀律比俄斯是第一个提供了其著作的清晰规划的普遍史家，其中有一种真正的统一性，这种统一性源于他的主题：叙述罗马世界帝国的出现。①我们也许会感到，珀律比俄斯与厄弗儒斯相比所取得的进

---

① 关于珀律比俄斯作为普遍历史史家的问题，参见 W. Siegfried, *Studien zur geschichtlichen Anschauung des Polybios*, Leipzig－Berlin, 1928, 页20－26、91－106；P. Pédech, *Méthode*, 页496－514；A. Roveri, *Polibio*, 页47－59；F. W. Walbank, *Polybius*, 页3、67－68；S. Mohm, *Untersuchungen*, 页68－91；K. E. Petzold, "Kykios und Telos im Geschichtsdenken des Polybios", *Saeculum* 28 (1977), 页253－290, 尤其是页261－267、273－276、286－289；K. Sacks, *Polybius*, 页96－121。

步，厄弗儒斯只是在各民族的个别历史的基础上写成了一部希腊世界历史。在卷一5章1至2节和卷三十九8章4节处，珀律比俄斯说自己从第129个奥林匹亚年（公元前264—前261年）开始接续蒂迈欧的史著，以罗马人第一次在意大利之外的地方登陆为起点，即以罗马人渡海登上西西里岛为起点。这一节点非常重要，因为这指向罗马人向外扩张的第一步。在卷一3章7至10节处，珀律比俄斯解释说，由于希腊人不知道罗马人和迦太基人的历史，所以他写了介绍［他们］的头两卷，以便阅读这部史书的读者能够更好地理解为什么罗马人竟成了世界的主人。在卷三1章8节至3章9节，珀律比俄斯详细解释了其史著的写作范围：始于第二次布匿战争（公元前220年），终于马其顿王国的终结（公元前168年）。在卷三4章5节，他还解释了为什么要把这部史著的写作范围扩展到公元前146年：以便叙述和评价罗马人进行普遍统治的方法。这一点暗示了珀律比俄斯对罗马帝国的扩张在道德上的态度。在卷三32章2至3节，珀律比俄斯同样强调，他这部史著的四十卷是统一的。

珀律比俄斯之所以成为一位普遍历史家，是因为他感觉到了历史进程的统一性，这是第140个奥林匹亚年（公元前220年至前217年）之前从未有过的（1.3.1）。在他看来，在这个转折点之前发生的事件互不相干（1.3.3），但自从那个奥林匹亚年以降，历史成了一个统一的整体（1.3.4）。因此，这成了珀律比俄斯的写作起点（1.3.6）。他把世上（意大利—希腊—亚细亚）事件的汇聚点，定在第140个奥林匹亚年的第三个年头（公元前218年）（4.28.3－5）。

这些事件的汇聚为历史赋予了一个目的（telos），与珀律比俄斯的前辈们缺少目的论相比，这可算是非常重要的一步。事件的交织（symploke ton praxeon, 5.31.4）造成了历史进程的统一（somatoeides, 1.3.4）。①随后在卷五105章3－10节处，他再次回到同样的看

---

① 参见 F. W. Walbank, *Symploke*, 页197－203、210－212。

法，即希腊、意大利、阿非利加和亚细亚的事件在第 140 个奥林匹亚年的第三个年头（公元前 218 年）的相互联系导致了普遍政治，因而就需要世界历史写作。不过我们必须说，为了突出这些事件的普遍性质，珀律比俄斯在此故意误用了证据。在卷五 33 章 4 节，他提到事件之间的相互关系导致了普遍历史；在卷九 44 章 2 节，他重新肯定了世界历史的统一。在珀律比俄斯那里，出现了一种对历史进程的普遍性质的自觉意识，这在之前的史家那里是不存在的。史实的汇聚引出了事件的相互关系，这为世界历史的写作创造了条件。世界历史的写作就是珀律比俄斯的任务。

据珀律比俄斯（1.3.6）说，罗马人在第二次布匿战争战胜迦太基人之后才决定征服世界，随后（1.63.9）他说，罗马人在做好规划之后成功征服了世界，此事并非偶然。在卷三 118 章 9 节，他说，罗马人战胜迦太基人而成为世界的主人，是因为他们的政治制度和明智的谋略。①

由于珀律比俄斯为罗马人的成就所震撼，他在第一卷的开头就计划对比（sygkrisis）罗马和过去的几个帝国（1.2.1），简洁陈述世界帝国的更替过程，意在强调罗马帝国相较于之前的强权的重要性（1.2.2 – 7）。②

在卷六的一个重要段落里（6.50.6），珀律比俄斯提到了罗马能够统治世界的其中一个原因——补给充足。除了机运（tyche）和政治制度（politeia）之外，这是解释罗马之伟大的又一个因素。

我们可以看到，罗马崛起为世界强国这件事，促使珀律比俄斯撰

---

① 关于这些问题，参见 J. Richardson, *Polybius*。
② 参见 J. M. Alonso Núñez, "Die Abfolge der Weltreiche bei Polybios und Dionysios von Halikarnassos", *Historia* 32 (1983), 页 411 – 426。又参见 J. L. Ferrary, "L'empire de Rome et les hégémonies des cités grecques chez Polybe", *BCH* 100 (1976), 页 283 – 289。更综合的研究，参见 J. Irmscher, "Die hellenistische Weltreichsidee", *Klio* 60 (1978), 页 177 – 182。

写他的《罗马兴志》一书。但另一方面，我们必须强调，珀律比俄斯是第一个这样的史家：他完全意识到自己作为一名史家的任务，并意识到自己是第一个普遍历史史家。某种程度上，他已经详细阐述了关于普遍历史写作应该是什么的理论。他已经把自己的任务理解成 ta katholou graphein，即"书写普遍的历史"（5.33.1）；在好几个段落里，他批评了写作专题史著的史家（1.4.6–10），还批评了荒谬的普遍历史史家（5.33.3 和 5–8），展示了写作普遍历史的种种优点（1.4.11）。除了所有这几点之外，几乎就在其史著的结尾处（38.5.6），他还批评了前辈厄弗儒斯和忒俄鹏普斯的写作方法。①

根据珀律比俄斯的说法，罗马之所以成功的一个根本因素是罗马的政治制度（politeia）。他的整个卷六研究的都是这个问题，这一卷回答了他自己在史著开头部分（1.1.5）提出的那个问题，他在卷六的开头（6.2.3）也重提了这一问题。他在卷三2章6节勾勒其史著的范围的同时，便说自己将讨论罗马人的政治制度，同样，在史著的结论部分，他又强调了政治制度的重要性（39.8.7）。一个共同体的政治制度非常重要，以至于珀律比俄斯甚至将它视为政治生活成功或失败的原因（6.2.8–10）。如果我们把珀律比俄斯借用政治制度的实效来解释历史事件的做法，与之前的史家对历史事件的描写式叙述做个比较，就会看到珀律比俄斯对普遍历史写作的根本贡献：他引入了理性的解释，从而把历史写作与政治理论融为一体。

在卷一4章1节，珀律比俄斯把世界历史过程的统一视为"机运"（tyche）之作，这是希腊化时期哲学的常见概念。与此相关，珀律比俄斯强调说，他的同时代人没有谁胆敢写一部普遍历史著作（1.4.2–4）。在卷一4章5节，他回到那个看法，认为历史进程的普

---

① 参 K. Meister, "Die synchronistische Darstellung des Polybios im Gegensatz zur Disposition des Ephoros und Theopompos", *Hermes* 99 (1971), 页 506–508。

遍性是机运作用的结果；在卷八第 2 章，他强调有必要对历史的整个进程有一种整体的看法，并补充说，世界的政治统一是机运之作，而机运通过政治制度来起作用。在结束这一章时，他批评了那些对历史进程进行部分研究（kata meros）的史家缺少关于"普遍共同的历史"（katholikes kai koines historias）的知识。

既然这部史著原初计划止于迦太基的陷落，珀律比俄斯对佩尔修斯（Perseus）垮台（29.21）的反思，以及对迦太基陷落的思考（出现在 38.21），就值得我们注意。①对前者的反思包含一段从德米特里乌斯（Demetrius of Phalerum）的《论机运》（*Peri tes tyches*）一文中摘来的引文。在这段引文里，亚历山大战胜波斯人然后接管波斯帝国的事情，以及罗马人战胜佩尔修斯然后推翻马其顿王国的事情，体现了人事无常和机运女神对历史的掌控，这肯定影响了珀律比俄斯看待历史的一般观念，而且实际上还影响了他关于马其顿王国终结的解释。卷三十八第 21 章的看法也与这里相一致，其中珀律比俄斯讲述了斯基皮奥看到迦太基被毁时不禁落泪。阿庇安在其《罗马史》卷八论布匿战争的部分（8.132）记载了这个故事，在此目的上还提及世界帝国的更替，即亚述—米底亚—波斯—马其顿，甚至提到特洛伊的陷落。②

罗马帝国的出现，对于珀律比俄斯普遍历史写作的形成似乎是起决定作用的因素。珀律比俄斯把政治性的解释运用到时空范畴上，在这个时空里，罗马帝国符合逻辑地出现了。③

从上面的考察可知，希罗多德在很多方面都是普遍历史写作的先导。不过，在伊索克拉底的泛希腊理想的魔力下，厄弗儒斯的《历史》和基俄斯（Chios）的忒俄鹏普斯的《腓力传》，才在普遍历史写作的出现过

---

① 关于这一段，参见 A. Momigliano, Origins, 前揭，页 87。

② 与这个问题相关的内容，参 J. M. Alonso Núñez, "Appian and the World Empires", *Athenaeum* NS 62 (1984), 页 640–644。

③ 珀律比俄斯在其历史写作的语境问题，参见 H. Labuske, *Hellenismus*。

程中迈出了巨大的一步，尽管这些史家实际上并没有从普遍世界的角度，而是从希腊民族统一的角度出发思考问题。然而，这种观念为更加宽广的视野铺平了道路，后者由于亚历山大的征服和远征而出现。

亚历山大这一人物虽然没有直接激发普遍历史写作，而是激发了带传记色彩的史著，或者像卡利斯忒涅那样带有强烈政治偏见的史著，但他的世界国家为普遍历史写作以及廊下派的社会哲学和政治哲学思想创造了有利条件。然而，普遍历史写作并非作为这一哲学学派的直接结果而出现，而是源于叙述政治史实的冲动。希耶柔尼姆斯和蒂迈欧肯定不是普遍历史史家，不过，他们把注意力定在西边，从而在相当大的程度上推动了普遍历史观念的发展，因为，那个为普遍历史写作的界定贡献最多的强国将从西边出现。尽管廊下派思想在罗马成了某种官方意识形态，促进普遍历史形成的突出因素仍然是罗马帝国存在于世的这个政治事实，而非哲学观念。

因此，我们必须强调普遍历史形成过程中经验的因素与讲究实际的特性，这不同于哲学学说。史家主要关注的是政治事实，而非哲学观念，因此，在普遍历史写作的起源中，日益频繁的政治联系、战争和外交关系起着重要作用。我们可能意识到，对逐渐扩大的空间范围的认识，是普遍历史写作的根基之一。史家在此基础上思考时间，即思考在不断扩展的政治空间里生活的不同民族的过往历史，这种对于过去的反思便是普遍历史写作的另一根基。在这一空间里，人在时间的流逝中行动。然而，历史中的行动者在厄弗儒斯笔下并非人类，而是希腊人；随后，在罗马帝国的魔咒下写作的珀律比俄斯的概念里，人类才作为历史的行动者而出现。

珀西多尼乌斯①续写了珀律比俄斯的《罗马兴志》，在他的著作

---

① L. Edelstein 和 I. G. Kidd 编，*Posidonius, I. The Fragments*, Cambridge, 1972。此后还有 W. Theiler 编的版本，*Poseidonios*。关于珀西多尼乌斯的《历史》，参见 J. Malitz, *Poseidonios*。

里，有一种基于罗马的历史进程的统一性；他的历史观念充满廊下派的看法。我们可以看到，罗马帝国象征着普遍历史写作形成过程的最后一步。世界的政治统一以及随之而来的奥古斯都皇帝时期的统治，对普遍历史写作的形成具有决定性的促进作用。奥古斯都的世界帝国不仅促进了普遍历史写作，还促进了关于世界的地理著作的完成，即斯特拉波的《地理志》(Geographia)。①甚至描绘世界的制图学在那个时候也兴盛起来，阿格里帕（Agrippa）的地图就是一个例子。②

最后，如果我们只把那种讨论自人类历史开端以来发生之事的史著看作真正的普遍历史著作，那么我们会看到，在罗马共和国末期以及奥古斯都的元首制时期，出现了如下出类拔萃的著作：狄俄多儒斯的《史集》(Bibliotheca Historica)，③尼科劳斯（Nicolaus of Damascus）的《普遍历史》(Universal History)，④以及高卢人特洛古斯的《腓力家族史》。⑤在所有这些史著里，我们都可以看到那种在时间上和空间上以整个人类为历史中的行动者的普遍视野。

---

① 其著作的洛布版（LCL）由 H. L. Jones 编，Cambridge, Mass. – London, 1919 – 1933（八卷本）。

② 关于这类问题的讨论，参见 C. Nicolet 的新书，*L' Inventaire du Monde：Géographie et politique aux origines de l' Empire romain*, Paris 1988。

③ 其著作的洛布版（LCL）由 C. H. Oldfather 等人编辑而成，Cambridge, Mass. – London, 1933 – 1967（12 卷本）。

④ 《古希腊史家残篇》90。参见 B. Z. Wacholder 关于他的著作，*Nicolaus*。

⑤ O. Seel 编的台伯纳书库校勘本，Stuttgart, 1972。关于这个作家，参见 J. M. Alonso Núñez, "An Augustan World History: the Historiae Philippicae of Pompeius Trogus", *G&R* 34 (1987), 页 56 – 72。

古罗马的地球

——从一个术语看罗马帝制

福格特（Joseph Vogt） 撰
郑 璐 译

奥古斯都（Augustus）功迹录的标题这样写道：rerum gestarum divi Augusti, quibus orbem terrarum imperio populi Romani subiecit［神圣奥古斯都，通过自己的功业，将整个地球置于罗马人民治下］。功迹录记载了奥古斯都在世界各地的征战（Ⅰ13），以详尽的史实证实奥古斯都通过成功的武力和外交手段，使帝国疆域得以向四围扩张，也使那些不能直接归入帝国的诸民通过使节（Gesandtschaften）和请愿书（Bittgeuch）自愿归顺罗马（V 9 – Ⅵ 12）。两百年后的《安东尼敕令》（Constitutio Antonina）记录如下：in orbe Romano qui sunt, ex constitutione imperatoris Antonini cives Romani effecti sunt［在罗马世界，罗马公民产生自安东尼皇帝的宪法］（Ulp. dig. 1. 5. 17）。公元 301 年，帝国皇帝戴克里先（Diocletian）的诏书开篇对罗马有如下记载：tranquillo orbis statu et in gremio altissimae quietis locato［安定宁静的地球，在最高之和平的怀抱中得享安宁］。

从这些官方史料中可看出，拉丁语 orbis terrarum［大地的圆球］、orbis Romanus［罗马的地球］皆指通常意义上的"罗马的世界"。如果要在下文阐释这一概念的形成及发展，其背后的政治成因应该是我们研究的重点。然而，要理解这一政治学术语，地理学①以及世界帝

---

① 人们不公正地遗忘了 R. Friedrich 的著作：*Materialien zur Begriffsbestimmung des orbis terrarum*, Progr. Leipzig, 1887。在 *R. E. Suppl.* Ⅳ, 1924,

国之内人类文化大一统这一哲学思想更应引起我们的重视。①

几乎所有用来修饰"圆形"、"圆圈"的德语词汇都可用来对应于 orbis 的其中一个含义,例如:圆(der Kreis)、圆片(die Scheibe)、球体(die Kugel)。虽然我们尚未确定人们究竟何时用 orbis 这个词来修饰地球形状,但可以肯定,orbis terrae 或 orbis terrarum〔地球〕这种自卢克莱修(Lucrez)时期就在拉丁语文献中十分常见的表达方式,②乃以如下理念为基础:将世界看作被海洋环绕的圆盘(Scheibe)。这一公元前5至前6世纪的"圆形大地"理论,在拉丁语 orbis terrae〔地球〕中获得了最贴切的表达。此后,西塞罗也有关于二者间相互关系的明确表述:quasi magnam insulam..., quam nos orbem terrae vocamus〔像一个巨大的岛屿……,我们称之为地球〕(Cic. nat. deor. 2. 165)。阿普莱乌斯(Apuleius)亦曾提到:hanc nostram insulam, id est hunc terrarum orbem〔我们的这个岛,在这里被称为地球〕(Apul. mund. 7)。

有关"地盘说"(Erdscheibe)的观念,长期存留在罗马人的世界里,③人们从未彻底放弃这种理论。④大众并没有因为地理学方面的种种研究成果产生动摇,这似乎可以理解,但即便是知识界人士如维

页 521 以下,F. Gisinger 亦有文章对此作出相关重要论述。

① J. Kaerst, *Die antike Idee der Oekumene*, 1913; *Weltgeschichte*, *Antike und deutsches Volkstum*, 1925, 页 15; *Geschichte des Hellenismus II*, 1926, 页 111 中阐述了这一理念,并肯定其价值;除此之外,参 M. Mühl, *Die antike Menschheitsidee*(*Das Erbe der Alten II*), 1928, 页 14; 及 V. Ehrenberg 在 *DLZ*. (1929) 页 129 的书评。

② 我还要感谢迪特曼教授(Prof. Dittmann)许可我查阅拉丁语辞典的相关资料。

③ 〔译按〕"地盘说"与"地球说"相对,认为大地是一个平面圆盘,而非巨大的球面或球体。

④ 参 R. Friedrich, *Materialien zur Begriffsbestimmung des orbis terrarum*, 前揭,页 2; F. Gisinger, *R. E. Suppl. IV*, 1924, 页 644。

特鲁威（Vitruv）和塔西佗（Tacitus），也囿于大众观点。罗马时期的地理学代表人物虽已接受希腊人的"地球说"，①但他们并未吸取其所有结论，也没有彻底放弃自身存留的没有科学根据的思想。被视作球体的"世界"一词，在拉丁语境中并未衍生出其他新词汇，这一观察对于拉丁语 orbis terrarum［大地的圆球］逐渐演变为一个政治术语的历史发展过程来说，具有非常重要的意义。更确切地说，罗马人将"地球"（die Erdkugel, der Erdball）与"地盘说"理论等同于 orbis terrae/ orbis terrarum［地球］。②

对此可举两个例子：普林尼（Plinius）曾提到过地球的形状：orbem certe dicimus terrae globumque verticibus includi fatemur［我们确定地说，整个大地是个球体，且认为它是在各个顶上封闭的球体］（Plin. nat. 2.160）；塞涅卡（Seneca）也曾为地球的完美球体形状作过辩护：quod nisi esset, non diceremus orbem terrarum pilam esse［否则，我们不会说整个大地是个球体］（Sen. nat. 4.11.2）。由于 orbis 一词具有多义性，无须重新生成新的语言或词汇，因此，无论是 globus 还是 pila 这些指代地球的别称，都未得到更广泛的传播及使用。然而，orbis 的多义特点也造成了其词义上的模糊与不确定。

"地球说"理论在之后的"地带论"（Zonenlehre）那里得以进一步补充和发展。地带论是地球五大地带理论的前奏，这五带类似于地球五大天文气候带。古希腊人的地理学认为，"地球说"为人类居住的地球空间概念创造了新的先决条件与科学依据：北温带对应南温带，由此亦可推出，与南半球相对的是北半球。借助以数学为基础的土地测量学，希腊地理学试图对地球的地理位置及范围大小作出精准

---

① ［译按］"地球说"认为大地是球形，与认为大地是"圆盘"的"地盘说"相对。

② 对于使用 terra［大地］的二格单数 terrae 还是二格复数 terrarum，尚未找出明确意义上的差别。参 Migne, "Das späte Zeugnis"，载于 Aug. gen. ad litt. 3.1，页 279。

定位。

但珀律比俄斯早已放弃"地球说"理论,在他看来,"地球表面是光滑的扇形"。①珀律比俄斯的观点对当时的罗马人具有一定的权威性,他们曾多次设想过,宇宙中有多个星球或曾经存在古老的地球,②然而,这些可能存在的星球并非球形地球,地球在此已失去其常规含义,即 orbis terrarum, quem nos incolismus [我们赖以生存的地球]（Ampel. 6. 2）。而从地中海发源的古代历史的遗址,才是罗马地理学从现实角度出发要考察的真正对象。

当时的科学界内外皆认为,从大西洋延伸至印度的地区就是地球(orbis terrarum)。自奥古斯都时期起,③人们在诗与散文中写道："早在罗马共和国和恺撒时期, orbis terrarum 或 orbis 就普遍被用来表示'地球'。"④拉丁语 orbis 一词随之由德语的 die Runde [圆圈]之义逐渐转化为 das Geschlossene [整体]、das Zusammengehörige [归属]和 das Ganze [全体],⑤词义的转变透射出罗马人民从政治和法律特权角度出发的整体思想。转义后的 orbis 也可指代更小的地域集合体或地

---

① H. Berger, *Geschichte der wissenschaftlichen Erdkunde der Griechen*, 1903,页 515。

② R. Friedrich, *Materialien zur Begriffsbestimmung des orbis terrarum*,前揭,页 19 以下。对于运用较多的"多个地球"理论而言,事实表明,亚历山大大帝对于在海洋中寻找新地球的设想始终存在,这一设想在他的大不列颠探险中得以传播和证实：Sen. suas. 1; Curt. 9. 6. 30; Vell. 2. 46. 1; Flor. epit. 1. 45 (3, 10, 16); Anth. Lat. 422 ff。

③ 奥古斯都时期的作家普遍将 orbis terrarum 的意义运用在 orbis [圆圈,地球]一词中。散文家中,首先是维莱乌斯（Velleius）接受和使用这种简化的表达方式。公元1世纪,在官方的刻印文字和硬币上,仍以 orbis terrarum 通行。

④ 因此,在古籍词语注释汇编中,仍用 οἰχουμένη [天下]表示 orbis、orbis terrae 及 orbis terrarum。

⑤ R. Friedrich, *Materialien zur Begriffsbestimmung des orbis terrarum*,前揭,页 10。

球上的其他区域，前提条件是，这些集合体或地区也包含"整体性"这一特点。

此后，orbis 在未与 terrae 或 terrarum 搭配的情况下仍被广泛使用。其中，马尼利乌斯（Manilius）在其地理学专著卷四第 585 至 817 段中，归纳整理了 orbis 一词的诸多释义：orbis 既是"被海洋环绕包围的地球"（段 596、639、643、696、698，及段 587、732），也是"被马其顿人攻陷占领的世界"（段 762）或"现受罗马统治的世界"（段 764、774、777）；orbis 还被认为是位于东方的帕提亚帝国（Parther）地域的古老世界（段 674 – 675，以及段 802 以下）；除此之外，orbis 亦被称作"地球上的陆地"（段 677），或是陆地上面积较小的区域（段 741、813）。

此外，马尼利乌斯还将 orbis 解释为天球（Himmelskugel）和飘浮在天空中的圆球体。在此，可通过与德语词 Welt［世界、宇宙、地球］比较，来更好地理解 orbis 一词的多义性：在德语中，当提到"整个世界"（Weltall）、"世界交通"（Weltverkehr）、"世界大战"（Weltkrieg）、"日耳曼势力范围"（die germanische Welt）、"魏玛界"（die Welt von Weimar）、"施瓦本地区的牧师住宅区域"（die Welt des schwäbischen Pfarrhauses）这些性质完全不同的词时，都可加上 Welt 一词！

作为地理学概念的 Orbis terrarum，其多义性特点对于罗马政治文化思想中"罗马的地球"的统一观念的形成，产生了重大影响。历史上有关罗马人的这一思想起源，几乎没有文字记录，尤其是那些我们原本期待可从中得到启发的公元前 2 世纪的文学古籍尽已丢失。"罗马帝国涵盖整个世界"的观念，更为清晰地表现为"一种希腊式的构想"。

自第二次布匿战争以来，除了零星几位大胆的政治改革家如大斯基皮奥（Scipio Africanus，公元前 235—前 183 年）之外，其余罗马政权的领导者虽已容许了罗马在东方那些不可避免的扩张行为，但事实上，希腊人早已承认罗马在其整个势力范围内的扩张。罗马人将罗马帝国对第三大陆亚洲的侵犯，视为向统治整个世界迈出的至关重要的一步，叙利亚安提俄克（Antiochos）战役大捷，在世界历史的长河中被认为具有划时代的意义。基于对这一重大事件留下的印象，东方的外交使节将罗马人奉为世界的主人。其他人则兴奋地宣告，罗马帝国已取代马其顿的统治，从此迎来它新的曙光。①

公元前 197 年的马其顿战争获胜之后，罗马人开始在各城敬拜罗马的伟人和罗马女神，在此之前人们只敬拜帝王。起初，罗马神职人员主持这类崇拜活动，是为罗马各个城邦和较小的属地祈福，但此后，随着罗马疆域和势力的大范围扩张，这类敬拜活动的目的逐步演变为关怀全世界和救赎全人类。②纵使这些热情洋溢的、希腊式的狂热敬拜并没有对罗马人产生较大影响，也还有帕奈提俄斯（Panaitios）和珀律比俄斯的言论更加深入地陶造罗马人的思想：帕奈提俄斯在罗马宣告了中期廊下学派中有关人类的理念，③珀律比俄斯则从普遍历史的角度介绍了罗马统治世界的起源及其影响。④在众多理念中，希腊化世界一再阐明自己的观点：权势不输亚历山大的罗马坐拥人类居住的整个世界，也肩负着对全人类的责任与使命。

以上这些论述一方面为人所共知，另一方面是为了详细阐明罗马帝国建制的思想成因。需指出的是，公元前 2 世纪，罗马人对统治的意义及统治的规模程度等理念的形成，必定受到希腊的深远影响。自苏拉（Lucius Cornelius Sulla，公元前 138—前 78

---

① C. Trieber, *Hermes* 27, 1892, 页 337；W. Weber, *Der Prophet und sein Gott*, 1925, 页 57。

② Herzog‑Hauser, *R. E. Suppl. IV*, 页 814；Richter Rosch, *Lex. s. v. Roma*, 页 131 以下。有关文学方面的观点参 Soter s. F. Dornseiff, *R. E. s. v. Soter*。

③ R. Reitzenstein, *Werden und Wesen der Humanität im Altertum*（讲稿）1907；M. Mühl, 前揭, 页 59。

④ W. Siegfried, *Studien zur geschichtlichen Anschauung des Polybios*, 1928, 页 20、91。

年)时代起,罗马文献中开始包含了这样一种共识:这个世界,这个人类熟悉且赖以生存的地球的一部分,由罗马人统治;与此同时,希腊与东方有关普世帝国的设想,也潜移默化地渗透进罗马人的上述观念之中。

有关罗马人统治世界的文字表述,最早可追溯至罗马文献(*Rhet. Her.* 4.9.13),其中提到同盟战争中的起义者:

> nedum illi imperium orbis terrae, cui imperio omnes gentes, reges, nationes partim vi, partim voluntate consenserunt, cum aut armis aut liberalitate a populo Romano superati essent, ad se transferre tantulis viribus conarentur. [更不用说对那整个世界的统治,在这一统治中,所有部族、国王和民族,部分迫于强力,部分出于意愿,同意被罗马人民以武力或自由征服,试图改变自身微不足道的力量。]

在罗马共和国晚期,上述观点的主要见证人是西塞罗。尤其在他的演讲中,西塞罗常严格将整个世界划归罗马的势力范围,而他对此种表述亦未作进一步解释说明,即使这一观点在现在看来不言而喻。世界的统治者是罗马人民。罗马人通过卓越的军事才能将世界征服在自己脚下:

> haec (sc. rei militaris virtus) nomen populo Romano, haec huic urbi aeternam gloriam peperit, haec orbem terrarum parere huic imperio coegit. [这(指军事德性)是罗马人民的荣衔,为这座城市带来永恒的荣耀,使整个世界服从这一统治。](*Mur.* 22)

正义之师应使统治成为一种保护,罗马共和国的理想时期就是如此:illud patrocinium orbis terrae verius quam imperium poterat nominari

[它确实应被称作对整个地球的保护而非统治]（*off.* 2.27）。①但是，罗马元老院在这个世界军团中亦享有独一无二的地位，它常被称为"世界高级委员会"，元老院成员是"世界级的王侯贵族"。②罗马共和国晚期的当权者被看作统治整个世界的执行者，他们分别是：苏拉（*Rosc.* 131）、征服高卢的恺撒（*Balb.* 64），以及取得三次三大洲战役胜利的庞培（Gnaeus Pompeius Magnus，公元前106—前48年）；③西塞罗则被后世称为"帝国与世界的拯救者"（*Att.* 1.19）；还有谋杀恺撒的人，被誉为"全球的解放者"（*Brut.* 1.16.1）。

诚然，西塞罗清楚地知道，世上并非所有国家都受罗马人直接管辖，但这种认知仍无法抵挡罗马人意欲统治世界的信念。人们知道罗马人享有最为突出的地位；人们相信独立自主的领土有与罗马的联盟和友谊作保障；人们无视那不受罗马武器和条约范围保护的一切，因此，人们认定，罗马人在世界范围内实施不同的区域性治理：

> iam omnis provincias, iam omnia regna, iam omnis liberas civitates, iam omnem orbem terrarum. [所有行省，所有王国，所有自由城邦，整个地球。]（*Verr.* 6.168）④

这些史料不仅反映西塞罗的观点，我们亦可将西塞罗看作他那个时代类似问题的发言人。在罗马共和国晚期，尚未出现与这种"罗马的地球"见解相悖的理念。⑤

---

① 参 *Arch.* 23；*Verr.* 5.23；*Font.* 13.24；*Manil.* 43.53.64；*leg. agr.* 1, 2.9.15；2, 26.33.45.64；*Mur.* 74；*har. resp.* 29；*Mil.* 73；*Sull.* 43；*Flacc.* 103；*de orat.* 3.131；*rep.* 3.24；*Att.* 4.1.7；*epist.* 2.16.4，4.7.4，10.8.3。

② 18 *Catil.* 1.9；*Phil.* 2.15；3.34f.；4.14；7.19；*epist.* 3.8.4。

③ *Sest.* 67.129；*Balb.* 16；*dom.* 110。

④ 参 *leg. agr.* 2.15.98；*dom.* 75。

⑤ 除西塞罗外还有其他几人的论述可为佐证，参 *Sall. Rep.* 1.5.2；2.13.6；*Caes. civ.* 3.72.5.43.4。

在"罗马的地球"这种观念的广泛传播过程中,政府的作用不容小觑——罗马政府已将自身权力范围等同于世界范围,并在官方文件(offizielle Dokumente)中正式宣布了这一理念。通过《加比尼亚法典》(lex Gabinia)和《马尼利亚法典》(lex Manilia),帝国由庞培继承,据史学家推断,这个帝国在当时几乎已统治了整个世界。①

然而,在这两部法典中并未找到有关 orbis terrarum 的表述。与此不同的是,公元前57年的《执政官法典》(lex consularis)出现了 orbis terrarum 等相关字眼,西塞罗亦曾介绍过这部法典,庞培也通过该法典获得整个帝国的粮食供应:

> legem consules conscripserunt, qua Pompeio per quinquennium omnis potestas rei frumentariae toto orbe terrarum daretur. [执政官们写下法典,根据这部法典,庞培获得长达五年时间的整个世界的粮食控制权。]

如果将这部《执政官法典》同梅斯乌斯(Messius)提案进行比对,我们可推测出,西塞罗转引了这部法典的原文。

如果我们想重新获得正式、可靠的概念,就不能依托这类仅具有一定可能性的论据了。在苏拉时期以降的罗马钱币上,我们可得到无可争辩、确凿无疑的证据,借此证实元老院和罗马人民已将自己的统治范围划至整个世界的举措,因为,人们从这些罗马钱币中发现了有关"罗马地球"理念的文字性表述。在苏拉时期以降的罗马钱币上,刻有象征世界统治的地球仪图案。②显而易见,地球仪这一象征符号并非罗马铸币师的发明,而是在用于罗马钱币之前早已普及。

---

① Plut. Pomp. 25; Vell. 2.31.2f。

② 参 A. Schlachter, *Der Globus. Seine Entstehung und Verwendung in der Antike*, 1927, 页 64。

已有事实表明,地球仪这种象征符号在古希腊文化早期就得以传播,①然而,古希腊的统治者几乎并没有使用过此类符号。这种现象与罗马不同种类的铸币技术的形成过程类似。这些技术早在古希腊时期即被赋予最初的价值及意义,罗马人随后将其进一步普及应用开来。早期罗马钱币上的地球仪图案试图再现世界在地球上的地理位置,②因此,此处要传达的象征含义就是:imperium orbis terrae [世界帝国]。

自恺撒时期起,人们时常画一个球体上有四个圆圈的图形。这种图案在大多数情况下被理解成地球,能够推断出这一象征含义,最起码的原因是人们在钱币上使用这种图案。只有当人们把恒星和两带或黄道十二宫的图形刻印在球体上,或能识别出这一图案同地球仪有其他明显区别时,才可将这类图形(四个圆圈在一个球体上)看作天球的标志。③两种情况的象征意义如出一辙,即世界范围的统治。因为地球被视为宇宙的中心,而拉丁语 orbis 的意思是地球和整个世界,同时地球和世界的象征物可用地球仪和天球仪来表示,所以这就容易使人由地球联想到宇宙。orbis 意义的这一过渡发生在罗马帝国时期,这一时期的人们常将朱庇特比作尘世的君王。④

---

① 如果根据德米特里俄斯(Demetrios)的说法,描述成 ἐπὶ τῆς οἰκουμένης ὀχούμενος(Athen. 12, 536 a nach Duris),按 Schlachter 在 Der Globus. Seine Entstehung und Verwendung in der Antike,前揭,页 65 注释 4 中的表述,就不能将此看作地球的一个象征符号。在雕塑上亦不可能有这样的联系。根据这种表述,并结合恺撒在罗马朱庇特神殿中的雕塑(ἐπὶ εἰκόνα αὐτὸν τῆς οἰκουμένης χαχοῦν ἐπιβιβασθῆναι, Cass. Dio 43.14.6),οἰκουμένη [天下] 必然表示地球仪。
② A. Schlachter,前揭,页 67,插图 1 与插图 2。
③ Schlachter 在 Der Globus. Seine Entstehung und Verwendung in der Antike,页 68 中提到的将画有四个圆圈的地球仪看作天球的理由没有说服力。
④ 马尼利乌斯描写奥古斯都生平的诗句(1, 800)提到这一例证:caelum, quod regit Augustus socio per signa Tonante [苍穹,由奥古斯都携着雷鸣

地球仪作为世界统治的象征，在罗马共和国时期已被铸在钱币上，自公元82年起，地球仪亦作为象征物被赐予罗马和罗马人民的守护神，同时与其他属性的众神、统治者和得胜者统为一体，这些史实对于"罗马的地球"这一官方称谓的确立与发展具有重大意义。在绝对君主制建立之后，地球仪这一符号得以更为频繁地使用：它用来象征皇帝与皇帝统治意志的人格化，或指代胜利女神、幸运女神以及诸神。①

与先前亚历山大大帝的统治范围相近的罗马帝国，其疆域涵盖整个地球，这一理念是罗马共和国晚期国家信仰的重要组成部分。奥古斯都时代的这种信念，决定了罗马人民的神话和历史观。在维吉尔和李维的伟大构想中，一开始就是将统治世界作为罗马人民的神圣使命，同时将其视为罗马历史存在的意义。此时，古希腊文化和东方文化、确立理想明君、建立世界帝国及维护世界和平的理念，皆强有力地融入了罗马的统治思想。需要注意的是，此处只是在谈"罗马的地球"这一术语所受的影响。

在此要解释一下罗马城（Stadt Rom）在"罗马的地球"理念中的重要意义。如果希腊人是在罗马人甫一入侵就敬拜罗马女神，如果罗马人民长期反对罗马的各种宗教崇拜，而将罗马奉为整个城邦生存和劳作的价值理念，同时将统治世界的信念纳入自己的城邦神话，那

般的记号主宰着]。参 Manil. 1, 8-9。这种为顺应罗马的统治需要而发生的从地球向宇宙万有的过渡，引发出对皇帝的新称谓：mundi rector [人间的领导者]；为了赞美罗马，将其称为 caput mundi [世界之首]。拉丁语 mundus [人间，人世] 在人们日常语言习惯中，偶尔也会与 orbis terrarum 替换，例如：septem miracula mundi [世界七大奇观]——参 H. Schott, *De septem orbis spectaculis quaestiones*, Ansbach, 1891, 页 11; O. Weinreich, "Studien zu Martial", 载于 *Tübinger Beiträge zur Altertumswissenschaft* 4, 1928, 页 1。

① 这一例证参 Schlachter, 前揭, *Roma*, 页 88-89; *Genius*, 页 76-77; *Globus mit andern Symbolen*, 页 77; *Globus als Attribut des Kaisers*, 页 69 以下。

么，罗马城就可看作是对古希腊—罗马史实的无伪诠释。紧邻台伯河岸的这座城市，一直以来都是世界统治势力的策源地。伴随帝国强劲的扩张威势，有关 orbis terrarum 的理念在严格的政治意义上仅存在于一座城市——罗马。因此，罗马城被称为 lux orbis terrarum［地球之光］、rerum domina［帝国的统治者］和 caput orbis［地球之首］。

当罗马城由原来城邦居民所住的城区变为皇城时，这座城市依然保留着上述荣誉之名，人们在赞美罗马时不停地反复使用这些荣耀的头衔。①除了享有显耀的政治地位外，罗马城的地理位置也与世界有着特殊关系。如果人们相信这座城市因神的眷顾被安放在世界中心这一最好的位置，那么，他们亦笃信，这座城市也被差派来统治整个世界。②拉丁语 urbs［城市］与 orbis 的元音部分以及词源上的同属性，在二者的构词上起着重要作用。③诗歌与散文也从语言特点方面不断强调两个词的紧密联系，抑或使二者尖锐对立。词语及概念的意义十分频繁地相互转换，以致石匠在刻铸铭文时常将二者混淆，其常用的表达方式——urbi［城市，罗马］与 orbi［世界，地球］——也逐渐失去了相互对立的意义。④

---

① G. Gernentz, *Laude Romae*, Diss. Rostock, 1918, 页 124。

② *Vitr.* 6. 1. 10 f. : cum ergo haec ita sint ab natura rerum in mundo conlocata et omnes nationes inmoderatis mixtionibus disparatae, veros inter spatium totius orbis terrarum regionesque medio mundi populus Romanus possidet fines. Ita divina mens civitatem populi Romani egregia temperataque regione conlocavit, uti orbis terrarum imperio potiretur. ［因此，这些东西是出于事物的本性而被置于世界中，而所有民族都分散在这个无限的混合体中，确实，在整个地球的空间、区域和边界中，罗马人民据于世界中心。因而，神圣者将罗马人民的城市安置得极好且井然有序，使之掌握整个世界的统治权。］

③ 参 F. Muller Izn, *Altitalisches Wörterbuch*, 1926, 页 306-307, 他与 Varro (*ling.* 5. 134) 一样认为 orbis 与 urbs 具有同属性。

④ 有关 urbs 与 orbis 的几个有趣例证，参 Varro, *ling.* 5. 143: oppida, quae prius erant circumdata aratro, ab orbe et urvo urbes［城镇，曾经被耕地

"罗马的地球"的思想在共和时期的罗马人心中一直占据重要地位。①君主制建立后，随之产生的是统治者观念（Herrscheridee）。集政治权力于一身的绝对君主是帝国的领导者，他的出现为普世统治思想注入了新的动力。伴随罗马权势的日渐扩张，亚历山大帝国往昔存在的意义亦随之传递给了罗马世界；实现世界和平与人类救赎的期望，都寄托在罗马这个与古代思想，特别是与古希腊思想融会贯通的承载者身上。②以前，人们将实现世界帝国的期许都交付于元老院和罗马人民，现在，皇帝承接了世界领导者与地球之父的角色。

如今，人们依然基于 orbis terrarum 或 orbis 的理念去认识自己生活的尘世。当诗人贺拉斯和维吉尔在节制而意义深远的国家礼赞中竭力避免那些贬低祖国的词句时，当同时代的作家维特鲁威（Vitruv）与维莱乌斯（Velleius）在写作时仍有所克制时，奥维德已在他的自

环绕，与世界和城市隔开］；*Cic. Catil.* 4.11：hanc urbem, lucem orbis terrarum atque arcem omnium gentium［这座城市是世界之光，也是所有部族的堡垒］；*Catil.* 1.9；*epist.* 4.1.2；*Nep. Att.* 3.3，20.5；*Prop.* 3.11.57。*Ov. fast* 2.684：Romanae spatium est urbis et orbis idem［罗马的空间是城市也是世界］；*am* 1.174。*Vell.* 2.44.1：societas, quae urbi orbique terrarum... exitiabilis fuit［这种城市与世界的联盟……具有破坏力］；2.100.1。*Lucan.* 1.643，3.169 f.；*Plin. nat.* 3.17：cum orbem terrarum urbi spectaculum propositurus esset（von Agrippa）［城市的景观将同世界一道展出］（出自阿格里帕）；3.67；*Carm. epigr.* 893.7；*Rut. Nam.* 1.66：urbem fecisti, quod prius orbis erat［你建立的城市，曾经是世界］；Sidon. carm. 7.546，557；*Ven. Fort. Carm.* 8.1.14。除此之外还有罗马钱币上刻铸的文字：vota orbis et urbis［献给世界和城市］：参见 H. Cohen，*Médailles impériales*（第 2 版）VII，*Constantin*，页 717；*Licinius*，页 202。

① 在李维的统治思想中，罗马城有重要意义。以下仅引罗慕路斯（Romulus）的话作为例证：abi, nuntia, inquit, Romanis caelestes ita velle, ut mea Roma caput orbis terrarum sit［他说："去，向罗马人宣布，诸神这样要我的罗马成为世界之首"］（1.16.7）；或参 *Liv.* 5.54。

② 可参有关维吉尔第四首田园诗的新近研究：E. Norden, *Die Geburt des Kindes*, 1924；W. Weber, *Der Prophet und Sein Gott*, 1925。

白中一再呼吁诸如 moderator orbis［地球的统治者］、pater orbis［地球之父］等类似名号，①马提亚尔（Martial）②和斯塔提乌斯（Statius）③随后采纳了这些称号，并进一步改写直至滥觞。帝国政权的凝聚力频频出现问题时，民间召唤世间统治者的呼声亦会随之高涨。

古代铭文与钱币的相关史料，使我们对"罗马地球"思想的形成有了更为清晰的认识，亦将世界统治者思想的官方措辞及其城邦、官员和士兵对其产生的印象重现在世人面前。

奥古斯都曾将他征服世界的事迹记载于个人功迹录上，那波（Narbo）在奥古斯都的《圣殿法典》（leges arae）里这样描述这位帝王的诞辰：qua die eum saeculi felicitas orbi terrarum rectorem edidit［这一天，人间的幸福孕育出他——地球的领导者］。④殖民地比萨（Pisa）亦如此称呼这位皇帝：custos imperi Romani totiusque orbis terrarum［罗马帝国和整个地球的保护者］。⑤许多皇帝的封号皆为 pacator orbis［世界和平的缔造者］，⑥这同样也是奥古斯都这位和平之王的头衔。自公元 3 世纪以来，人民期盼 restitutor / reparator orbis［世界的复兴者］的呼声成为对抗帝国解体这一威胁的咒语。⑦战胜伪帝之人通常

---

① *Pont.* 2. 5. 75；*fast.* 2. 130；*met.* 15. 868；*trist.* 2. 215；3. 45；5. 2. 38. 50；*Pont.* 2. 8. 23；4. 9. 126。

② *Mart.* 7. 7. 5：te summe mundi rector et parens orbis［你，人间最高的领导者与地球之父］；类似表达还有 9. 6. 1。

③ *silv.* 4. 2. 14：tene ego, regnator terrarum orbisque subacti magne parens, te spes hominum, te, cura deorum［我知道，征服世界的统治者、最伟大的父亲啊，你是人类的希望，你受神的眷顾］。

④ *C. I. L. XII* 4333, 页 14、24。

⑤ *C. I. L. XI* 1421。

⑥ *C. I. L. XIII* 9061. 9068. 9072（Caracalla）；*VIII* 10072；Dessau 589；*Ephem. epigr.* 7, 615. 619（Tacitus）。

⑦ *C. I. L. XIII* 9119（Gordian）；*III* 8031（Philippi und Otacillia Severa）；*XI* 4781（Constantius und Julian）。

会被称作 liberator orbis［世界的解放者］。①公元 4 世纪起，toto orbe victor［全世界的胜利者］成了最常见的皇帝头衔。②绝对君主直接被称作 dominus orbis［地球的主人］。③若将 orbis 一词视作皇帝的私有物，那它的确是描绘帝王形象时较为常用的修饰语。④

更翔实可靠的证据是罗马钱币，它使我们看到那些在文献资料与硬币铭文中呈现的思想，以及随之产生的官方影响。在皇帝奥托（Otho）和弗拉维耶尔（Flavier）的时代，⑤罗马钱币上刻着 pax orbis terrarum［世界和平］字样，因为这一时期的人民对和平的渴望之情日渐增强，⑥所以，"世界和平"亦被看作帝国统治的成果。自帝国皇帝塞维鲁（Septimius Severus, 145—211 年）执政起，罗马钱币上所刻铭文改为 pacator orbis［世界和平的缔造者］，皇帝的头衔也同该铭

---

① *C. I. L. X* 6932（*Constantin*）; *XI* 6669（*Julian*）; *IX* 5940（*Magnentius*）。

② *C. I. L. VI* 31395. 31397（*Constantius*）; *VI* 32058; Dessau 5358. 8948（*Valentinian und Valens*）; *C. I. L. III* 19（*Theodosius und Arcadius*）。*XI* 6664 还有相关补充: pr（opagatoribus）o（rbis）R（omani）et rei p（ublicae）［罗马世界和共和国的扩大者］，针对这一补充可参 *Die Münzlegende* 中的 Jovio propagatori orbis terrarum［扩大世界的朱庇特］, Cohen VII, 前揭, *Maximinus II.*, 页 130。

③ *C. I. L. XIII* 8895（*Florian*）; *III* 12049（*Diocletian*）; *III* 247（*Julian*）。

④ 皇帝捍卫"他的世界"，参 *C. I. L. VI* 31 378（*Gallienus*）, *VIII* 18 260（*Maximinus II.*）; 皇帝提及"朕的世界"，参戴克里先的敕令（*Diocl II* 10），出自这一时代的，另参 *C. I. L. III* 6866。

⑤ Cohen 处的钱币数目无须引证，因为在目录索引（Cohen VIII, 页 358 以下）中，我们能轻易找到这些皇帝统治时期所发放钱币的例证。也可参 M. Berhhart, *Handbuch zur Münzkunde der römischen Kaiserzeit*, 1926, 页 142 中所列目录。

⑥ 参 J. Vogt, *Die alexandrinischen Münzen I*, 1924, 页 44; O. Th. Schulz, *Die Rechtstitiel und Regierungsprogramme der römischen Kaisermünzen*, 1925, 页 62。

文保持一致。①

由于哈德良（Hadrianus，76—138年）大规模的政治举措带动了帝国所有行省的经济繁荣，他在位时期的钱币铭文也因此而与众不同：locupletatori orbis terrarum［世界的致富者］。哈德良执政时期改善了诸多行省及城市的居民生活，所以这位皇帝也被称为首位 restitutor orbis terrarum［世界的复兴者］。头衔表明这位皇帝振兴了整个地球。② 自瓦勒良（Valerianus，200—260年）时代起，钱币上使用"世界的复兴者"这一铭文变得更频繁，③这类铭文也遵照了当时的官方用语。

奥勒留（Aurelianus，214—275年）与普罗布斯（Probus，232—282年）运用不同的表达形式，以此强调他们使用过的铭文：二人将太阳神索尔或主神朱庇特比作世界，借此把 orbis 转义为"皇帝"。④ 较晚时期，皇帝则作为"手握地球仪的世界统治者"被高举为 rector orbis［世界的领导者］。⑤

自柯莫杜斯（Commodus，161—192年）起，因帝国统治每况愈下而逐渐失去 ecuritas orbis［世界的安定］；⑥骁勇善战的普罗布斯的 gloria orbis［世界的荣耀］；瓦勒良和加里恩治下的 vota orbis［世界的愿

---

① 这类铭文出现在以下几位皇帝在位时期所铸的钱币上：塞维鲁、卡拉卡拉（Caracalla）、瓦勒良、加里恩（Gallien,）、波斯杜穆斯（Postumus）、奥勒良、弗洛里安（Florian）、普罗布斯、努梅里安（Numerian）。

② Cohen II, 前揭, *Hadrian*, 页1285。

③ 除瓦勒良时期外，在加里恩、波斯杜穆斯、克劳狄乌斯（Claudius）、奥勒良、塔西佗、普罗布斯、卡鲁斯（Carus）、卡里努斯（Carinus）时期也有这类铭文。

④ Cohen VI, 前揭, *Aurelian*, 页207, *Probus*, 页515-518。

⑤ 这几位皇帝分别是：尤利安（Didius Julianus）、塞维鲁、卡拉卡拉、君士坦丁（此处强调皇帝的绝对主权：rector totius orbis［整个世界的领导者］）。

⑥ 使用过这一铭文的有：柯莫杜斯、卡拉卡拉、盖塔（Geta）、菲力普一世（Philippus I.）、奥塔希里亚·塞维拉（Otacilia Severa）、伊特鲁西拉（Etruscilla）、加里恩、普罗布斯、戴克里先、卡劳修斯（Carausius）、伽列里乌斯（Galerius）、马克西米安（Maximian）。

望];还有君士坦丁和李锡尼(Licinius,263—325年)的vota orbis et urbis [世界和城邦的愿望]——通过这些铭文,皇帝与帝国的所有本质特征皆一一呈现,有关"罗马的地球"思想在帝国晚期也已流传甚广。

如果把所有相关历史证据、各个时期的皇帝及其所持的世界理念一起讨论,就要将人们居住的整个尘世放在orbis terrarum或orbis [地球]之下理解。只有当罗马帝国的统治疆域延伸至世界的边界时,orbis意义上的转变,即将地球仪作为象征物,从狭义到广义、从人类的生存空间到整个世界、从地球到天球的意义置换,才有一定的说服力。

有关罗马统治范围的观点得益于上文所述的海洋环绕地球理论。人们几乎完全忘记了自身的生存空间与世界之间的确切区别与联系,因此,再将地球与世界相提并论,就变得毫无阻力。罗马地理学就这一问题的看法与罗马当权者和人民的观点保持一致。阿格里帕(Agrippa,公元前63—前12年)绘制的意义非凡的地图(Erdkarte des Agrippa)向世人展现了一个圆形世界,亦囊括了罗马人民管辖的全部疆域:西起西班牙东至印度,南自埃塞俄比亚北抵赛西亚——这些皆与奥古斯都功迹录中的表述一致。

不论是世界区域划分图,抑或各行省的范围图,这些在阿格里帕参与下绘制的地图,如今看来仍具有参考价值。①即便是从梅拉(Pomponius Mela)至奥罗修斯(Orosius,385—418年)而来的罗马地理学,其相关作品也皆将海洋环绕的世界置于orbis terrarum之下理解。那些所谓的位于海洋以外的地区,例如大不列颠和加的斯,②则

---

① 参 *Geogr. Lat. min.* ,页15以下,页9以下。关于阿格里帕的世界地图及其影响,参Kubitschek, *R. E. X*,页2100以下;Gisinger,前揭,页644以下。

② [译按]加的斯(Gades)是西班牙旧称。

被视为处于世界之外。①然而，这些位于世界之外的附属地区如今亦从属于罗马帝国。

现在所掌握的有关 orbis terrarum 的绝大多数理论，已经足够帮助我们理解希腊哲学中的人类思想，这类思想对罗马帝国时期人们世界观的影响虽并非我们此次研究的目的，但仍需指出，从帝国普世理念的角度出发，罗马统治时期产生的文化价值被归为有益于人类的成就。② 甚至连普林尼所用的术语也脱离了一贯的表达方式，他将罗马对世界的统治看作为争取全人类的福祉而获得的伟大功绩。③

与此同时，我们也获知了有关罗马时期钱币方面的官方意见。从钱币上的铭文可看出，加尔巴、图拉真（Trajan, 53—117 年）、柯莫杜斯、卡拉卡拉的帝国统治被称作 salus generis humani［人类的福祉］。除较为常见的铭文 restitutor orbis［地球的复兴者］之外，在瓦勒良和加里恩统治时期的钱币上还刻有 restitutor generis humani［人类的复兴者］字样。而形容地球与人类的联系的最精炼的表达方式，在此之后仅出现过一次——《罗马君王传》（Historia Augusta）中的 orbis humanus［人类的地球］。④

上述这类普世性的统治者头衔是在已提到的"罗马的地球"的范围内确立的，同时，对这类头衔我们要引起高度重视，因为这是帝

---

① 有关大不列颠的研究，参 A. Schlachter, *Der Globus. Seine Entstehung und Verwendung in der Antike*, 1927，页 20, 2；此外，参 Anth. 422 以下；Plin. nat. 27. 2；参上文页 8 注释 2。有关加的斯的研究，参 Liv. 28. 32. 8；Plin. nat. 5. 76。其他一些研究将加的斯看作地球的起始，可参 Juv. 10. 10；Mart. Cap. 6. 611。

② 有关 pax Romana［罗马和平］的评述，参 H. Fuchs, *Augustin und der antike Friedensgedanke*, 1926，页 190 以下。

③ Plin. nat. 3. 39；27. 2；36. 118。

④ Treb. Trig. tyr. 12. 8：qui ex diversis partibus orbis humani rem p. restituant［他们在人类地球的不同部分复兴共和国］，这里指的是帝国与人类地球的直接联系。

国时期政治思想中的重要组成部分，尽管与日常经验时有矛盾，仍存留至今。类似的矛盾经验在奥古斯都时期就已出现，比如尚未征服的东方的帕提亚帝国，以及必须经过长期奋战才能占领的大不列颠。

世界航线从欧洲西北部延伸至中国海域，通过这一交通线，人们从不属于罗马世界的国家带回更为精准的信息。地理大发现使已知世界的边界得以向外扩展：加纳利群岛已被勘测到，斯堪的纳维亚半岛至少也已定位，此外还发现了与中非的联系。① 虽然视野的开阔并未消除此前有关"地球完整性"的固有观念，但认真负责的观察家人员已意识到：罗马帝国与整个世界并非同一个体，亦不相同（Römische Reich und orbis terrarum waren nicht ein und dasselbe）。

上述这一经历影响了人们的语言习惯，特别是在公元1世纪时产生的影响最为强烈。如果说奥古斯都时期的作家使用 orbis 一词是基于 orbis terrarum ［大地的圆球］之义，那么，作家们在当时也并无可能从 orbis 中提取出更多其他含义。在小城托弥（Tomis），奥维德（Ovid）必须亲身经历罗马世界的结束和另一个新世界的开始，当他谈到 Scythicus orbis ［赛西亚地区］时（trist. 3. 12. 51），orbis 立刻有了新的、狭隘的含义。②

在人们将地球称为 orbis terrarum 的过程中，地球的圆形特征已被

---

① J. Partsch, "Die Grenzen der Menschheit I. Die antike Oikumene", 载于 Ber. d. Sächs. Ges. d. Wiss. 68 (1916), 页 38 以下；Gisinger, 前揭, 页 647 以下；R. Hennig, Abhandlung zur Geschichte der Schiffahrt, 1928。

② 如果诗人说的是 orbis Eous ［厄俄斯的世界］(fast. 3466；5557) 或 orbis Hesperius ［赫斯珀洛斯的世界］(met. 4628)，那么意义就会不同。在这类情况下，这一概念同 orbis terrarum 保持一致。在奥维德这里，也有同样用法：他被送往 extremum in orbem ［世界的尽头］(trist. 4. 9. 9；还有 Pont. 1. 3. 49；2. 7. 66；亦可参 trist. 3. 3. 13. 11 f.；5. 2. 31 f.）；还有他的陈述：他穿过整个辽阔的世界，与故乡的 toto orbe ［整个世界］分离（Pont. 2. 2. 123. 11. 3；1. 9. 48），他的声音从 diverso ab orbe ［与这个世界不同的］

orbis 的其他含义所替代。Orbis 的本义②此时发生转义，它有了其他意义，例如：完整的领土、大陆、土地、地区。同奥维德提到的 Scythicus orbis ［赛西亚地区］类似，卢坎（Lucan）在描述从属于罗马帝国且位于北非的部分地域时，称其为 orbis libycus ［利比亚地区］（7. 233；9. 547），西班牙被叫作 orbis Hiberus ［伊比利亚地区］（5. 343），色萨利则是 orbis Thessalicus ［色萨利地区］（7. 6）。orbis alius（Lucan. 5. 238）指的不是另一个地球，而是另一片土地、另一个区域。在整个帝国时期，人们始终遵循这样的习惯用法。③

因此，术语"罗马的地球"陷入了意义上的混乱。但因罗马世界有关统一性和完整性的理念并未受到动摇，就有必要创造一个可以表达"统一性"的新说法。为此，人们可以说 noster orbis ［我们的地球］，它类似于 nosterum mare ［我们的海］的表达形式，但这仍未使人获得一个较为清晰准确的说法。因为就 nostrum mare 而言，它既可指"这片属于我们地球的海"，也可以是"我们统治的海"；④同理，提到 noster orbis 时，它既可表示"我们的世界"——它不同于大洋，

另一个世界的尽头发出（trist. 3. 14. 25 f.；Pont. 1. 5. 67）。但是，例如像 extremus orbis／ultimus orbis ［最远的地区］（fast. 1. 717：et primus et ultimus orbis ［最近与最远的地区］）这种表达，可能更倾向于 orbis 狭义的解释。

② ［译按］orbis 本义指圆球。

③ Th. Reinach, *Revue Celtique* 22，1901，页 447 以下的示例。另外，我作了补充：*Val. Fl.* 2. 628，7. 35，8. 91；*Mart.* 7，8，2；9，93，8. 101，20；*Stat. Ach.* 1. 395；*silv.* 5. 132（quasnam igitur terras, quem Caesaris ibis in orbem？ ［因此，在那些地方，你将进入恺撒的地盘？］）。*Iuv.* 1. 2. 108；*Amm.* 17. 7. 13（Europaeus orbis ［欧洲地区］）。*Opt. Porf.* 14. 33；*Vincent Ler.* 30（occidentalis et latinus orbis ［西方和拉丁地区］）。*Cassiod. Var.* 9. 24. 9：（Italicus orbis ［意大利地区］）。

④ 这种表述一定源自 ἡ ἡμετέρα θάλασσα，伊奥尼亚将地中海称作大洋的对立物（参 Gisinger，前揭，页 548）。罗马共和国晚期以来，整个地中海区域一直被视为 nostrum mare ［我们的海洋］。我希望今后有人能把这一概念解释清楚。

亦不同于其他世界或星球,又可指这是"我们的政治文化统一体",而非其他与之对应的个体。①

noster orbis 一词的确未得到进一步广泛传播,它只是吸收了上段中的两种含义。当维莱乌斯第一次使用 noster orbis 时,他可能采用的是第一种含义,即"我们的世界"。②梅拉在概括性地描述海洋环绕的地球时,同样使用了这一定义:haec summa nostri orbis[我们地球的至高点](1.24);阿普莱乌斯亦有相关表述:maria maiora sunt Oceanus et Atlanticum, quibus orbis nostri terminantur anfractus[更大的海是欧刻阿努斯和亚特兰蒂库姆,它们将我们的地球环绕](Apul. mund. 6)。塔西佗坚持认为,罗马帝国包含整个地球,他曾两次基于"地球"之义使用 orbis noster。③此后的一些例证也属于这一类(Hier. epist. 46.10.2)。

大普林尼是一个例外,他的惯用语有些特别。大普林尼相信地球是个球体,此外还存在其他星球。在他看来,世界分为三大部分:欧洲、亚洲和非洲(3.3),罗马对整个世界的统辖范围包含这三大洲。虽然还存在其他独立地区,但罗马帝国的影响势力延伸至人们的整个居住空间,直至全人类。在大普林尼看来,海洋构成这一整块地区的边界,而加的斯、斯里兰卡和大不列颠则位于这片海洋"之外"(5.76;6.81.89;27.2)。与世界的南部相对的地方是 adversus orbis[世界的相反面](10.19);居民谈起斯堪的纳维亚半岛时,称那里是 alter orbis[另一个世界](4.96)。

此外,大普林尼也使用过狭义的 orbis,即"封闭完整的区域、

---

① 第一种情况中,noster orbis 更多指 orbis terrarum, quem nos incolimus[我们居住的地球](Ampel. 6.2)。

② 在谈论加的斯的处境时,维莱乌斯使用了这样的表述:in ultimo Hispaniae tractu, extremo nostri orbis termino[在西班牙最远的地方,即我们地球的尽头](1.2.3)。

③ 参 Agr. 12; Germ. 2。塔西佗关于罗马帝国包含整个地球的翻译,详见 Agr. 31; hist. 1.4; 3.60; 4.3.58; ann. 11.24; 12.5; 16.28。

地区",来说明这个地球上同罗马世界相对立的、另一个陌生的世界(8.223;12.6;24.89;5.9)。阿拉伯和印度虽并未被理解成"陌生的世界"(22.118),但印度曾被看作 orbe eo patefacto [那个被打开的世界](12.21)。普林尼亦使用过狭义的 noster orbis,即"政治文化统一体",他口中的 noster orbis 或多或少与世界上其他独立完整的地区相对,特别是同印度、中国、埃塞俄比亚、阿拉伯、波斯和赛西亚,即同罗马以外的其他邦国相对。①

唯独大普林尼一人对 noster orbis 持这种解释,此种表达方式中的"我们"这一概念过于宽泛笼统,以致该说法在罗马未得到普遍认同。②因此,必须为罗马世界创造一种准确的表达方式,也就是 orbis Romanus [罗马的地球],这一称谓排除了所有误解。与马尼利乌斯一样,③卢坎也使用过 orbis 的许多释义,他使这一术语得以传播(8.411f.;10.456),尤其是 orbis, qua Romanus erat [世界,罗马的世界](8.211f.)这一说法,表明卢坎为 orbis 注入了新的释义,即"地球上属于罗马的那部分"(der römische Teil der Ökumene)。

这种说法亦经历了很长时间才获得人们认同,因为,当时将罗马帝国看作整个地球的观念仍是主流思想。自公元4世纪起,意为"罗马世界"、"罗马帝国"的 orbis Romanus 得到普遍应用,特别是被此后的史学家使用。马尔克里努斯(Ammianus Marcellinus)经常使用这一术语,偶尔亦会借用该术语与日耳曼人和波斯人进行对比。④与

---

① 8.7.176;12.45.98.99;18.93;19.161;24.156;25.113;28.123;30.6;33.66;34.145;37.79.88。

② 如果一个埃及人说 noster orbis,那么他可能指的是埃及(*Lucan.* 8.511);如果是希腊人,则可能考虑的是希腊(*Val. Fl.* 5473),如果是西班牙人,那么指的可能就是他的家乡(*Mart.* 7.52.4)。

③ 参 Reinach,前揭,页448以下的统计。

④ *Amm.* 16.1.1; 17.5.13; 19.2.4; 19.11.6; 21.13.13; 22.9.1; 23.5.19;24.3.9;25.9.7;26.2.6;26.4.5;26.5.13;27.11.1;31.4.6 —

此同时，这一称谓出现在了铭文里；①同一称谓甚至渗入法律和法学用语。②此后，orbis Romanus 被基督教作家采纳，他们只是借用这种表达方式来阐述当时罗马帝国的实际境遇,③或感叹帝国的没落,④或规劝人们皈依基督教。⑤该术语最终也被用于基督化的罗马帝国。⑥

那些认为帝国思想中的普世主义在古希腊罗马晚期就已消亡殆尽的观念，现在看来似乎有失公允，因为，这一术语在最初传播之时，本身就涵盖了帝国与地球之间的区别。然而，人们更愿意从当时占主流地位的人民意愿的角度来解释这个称谓，以此突出罗马人民的个性品质。⑦接受这一名称的异教作家也依然维护这样一种信念，即罗马帝国包含整个地球。《罗马君王传》的作者们同样持这种观点，如维

Aur. Vict. Caes. 13.6；33.33；41.2 – *Ps. Aur. Vict. epit.* 35.2；39.1；41.19 – *Treb. Gall.* 5.6；*trig. tzr.* 12.6；*Gall.* 6.7 – *Paneg.* 11.6.3。

① *Z. B. C. I. L.* XI 6669；XI 6664。参上文页 19 注释 6。

② *Dig.* 1.5.17；*Cod. Just.* 4.42.1；6.23.31.1；6.51.1。

③ *Hier. epist.* 40.2.1；*Aug. civ.* 5.25；20.23；22.8；*Uran. epist.* 9 p. 864 (Migne)；*Prisc. Anast.* 308。

④ *Hier. epist.* 60.16.3：Romanus orbis ruit ［罗马世界陷落］；*Salv. gub.* 7.5：in omni enim ferme orbe Romano et pax et securitas non sunt ［几乎整个罗马世界都没有和平与安定］；7.6：totus Romanus orbis et miser est et luxuriosus ［整个罗马世界既悲惨又奢侈］；参 7.51；7.72。

⑤ *Firm. err.* 16.4。

⑥ *Aug. c. Jul.* 1.3.10，安波罗修（Ambrosius）在信仰上的成就：mecum non dubitat orbis praedicare Romanus ［我毫不怀疑地宣称世界是罗马的］；*Leo M. epist.* 164.3：sancta synodus Chalcedonensis, quae ab universi Romani orbis provinciis cum totius mundi est celebrata consensu ［神圣的迦克墩宗教会议，受到全部罗马世界的行省及整个尘世的共同庆祝］。

⑦ 参已得到证实的罗马晚期的钱币铭文：gloria Romanorum, gaudium Romanorum, victoria Romanorum ［罗马人的荣耀，罗马人的喜悦，罗马人的胜利］。人们越是切身感受到真实的罗马风貌在不断遗失，就越是热切地拿"罗马化"粉饰自己。

克多（Aurelius Victor）和阿米阿努斯。①

罗马统治势力征服世界的欲望非常强烈，以致这种欲望早已渗入那起初意义完全不同的术语 orbis Romanus 中。约瑟夫斯（Josephus）的《犹太战记》（Jüdischer Krieg）的拉丁文版编者证实了这点。此书用大量篇幅讲述罗马人：

> in ipsorum enim nomen elementa etiam transierunt. in quos orbis transivit etiam terrarum, qui romano imperio clauditur et definitur, denique a plerisque orbis romanus apellatur. [在他们的称谓中，各要素已转化。在他们中间，整个地球已转化，这个被罗马帝国包围和限制的地球，终将被多数人称为罗马的地球。]（*Heges.* 2.9.1）

这一较近的史实表明，"罗马的地球"这一理念并未在帝国陷落之时的民族大迁徙中产生动摇。这种理念包含的大一统思想，如此坚实地植根于罗马帝国全境，使该思想自奥古斯都帝国起，一直影响至此后罗马在东西方实施的一切政治军事行动。②这种统一世界的理念是伟大的思想，它使历史的生命在此得以不断延续。

具有更为重大历史意义的是，基督教会也接受了"罗马的地球"的思想。规劝众人进入上帝之国的宣召，常被描述成是因着与犹太教和罗马帝国的普世主义的不屈对抗才得以保存稳固。③当"罗马的地

---

① 有关《罗马君王传》的作者们，我推荐 Petschenig，"S. B. Wien"，载于 *Ak.* 93，1879，页 358。*Aur. Vict. Caes.* 9.1；10.6；18.2；41.16。*Amm.* 14.5.4；15.1.3；15.8.14；15.10.1；19.12.7；20.4.10；22.15.24；26.10.15；27.8.6；29.5.46。

② 参 N. Reitter, *Der Glaube an die Fortdauer des römischen Reiches*, Diss. Münster, 1900；J. Hartung, *Die Lehre von der Weltherrschaft im Mittelalter*, Diss. Halle, 1909；R. Wallach, *Das abendländische Gemeinschaftsbewusstsein im Mittelalter*, 1928。

③ 在此列举几例在我们这个知识背景下比较有意思的研究：J. Sägmüller,

球"的理念通过基督教会的语言表达出来时,这一研究结论就需放在上述恢弘的历史发展过程中讨论。在最初传教时,基督教就曾借用以希腊语和拉丁语写就的有关普世帝国的概念。基督使徒的目标是向世人宣讲和传扬福音,他们亦获得惊人的成就:早在公元 2 世纪,这一新的教导——基督教就已在全世界范围内确立下来。由于与犹太教和罗马帝国的斗争中获得成功,基督徒的政治历史意识中随即出现了"新人与第三性"(von dem neuen Volk und dem dritten Geschlecht)的信念。①德尔图良(Tertullian)曾一再强调福音要在全世界得到传播,②他创造了与帝国普世主义相对的、属于世界人民即 gens totius orbis [全球所有部族] 的基督教用语(apol. 37)。

同时,这种包含"全球"特点的传播理念对"大公"(katholisch)这一概念的形成起到了突出作用。Ἡ κατὰ τὴν οἰκουμένην καϑολικὴ ἐκκλησία [遍布天下的大公教会] 与 una per omnem orbem terrae ecclesia diffussa [同时遍布全球的教会],是公元 2 世纪以来产生的希腊文和拉丁文名称,③此后一再被采纳并进一步散播至其他地区。谈及教会的普世性传播,奥古斯丁曾这样解释大公教会:

"Die Idee von der Kirche als Imperium Romanum",载于 Theol. Quartalschrift,1898,页 50;M. Bolwin, Die christlichen Vorstellungen vom Weltberuf der Roma aeterna bis auf Leo den Großen, Diss. Münster, 1922;此外还有 E. Salin 思想内涵丰富的著作:Civitas Dei, 1926。

① A. v. Harnack, Die Mission und Ausbreitung des Christentums I, 1924,页 259。

② anim. 49; adv. Marc. 3. 20。

③ Ignat. Eph. 3(参 Smyrn. 8); Iren. adv. haer. 1. 10. 1; Mart. Polyc. 8 (Hilgenfeld) καὶ πάσης τῆς κατὰ τὴν οἰκουμένην καϑολικῆς ἐκκλησίας·, 19; Cyrill. Jer. catech. 8. 23。Frg. Mur. 页 55 以下:una tamen per omnem orbem terrae ecclesia diffusa esse dinoscitur [但众所周知,教会同时遍布整个世界]; Cypr. de unit. eccles. 5; Aug. civ. 12. 9. 11; 16. 22; 17. 5. 8; 19. 22; 20. 11; 22. 5. 7;《圣经·诗篇》第 56 篇。

ipsa est enim ecclesia catholica, unde καθολική graece appellatur, quod per totum orbem terrarum diffunditur.［它确实是大公教会，希腊语称为καθολική，这教会遍布整个地球。］(epist. 52. 1)

相较于普世帝国的理念，教会在经过长期斗争之后始终坚持自己的世界性要求和影响。君士坦丁一世在承认这一事实之后，将基督教会抬高为帝国教会。此举改变了基督教在罗马帝国的地位，使之成为在帝国中占据统治思想的宗教。作为基督教先行者的罗马，在帝国时期创设的统一格局早已得到人们认可，而现在，罗马帝国与教会各自持有的普世主张达成最终和解与联合的时刻似乎也已到来。帝国内主教的宗教会议可被视作普世主义的集合地，因为原则上帝国和教会都是包含人类一切居住空间的集合体。①

在基督徒看来，基督教是调节罗马帝国与教会关系的决定性因素，因此基督徒可直接使用那些已存在的、带有"罗马的地球"理念的名字和惯用语，无须考虑创设这一理念的罗马帝国。在基督教语言中，orbis 和 orbis Romanus 常用来表示基督教界和基督教世界。②如果还有什么能扰乱基督教的统一，那就是异端邪说。针对这一阐释，奥古斯丁创造了一个统一的名称：orbis catholicus

---

① Euseb. vit. Const. 3.6: σύνοδον οἰκουμενικὴν συνεκρότει, σπεύδειν προκαλούμενος τιμητικοῖς ἀπανταχόθεν τοὺς ἐπισκόπους γράμμασι. Sulp. Sev 2. 35. 4: synodus apud Nicaeam ex toto orbe contrahitur［尼西亚的宗教会议，召集自全球］。Σύνοδος οἰκουμενική［天下会议］这一概念，即 concilium generale, plenarium, universale［全体的、完全的、普遍的会议］，其合法性在最近才刚刚确立。在此还需指出，litterae encyclicae［通谕之书］写给全世界时，才具有确切意义。参 Cassiod. inst. div. 11: codicem ἐνκύκλιον id est totius orbis epistolarium［这是写给全世界的通谕］。教宗的"通谕"是教会所有主教的通告，德语词 Enzyklika［通谕］，在近代才出现。

② 除可参页 27 注释 7（即本译文脚注 80）外，亦可参在 Hilberg 朗诵会上的 Hier. epist. 33. 5；41. 3. 2；49. 20. 1。

[大公世界]。①

基于帝国与基督教会已达成和解，尤塞比乌斯（Eusebius）主教为罗马帝国预测了世界最外所及之处；在他看来，凭借福音的力量，可使罗马帝国实现世界统一的企望。②此后的历史证明，事实驳回了主教当初的预言。然而，帝国虽已陷落，基督教世界却依然存在，其影响范围亦超越罗马帝国的疆域，遍布地球各处。同拜占庭与日耳曼人所建的诸多王国相比，基督教会拥有更多的权力，这就使现在的教会能进一步吸收、融合罗马帝国当年的普世愿景。教宗利奥一世（Leo I）在 natali apostolorum Petri et Pauli ［使徒彼得与保罗诞辰之际］ 的布道中，③公开表示最终接受罗马帝国的统治思想。回顾使徒彼得和保罗这两位"真正的城市创造者"时，利奥一世宣告：

> isti sunt, qui te ad hanc gloriam provexerunt, ut gens sancta, populus electus, civitas sacerdotalis et regia, per sanctam beati Petri sedem caput orbis effecta, latius praesideres religione divina quam dominatione terrena. quamvis enim multis aucta victoriis ius imperii terra marique protuleris, minus tamen est, quod tibi bellicus labor subdidit quam quod pax Christiana subiecit. ［他们就在那儿，他们将这种荣耀传递给你，以使神圣的部族，蒙拣选的民族，祭司的共同体和宫殿，通过至福彼得的圣座成为世界之首，你将看顾的圣域比对大地的统治更宽。你会通过很多胜利扩大帝国的权力，你会向大地和海洋推进，但你的战

---

① Aug. c. Pelag. 4.12.34：orbem quippe catholicum quoniam domino eis resistente pervertere nequeunt, saltem commovere conantur ［当然，由于他们的对抗无法推翻大公世界的统治，所以只能试着动摇它］。

② Euseb. laud. Const. 16。

③ Leo M. Serm. 82。

功比不上基督教之下的和平。]

有关地球的构想、罗马的观念及统治者的理念：现在，一切都为更新的统一体而汇聚。

第二单元　基督教与帝国

尤塞比乌斯历史神学中的皇帝和教会

厄格尔（Hans Eger） 撰

王一力 译

一 尤塞比乌斯的历史神学和政治神学

由于凯撒利亚的尤塞比乌斯撰写了《君士坦丁传》，布克哈特将他称为"所有称颂者中最令人厌恶的一位"。①这是一项严厉的指责，同时也是不公正的评判。彼得森（Eric Peterson）在其专著《作为政治问题的一神论》，②中无疑给了这位君士坦丁的"称颂者"以更加公允的评价。然而，在彼得森眼中，尤塞比乌斯大体上仅仅是一位"政治评论家"（同上，页79），同时不可否认拥有一种"神学的历史观"（同上，页75）。直到奥皮茨（Hans‑Georg Opitz）在其演讲《尤塞比乌斯作为神学家》中，才真正承认了这位《君士坦丁传》的作者的政治神学家身份。③

每一位抛却成见的读者都将发现，尤塞比乌斯在《三十周年颂》和《君士坦丁传》两篇文献中不仅仅为君士坦丁大帝歌功颂德，还展示了或者至少试图展现一种关于皇帝和皇权观念的政治和神学理

---

① Jakob Burckhardt, *Die Zeit Konstantin d. G.*, 1924, 页333。

② Erik Pterson, *Der Monotheismus als politisches Problem*, 1935, 页71及以下。

③ *ZNW*, 34 (1935), 页1–19。

论。他从宗教信仰出发审视政治问题，又从政治角度考察宗教——这两种思考方式的并存与融合构成了一种政治神学思想：显而易见，皇帝形象被置于这种宗教和神学的世界观和神学的历史观之中，构成了其政治神学思想的基础。要了解尤塞比乌斯晚期的政治神学理论及其整个思想发展轨迹，必须考察他在不同写作阶段持有的历史神学观，以及在其影响下形成的政治神学思想。①因为，尤塞比乌斯在研究神学时，既不能够也无意于摆脱其时代重大历史事件的影响。下文将追溯他的思想发展轨迹，并重点强调其思想中皇帝和教会之间的内在关联。

二 大迫害的终结（313年）

尤塞比乌斯思想发展的节点，与当时两个政治历史上的转折点相吻合：一个是公元313年大迫害结束，一个是324年君士坦丁大帝成为唯一的统治者。

《教会史》卷一至卷七和《预言集》②记载了313年之前的状况。这一至七卷对于我们的论题十分重要，大大超出了人们从其形式出发所抱有的预期。在卷一的引言中，尤塞比乌斯把道成肉身类比为罗马帝国的成立，基督和奥古斯都被视作同时出现（《教会史》1.2.23,

---

① 下文的构想形成在奥皮茨的演讲和彼得森的著作出版之前。本文的雏形包含在笔者的大学授课资格论文中，于格莱弗斯瓦尔德（Greifswald）神学院完成。本文恰好能够对以上两位学者的研究著作加以补充，原因在于这两位学者——尤其是奥皮茨——以一种全新的方式理解尤塞比乌斯，赋予他现实意义，这种考察方式正好与笔者本人的观点互相印证。

② 《教会史》卷八与本文论题无关。我在此也不处理《教会史》的编年史问题。我将在讨论《预言集》（Eclogae propheticae）之前先讨论《教会史》卷一至卷七，尽管学界普遍认为，根据两个文献在风格上的差异，《预言集》的写作时间早于《教会史》。

24.22）。这二者在时间上的同步并非偶然，而是天意的安排，这一观点已经出现在俄利根的思想中。① 俄利根认为，按照上帝的旨意，基督的国和罗马帝国二者彼此重叠，他还描绘了一种时刻。不过《君士坦丁传》和尤塞比乌斯的其他作品中都没有重点提及俄利根，仅确认了皇帝与救世主之间在时间上的同步属性。

尤塞比乌斯在《教会史》中很少论及皇帝以及皇帝与教会之间的关系。② 当他单独提及某一位皇帝时，往往仅交代这位皇帝是支持抑或反对基督教。尼禄和多米提安被他描述为基督教的迫害者（《教会史》2.22.4 及以下，25.1，3.17），他还解释说，二人的迫害行为不仅是出于可怕的残暴天性（《教会史》2.22.8，25.1，5），也是由于他们对上帝和上帝的宗教充满敌意和愤怒（《教会史》1.25.3，3.17）。在这些论述中，我们尚不能观察到一种真正的基督教神学的历史观。例如，马克西姆（Maximinus）和德基乌斯（Decius）对基督教的迫害，被解读为另有原因，即出于他们对其前任皇帝的敌视（《教会史》6.28.69）。

毋宁说，《教会史》为我们提供了更多关于教会的信息。尤塞比乌斯认为，教会既是一种历史的现实之物，同时也是上帝的教会。要进一步理解尤塞比乌斯的教会概念，《教会史》的结构原则——"延续性"（diadoche）观念应起到至关重要的作用。这一概念或可认为

---

① *Contre Celse* II 30，参见 E. Peterson 同上，页 66 及以下。

② 值得我们注意的段落是卷三第 8 节。那里提到，圣经中记载的关于一位世俗统治者的预言——大约指《但以理书》2 章 44 节——被约瑟夫斯（Josephus）解读为指向皇帝维斯帕先。尤塞比乌斯反对这种解读，因为这位皇帝并不是整个世界的统治者，他仅管辖罗马人居住的地区。因此他认为，应当把这则预言解读为指向基督，如同《诗篇》（2：8）中所述。尤塞比乌斯此处将罗马人的统治限制在其历史、地理的界限之内，而在 313 年之后的著作中，他则把罗马帝国等同于"世界"。一方面基督作为无所不包的统治者，另一方面罗马皇帝作为"世界"统治者，两种观念之间形成一种张力，《教会史》卷三第 8、第 10 节不正显示了这种冲突和张力？

是一种类政治用语,①或可视作类似于哲学流派中的"继承性"(diadochai),②"它［延续性］构成了自公元前2世纪开始的哲学史的框架"。③前一种观点,海因里奇(G. Heinrici)已证明不可靠(同上,页4),后一种观点则需要进一步考察。不可否认,《教会史》中的"延续"概念与世俗哲学史中的同一概念存在形式上的相似性,然而,由于哲学流派和教会并非平行的历史现象,因此可以设想,尤塞比乌斯面对的现实突破了原有的概念范畴。事实上,"使徒间的延续性"不仅仅指向"可靠证人对福音书的真实性的确保"(同上,页6)。"延续性"概念在两种语境中的内涵经必要调整后,在一些情况下彼此重合。海因里奇也不得不承认,"井然有序的教徒管理"④亦在尤塞比乌斯的考量范围内。通过"延续"概念,管理机制和教义机制的连续性和统一性得到保障。尤塞比乌斯将二者等同视之,因此在一些情况下,他将主教职责等同于"管理上帝之言的教义"(《教会史》3.34,274.5)。

在延续性理论中,尤塞比乌斯将管理教会的主教职务与教义如此紧密地联系在一起,由此产生的问题便是:如何理解这一语境中的"教义"。教义是一种指令,教导人们如何通过正确的生活态度和生活方式获得永生。⑤在《教会史》一开篇,我们的解读便得到了证实:上帝的子民从亚伯拉罕上至亚当,都被尤塞比乌斯视作基督徒,"因

---

① Fr. Overbeck, *Über die Anfaänge der Kirchengeschicfctschreibung*, Progr. Basel, 1892, 页46及以下。

② F. Chr. Baur, *Die Epochen der kirchl. Geschichtsschreibung*, Tübingen, 1852, 页9及以下,此处展示了第三种理解,即等级划分。

③ Ed. Schwartz, *Einleitungsbands*, Ausgabe der KG 11, 更早的版本是 G. Heinrici, *Das Urchristentum in der Kirchengeschichte des Eusebius*, Leipzig (1894), 页6。

④ Jakob Burckhardt, *Die Zeit Konstantin d. G.*, 1924, 页7。

⑤ 在这一层面上,"爱智慧"(philosophia)、"敬神"(eusebeia)、"逻各斯"(logos)几乎是同义词。

为基督徒的称谓指的是，基督徒因着对基督的认信和基督的教义，拥有明智与公正、节制与坚定以及对唯一之神的虔诚信仰，从而使自己有别于其他一切上帝的造物，而上述诸位在这些方面都毫不逊色于我们"（《教会史》1.4.7，40.18及以下）。"同一种生活和同一种虔敬的方式"（《教会史》1.4.15，44.2）使基督徒成为基督徒。古希腊的基本道德，以及对唯一上帝的信仰即一神论，把人导向对基督的认识和基督教的教义。某种特定的有德性的生活才是通向上帝之路，这构成了决定性的因素。与以上观点一脉相承，基督教的本质属性也被表达为"政制"（politeia）：①"政制"即指个人作为社会整体的一部分历经的变迁，带有社会学层面的含义。不同于"敬神"（eusebeia）概念将基督徒生活与上帝的联系视为根本，"政制"概念侧重于基督教领域内大众或共同体的生活方式。

上文已经清楚表明，主教掌握并管理教会，教会世俗存在的核心意义在于帮助基督徒过受教义引导的生活。这种对基督教本质的理解以俄利根的哲学或"神学"思想——救赎史理论——为基础。②首先的人拥有极乐生活，为上帝所喜悦（《教会史》1.2.17及以下），但随后产生了原罪。人类离开了原有的生活，取而代之的是短暂的尘世生命，这也意味着从精神坠落至感官领域。人类越来越深地陷入自愿选择的感官生活，进入游牧民族的文化阶段。作为游牧人，人的生活像动物般悲惨，他不知道"城邦"（polis）抑或"政制"（politeia）为何物。③艺术、科学、法律和条例于他而言都陌生。他也尚未听闻美德或哲学的名字。游牧民族扼杀了他们与生俱来的理性、人性以及理智的一切萌芽。一种普遍的残忍兽性与不信神相生相伴。人伤害彼此

---

① KG II pr. 1；102, 4 Schwartz；II 17.15；148.9 Schwartz；IV 7.13；312.25 Schwartz。

② 参见 H. Eger, "Die ersten Ansätze zu einer politischen Theologie in der christlichen Kirche",刊于 *Deutsche Theologie*（1935），卷9，页272及以下。

③ 值得注意，两个概念在《教会史》都得到着重阐述。

的身体，谋杀同类甚至以同类为食；除了这些罪行外，尤塞比乌斯还将提坦之战和修建巴别塔也视作游牧民族的罪状。

尤塞比乌斯认为，"城邦"居民的精神文化阶段相较于游牧民族有了进步，精神得到恢复，或者说精神占据了统治地位，朝向人性的方向发展。尤塞比乌斯展示了俄利根式的哲学或"神学"思想，①按照这种观点，人类的历史进程即是持续精神化的过程，上帝在其中承担教育者的角色。为了压制罪恶和不虔诚，上帝首先施行惩戒，随后，上帝通过显示逻各斯（Logos）来教育并改善人类，或者至少教育并改善人类的一部分成员。接下来，整整一个民族——以色列人——开始信奉上帝。摩西律法向他们展示逻各斯，并指向基督教义的神性秘密，但尚未抵达其最终、最深奥的意义。后来，以色列人的律法逐渐被其他民族接受，产生了重要的教化作用。动物的野性和粗暴在基督教影响下逐渐向人性转变。仁（humanitas）是尘世人类发展的目标，然而，它仅仅是通向上帝天国的过渡阶段。人的目光应当凝望那彼岸的现实。②

人类的发展以如下方式实现：游牧民族的生活通过律法得到约束。律法管理着"政制"。律法和"政制"的意义都在于实现人性。人性日臻完善，与此伴随的是律法以及有关上帝的认识的发展。这种认识是逻各斯的功绩，在基督化作肉身时达到顶峰。道成肉身引领人类进入发展的最后阶段。基督化作肉身之时，人类已经预备好能够接受上帝的福音了。通过基督的教义，仁（humanitas）获得了最终的完美形态和规模。

借由基督，全体人类都得以认识真正的"敬神"和"政制"。基

---

① 有关俄利根，参见 H. Koch, *Pronoia und Paideusis. Studien über Origenes und sein Verhältnis zum Platonismus*, 1932（Arb. z. Kirchengeschichte hrsg. von E. Hirsch und H. Lietzmann 22）。

② 在这一点上，尤塞比乌斯的"理性主义"有别于18、19世纪关注此世的人道主义思想（Humanitätsdenken）。

督的教会遍布全球。基督到来之前,逻各斯是直接作用于以色列的"城邦"和"政治秩序",并间接地影响其他民族;而现在,通过道成肉身以及基督的复活和升天,逻各斯的作用力获得了新的、特有的空间,取代了旧有的作用范围,这一新的形式即教会,"神的统治"(politeuma kata theon),国中之国。

教会是基督在尘世的王国所在。关键之处在于,教会被理所当然地视作一种国家机构,与世俗国家相对应——这对尤塞比乌斯而言是一种自然且寻常的观点。其他国家的历史充满血腥的战争和胜利,这种特殊的国家机制则不同。属这国的子民进行的是一种极度平和的抗争,没有流血和杀戮,只有殉道。他们进行斗争不是为了俗世的祖国,亦不是为了血亲,而是为了灵魂的安宁,为了真理和笃信(《教会史》5.3,及400.13以下)。"神的统治"与尘世国家相对,并且超越后者;天国与尘世的祖国相对,也高于后者。在这一思维进程中我们可以清晰地看到,尤塞比乌斯将教会视作一种人性观的化身,这种观念面向位于彼岸的来世,要求取消并克服民族国家的约束。无须赘言,他同时秉持一种基督教的和平主义观。上述一切都表明他是俄利根的继承者。

按照《教会史》的论述,教会历史的内在运动并非由教会与世俗国家间的互动和冲突所导致,而是基于教会与魔鬼(Teufel)及众恶魔(Dämonen)的斗争。① 尤塞比乌斯认为,魔鬼的工作在于使人类偏离正确的学说和生活方式。魔鬼憎恨善而喜爱恶(《教会史》卷五14),他是人类幸福的敌人(《教会史》2.14.1)。魔鬼与教会为敌主要采取两种形式:以公然的暴力施行迫害,或者通过错误的教义进

---

① 值得注意,在《教会史》卷一第2节中,魔鬼和众恶魔在从亚当至基督的救赎史中都没有占据重要角色。原因大抵在于,尤塞比乌斯和俄利根一样将人类的历史同时置于两种视角下,一方面是自由意志及其发展,另一方面是神性力量和恶魔势力的斗争,前者主要出现在卷一第2节,而后者几乎全部出现在《教会史》卷一至卷七中。

行狡诈的进攻。在使徒时代他无法通过错误的教义发挥影响，因为使徒的力量过于强大（《教会史》2.14.2），于是他更多地试图唤起人类的傲慢，使人类亵渎上帝之言（同上）。魔鬼幸灾乐祸地找到了异端分子作为他的工具，借此将人类引至堕落；他借异端之口亵渎上帝之言。①尤塞比乌斯认为，殉难部分也是由魔鬼所导致。②魔鬼的帮凶是众恶魔，二者同属一个阵营，由魔鬼领导。争战双方一边是神性的力量，教会隶属其中并受其保护；另一边是众恶魔的势力，凡与教会为敌的都受其控制。鉴于上帝的意志已经在与魔鬼及众恶魔的对抗中取得了一系列胜利，斗争的结果便确定无疑。

在政治—神学领域，《教会史》没有直接采取皇帝或教会一方的立场。然而，尤塞比乌斯的历史神学和他对教会本质的理解，为形成一种政治神学理论提供了基础。教会必须在普世范围内实现一种"政制"，它属于尤塞比乌斯的基督教人道理想。世界必须受同一种律法管理，而上帝规定了世界和世界的历史，这就是唯一的律法。将教会视作"政制"思想的代表，这一观点必须面对皇帝的赞成或反对，尤塞比乌斯当时也许并未预料到这一思想将会导致的后果。《教会史》中对此没有相关的暗示，更没有直接的论述。

在同样成文于313年之前的《预言集》中，有别于《教会史》，基督的统治权作为中心思想得到了重点突出。

>基督死而复活，受上帝之命、按照上帝之言统治一切民族："到那日，耶西的根立作万民的大旗；外邦人必寻求他，他安息之所有大荣耀。"（《以赛亚书》11：10，尤塞比乌斯使用《七十士译本》，此处引用和合本译文）。③

---

① 《教会史》IV 7, 9, 10；参见《教会史》III 26.1, 27.1。
② 《教会史》V 21.2；《教会史》VI 39.5。
③ 《教会史》IV 8；Migne 22.1213 A。

关于那些可见的和不可见的敌对势力,

> 基督本人也对之有所论述,并且在受难后被委以济世(oikonomia)之任,上帝说,"我已经立我的君在锡安——我的圣山上了。受膏者说:我要传圣旨"(《诗篇》,2:6-7)。①

原始基督教认为,这位复活者的统治将是普世性的,这一观点通过旧约预言,在这里进一步引申到对君王统治的理解方面:君王是按照律法施行统治之人。如果说基督是大公、是王、是正义之国的君主,并且基于旧约的预言同时也是来自旷野的教会之首领,②那么,这些都业已或即将成为教会历史发展中的此世现实。这一思路中有两条并行的观点。按照其中一种观念,基督所建立并统治的国度是精神之国,存在于信奉基督之人的内心;基督是君王,通过教义进行统治,众使徒是侯爵,基督为新的子民提供律法。这当然是一种新的律法,适用于新的耶路撒冷。信徒在此世的悲伤中渴望着天国的锡安山。③ 按照这种理解,基督之国是内在精神的、面向来世的,与世俗国家处于完全不同的层面,并且最大限度地使人远离公共职责和事务。因此,它并不具备真正的政治意义。

第二种观念则展现出更强烈的政治诉求。基督被描述为万民的立法者:④

> 在祷告中有如下预言:"耶和华啊,求你起来,不容人得胜!愿外邦人在你面前受审判。"(《诗篇》9:19)显然,这里针对

---

① 《教会史》II 2;*Migne* 22.1093 B;参见 II 12;83.10 Gaisford。

② 《教会史》III 41,147.2 及以下;II 9;80.10;IV 22,203.13 Gaisford。

③ 《教会史》I 20,58.7;IV 24,210.8;V 31,230.14;III 37,141.16;IV,15,194.21;III 37,141.19,27;III 18,118.10 Gaisford。

④ 《教会史》II 5,76.23,77.5 Gaisford。

的是不信神的外邦人。下文补充说,"耶和华啊,求你使外邦人恐惧,愿他们知道自己不过是人"(《诗篇》9:20),这等同于说立法者将为外邦人制定法律,借此外邦人将获得对自身理性本质的认识和理解。基督便是这位立法者,他将永恒的盟约(diatheke)作为律法交与我们(nomothetesas),并说,"你们听见有吩咐古人的话……只是我告诉你们……"(《马太福音》5:21-44)。基督拥有神性的、无与伦比的力量,他的律法将不仅管理一个或另一个民族,不仅统领世界的某一部分,也不仅在短暂的时间内有效,而是将长久地在一切民族间发挥效力。①

摩西的戒命只适用于一个民族,基督的律法则管理万民。②我们因此超越了先前的观点,即基督的律法仅仅通过教会施加给人民。相反,基督给所有人提供了一个抉择:或者接受基督的律法,或者遵从父辈的习俗,即祖先流传下来的民族律法。谁若要属于基督之国,就必须转离"父辈的道德"(patria ethe)。③这一观点在《教会史》中已经有所涉及,在《预言集》中则得到了更为清晰的阐述。通过援引《但以理书》(2:44),基督将到来并打碎毁灭一切的国④这一观点得到了更为极端的表述。此言表达了什么?基督将通过一场现实的灾难毁灭一切?或者,毁灭意指通过基督和他的律法进行改革和重建?显然是后一种解释!尤塞比乌斯在解读《以赛亚书》(10:33-11:10)⑤时写道,属教会管辖的人们将通过基督经历转变。他们过去如豺狼、猎豹、狮子一般,如今却受上帝之言的滋养,成了温良的动物。他们放弃了感官的欲望,基督把他们由野兽改造成了合乎神心意的人。

---

① 《教会史》II 5;*Migne* 22,1100 B. C.。
② 《教会史》II 5,76.26 及以下 Gaisford。
③ 《教会史》II 2,72.12 Gaisford。
④ 《教会史》III 42,148.7 Gaisiord。
⑤ 《教会史》IV 8。

依照救赎史的安排，教会与其他民族之间的对立将持续存在，直至万国万民及其君王都接受基督的教义，同时也接受教会的管理。相较于《教会史》，尤塞比乌斯在《预言集》中着重强调了最终基督对万民的统治权。这是神意所向，教会、皇帝以及一切世俗统治都属于上帝。尤塞比乌斯将自己视作一个广大群体的代理人，[1]我们由此也更加清楚地认识到他思想中所包含的政治意义。

三 大迫害结束（313 年）至君士坦丁独裁（324 年）期间

伴随着大迫害的结束，尤塞比乌斯的政治和神学思想也进入了一个新的阶段。事实上他尤其倾向于将历史事件融入自己的思想。他始终认为，基督教的现实影响力是其神性起源的最有力的证明。这段期间他发表了两部最重要的护教著作《福音的准备》（*Praeparatio evangelica*，下文简称 praep. ev.）和《福音的证明》（*Demonstratio evangelica*，下文简称 dem. ev.）。两部作品都在与犹太人及异教徒进行学理上的争论，力图证明"基督教相较于其他任何异教或哲学思想的优越性"。[2]而如今教会获得了胜利，尤塞比乌斯的作品也就成了其传教行动的一部分。[3]

关于教会的组织结构、教会的本质特征和任务，尤塞比乌斯并没有更改他从前的观点，[4] 我们从这两部作品中仅获得了关于其思想的更为丰富完整的图景。在这两部系统神学著作中，他更多突显出与俄

---

[1] 《教会史》V 27，220. 13 Gaisford。然而尤塞比乌斯也意识到，教徒在世界范围内仍属于少数人，参见《教会史》III 5，104. 28 及以下。

[2] Opitz，前揭，页 4。

[3] 参照 praep. ev. II；Migne 21，24；I 5；Migne 21，44，尤其是 Buch der dem. ev. VIII。

[4] A. Dempf 高估了尤塞比乌斯在推罗（Tyrus）的献词（《教会史》X 4，约 317 年），说这篇献词是理解尤塞比乌斯历史哲学的钥匙。然而，这

利根不同的观点：他没有重点谈论"灵知"（gnosis），尽管偶尔也会对之进行热情洋溢的赞颂。他的关注点落在属教会的众民身上，而不是那些灵知派信徒。基于他的气质和天性，尤塞比乌斯推崇一种"敬神"（eusebeia）或"政制"（politaia）的神学。他无法抵达俄利根式的精神之旅的孤独顶点。他是俄利根的一位"理性的模仿者"，正如施瓦尔茨（Ed. Schwartz）的恰当评价。①相应地，尤塞比乌斯认为教会的正统学说——正教思想——源自上帝的旨意，源自不朽的灵魂和有德性的生命。②

三位一体的统治带来光明，这种教义在宗教生活中更具有实用性，它通过新的普世律法成了关于救赎的教义。这新的律法比古老的摩西律法更加完美，后者适应于人类的还硬着的心。③新的律法相较于旧律法更加精神化，更倾向于禁欲主义。通过基督，律法变得极端精神化，由此导致的结果是必然存在两种不同的基督教生活方式：一种属于更高的、"神性"的等级，其中人没有财产或性的欲望，完全投身于侍奉上帝；一种属于低等的、"人性"的阶段，人们怀着对上帝的敬畏践行尘世的生活，只在某些特定的时间才禁欲修行，聆听上帝的教诲。④两种生活方式都服务于即将到来的逻各斯或基督君王的统治。

尤塞比乌斯这一阶段的作品更全面、深入地阐述了关于救赎史的

篇献词中恰恰缺乏尤塞比乌斯历史神学最终形式中的关键思想，即上帝之国与世俗皇帝之国的结合。

① *Kaiser Konstantin und die christliche Kirche*（1936），页137。

② *praep. ev.* I 5；*Migne* 21, 44。Opitz 恰当地指出，贯穿尤塞比乌斯神学理论的主题是基督教的理性。就此问题同时参见 *dem. ev.* III 7, 16；143, 6 Heikel。

③ *dem. ev.* I 6, 64；33, 6 Heikel。

④ *dem. ev.* I 8, 1；39, 2 Heikel。这种"通常的基督教生活以一种结合的方式得以实现，它结合了禁欲的和世俗的人类理想"，Opitz 同上，页9。

神圣思想,并着重强调了选择救赎之路的各个民族。①这正是《福音的证明》一书的主题。

先知曾说,那位名为基督者,是上帝的逻各斯,自身即是上帝和主,一位带来伟大劝谏的天使。他曾来到世人中间,担任了宣讲上帝真理的导师,向整个基督教世界的一切民族以及希腊人和野蛮人宣讲真理。他还教导人们敬重上帝——那位万物的创造者,如同福音书中所述。②

自基督以降,并且通过基督,一切民族都进入了人类的学习时代,③正如诸多事例所显示的那样。各民族的历史与众恶魔的历史紧密地纠缠在一起,这一观点在尤塞比乌斯的著作中占据了重要位置,在此我们仅论述其中的主要思想。众恶魔同基督对抗,试图获得统治万民的权力,然而,基督在世人面前首次显现自身时,已一劳永逸地彻底战胜了众恶魔。④基督降临以前的历史上,众恶魔的势力不断增强,即便在犹太民族中也同样如此。⑤万民被托付给善天使,⑥但众恶魔攫取了掌控万民的权力,领他们在信仰和道德上走向堕落。⑦通过化作肉身,基督向天使施以援助,⑧众恶魔的势力消亡了,基督获得了决定性的胜利;随后通过他的教会,基督还将取得难以计数的胜

---

① *praep. ev.* I 4; *Migne* 21, 39; *dem. ev.* I 6, 54ff.; 31; I3 Heikel; VI-II pr. 2 – 11; 349, 10。
② *dem. ev.* I 1, 2; 3, I2 Heikel。
③ *dem. ev.* I, 6, 56; 3l, 311 Heikel; *praep.* I 4; *Migne* 21, 39。
④ *praep. ev.* I 5; *Migne* 21, 44; V 1; *Migne* 21, 313; *dem. ev.* III 6, 32; 138, 2 Heikel。
⑤ *dem. ev.* IV 10, 9; 166, 7 Heikel。
⑥ *dem. ev.* IV 7, 2; 160, 32 Heikel。
⑦ *dem. ev.* II 3, 116; 81, 31 Heikel。
⑧ *dem. ev.* IV 10, 12; 166, 25 Heikel。

利，直至万物终结。①

公元313年之后，尤塞比乌斯的历史神学框架中加入了一些全新的内容——关于基督与奥古斯都之间具有同时性的教义。这一全新的观点标志着尤塞比乌斯自313至324年间对皇帝和教会的认识。尤塞比乌斯的历史神学理论中所蕴含的政治神学的可能性，通过这一新观点得到切实展开。两个重要的表述将向我们展示这一点。尤塞比乌斯说道：

> 谁不会为此感到惊讶呢——如果他认真地思考、衡量过，为何世界上大多数民族臣服于罗马的统治恰恰发生在耶稣降临之后，而没有发生在这之前？这绝非人类的作为。因为，与耶稣在人间的神奇驻留同时，罗马进入了全盛时期，奥古斯都也首次成为管理大多数民族的唯一统治者，其中包括埃及托勒密王朝的后裔，该王朝在克里奥佩特拉被捉后终结。自人类伊始便存在的埃及帝国，从彼时起便彻底消亡。从那时起，犹太民族也臣服于罗马人，此外还有叙利亚人、卡帕多奇亚人、马其顿人、比提尼人和希腊人，简而言之，还有所有余下的受罗马统治的民族。谁能够否认，这些是按照上帝的旨意成就的，并且与我们救世主的教义相符合呢……？②

他还说到旧约预言在新约中的实现：

> 这证实了那些观点，即发生在我们时代的事件不是人力所致，而是上帝预先所知晓并通过书上的预言事先宣告的；这些事件因上帝并通过救世主呈现在世人面前，也因着上帝变得牢固而持久。尽管这些预言长时期以来受到不可见的众恶魔和某些时代

---

① *dem. ev.* III 7，39；147，5 Heikel。
② *dem. ev.* III 7，7，30；145，21 Heikel；参见 VII 2，21.22；332，4 Heikel。

的可见统治者的压制，如今却更加熠熠生辉，每天都变得更加凸显，好像植物发展壮大。显然，所发生的一切都受到那在上面的万物之主的影响，他确保了我们的救世主之名和教义能够击败敌人，获得势不可挡的光荣胜利。从那时起展示在人类面前的福祉不仅是基于上帝的箴言，也是基于他隐秘的力量——这一切难道不是源自神性力量的帮助吗？如下事实确实是对上帝的隐秘力量的证明：他同时以启示和关于一神之国的教义解救了全体人类，使他们同时摆脱了众恶魔的邪恶影响以及各民族的种种统治者。①

基于奥古斯都和基督的同时性，尤塞比乌斯提出了以下与之相联的事实：一，一位皇帝的君主政体和一位上帝的统治；二，奥古斯都带来的和平，以及和平之君（耶稣）的显现；三，取缔了政治上的多人统治和民族国家政体，清除了众恶魔的统治——在其他作品中尤塞比乌斯描述了恶魔统治的特征，例如多神信仰、迷信、崇拜自然力量及命运。② 以上事实都是神意的安排，"不能缺少神的帮助"，是基督神力的结果。

此外，尤塞比乌斯还指出，这些事实也是古老预言的实现。③尤塞比乌斯将传统上终末论和圣灵论的含义重新解读为一种历史、政治层面的现实应验，④通过这一转化，他试图为他的政治神理论确立

---

① *praep. ev.* I 4；Migne 21，36。

② 参见 *das II. Buch der syr. Theophanie*。

③ 例如《创世记》49：10；《诗篇》2：8，71（72）：7-8，109（110）：1-4；《以赛亚书》2：1-4，7：10-16，9：6；《弥迦书》4：4，5：4；《但以理书》7：9，这一列表能够不断扩展下去。

④ 尤塞比乌斯对于圣经预言中何以没有提及罗马人这一问题提供了如下解释：假如先知书中论及罗马，并且在罗马城和罗马帝国境内传播，将会引发诸多的问题，而罗马的执政者们势必希望避免这类麻烦。因此圣经中的预言如此隐晦。彼得森指责尤塞比乌斯"明显缺少圣经阐释学上的依据"，这一指责是有充分依据的。同上文，页77。

圣经即神学的基础。这一理论的新颖之处在于，基督化作肉身不仅包含了一个与政治相对立的面向，同时也使一系列政治事件获得了救赎史层面的象征意义以及神学和解经学层面的依据。

罗马帝国在上帝的救赎计划中被尤塞比乌斯赋予了一项特殊而积极的任务。首先，帝国的神圣职责在于统治万民，尤为重要的是，帝国统治带来的和平将为传播基督教铺平道路。在一个普遍和平、交通往来频繁的时代，基督的使徒们将能够更顺利地完成传教任务。① 此外，对罗马人的畏惧将震慑一些少数民族，以防他们给传教工作造成困难，或对基督徒实施迫害。②由此可见，罗马帝国是各个民族邦国的天然的敌人——尤塞比乌斯援引历史事实证明了这一点③——它通过对内和对外的战争抵制多神崇拜和人类的分裂状态。④ "罗马帝国结束了各民族的分离，其形而上学层面便是一神教信仰。"⑤

总体上看，不容忽视的是，尤塞比乌斯分配给罗马帝国的救赎史任务具有一定限度，即罗马帝国仅仅为"上帝之言的生长"提供了外在的条件，这其实是按照上帝的旨意。借用尤塞比乌斯的说法，是上帝设定了人类的终极目标，在通向这一目的的道路上，罗马帝国并不能起到直接的积极作用。逻各斯——基督通过教会实现在尘世的统治，仅这一事实便证明了上述观点。⑥然而此时，尤塞比乌斯尚未完

---

① *dem. ev.* III 7，33；14，62 Heikel。
② 同上 146，4 Heikel。
③ 参照 Peterson 同上，页 73。
④ 彼得森特别强调了《福音的证明》（*dem. ev.* III 7，33）中提到"城邦—迷信"（Polis - Abergläubigen, τον κατά πόλεις δεισιδαιμόνων），并且写道："这一表述集中体现了尤塞比乌斯的神学历史观"。Peterson，同上，页 75。
⑤ Peterson，同上，页 78。
⑥ 《致推罗的献词》（《教会史》卷十，4）中提供了十分重要的证据，尤塞比乌斯将推罗的主教描述为"一切基督徒所在地的最高首领"，基督的合法代表，负责扩展基督在尘世的统治。

成他的全部政治神学理论。

四 公元 324 年后的君士坦丁独裁统治时期

君士坦丁成了唯一的统治者。尤塞比乌斯完全被这位卓越的人物吸引了。在《致推罗的献词》（Festpredigt zu Tyrus，约 317 年）中，他曾经为上帝和基督的统治吟咏了一首新的赞歌；324 年之后，他不仅赞颂上帝和基督的国度，也歌颂君士坦丁的帝国，把它作为天国的映像。①尤塞比乌斯并非将君士坦丁作为奥古斯都的继承人，并且将基督和奥古斯都并置，②而是将基督和君士坦丁本人直接联系在一起。在他看来，所有罗马帝国的统治者中，只有君士坦丁一人为上帝所爱。

尤塞比乌斯的神学理论将焦点集中在皇帝形象上，《三十周年颂》和《君士坦丁传》显然证实了这一点。尤塞比乌斯并未放弃他早先的基本观点，他只是在君士坦丁时期的著作中更新了关于基督统治权的神学理论。尤塞比乌斯不再像在早期著述中那样，关注历史和未来，而是更多地聚焦于伟大的当下，以及统治当下的伟大人物——君士坦丁。

上帝和皇帝是尤塞比乌斯政治神学理论中具有代表性的新主题，

---

① 关于尤塞比乌斯这一思想的形成，参见 Peterson，同上；H. Greβffann：*Einl. XXVf. zu seiner Ausgabe der syr. Theophanie Eusebs und W. Capelle*，*Griechische Ethik und römischer Imperialismus*. Klio XXV (1932)。

② 值得注意，无论在《教会史》卷十或《三十周年献词》或《君士坦丁传》中，尤塞比乌斯都不曾表达过彼得森论述的思想："基本上，由奥古斯都开始的事业在君士坦丁时期得到实现"，Peterson，同上，页 78。因此，并不存在一种尤塞比乌斯的"神学观念"（Peterson，同上，84），其中奥古斯都"被视为君士坦丁的楷模"。尤塞比乌斯"从根本上"认为奥古斯都—君士坦丁二者具有平行性，彼得森本人对这一观点添加了限制。尤塞比乌斯并非试图为罗马帝国而是在为基督的王国建构神学基础。

他在形而上学和历史神学层面探讨这两个主题。其核心观点是上帝之国和一个政治王国在形而上层面的统一，这一点在他那里得到了宇宙论的证明。①一旦失去君主制原则，世界秩序也将不复存在，万物的和谐将无法得到保障。尤塞比乌斯在文中多次详细论述了这一观点。②沿用传统的方式，他把上帝类比为一位统治其他众君王的大君王（Großkönig），坐在他那人不可靠近的殿内，统治着世界如同统治一王之邦。③他还把世界秩序设想为万物的某种等级分布，其顺序由上至下为上帝—基督—皇帝。④通过"映像"（eikon）和"模仿"（mimesis）两个观念，尤塞比乌斯将上述等级结合在一起，其中第一等级具有更多的实然性（Sein），最后一等级中则蕴含了更多的应然（Sollen）。

上述思想和概念全部来自世俗的皇帝崇拜和政治哲学理论。尤塞比乌斯用基督教的方式重新解读了这些异教的传统思想。他没有将皇帝直接与上帝相联，而是通过基督作为中介：

> 因逻各斯，并且通过逻各斯，蒙上帝之爱的皇帝成为天上的统治者的映像，他模仿那位更强大者，管理、引导尘世间的一切。⑤

在《三十周年颂》中，我们发现了一种纲领性的对应或者说并存结构：原型＝逻各斯，映像＝君士坦丁。

（1）万民的救世主为天父管理整个天空、宇宙和天上的王国。他的朋友——皇帝，则负责将他的子民们引向他——上帝的

---

① 有关这一思想传统参见 Peterson，同上，页21。
② *praep. ev. n. dem. ev.*；参见 *syr. theoph. Hb.* I。
③ *syr. theoph.* I 32；54.14 ed. Greßffann。
④ *laus C.* 10.6；223.9 ed. Heikel。
⑤ *laus C.* l.6；199.1 ed. Heikel。

独子、救世主和逻各斯,并使世人为进入天国做好准备。(2)万民所共的救世主制服了邪恶的力量,它们曾经游荡在地表的上空,搅扰世人的灵魂。救世主用不可见的神性力量将它们驱逐,如同一个好牧人使他的羊群远离野兽的侵袭。他的盟友受到来自上方的战争捷报所鼓舞,则按照战争法规击败了真理的可见的敌人,并将他们引向理性。(3)那先于一切存在的逻各斯和万物的拯救者将理性和救赎的种子交与他的信众,使他们拥有理性以及对天父之国的认识。他的盟友,则如同上帝——逻各斯的使者一般,号召全体人类信奉那位更强大者,他的呼声传遍所有人的耳畔,向万民大声宣告虔信和真理的法则。(4)万物的救世主开通了天父之国的大门,欢迎那些在尘世向往彼岸的人们。皇帝则竭力仿效那位更强大者,净化尘世国度,除去一切渎神的谬误,并且将神圣而虔诚的人们召唤至教堂;此外,他还尽力使他统治下的全体民众都得到救赎。①

这些表述绝不仅仅是一种修辞上的对比,而是表达了逻各斯与皇帝之间、天国与世俗国家之间真正的对应关系。两个王国都受同一法则所支配,这一法则——即逻各斯——赋予两个王国以形态、意义和秩序。②

通过模仿原型,皇帝成了逻各斯的映像,因此皇帝必须保持虔诚。他的虔诚体现在信奉唯一的神,并且是一位"爱智慧的人"(Philosoph)。那唯一的神自然是基督徒的上帝,皇帝视他为最高的主、③一切幸福和胜利的来源,④如同异教中的密特拉斯(Mithras)和无敌的索尔(Sol Invictus)。在尤塞比乌斯看来,皇帝信奉唯一的神

---

① *laus C.* 2.2 及以下;199.8 Heikel.
② *laus C.* 3.6;201.27 Heikel.
③ *aus C.* 6.4;206.25 Heikel.
④ *laus C.* 9.10;219.19 Heikel.

还意味着他承认只有上帝之国才是永恒、不朽的,尘世的财富和王国则是短暂、易逝的。①彼岸的永恒之国要求皇帝拥有君王的美德以模仿天上的楷模,②他应当是"理性的"(logikos)、"智慧的"(sophos)、"良善的"(agathos)、"公正的"(dikaios)、"冷静的"(sophron)、"勇敢的"(andreios),换言之,他应当是一位真正的哲人。③缺少了这些美德,就是一位暴君,配不上王的称谓。柏拉图早已提出,谁想成为统治者,就必须成为一位哲人。

尤塞比乌斯借用了柏拉图的观点,将其转化为"君主制形式",并在这一语境下展开讨论了一神教信仰的问题。假如皇帝信奉多位神祇,他就是这些神的仆人,而自身便不是主人。而且,一个信仰多神的人是不能成为天国的"模仿者"(mimema)的。只有自由人,即那些克服了对金钱的欲望、女性之爱和其他贪欲的人,才能够成为主人。④

皇帝与上帝的关系不能只用"映像"和"模仿"两种观念来加以描述。皇帝还比其余的人更加接上帝,尽管他同样具有人的属性。⑤皇帝在祈祷中获得上帝的默示,上帝以这种方式向他直接传递自己的意志和思想。⑥默示取代了异教传统中的预言,⑦祷告取代了供献祭品。尤塞比乌斯将君士坦丁的著名的十字架幻象及其全部政治举措都归功于神圣的默示。

---

① *laus C.* 5.5;204.25 Heikel;5.8;205.32 Heikel.
② *laus C.* 5.2;203.25 Heikel.
③ *laus C.* 5.1;203.20 Heikel;5.4;204.20 Heikel.
④ *laus C.* 5,3;204,3 Heikel。
⑤ *laus C.* 5,6;205,13 Heikel。尤塞比乌斯作为基督徒,反对任何形式的将皇帝神化的观点,他强调皇帝作为人的局限性以及他与上帝的距离,参见 *laus C. pr.* 3;195,21 Heikel。
⑥ *laus C.* 6,21;211,31 Heikel;18,1;259,6 Heikel 及以下;*vita C.* II 12,2;46,13 Heikel 及以下;II14;47,71 Heikel。
⑦ 参见 Dempf 同上,页107;*vita C*,II 4;42,1 Heikel。

上述形而上学系统包含了历史神学的特征，原因在于，一旦去掉了道成肉身，即，一旦耶稣基督没有了历史属性，那么这一形而上学体系便无法成立。尤塞比乌斯在《三十周年献词》中阐述了逻各斯与皇帝的根本对立，其中至少第三和第四条论点与基督化作肉身相关联。①

然而，这一看似完满的体系至少在两个方面是不稳固的。②首先：在上帝—基督（逻各斯）—皇帝这一等级序列中，基督往往被忽略不计，皇帝被直接视作上帝的映像。③在《三十周年献词》中，尤塞比乌斯使用了驾驭马车的意象，来展示皇帝手执缰绳掌管人类世界如同上帝掌控世间万物一样。④对此可以做出不同的解释：一种观点认为，尤塞比乌斯作为基督徒和神学家，并没有完全摆脱异教中皇帝是上帝化身的观念；另一种观点认为，尤塞比乌斯在这些表述中显示出，上帝作为万物的源头，逻各斯作为万物的起因，决定了二者的存在和运动、⑤统治和管理⑥具有统一性。我倾向于赞同第二种解释。此外，尤塞比乌斯这一时期的体系把皇帝视作高于其他一切人，而按照源自廊下派的观念，全人类都属于国王的种族，⑦这两种思想之间构成了难解的矛盾。本文在此并不打算去寻找一种解决之道。

尤塞比乌斯在君士坦丁统治时期的作品赋予皇帝与教会的关系以全新的面貌。皇帝作为上帝的使者承担了教会的任务，即在尘世实现

---

① 同上，页111。
② 《君士坦丁传》中将君士坦丁大帝描述成新时代的摩西，但仅止于对比描述这两位上帝子民的青少年时代，因此与上述尤塞比乌斯的严肃的思想论证不同，在此不予论述。
③ laus C. 3, 4–6; 201, 7 Heikel 5, 3; 204, 31; 5, 4; 204, 171; 7, 12; 215, 211。
④ laus C. 3, 4–6; 201, 7 Heikel; 参见 Opitz, 同上，页15。
⑤ 参见 Opitz, 同上，页16。
⑥ 关于这一区分参见 Peterson, 同上，页19。
⑦ laus C. 3, 6; 202, 8 Heikel; 4, 1; 202, 261; 4, 2; 203, 5。

基督的统治并且推广基督的律法。皇帝将自己视作奉上帝之命掌管一切的大主教。①尤塞比乌斯似乎倾向于认可皇帝自我标榜的权力。他的作品确实为政教合一（Cäsaropapismus）以及一种帝国或国家教会提供了形而上学及历史神学的基础。然而，对这种观念必须加以限定，因为尤塞比乌斯没有忘记，皇帝最根本的任务在于保障辖内民众的世俗安康。②尽管如此，在他的作品中，皇帝和教会二者神性职责的边界往往被彻底取消，《君士坦丁传》中的这段论述就是如此：

> 在一次欢迎各位主教的宴席上，君士坦丁正确地声称他也是一位主教，并且在我们的耳边做了如下解释："你们负责教会的内部事宜，我则作为上帝的主教负责外部的事务。"按照这一声明（!），他关照（epeskopei）自己辖内的民众，并寻找种种方式，引领他们践行一种虔诚的生活。③

此处的重点并非是对君士坦丁言行的记录，而是尤塞比乌斯从这一记录中得到的推论。

五　尤塞比乌斯：基督教会中的第一位政治神学家

以上展示了尤塞比乌斯政治神学思想发展的清晰轨迹。在第一阶段，他将来自上帝的使命——实现基督在尘世的统治——完全委托给教会；在第二阶段，他承认除教会以外，帝国对于实现这一任务也承担了一些外在的、符合神意的辅助工作；第三个阶段，即在君士坦丁统治时期的作品中，他将属于教会的一些特定任务同时也赋予了皇帝。在所有时期，尤塞比乌斯都试图将他的政治神学思想和他的历史

---

① *vita* C. I 44；28，19 Heikel。
② *laus* C. 5，5；205，3 Heikel。
③ *vita* C. IV 24；126，7 Heikel。

神学理论相结合，使之成为一个体系。正因为如此，我们不应当把他看作一位政治宣传家，而应看作第一位政治神学家，他符合这一称谓的全部内涵。①尤塞比乌斯在他写于君士坦丁统治时期的作品中开创了一种意识形态，其基本思想于拜占庭帝国的数百年间一直得到保存。在随后的希腊神学理论中，则经常出现尤塞比乌斯在第二和第三阶段中的政治和神学思想。②随着西方世界一路向后发展，尤塞比乌斯遭遇到了强大的竞争对手奥古斯丁。奥古斯丁的历史神学思想在广度和深度、完整性和创造性上都远远超过了这位君王的崇拜者，因此其思想中政治神学理论的地位从未面临受质疑的风险。

---

① Opitz，前揭，页41。
② 参见 Peterson，同上，页82及以下。

奥古斯丁与历史书写、历史哲学及历史意识

霍 恩（Christoph Horn） 撰
王一力 译

在研究《上帝之城》时，奥古斯丁的历史概念是最为棘手的问题之一。这一问题可以分为三个层面。首先，我们可以考察，奥古斯丁对历史事件的阐释背后隐藏了何种历史概念：他认为哪些单个事件值得记录，原因何在？他通过哪些解释框架将单个事件串联起来？是否由此产生了一种连贯的历史叙事？此外还有一些细节问题，例如：奥古斯丁是否拥有一种普遍历史的概念？或者他延续了救赎史中记述核心事件的观念，即着重强调很少的几个历史事实？或者，他属于罗马的民族志书写传统？他的叙述中包含了多少倾向性？他是否采取一种圣经的和教会史式的史纂方式，即将一切归为神意？他秉持某种支持或反对罗马的目的论思想吗？相对于救赎史的相关事件，他是否赋予俗世历史事件以独特的价值？

其次，我们可以追问，是否应该把奥古斯丁视为近代历史哲学的创始人、源头或者至少是重要先驱，正如研究者们曾反复申明的那样？判断一位作者是否为现代意义上的历史哲人，按照某种严格的标准，不仅要看他是否拥有普遍历史的观念，还要看他是否具有一种意识，即拥有某种目的论式的合规则性，赋予历史一个目的或一个整体意义。简要言之，历史哲人指那些不仅发现了［历史的］目的论倾向——如约阿希姆（Joachim von Fiore）或者马克思那样——同时还转而从事历史预言的哲人。此外，我们还可以考察，是否能够在一种较为宽泛的意义上使用此人的历史哲学概念。也许可以提出如下较为

宽松的标准：一个作家是否拥有对于历史之阶段性发展的认识，并在此基础上试图为"时间的流逝"提供某种全面阐释，无论他所给出的是一种延续性的还是断裂性的命题。

第三个层面，就奥古斯丁的历史概念，还可以考察他在多大程度上拥有一种关于可变性、易逝性和历史性的观念。奥古斯丁可能是第一位"视角主义者"（Perspektivist），这一推测并非毫无根据。一种视角化的、历史的自反性解读从根本上讲是一个现代现象，因此，我们不能期望奥古斯丁对于历史性、有限性和相对性拥有完整全面的认识，如同历史主义或者诠释学一般。尽管如此，依然值得考察奥古斯丁能否被视作这种观点的重要先驱之一。众所周知，年轻的海德格尔曾受基尔克果启发，试图对早期基督教的生活体验进行一种"现象学的阐释"，而他恰好发现有迹象表明，奥古斯丁拥有某种历史唯一性和不可重复性的意识。

第二和第三个问题领域之间存在根本分歧，至少当人们在严格的意义上理解"历史哲学"这个术语时。第一种情况是，作者发现了历史的基本路线和倾向，并因此而忽略个别的历史事件；另一种情况是，他意识到历史的不可重复性和延续性，从而放弃了对历史进行全面阐释。就奥古斯丁而言，这里展示的两种论点——历史哲学的论点和视角主义倾向的论点同时存在，而且各自显示出惊人的规模。然而，这位教父在他的著作中并没有将历史哲学或视角主义和延续性经验呈现为对立的存在，而是超越了这一区分，将二者融贯成一个整体。下文的阐释所包含的文本范围十分宽广（12.10至卷18），主题也极为分散。奥古斯丁关注的焦点在于，以两座城的对立模型为基础书写世界历史。

一　奥古斯丁对历史事件的书写

在《上帝之城》卷十五至十八中，奥古斯丁展示了世界历史的整体概况。在他看来，人类历史的大多数阶段，即六个世代（articuli temporis, aetates）中的五个都在旧约圣经中得到了呈现，因此，他认为自己的主要任务在于重新讲述并阐释圣经的内容。他从亚当快速过渡至该隐、亚伯以及《创世记》中的其他人物和事件，并且阐释了旧约中的历史书和先知书。在一些论述中，他明确使用了六个历史时代的模式（16.24, 43；参见 21.16, 22.30），然而，这种历史模式在此并不占据主导地位，而是在他的早期作品中有更为详尽而清晰的论述。①显然，此处更为重要的解释模式是"双城"（duae civitates）说。有三类文本尤其适用于进一步刻画奥古斯丁的历史叙事：1. 那些阐释并重述该隐和亚伯故事的文本（15.1 - 8）；2. 那些描述俗世世界历史的文本（16.17；18.2 - 26），3. 那些概述耶稣降临及教会历史的文本（18.49 - 54）。

1. 那些讨论该隐和亚伯的章节具有典型意义，因为奥古斯丁目标明确地在《创世记》第四章的叙事中寻找支持"双城"学说的证据。在该隐这个人物形象身上他发现，圣经为远离上帝与建立国家这二者之间的直接关联提供了证据。该隐用自身的行动对抗上帝，甚至杀害了自己的兄弟，然后通过建立一个俗世国家来模拟上帝之城；亚伯则是神圣联盟的子民，因此作为"异乡人"或"朝圣者"，他不再另外需要俗世城市。俗世的联盟往往——如同关于罗慕路斯和雷穆斯的传说所展示的那样——陷入长久的内外纷争，因此，俗世国家只能通过暴力方式获得并保障短暂的和平；相反，上帝之城则通过一种不可分割的爱而联合。因此，该隐的国家乃是政治现实的范例或者原型（15.5）。奥古斯丁强调两种联盟以"隐秘"的方式并存，我们只能看到二者的混合形式：亚伯与该隐，撒拉与夏甲，以撒与以实玛利等人并不仅仅具有外在的差异，更为根本的是他们内心取向的差别。

---

① 参见 Gn. adv. Man. I 23.35 - 41; vera rel. 26, 48 - 27, 50, div. qu. 58.2。

2. 值得注意，奥古斯丁在描述地上之城的历史时，运用了较大邦国或帝国的俗世政治历史为素材，尤其是以巴比伦为首都的亚述帝国和罗马帝国，二者基于各自的历史都被视作堕落之城（civitas diaboli）的代表。奥古斯丁提出一种神学的解释，即这些伟大的帝国受到了"反叛天使"的引导（16.17）。"地上之城"（terrena civitas）这一表达是个单数集合名词，描述的是一切只为满足私欲之人所组成的群体，同时它也是一个有比较级形式的概念：大多数情况下，它对应于巴比伦和罗马，其余一切俗世社会都仅仅是上述二者的附庸（velut adpendices，18.2）。依奥古斯丁之见，一个显著的现象是巴比伦和罗马之间存在直接的交替关系：前者统治的衰败与后者的诞生相互重合（18.21）。"地上之城"的历史发展遵循一种特定的逻辑。奥古斯丁进而致力于在时间和主题上将"地上之城"的历史与圣经故事进行平行对比：他将亚述帝国的开端与亚伯拉罕的出场联系在一起，将罗马的兴起与旧约中的先知相关联（18.27）。奥古斯丁使用的俗世历史材料直接来自瓦罗以及——更为重要的是——尤塞比乌斯（Eusebius）的著作（借助哲罗姆译本，18.8）。

3. 六个简短的段落论述了基督降临以及与之相连的教会历史（卷十八49–54）。他在讲到基督的生平时仅简洁地叙述道：

> 在他用尽肉身存在的全部所能播撒福音之后，他蒙难、去世，随后复活。（18.49）

他也同样简练而缺乏细节地展示了基督教的传播，及其划时代的最终确立过程，其间跨越三百年的历史（18.50）。奥古斯丁重点关注的对象首先是异端在教会历史中的作用（他认为异端的"谬误"具有一种否定性的、相对意义上的用途，18.51），从而也重视确定受迫害基督徒的具体数量（18.52）并预测终末审判（18.53）。值得注意，就上述两个主题，奥古斯丁有尤为清晰和理性的论述：他警告人们，不要将圣经表述按字面应用于历史现实，并认为预知世界末日的时间从根本上讲不可能——基督有意向他的追随者们隐瞒了这一信息。

考察上述三类文本，可以得出结论：奥古斯丁搜集历史材料另有目的。他不是一位史学家，这意味着他既不是一个研究普遍历史的学者，也不是罗马史或某个时代或教会史的专家。《上帝之城》中的历史概述十分简练，仅勾勒了少数几条线索。然而，奥古斯丁并非僵化或武断地选择历史材料，此外，他对于史实的描述也绝非充满偏见。最后引人注意的一点是救赎史母题，按照这一救赎论，上帝的所为不可预测、不可推导，尽管存在却不可掌握。奥古斯丁更多是基于现有编年史对救赎史进行简短重述，并加入哲学阐释，如同对旧约历史的处理一样。令人意外的是，他并未明确区分与救赎史相关的文献材料和纯粹的俗世历史材料。奥古斯丁也用同样的方式处理圣经中的形象、事件和其他流传下来的历史记录，相较于瓦罗的"神话神学"（Fabeltheologie），奥古斯丁赋予历史传说更多的空间和可信度（参见18.10），然而他并没有给予它们某种相对于神圣真理的俗世价值。在奥古斯丁看来，不惟圣经中包含了双城的历史，其他民族的历史中也同样体现了两大联盟的痕迹。

以奥古斯丁的哲学思想为背景，可以发现上述历史材料之间的内在关联。他的目标在于对历史进行整体阐释，其基础乃是道德二元论模式，即两种根本相异的价值取向。有人会以公元410年的历史事件为背景，①推测奥古斯丁可能运用各种手段为基督教辩护，包括大胆地把思辨与预表式解经相结合单方面地颂扬基督的统治，以及用其他种种方式干预对历史的解读。然而，奥古斯丁完全将圣经中的预表和预言同基督的降临联系在一起，并未在政治现实中强行加入逻辑关联。此外，奥古斯丁亦没有显示出奉承倾向。尽管他赞扬了君士坦丁大帝和狄奥多西大帝，但他的称赞十分节制，而且主要是出于展示统

---

① ［译注］410年西哥特人攻陷并洗劫罗马城。

治者美德的目的（5.25－26）；对当下统治者的颂扬则完全没有出现在这部作品中。尤为重要的是，《上帝之城》中完全省略了"基督教时代"（tempora christiana）这个母题：有别于尤塞比乌斯、鲁菲努斯（Rufinus）、奥罗修斯（Orosius）、赫绪库斯（Hesychus）等人，奥古斯丁并没有秉持一种基督教凯旋论（Triumphalismus）。导致奥古斯丁放弃这种帝国神学的原因，可能在于他个人经历的转折——马尔库斯（Markus 1970）基于可靠的材料证明，奥古斯丁的早期作品中尚可以发现明显的"基督教时代"的母题（与之相反的观点，见 Madec 1975）。

另一种从相反方向出发的观点认为，奥古斯丁由于有非洲出身背景而反对罗马，不过这仅仅是一种虚构的假说。奥古斯丁既没有刻意从历史事实中寻找救赎史的证据，也无意于论证俗世历史的堕落。对此需要更加具体的说明：《上帝之城》明显展示出一种历史和政治的"现实主义"，显示出作者是一位清醒、审慎的观察者。尤其在第十九和二十二卷中，他强调，人类在此世条件下将永远无法达到幸福、美德、欢乐、正义、和平或友爱。① 显然，这种现实主义态度并非旨在批判罗马，而是同终末论相关。此外，考虑到奥古斯丁并非抱有什么预言未来的意图，这种清醒的写作风格也变得更加凸显；他既没有将某一个特定的历史事件，例如罗马帝国的衰亡，解读为世界末日的预兆，也未接受关于千禧年的预测。尽管奥古斯丁坚持认为世界诞生距今不超过六千年（12.11），但他并没有因此就推断历史上的六个时期各持续了整整一千年。在其他著作中，奥古斯丁至少衡量了这种可能性（参见 Trin. IV 4，7）；393 年时，奥古斯丁似乎还相信千禧年学说，不过这只持续了短暂的时间：他谈到一种"俗世的中间国度"，"神圣的"千年将长久地维护此世的和平（Sermo 259，2）。《上帝之城》中则没有出现千禧年学说。值得注意的是，他在第 197 封书

---

① 关于奥古斯丁式的现实主义，参见 L. Boros, 1954，页 149－204。

信 3 至 4 节那里论到世界末日既无法估算,也不能从圣经中推导出来。在其早期著作中奥古斯丁也已经指出,世界历史第六个阶段的时长不可确知。①

奥古斯丁对于历史价值判断持保守态度的原因在于,他关注历史仅仅是为了证明两座城的对立超越了历史的局限;因此,他对历史的"双城"解读模式没有历史教条主义的痕迹,无须为此而篡改历史事实。我们可以确信,奥古斯丁的历史书写提供了一种开放的、完全自由的历史概述。奥古斯丁丝毫没有展示出操控和压制历史事实的倾向,也从未捏造或粉饰任何事件。他的兴趣——将历史描述为苦难的故事(Historia Calamitatum),并没有导致他如奥罗修斯那样局限于单面的消极视角。他的主导观念是一种道德化的世界观,道德的角色得到明确定义,然而并非僵化地指向某些特定的人群、民族或制度。奥古斯丁关注的重点,是在世界历史中寻找"双城"的存在以及二者互动的证据,并且将其展示出来。因此,他的首要目的不是为教义辩护,而在于阐释教义(参见 van Oort 1991,页 175 - 198)。这种书写形式——除了基督教的教义问答传统(Katechesetradition)之外——还与哲学和文学中的劝导书(Protreptik)和训导书(Paränese)紧密相连。

二 奥古斯丁与历史哲学

我们现在将处理以下问题:奥古斯丁是否拥有一种可称作历史哲学的解读模式?较早的研究,例如赖因肯斯(Reikens 1866)、塞里希(Seyrich 1891)、尼曼(Niemann 1895)或索尔茨(Scholz 1911)等人的论著,通常不加批判且理所当然地讨论奥古斯丁的历史哲学思想。晚近的研究则大多否认《上帝之城》中的历史概念是一种"历史哲

---

① *Gn. adv. Man.* 124. 42;*div. qu.* 58. 2。

学",如特洛尔奇(Troeltsch 1915)、卡姆拉(Kamlah 1951)、洛维特(Löwith 1955)、马尔库斯(Markus 1970)和施米德(Schmidt 1985)等人的作品。这些文献有时未加反思地援引较早的研究(例如施米德于1987年的文章中引用了布洛赫的《希望原理》[*Prinzip Hoffnung*])。要判断这种解读是不是一种历史误置,必须首先讨论"历史哲学"这一范畴的界定标准。

我们将首先考察晚近用以界定"历史哲学"的一种严格标准。支持存在着奥古斯丁式历史哲学的依据,可以分为三个层面。索尔茨认为,奥古斯丁教导一种善与恶、信仰与非信仰之间的历史"斗争",大致类似于康德的宗教著作,这种看法显然不恰当。更准确的说法是:从内部视角观察,两座城彼此平行并列,从外部观察,二者则形成一种混合形式。在根本意义上,二者之间的相互作用既非积极也非消极:每个人在每一时刻都属于上述两个共同体之一(尽管有可能存在某种通向上帝之城的过渡状态)。此外,奥古斯丁显然并非秉持一种或悲观主义或乐观主义倾向的历史哲学思想。在《上帝之城》中,上帝的使动属性(inchoative Charakter)并没有在历史进程中被取消,而是直到世界末日才终止。上文曾提到奥古斯丁的"现实主义"视角,但这绝不意味着在他看来,恶将不断累积并在现代达到顶点。相反,我们看到,在奥古斯丁那里,基督教的胜利并不是时代进步的标志。当下的时代被视作人类的耄耋之年,在奥古斯丁看来,这既不是危机时刻,也不是什么老年睿智的阶段。最后,我们已经看到,他并没有重点强调救赎史观念,按照这种观念,历史事件的出现被认为受人们此前未知的救赎史的因素所影响。尽管奥古斯丁也认为,众先知的书都指向基督,并认为基督降临代表了历史的一个核心转折点,然而,在他那里,双城模式依然占据主导地位:这种模式在人类历史开始以前业已存在,在人类历史进程中也将保持不变。① 奥古斯丁对耶稣生平和教会历史的简略介绍表明，二者对于进一步解释双城的二元对立并无重要意义。在奥古斯丁看来，单纯的历史描述并无重要作用。他曾论述道，"对俗世历史的忠实"（fides temporalis historiae）只能滋养一部分基督徒，即那些"尚无能力认识到属灵和永恒之物"的人（en. Ps. 8.5）。奥古斯丁更加看重从哲学层面对阐释历史，而不是单纯地观察和描述个别历史事件。

那么，是否能够宣称，奥古斯丁的双城学说和终末论为后来的历史哲学思想提供了必要的前提条件？黑格尔或马克思的理论构想是不是奥古斯丁历史神学理论的俗世化转型？洛维特在其颇具影响力的专论中阐述了这种观点（1955）。然而，这一富有吸引力的论点存在一个根本问题，即它将古代和现代的历史观念简化为一种对立结构：古典时期被认为拥有一种静态的、空间式的时间概念，而犹太人和基督徒的思维方式则是动态、线性的。因此洛维特展示了鲜明的对立，即循环式的希腊—罗马时间观和线性历史的犹太—基督教时间观。② 洛维特还将这一对立结构与一种价值判断相联：一神教否定此世（Weltverneinung），异教传统则肯定此世（Weltbejahung）。如同尼采希望通过其永恒复归学说彻底克服基督教传统一样，洛维特也对其所谓的犹太—基督教的历史神学给予负面评价，同时认为，历史哲学作为前者的延续也应当被抛弃，从而转向一种怀疑论式的历史观念。此外，在一些情况下，对于同一事件，从犹太教或基督教角度出发可能做出完全相反的评价。

通过进一步考察可以发现，洛维特的对立模型存在根本问题。在

---

① 在《上帝之城》中，历史叙事摆脱了与以色列人的密切关联而转向教会的历史，但这一点并没有影响它在概念上的统一性。

② "按照古人的观点，圆形是唯一圆满的形式，因为，在圆周自身内部的运动无意义、值得谴责；与之相反，十字架象征的生活形式，其意义在于实现一种特定的目标"（1955, 152）。

古代少有对循环历史观的明确阐释，反倒是历史进步母题占据了主导地位。坎茨克（H. Cancik 1989）指出，廊下派的论述中已经出现了线性历史观和历史进步思想，这一点显得尤为重要，因为，永恒复归观念也同样出现在廊下派的论述中。①同样，《上帝之城》中的论述也不符合洛维特的对立模型。奥古斯丁反对永恒复归学说，并非基于基督教立场对抗异教学说，也并非专门针对廊下派（在廊下派内部关于循环说尚存争议）。奥古斯丁在积极的意义上援引异教徒波菲利（Porphyrios）的著作，而这位古希腊哲人同样反对永恒复归学说（XII 21）；与此同时，奥古斯丁也直接反驳一些基督徒，如俄利根及其学生，他们将传道书（Kohelet 1，9）视作支持永恒复归观念的证据（12.10，14）。此外，奥古斯丁的论据不仅限于上帝救赎史的不可重复性，尽管基督的降临和牺牲仅发生一次这一事实被他用于反驳复归学说（例如卷十二 14），然而，奥古斯丁的核心论证在于，假设历史能够不断重新开始，最终的永恒福祉就会被取消，整个幸福论（Eudaimonie）也将变得毫无意义。如果人类对幸福的追求没有一个最终的目的，那将根本不存在任何有意义的目的，这样一来，整个追求幸福的学说也变得荒谬（参见 Honnefelder 1986，页 43 - 45）。② 同时，奥古斯丁也反对那种认为上帝的智慧不能把握无限的观点（卷十二 18）。上帝拥有不可量化的无限性，奥古斯丁赋予上帝这一属性，并非出于基督教立场，而是代表了一种新柏拉图主义观念（参见 Hadot 1990）。

尽管洛维特的对立模式并不成立，然而，他的观点——《上帝之城》在后来的俗世化形式中持续发挥影响——依然值得考量。虽

---

① 参见 Zenon, *Stoicorum Veterum Fragmenta*, I 97 - 109, Chrysipp: II 623 - 631。

② 洛维特（同上）认为，奥古斯丁的幸福论是一种宗教信仰而非哲学思想，这种观点有失公允。

然奥古斯丁不是最先使用普遍历史（Universalgeschichte）概念的学者，但如下假设似乎完全可信：相比于过去的异教和基督教学者，奥古斯丁拥有某种更加严格、一贯、系统的历史概念，因此他远胜过前人，并堪称历史哲人。然而，如前文所述，这一评价乃是基于一种弱化且泛化了的界定标准。进一步考察可以发现，上述观点有四个主要的思想进路：1. 奥古斯丁以圣经为给定的参照，创世神学和终末论为世界历史提供了一个普遍的框架，从创世到末日审判之间的时段构成了整个人类的历史。2. 奥古斯丁继承了多种不同的历史划分模式，主要有四帝国学说（Vier - Reiche - Lehre）和六个世界年轮图式（Sechs - Weltalter - Schema），借助这些理论奥古斯丁区分了历史上的不同时期，同时试图赋予每个时期一种"时代精神"。3. 相较于古典时期的文献，奥古斯丁将"人类"视作更加广博、统一的概念，他着重强调，他的历史研究对象包括罗马帝国及其邻邦之外的一切其他民族。4. 奥古斯丁坚信，人类的历史进程是一个由上帝规定的有意义的整体，世界历史的整体性体现了神性秩序、天意和上帝对尘世的关怀。接下来我将对以上几点做进一步阐释。

  1. 奥古斯丁的历史观超越了罗马的界限，是一种严格意义上的普遍历史观。异教史学家（例如早于奥古斯丁的马尔克里努斯［Ammianus Marcellinus］）认为，尽管受到严重的军事威胁，罗马帝国亦不可能衰亡。在他们看来，罗马帝国构成了历史阐释的基础，自李维的《罗马史》以来，异教的历史编纂都遵循民族史的解释框架。基督教的历史观则明显与之有别：奥古斯丁认为，罗马覆灭是可能的，尽管他并没有像教父拉克坦提乌斯（Laktanz）那样赞同罗马灭亡（参见 *Divinae Institutiones* VII 15）。基督教作家除了撰写特殊的史书类型——"教会史"之外，也关注普遍的"世界编年史"。基督徒阿弗瑞卡诺斯（Sextos Iulios Aphrikanos）、罗马的希坡律陀斯（Hippolytos von Rom）（同上）、尤塞比乌斯撰写了世界编年史，其中尤塞比乌斯尤为重要，这些基督教作家成为奥古斯丁历史书写的先导，他们提供了从上帝创世至末日审判之间的历史概况。这些基督教传统的普遍历史书写为奥古斯丁提供了基础。尽管普遍历史概念在基督降生前已经存在，例如在受廊下派影响的史学家狄俄多儒斯的作品中就已经存在（参见 Cancik 1989），然而，狄俄多儒斯把恺撒的统治视作整个历史发展的顶峰，为了宣扬其时代的历史而放弃了普遍历史观。奥古斯丁的历史概念则摆脱了任何俗世国家、制度、人物的束缚，也没有从历史中寻找世俗世界进步或衰退的证据。

2. 如同大多数的犹太教—基督教作家一样（一个例外是异教徒苏阿［Aemilius Sura］），奥古斯丁感兴趣的是历史时期和政治主导权的更替顺序。这实在并不是基督教的发明。赫西俄德区分了五个历史时期（《劳作与时日》106 – 201），已经显示出上述历史分期思想。柏拉图在《治邦者》（*Politikos* 268d – 274e）的神话中首次将两种时代学说作为一种哲学理念。犹太教—基督教作家则以《但以理书》（第2、7两章）为基础，将其预言的人类历史四王国对应于巴比伦帝国、米底亚—波斯帝国、亚历山大帝国和罗马帝国。按照他们对这部先知书的解读，罗马帝国终结了普遍历史。奥古斯丁也重点强调了四帝国学说，并且提及哲罗姆（20.23）对这一学说的详细解读。由于援引了哲罗姆的著作，奥古斯丁在书中仅简略展示了四帝国学说，但从文本中并不能推导出，奥古斯丁轻视这一学说。

毫无疑问，更加重要的历史分期模型是六个时代学说，因为这一学说不同于四帝国说，它直接与上帝之城的历史相连。奥古斯丁将人类历史划分为六个或者七个阶段（与异教徒弗罗鲁斯［Florus］仅局限于罗马历史不同）：1. 从亚当至挪亚；2. 从挪亚至亚伯拉罕；3. 从亚伯拉罕至大卫；4. 从大卫至被掳巴比伦；5. 从被掳巴比伦至基督降生；6. 从基督至世界末日；7. 永恒的"安息日"。奥古斯丁赋予每个时代以不同的内容，其早期作品《论灵魂的广博》（*De animae quantitate* 33，70 – 76）最清晰地展现了上帝训谕（尽管有时并无直接呈现）的不同阶段。历史上的每一阶段都有一个特殊的主题，并有两个层面与之对应，一个层面是人一生中的不同阶段（童年、少年、青年、成年、中年、老年），另一层面是（由前者导致的）人类精神发展的不同阶段。这里体现了里昂的爱任纽（Irenäus von Lyon）早在公元2世纪末提出的救赎史训谕思想。

接下来，我们将考察奥古斯丁如何将人类发展和上帝训谕人类的模式转化为《上帝之城》中的普遍历史观。按照一个言简意赅的表达，

> 如同适当的个人教育一样，对于全人类，或者至少对于上帝的子民来说，其经历的历史发展过程类似于个人的成长阶段，即逐渐从尘世过渡至永恒，从可见的提升为不可见的。（10.14）

这一表述背后的语境是对历史的反思：奥古斯丁以此解释了为何在旧约时代存在奇迹或者其他可见的上帝显形，而今却消失殆尽。他认为未来并不需要这些现象，因为人类接受了在过渡阶段内上帝的不可见性，他在《上帝之城》中如此表示。①相似地，奥古斯丁在另一处也指出，新约在旧约之后出现，就如同人的成长遵循一定次序一样——精神在灵魂之后，天国的子民在俗世的子民之后出现（卷十八 11）。此外，还有更多例子展示出奥古斯丁的历史叙事完全是拿人的生命历程作类比，其基本思想是神对人类的教育（参见 Müller 1993，页294）。施米德（Schmidt 1985）认为，这一观念在奥古斯丁那里并没有得到重点强调，因此不具备重要意义，这一点还需进一步讨论。然而，这里已经能够确定，奥古斯丁的世界史模型清楚地显示出他拥有一种历史意识。这种历史模型有别于衰亡说或进步说，因为它除去了一切价值判断。受上帝关照的人类历史会经历不同的阶段，每个阶段各自具有不同的意义，并且遵循严格的逻辑秩序。奥古斯丁持有一种富有意义的内在连贯性思想，但并非一种历史目的论。

---

① 参见 *vera rel.* 25.46，*retr.* I 13.7。

3. 奥古斯丁比廊下派的世界主义理论更鲜明地强调人类的统一性。廊下派将理性视作维系人类联结的基础,奥古斯丁则从另一个方面论述了一切人的"亲缘关系"(Verwandtschaft)。他认为这种亲缘关系是人类独有的特征,其余动物则仅具有种属的相似性。全体人类都可以追溯至同一个祖先——亚当,动物则有别于人类的情况,上帝为每一类动物都创造了多个样本。在奥古斯丁看来,通过这种单数的形式,人类能够建构"统一的社会和一致的联结"(societatis unitas vinculumque concordiae, 12.22; sermo 268.3)。全人类可以被视作一个人(cum totum genus humanuni tanquam unum bominem constitueris: div. qu. 58.2)。此外,人类还以这种单数的方式形成"一个分裂的种族"(genus... discordiosum, 12.28)。自人类被逐出伊甸园以及巴别塔语言变乱事件之后,人类分裂为72个民族,各自使用不同的语言(16.9)。柏拉图的金属神话(《王制》414d-415c)中也显示了这一观念,即全人类都"源自土地",因此互为兄弟姐妹。然而,柏拉图的主要目的在于揭露那种鼓吹机会均等的政治谎言,阐明应当基于人的天赋才能划分社会等级。与柏拉图《王制》中的理想城邦类似,按照奥古斯丁的构想,人类由巴别塔语言变乱所导致的分裂,将在上帝之城中重新回归统一。亚当导致了人类的分裂,但人类(确切说是他们当中的被拣选之人)将通过基督重新统一为整体;众"圣徒"在此世已经形成紧密的联盟(19.5),并且将在世界末日臻于完善。

4. 在奥古斯丁看来,世界历史是一个严谨有序的整体,可类比于一个"伟大乐章"的整体布局(velut magnum carmen: ep. 138.5)。人类历史呈现为一个延续、有机的整体,如同一株常青树上的叶子(en. Ps. 101.2, 10)。在历史进程中,即"通过严格有序的时代更替"(per ordinatissimam temporum seriem: lib. arb. III 21.60),可以推断出上帝的救赎行为以及时间历史的统一原则。奥古斯丁延续了柏拉图的观点,即除此世之外不存在其他宇宙(参见柏拉图,《蒂迈欧》30d),此独一无二宇宙的全部意义存在于人类历史中;此外,历史还被视作维护道德的场所。俗世时代的意义在于完成预先设定的循环，如同一些神学著作所述（例如 De bono viduitatis 23，28）。历史的统一乃是基于上帝的预先安排：奥古斯丁通常将其描述为"上帝对时代的安排"（dispensatio temporalis，vera rel. 55，110；div. qu. 53，1；civ. X 32）。① 历史作为一个严格有序、富有意义的整体，其间分布着不同的时空节点，历史的本质是圣经中所证实的救赎史——奥古斯丁也使用神圣历史（historia sacra）来指这一概念。②

奥古斯丁持有一种统一的普遍历史观念，它激发了近代历史哲学的产生——上文概述了这一命题的四条思想进路。如前文所述，施米德反对这一观点。施米德提出的主要反驳论点是，奥古斯丁仅具有一种不充分的关于历史阶段性发展的意识，对他而言不存在一个统一的历史主体，倒是有两个彼此分离的主体，二者独立并存。这一观点显得过于简单化。首先一则反面的论证是，《上帝之城》提供了两大联盟的历史概况，即采取了一种全面的视角。此外，这种历史叙事的一个典型特征是，两座城在这一时代彼此融合为无法分辨的整体，而奥古斯丁的目的正是在混乱的历史进程中辨认出二者。奥古斯丁还认为，恶相对于善有价值，即恶具有相对的益处（14.11），由此他推导出，上帝构想的统一历史并没有因堕落之城（civitas diaboli）的存在而受损，反而因此得到增强。"恶"在最终审判时固然将受到惩罚，然而它对于历史进程并非毫无功用。最后，两座城并不是完全对立的存在，在一些情况下甚至被描述为仅具有程度上的差别。地上之城亦可能享有一定程度的和平、安乐、司法保障甚至正义（参见15.2 和 19.13）。如同众"圣徒"虽然必须共同承担这世代的罪孽，

---

① ［译按］奥古斯丁使用的 dispensatio temporalis 相当于希腊语中的 oikonomia。

② 关于 dispensatio temporalis 和 historia 两则概念，参见 Müller 1993，页 225-232。Studer（1995，1996）将奥古斯丁的 historia 概念（相对于 narration ［叙事］）主要追溯至波菲利对这一概念的理解。

同时享受其繁荣——尤其是由国家保障的和平——但他们并不以追求俗世的善为目的，而是将上帝的"喜悦"视作最终目标，上述观点也遵循了将"实用"（uti）与"上帝的喜悦"（frui）相区分的传统。

显然，奥古斯丁的历史哲学并不是一种近代的、目的论式的历史观。如同早先的异教作家以及数量更多的犹太教和基督教作家一样，奥古斯丁也将历史进程视作连贯、富有意义、有限的整体，并且遵循特定的分段模式，在这一意义上，奥古斯丁的确拥有一种历史哲学思想。他所构想的统一历史概念具有严格的界定和一贯的逻辑，因此，完全有理由将他视作近代历史哲学的奠基人。尽管奥古斯丁所构想的"双城学说"是超时代的即"非历史的"普遍观念，然而，他的历史统一思想并没有因此受到削弱，因为，他的历史模型建立了道德伦理追求与圣经及终末论母题之间的联结，从而克服了僵化、静态的历史观。

三　奥古斯丁论时间唯一性和意义唯一性

1921年夏季学期，海德格尔在弗莱堡开设的课程名为"奥古斯丁和新柏拉图主义"。海德格尔对奥古斯丁的解读直接反驳了同时代的特洛尔奇、哈纳克和狄尔泰的阐释。他认为奥古斯丁的哲学思想尽管部分受到新柏拉图主义和形而上学理论的影响，但依然明确地将历史现象的"原始赎罪意义"作为主题，而以上几位学者所代表的"客观历史观念"则忽视了这一事实。换言之，奥古斯丁延续了早期基督教的终末论观念，[1]即秉持一种非客观的、历史的、由存在的可能性推导出的时间观。不过，海德格尔的解读并不是以《上帝之城》为基础，而是围绕《忏悔录》中的两个核心概念"审判"（tentatio）和"操心"（curare）展开论述。尽管如此，海德格尔的阐释仍是关

---

[1] 海德格尔重点考察了保罗的终末论思想，参见1995，页1–156。

于奥古斯丁全部作品的一个富有吸引力的假说。

事实上，奥古斯丁的时间和历史概念在很大程度上受终末论影响。他是否因此完全或部分地放弃了传统历史观，即时间是一个由当下时间点组成的客观连续统一体？奥古斯丁是否将每一时刻视作唯一的行动机会并且赋予其完全的救赎意义？《上帝之城》重点强调了俗世的恐惧和此世的不完满性，这也是支持海德格尔观点的有力证据（22.22）。此外，奥古斯丁早期作品《论自由意志》中的一段表述也涉及这一问题，按照该处的论述，相对于未来，过去被视为无关紧要：回顾过去从而清除对历史的错误认识，这一工作的重要性远不如关注"在造物主的帮助下，我能够在未来成为何种人物"。去年冬天购买大衣这一事件，没有明年将购置何物重要；一位旅行者只需知道如何抵达目的地，而他的出发点则无关宏旨（3.21，61）。在另一处奥古斯丁还强调，人在去世之前都有可能逐渐摆脱罪恶（*In Iohannis evangelium* 33.8）。

毫无疑问，有更多的证据能够支持我们的论点：1. 奥古斯丁论证了世界历史的唯一性。他在卷七中反驳了循环历史学说并强调历史的不可重复性。在论证线性时间观的段落中，奥古斯丁也论及救赎事件的唯一性。① 2. 奥古斯丁阐明了世界末日的不可预测性和不可推导性。例如奥古斯丁在反驳历史预言的论述中就体现出他的开放历史观：

> 我恐怕我必须坦陈我们可能会出错，也许根本没有十位君王，即敌基督者……将遇到的十个人；也许他将出其不意地降临。（20.23）

3. 奥古斯丁弱化了此世的行动—结果关联。他认为，上帝安排

---

① Christus semel locutus est：*civ.* V 5；semel enim Christus mortuus est：12.14；non enim Christas iterum in crtice videndus est：*trin.* XV 27，49。

贤明或残暴的君主，并非出于奖赏或处罚的目的（V 21）。在卷一第8至10章中，不义之人的幸运和义人的不幸也脱离了奖惩模式，而被解读为一种俗世的考验。4. 他强调道德行为和皈依基督教的意义，尤其在《忏悔录》中突出了皈依行为的当下性和不可推导性。

以上四点都证明了我们以海德格尔为依据提出的假说。然而，要判断它们是否正确，还需要考察奥古斯丁究竟在何种意义上构想了一种唯一的、不可推导的、有德性的世界历史。奥古斯丁在一篇文献中就历史偶然性问题提供了也许最为重要的阐释（conf. III 7, 13）。这位教父在其中论述了可能阻碍他皈依基督教信仰的"谬误"，还讲到他早年时不能理解历史相对性。奥古斯丁曾感到十分困惑：为何不同的国家和时代拥有完全不同的道德法则？《忏悔录》的作者由此得出结论：

> 人在此世的生命是短暂的，他没有能力理解几个世纪之前的状况，也无法将他不曾经历过的其他民族和他本人的生活经历融为一个整体（causas contexere saeculorum priorum aliarumque gentium）。

这段论述表明，奥古斯丁没有否认历史整体视角的可能性，只是认为，通常情况下人们没有能力将繁杂的历史现象理解为一个整体的不同面向。奥古斯丁明确反对偶然学说，从中也显示出他的历史观。此外，基于奥古斯丁的论断，历史相对性问题即等于统一性问题，这就好比将各种不同但彼此关联的工作置于统一的预算中来考量，又好比一个机构中具有不同功能的各部分，以及一个身体内有着不同器官。在各民族各时代的道德多样性背后，有一个不变的神性法则，它在不同时代和地域中具有不同的表现形式。

奥古斯丁对历史偶然性采取了一种视角化（perspektivisch）而非视角主义的（perspektivistische）解读。奥古斯丁认为，神性的世界秩序作用于变化多样的历史条件，由此才产生了历史多样性，这并非由于世界秩序反复无常,也并非是他完全否认世界秩序的存在。此外,原则上讲,人类亦有可能如实描述世界历史,同时真理则作为"串联宝石的金丝带"将历史事实联结起来(cat. rud. 6, 10)。但视角化的偶然性能够被克服,否则将无法解释为何奥古斯丁把对历史的相对主义式误解视为自己早年的一个谬误。奥古斯丁将历史进程视为一个研究对象:一个时代如同一块内在统一的织物、一首精心谱写的乐曲,或一部戏剧。早期奥古斯丁的重点关注在于,通过哲学来排除道德和认知上的缺陷和不足:"我们自身即是时代;我们如何,时代即如何"(nos sumus tempora, quales sumus, talia sunt tempora; sermo 80, 8)。从396或397年开始,奥古斯丁更加强调认识的条件,但并没有从根本上否定"借助过去的事件我们能够预测未来——尽管不能获得确定的认识"(trin. XV 7, 13; vgl. civ. I 28)。

因此,另一种错误的观点是,认为悲观主义或终末论式的人类历史终末阶段导致了历史秩序的缺失:奥古斯丁在其早期哲学中已经强调了哲学认识的不可理解性,它们只能在少数时刻,并且只有借由上帝的帮助才能够达到(Acad. III 5, 11)。在另一部早期著作中,奥古斯丁论述了视角化"观念"的主观性特征及其对于认识的阻碍:

> 应当极度小心地处理种种观念。如果一旦意识状态改变,观念——如同一面镜子——也随之发生了改变,那么这一观念就是谬误。与之相反,真理的形态总是唯一且不变的。(sol. II 35)

因此,以下观点同样是不当的:自从奥古斯丁在其思想中加入了恩宠观念,其余概念如"秩序""和平"或者"和谐"整体就被取消了与历史的关联。尤其引人思考的是,按照弗拉石(Kurt Flasch)的说法,晚期的奥古斯丁将历史事件与观念秩序脱离开来(1994,页372);《论三位一体》(4.16.21)中没有显示出这种倾向。那里论到新柏拉图主义者持有一种观念秩序的思想,然而,他们忽视了一个问题，即变动的、感官的世界，包括历史在内，如何由理念世界推导出来。①换言之，异教哲学家在认识论上的成就尽管有限，却并非毫无价值，而基督教先知的预见能力则远远超出前者（*trin.* IV 17.22；参见 15.27.49）。在奥古斯丁看来，历史完全是一个客观的对象。在历史中不可能出现超出上帝安排的全新事件，奥古斯丁仅使用 novum［新］一词来描述救赎史事件，因为这一事件解救了"旧人类"，使其得到"新生"。这也涉及新事物的不可逆转性：救赎是最终的、不可更改的，然而它并不导向一种关于某个唯一超验秩序的思想。

结　论

按照一种极度简化但依然通行的观点，存在一种对立结构——古典哲学追求永恒真理，基督教信仰则追求历史中的救赎，然而，《上帝之城》作为古典晚期基督教最重要的历史著作，并没有证实这种对立关系。我们已经看到，奥古斯丁既不是史学家，也非历史哲人（按照这一称谓的严格定义）甚或视角主义者。他代表了这样一种历史观：一方面赋予每个单独的历史事件以独特的价值（甚至体现出一种有意识地直观历史而不加修饰的倾向），另一方面，尽管奥古斯丁认为历史是唯一且不可重复的，但他并不认为，历史事件因其自身价值而具有重要性，他甚至没有刻意强调救赎史的历史价值。此外，奥古斯丁的历史观一方面假设存在一种历史发展逻辑，因此采取了严格的时代划分，另一方面却没有将教条论作为主导思想。奥古斯丁出于道德目的强调了历史的不可预测性和不可推导性，然而他从未放弃存在一种能够被认识、被描述的形而上秩序的可能性。因此，奥古斯

---

① 新柏拉图主义哲学家没有能力研究几个世纪的历史进程（nullo mudo eos potuisse prolixiorum saecularum seriem vestigare），然而不等于完全排除这一可能性。

丁的立场超出了圣经的"历史性"与"静态的"古典哲学的二元对立。

要理解上述关系，必须考察奥古斯丁的护教立场：如施杜德（B. Studer）所展示的，自公元410年之后，奥古斯丁必须同受过哲学训练的异教徒进行辩论，比如一些以波菲利的historia概念为依据的异教哲学家。面对这些受众，奥古斯丁既不能仅提供一种意识形态式的历史建构，也不能仅发出触目惊心的末世警告。奥古斯丁采取的对策是，设法证明历史发展逻辑的缺失。奥古斯丁没有宣传一种解释万物、安置一切的目的论思想，也没有反其道而行，宣告一个不可预测、即将到来的世界末日，而是应用道德目的论式的发展理论来解读历史现象。奥古斯丁延续了柏拉图主义和廊下派的思想传统，认为人类历史具有道德属性。

奥古斯丁基于道德的历史秩序的统一性，在严格的意义上定义历史（参见 *doctr. chr.* II 27.41）。从这一定义出发，他得出了一种回溯式的历史书写形式，把它作为一门人类的学科，这门学科——遵循真理的要求——将十分有益（比较 historia facta narrat fideliter atque utiliter，同上）。然而，它的用处主要在于，将一切历史事件理解为两种基本的道德取向的结果。因此，《上帝之城》既不是史实记录，也不是带有强烈倾向性的历史书写；既不是历史哲学，也不代表怀疑论的清醒态度；既不是形而上学的和古典的世界观，也不是终末论式的弥赛亚主义。它超越了上述二元对立。这一独特的中间立场也许影响了中世纪的编年史传统（尤其是奥托［Otto von Freising］）以及思辨式的历史哲学（约阿希姆，波舒哀［J. B. Bossuet］），此外，它也许还预示了现代的历史观念和偶然性观念。然而，我们亦不能将奥古斯丁的思想与上述观点一概而论。

超越罗马：普遍历史与外方人

努斐伦（Peter Van Nuffelen） 撰
杨志城 译 陈颖园 校

在我看来，奥罗修斯（Orosius）的《反异教史七书》（*Historiae adversus paganos*）的最后几章当理解为他对上帝的赞辞。①外族入侵者显然在这最后几章扮演着相当重要的角色，毕竟，公元5世纪头几十年罗马帝国的动乱至少部分是由他们引起的。学术研究长期以来想要确定奥罗修斯看待外方人的明确看法，不过，近些年来，学术界对这一主题的兴趣似有淡化之势。这很可能是因为"罗马派范式"（a Romanist paradigm）在关于古代晚期（late Antiquity）的研究中占据主流，这种研究范式倾向于把这段时期的种种变化理解为罗马内部转型（internal transformation）造成的结果，②而不是外族入侵导致的灾难性影响的结果——后者是所谓的"日耳曼派范式"（Germanist position）

---

① ［译注］奥罗修斯（Paulus Orosius），旧译"奥罗修"，具体生卒年份不详，大约生于公元375年，公元418年后去世，史家、神学家，系希波主教圣奥古斯丁的学生。按照20世纪政治思想史家沃格林的看法，奥古斯丁的《上帝之城》没有把世俗帝国的历史融入他的体系，奥罗修斯接续其师未竟之事，其《反异教史七书》是奥古斯丁关于政治和历史的哲学体系的一部分。参沃格林，《政治观念史稿（卷一）：希腊化、罗马和早期基督教》，谢华育译，上海：华东师范大学出版社，2007，页282–286。

② ［译注］这种研究范式也可以称为"罗马世界转型"范式，而所谓的"日耳曼派范式"，又可称为"罗马帝国衰亡"范式，可以参考李隆国关于这两种研究范式的综述性研究：《从"罗马帝国衰亡"到"罗马世界转型"——

的典型说法。①奥罗修斯对外方人的那种所谓的兴趣,不只是用他自己时代的事件就解释得了的。他的史书的特征通常被视作普遍的(universal),在空间上和在时间上都是普遍的,这一点与讨论他关于外方人的看法相比,仍是目前学术研究的核心问题。②乍一看,奥罗修斯自己的说法似乎证实了这种看法:他申明他会涵盖从创世到他自己所处时代的历史;紧接着这一申明之后,就是他关于整体世界(en-

---

晚期罗马史研究范式的转变》,载于《世界历史》,2012,第3期,页113 - 126。

① 关于这些研究范式,参见 Pohl, "Rome and the Barbarians in the Fifth Century", *AntTard* 16, 2008, 页 93 - 101; C. Wickham, *Framing the Early Middle Ages: Europe and the Mediterranean* 400 - 800, Oxford: Oxford University Press, 2004, 第一章。

② 比如,可参见以下这些新近的研究: P. Martinez Cavero, *El pensamiento histórico y antropológico de Orosio* (Antigüedad y cristianismo 19), Murcia, Universidad de Murcia: Servicio de Publicaciones, 2002, 页 160 - 161、199; M. I. Allan, Universal history 300 - 1000: Origins and western developments, 收于 D. M. Deliyannis 编, *Historiography in the Middle Ages*, Leiden: Brill, 2003; G. Zecchini, Latin Historiography: Jerome, Orosius and the Western Chronicles, 收于 G. Marasco 编, *Greek and Roman Historiography in Late Antiquity: Fourth to Sixth Century A. D.*, Leiden: Brill, 2003, 页 317 - 345; J. M. Alonso Núñez, *Die Universalgeschichtsschreibung in der Spätantike und die westgotische Historiographie*, 收于 J. Dummer、M. Vielberg 编, *Zwischen Historiographie und Hagiographie*, 2005; H. Brandt, Historia magistra vitae. Orosius und die spätantike Historiographie, 收于 . Golz, H. Leppin、H. Schlange - Schöningen 编, *Jenseits der Grenzen*, Berlin: Walter de Gruyter, 2009, 页 121; M. Sehlmeyer, *Origo gentis romanae*, Darmstadt: Wissenschaftliche Buchgesellschaft, 2009, 页 302; M. Kempshall, *Rhetoric and the Writing of History* 400 - 1500, Manchester: Manchester University Press, 2011, 页 64; 拙文中也是如此,见 Peter Van Nuffelen, Theology vs. Genre? Tradition as Universal Historiography in Late Antiquity, 收于 P. Liddel、A. Fear 编, *Historiae mundi. Studies in Universal History*, London: Duckworth, 2010, 页 172。

tire world）的一段篇幅很长的著名描叙。①普遍史家（universal historian）对各个民族比对罗马人更加感兴趣，这看起来很自然。

在这个章节里，我会与上述两种观点交锋。那种把《反异教史七书》看作一部普遍历史（universal history）的观点误导人，因为在我看来，奥罗修斯关于普遍主义（universalism）的说法，主要是修辞性的。毋宁说，正如我在前面的章节中所言，罗马和罗马人的历史才是《反异教史七书》的核心，即便这部史书相当多的重要部分都在处理希腊人和希腊化时期的（Hellenistic）历史。②奥罗修斯所标榜的普遍主义，可以帮他挑战那种以令人愉快的罗马中心论来看待过去的传统观点，在罗马帝国范围内的修辞学学校，这种观点被反复灌输给学生；但这种观点依旧是《反异教史七书》的核心。而另一方面，外方人在这本史书中也并没有扮演独立的角色，毋宁说，外方人是其中的助演角色，其作用在于使奥罗修斯得以突显每一个个体与上帝之间的道德关系。正如在古典时期的史纂（historiography）中，外方人是可塑性很强的角色，通常用来构成一种正面或负面的对比，同样，《反异教史七书》中的外方人也可以帮助我们阐明本书的核心要旨。

一　世界的视角

普遍主义是一个难以明确的概念。对于古代世界而言，它用来指称某些史家的历史著作涵盖了人类从最早时期起的历史，且涵盖了整个已知世界的历史。③然而，李德尔（P. Liddel）和费尔（A. Fear）最近编了一部文集，他们认为，所有视野超出自己特定区域的狭隘范

---

① 见奥罗修斯，《反异教史七书》，1.1.14 和 1.2。
② 同时参见 Orosius：*Seven Books of History against the Pagans*，A. Fear 译，Liverpool：Liverpool University Press，2010，页 20。
③ 见 J. M. Alonso Núñez，*The Idea of Universal History in Greece：From Herodotus to the Age of Augustus*，Amsterdam：Gieben，页 173。

围的史家，都有一种关涉普遍的意图（a universal intention），这实际上甚至把普遍主义的概念扩大到了民族史家身上，比如罗马的编年史家。①我们可以感受到，要为一种原本相互争辩的对立立场提供一个基本的定义很困难。

珀律比俄斯（Polybius）为了彰显他自己所著史书的优越之处，对比了其著作的宽阔视野与早先那些史家的较有限的主题，他自己的著作涵盖了希腊化时期的诸王朝以及罗马的历史。②李德尔和费尔似乎想要暗示，标榜自己是普遍主义比实际上把普遍主义付诸实践要简单得多。鉴于这个概念的含糊性质，我们有必要问一问，在使用"普遍主义者"（universalist）这一说法时，我们到底意指何物。在古代晚期史纂的语境下，这个术语可以有两个不同的含义，有时甚至可以同时包含两种不同的含义。

首先，这个术语可用来表示奥罗修斯属于古代史纂下的一个子文类（subgenre）。③众所周知，尤其是在希腊化晚期以及罗马帝国早期，史家们编纂了许多普遍历史史书，那时罗马征服了地中海地区，不

---

① 见 Cornell 的 Introduction，收于 P. Liddel、A. Fear 编，*Historiae mundi. Studies in Universal History*，前揭。

② 参见珀律比俄斯，《罗马兴志》，卷一，章 1 – 3。

③ 见 A. H. Merrills, *History and Geography in Late Antiquity* (Cambridge Studies in Medieval Life and Thought, Series 4, 64), Cambridge: Cambridge University Press, 2005, 页 44; J. Cobet, "Orosius' Weltgeschichte: Tradition und Konstruktion", *Hermes* 137, 2009, 页 62 – 63。关于基督教的编年史写作与普遍历史之间的连续性，还有一些相似说法，参见 U. Roberto, Julius Africanus und die Tradition der hellenistischen Uriiversalgeschichte, 收于 *Julius Africanus und die christliche Weltchronistik* (Texte und Untersuchungen zur Geschichte der altchristlichen Literatur 157), M. Wallraff 编, Berlin and New York: Walter de Gruyter, 2006。Burgess 有力地反驳了这种说法，见 Burgess, Apologetic and chronography. The antecedents of Julius Africanus, 见 *Julius Africanus und die christliche Weltchronistik*, M. Wallraff 编, 前揭, 页 17 – 42。

同的地方史开始相互交缠。①这方面的例子有西西里的狄俄多儒斯（Diodorus of Sicily）和特洛古斯（Pompeius Trogus），奥罗修斯还用过特洛古斯史书的摘要。但这是一种成问题的看法。普遍历史从来就不是一种子文类，而是古代史纂的一种可能的样式（mode）：正如肃剧式纪事（tragic history）也不是一种子文类，②而是根据史家特定的目的可以采用的史纂形式，这些目的——比如说意在展现罗马与希腊化时期各王朝之间的相互依赖关系——可能使得史家需要扩展自己史书的范围。但我们也可以把普遍主义用在希罗多德和罗马编年史家身上，这一事实表明，③并没有一个能够表达普遍主义的特定形式或特定种类。另外，文类（genre）这个词预设了具有直接连续性的某种形式，换言之，奥罗修斯当时应该是在之前已有的普遍历史写作方式中找到了灵感；然而，我们很难确定这样的连续性。除了使用尤斯汀（Justin）为特洛古斯史书写的摘要之外，④奥罗修斯与［普遍历史这样的］传统没有任何联系：实际上，他的史料来源乃是罗马史纂中

---

① 关于基本的情况介绍，见 J. M. Alonso Núñez, *The Idea of Universal History in Greece*: *From Herodotus to the Age of Augustus*, 前揭；L. Yarrow, *Historiography at the End of the Republic. Provincial Perspectives on Roman Rule*, Oxford: Oxford University Press, 2006；J. Marincola, *Universal History from Ephorus to Diodorus*, 收于 Marincola 编, *A Companion to Greek and Latin Historiography*, Oxford: Blackwell, 2007, 页 171 – 179；他们都给出了更早的参考文献信息。

② ［译注］所谓的肃剧与历史的关系问题，可参见沃尔班克富有启发的论述："History and Tragedy", *Historia*: *Zeitschrift für Alte Geschichte*, Bd. 9, H. 2 (Apr., 1960), 页 216 – 234。沃尔班克文章的中译文收入本书，题为"纪事与肃剧"。

③ 见 Cornell 的 Introduction, 收于 *Historiae mundi. Studies in Universal History*, 前揭；Cornell, Universal History and the Early Roman Historians, 收于 *Historiae mundi. Studies in Universal History*, 前揭, 页 87 – 101。

④ ［译注］这里的尤斯汀指拉丁史家尤斯汀，其拉丁文名字为 Marcus Junianus Justinus Frontinus，关于他的生平我们几乎一无所知，只知道他肯定比高卢—罗马史家特洛古斯要晚，因为他为特洛古斯的史书作过摘要。

的伟大经典,以及修辞学学校使用的摘要(breviaria)。我们已经知道,奥罗修斯在用尤斯汀的摘要时,同样受制于如下事实:这个摘要很可能也是为演说家而编的。本文通篇就是要论证,我们正应把奥罗修斯放在这样的语境中来理解。

第二种含义也是更常见的含义是,普遍性(universality)一般作为基督教史纂的规定性特征被提出来,其理据是基督教世界观会赋予它一种理解历史时的整全眼光(outlook)。①在这方面,学者会特别挑出两个因素:上帝拯救计划的普遍意图,以及基督教时间的线性发展进程——从创世经道成肉身(Incarnation)再到基督再临(the Second Coming)。②上帝的信息,以及记载这种信息的史书,都面向所有世代的所有人。因此,基督徒写的所有史书至少都有可能是普遍的,尤其

---

① 比如可参见 M. I. Allan, Universal History 300 – 1000: Origins and Western Developments, 收于 D. M. Deliyannis 编, *Historiography in the Middle Ages*, 前揭, 页 17:"公元 300 年至公元 1000 年的普遍历史的写作实践, 反映了基督教信仰的基本要旨和更宽广的关切。"

② C. Dawson, The Christian View of History, 收于 *God, History, and Historians. An Anthology of Modern Christian Views of History*, C. T. McIntire 编, New York: Oxford University Press, 1977, 页 30 – 37; K. S. Latourelle, The Christian Understanding of History, 收于 *God, History, and Historians. An Anthology of Modern Christian Views of History*, 前揭, 页 75 – 77; B. Luiselli, Indirizzo universale e indirizzi nazionali nella storiografia latino – cristiana dei secc. V – VIII, 载 *La storiografia ecclesiastica nella tarda antichità*, Messina: Centro di studi umanistici, 1980, 页 508 – 533; H. W. Goetz, On the Universality of Universal History, 收于 *L' historiographie médiévale en Europe*, Paris: Editions du Centre national de la recherche scientifique, 1991, 页 247; M. Wallraff, Protologie und Eschatologie als Horizonte der Kirchengeschichte? Das Erbe christlicher Universalgeschichte, 收于 *Historiographie und Theologie*, W. Kinzig 等编, Leipzig: Evangelisches Verlagshaus, 2004, 页 153 – 167; M. Wallraff, Von der antiken Historie zur mittelalterlichen Chronik, 收于 *WeltZeit. Christliche Weltchronistik aus zwei Jahrtausenden in Bestanden der Thüringer Universitats und Landesbibliothek Jena*, M. Wallraff 编, Berlin and New York: Walter de Gruyter, 2005, 页 4。

是年代志和教会史这两种尤其具有基督教色彩的史纂形式。①从这种观点来看,奥罗修斯之所以是普遍的,只因为他是基督徒;他的特别之处在于,把基督教的普遍主义用在世俗历史上。关于基督教普遍主义的这种理解,强化了传统上把奥罗修斯视为一个伪装成史家的神学家的观点。实际上,这种理解预设了神学上的考虑决定着基督徒写作史书的方式。因此,人们经常暗示说,在基督徒的史著(a Christian work of history)与基督徒的历史神学(a Christian theology of history)之间,几乎没有什么差异。这种同一性的基础在于,尽管基督徒可能会使用不同的文类来写作,但所有这些都被理解为具有相同的目的,即为基督教的历史神学辩护。最近,甚至连异端研究(heresiology)都被判定为普遍历史。②基于其背后的理据,我们甚至可以随意扩充普遍主义所包括的名单。因为人们认为,基督徒的世界观是普遍的,而且它支撑着基督徒关于过去、现在和未来所说的一切,所以,基督教的史书作品与基督教的历史神学之间,似乎不存在差异。如果说基督教历史神学就其本质而言(by essence)是普遍的,那么,基督教历史写作必然也是如此——即便不是实际如此,至少也潜在地如此。于是,基督徒关于现在和过去所说的一切内容都是普遍的。

---

① W. den Boer, "Some Remarks on the Beginnings of Christian Historiography", *Studia Patristica* 4, 1961, 页 348 – 362; W. Goffart, *The Narrators of Barbarian History (A. D. 550 – 800)*: *Jordanes, Gregory of Tours, Bede and Paul the Deacon*, Princeton: Princeton University Press, 1987, 页 3 – 4; Timpe, *Römische Geschichte und Heilsgeschichte*, Berlin: Walter de Gruyter, 2001, 页 108; M. Wallraff, Protologie und Eschatologie als Horizonte der Kirchengeschichte? Das Erbe christlicher Universalgeschichte, 前揭, 页 153; K. Ilski, Kirchengeschichte als Weltgeschichte, 收于 *Continuity and Change: Studies in Late Antique Historiography* (Electrum. Studies in Ancient History 13), D. Brodka、M. Stachyra 编, Cracow: Jagiellonian University Press, 2007, 页 121 – 129。

② J. Schott, "Heresiology as Universal History in Epiphanius' Panarion", *ZAC* 10, 2007, 页 546 – 563。

我在其他地方论证过，这个看法是错误的。①的确，基督教神学带有一些涉及普遍的面相，但我们不应该忘记，基督教在其早期历史的大部分时间里都把自己理解为蒙上帝拣选之人所组成的共同体（a community of the elect）。如果说上帝处理历史时有一个关注点，那么，这个关注点只是这个有限的共同体，而不是人类其余的部分。②早期基督教的一个重要组成部分，就是把自己看作犹太人和"异教徒"之外的"第三民族"（third people），这一点也不奇怪。③

因此，与其说基督教有一种简单的普遍主义，不如说基督教有一种特有的张力，即普遍传扬基督信息的想法与唯有信仰者才能获得拯救的想法之间的张力。此外，神学层面上所假定的基督教史纂的普遍主义，与实际史书中非常有限地表达出来的普遍主义之间，存在着重大反差。实际上，很少有基督教史著展现出人们认为应当是基督教史书之本质的内容。即便是所谓的普遍编年史（universal chronicles），也经常根本就不很普遍：书中补入的近期事件往往只关注地方问题，其余便是从前辈著作中因袭而来的传统记叙。④编年史很少有一种真

---

① P. Van Nuffelen, Theology vs. Genre? Tradition as Universal Historiography in Late Antiquity, 前揭。

② 参见 H. Inglebert 的简洁评论, *Interpretatio christiana. Les mutations des savoirs（cosmographie, géographie, ethnographie, histoire）dans l'Antiquité chrétienne*（30 – 630 après J. – C.）（Collection des études augustiniennes. Série Antiquité 166）, París: Institut des Etudes augustiniennes, 2001, 页 464。

③ 关于凯撒利亚的尤塞比乌斯在这方面的例子，现在可参见 A. Johnson, *Ethnicity and Argument in Eusebius' Praeparatio Evangelicas*（Oxford Early Christian Studies）, Oxford: Oxford University Press, 2006；强调基督教涉及普遍的面相，可见于 J. Schott, *Christianity, Empire, and the Making of Religion in Late Antiquity*, Philadelphia: University of Pennsylvania Press, 2008。[译注] 尤塞比乌斯，具体生卒年不详，大概生于公元 264 年，死于公元 340 年，乃凯撒利亚主教、基督教教会史家，罗马皇帝迫害基督教时下狱，著有《基督教教会史》、《君士坦丁传》、《编年史》等。

④ Goetz 为中世纪的"普遍"编年史做了相同的论证，参见 H. W. Goetz,

正的普遍视野：通过文类传统（genre conventions）而传下来的尤塞比乌斯护教作品的遗产，也只是让它们徒有其表。

我的批判并不关心普遍主义这个概念本身，而是关心本质主义（essentialism），这种本质主义以普遍主义被使用的两种方式与普遍主义有关联：《反异教史七书》并不是普遍的，因为这些作品不可能属于一个并不存在的子文类，且因为它是一部基督教的历史著作。实际上奥罗修斯并不称自己的史书为普遍的，我们若如此看待他的史书便是搞错了方向。

然而，我们的讨论不应该就此结束。在我看来，探索这个问题时更有价值的做法是，回到我之前关于珀律比俄斯的评价，并且追问《反异教史七书》修辞性地声称自己是普遍主义，到底功用何在，这种普遍主义表达于《反异教史七书》开头谈及世界地理的章节中。① 因为，这一章虽未直言标榜普遍主义，却清楚显示出就这部著作而言比一般情况下更宽阔的视野。奥罗修斯为何要这样做呢？

梅里尔斯（A. Merrills）曾为奥罗修斯的普遍主义以及地理在其中扮演的角色做过最令人信服的辩护：

> 或许，比起任何其他概念，普遍性更能在奥罗修斯的所有历史著作范围内提供主导性主题，无论它强调的是空间上的还是时间上的普遍性。②

On the universality of universal history，收于 *L' historiographie médiévale en Europe*，前揭。

① ［译按］即《反异教史七书》第一书的第二章。
② 参见 A. H. Merrills, *History and Geography in Late Antiquity*，前揭，页 98。Brandt 采纳了 Merrills 的看法，见 H. Brandt, *Historia magistra vitae. Orosius und die spätantike Historiographie*，前揭，页 123；更早之前关于奥罗修斯的普遍主义的讨论还有：K. A. Schöndorf, *Die Geschichtstheologie des Orosius*, Munich, 出版者信息不详, 1952, 页 73；E. Corsini, *Introduzione alle*

梅里尔斯特别挑出奥罗修斯的"四帝国理论",他认为这不仅为人类历史的进程提供了一种解释,还挑战了"看待历史的罗马中心论模式";①此外,他还举出书中的地理性介绍,认为它们"含蓄地展示了基督教世界的广阔"。②早在其论著的序言中,梅里尔斯就已经看到了关于世界地理的插叙部分的修辞功用,③我想要强调的也正是这一修辞的方面,而不像有些人那样,认为奥罗修斯的确发展了与更传统的史学进路形成对比的普遍历史写作。

梅里尔斯强有力地捍卫了那种把地理上的普遍主义视作《反异教史七书》之基础的做法,然而,这些段落只是在修辞上暗示了普遍主义,并没有在实际上把普遍主义落到实处。詹维尔(Y. Janvier)已经注意到,《反异教史七书》第一书第二章中关于世界地理的插叙,与这部史书后面的内容并不协调:许多地名出现在历史叙述中,但并没有出现在地理叙述中(或者反过来),而且奥罗修斯经常在那个论及地理的章节中以及在史书本身各处使用不同的地名,④而大部分地区,他几乎都没有再次提到过。

---

storie di Orosio, Turin, G. Giappichelli, 1968, 页 73 – 83; H. W. Goetz, Die Geschichtstheologie des Orosius, Darmstadt: Wissenschaftliche Buchgesellschaft, 1980, 页 12 – 13; S. F. Chesnut, Eusebius, Augustine, Orosius and the Latin Patristic and Medieval Christian Histories, 收于 Eusebius, Christianity, and Judaism (Studia post – biblica 42), H. W. Attridge 等编, Leiden: Brill, 1992, 页 698。

① A. H. Merrills, History and Geography in Late Antiquity, 前揭, 页 50 – 64、98(引文出处)。
② A. H. Merrills, History and Geography in Late Antiquity, 前揭, 页 64 – 97。
③ A. H. Merrills, History and Geography in Late Antiquity, 前揭, 页 11、48。
④ 参见 Y. Janvier, La géographie d'Orose, Paris: Les Belles Lettres, 1982, 页 139。同时参见 A. Fear 译, Orosius: Seven Books of History against the Pagans, 前揭, 页 16。关于地理的那一章, 同时参见 A. Klotz, Beitrage zur Analyse des geographischen Kapitels im Geschichtswerk des Orosius, 收于 Charisteria Aloïs Rzach zum 80. Geburtstag dargebracht, Reichenberg, 出版者信息不详,

实际上，《反异教史七书》很快就转去概述传统的希腊罗马历史了，而且以罗马历史为其核心，这些内容恰恰因着普遍主义之所是而抛开了普遍主义（they leave universalism for what it is）。的确，假如奥罗修斯撰史的核心在于标榜一种普遍主义——与传统的罗马中心论式的史书的局限性形成对比，我们就应期待这种普遍主义的视角在这部史书中更加显眼，尤其应在第七书中更加显眼，因为这一书最为有力地表达了《反异教史七书》的要旨。可实际上，正如我们在上一章已经注意到的，第七书恰恰是所有讲罗马的史书中最狭隘不过的罗马史，在形式上非常近似那些勾勒罗马皇帝统治的摘要（breviaria）。

正如拙著所论证的，奥罗修斯是从内部挑战罗马人的历史，而不是通过把《反异教史七书》写成另外一套事件（an alternative set of events）：他所记叙的事件，可能都是读者从已读过的传统历史著作中所熟悉了的内容，这些事件尽管集中在罗马人的历史上，但也涉及近东、埃及和希腊的历史。①因此，奥罗修斯自己的实际所为，并没有证实那种认为奥罗修斯的普遍主义会扩展他所记叙的事件系列的说法。此外，我们也很难看出"四帝国理论"如何就能够挑战罗马中心主义，毕竟，这个理论在过去也用来强调罗马是最后一个最伟大的帝国。因此，我想要论证，这部史书开头部分关于世界的

1930; Die geographischen commentarii des Agrippa und ihre Überreste, *Klio* 24, 1931，页 38 – 58、386 – 466。与奥罗修斯形成一个有趣的对比，公元 6 世纪的叙利亚（Syriac）史家 Pseudo – Zachariah 以一段关于世界的叙述作为其史书的结尾（12.7）。

① 参见 A. Felmy, *Die römische Republik im Geschichtsbild der Spätantike. Zum Umgang lateinischer Autoren des 4. und 5. Jahrhundert mit den exempla maiorum*, Diss.：Berlin, 2001；U. Eigler, *Lectiones vetustatis. Römische Literatur und Geschichte in der lateinischen Literatur der Spätantike*（Zetemata. 115），Munich, 2003。

描述，以及全书对整体世界反反复复的简要提及，①起到的是一种特别的修辞功用：关于地理的部分位于全书开头，可以用来提醒读者注意世界的范围，进而注意过去的苦难之巨大，而这种苦难情形可与基督教出现以来的改善形成对比。

我先前说过，《反异教史七书》是以提喻法来反映现实，书中只叙述了一部分过去的可怕事物，作者期待读者自己去思考他省略了多少可怕的事物；同样，涉及地理的开篇部分也有这样的作用：它暗示出这个世界之广阔，进而暗示出痛苦和恐怖之巨大。重复提及这个世界，则使得这种印象在读者脑海中保持活跃。

因而，我会同意梅里尔斯的如下观点：地理上的普遍主义在《反异教史七书》中起到了重要的修辞作用，而且它有助于质疑那种显然是罗马中心论的看待过去的传统观点。但我认为，若把普遍主义作为分析这部史书时的核心问题，那就搞错了方向：暗示世界范围内的苦难是奥罗修斯采用的一种修辞，以便从内部颠覆传统上看待过去的那种精英观点。无可否认，这种普遍主义就出现在全书开头部分，因而可能给读者留下强烈的印象，但对读者而言同样明显的是，普遍主义在后文中逐渐消失，反而是传统的罗马历史渐渐成为作者关注的重心。实际上，尽管有关普遍主义的暗示有助于动摇那种强调罗马荣耀的记叙——这种记叙决定了看待过去的精英观点——但是，奥罗修斯修辞上的普遍主义并未取代精英们的罗马中心论观点，因为他并没有选择一套不同的史实。他叙述的事件仍然是罗马精英们在修辞学学校读过和研究过的那些事件。实际上，正如拙著一贯论证的，奥罗修斯是让自己站在对手的场地上作战。

---

① 见奥罗修斯，《反异教史七书》，1.1.14，1.21.20，2.5.10，2.18.4，3.8.5，5.1.3，6.21.19－20。

二 构成对比的外方人

奥罗修斯在面对［罗马］帝国瓦解时的乐观主义，是人们谴责他为一位短视的史家——更不用说思想家（idéologue）——的一个原因。实际上，学者们经常问：奥罗修斯到底是否相信外方人可以融入帝国？或者，他是否认为外方人对罗马的未来构成了根本威胁？他们的回答各不相同。一些学者从他的作品中看出某种看待外方人的肯定态度，① 另一些学者则从中看出一种断然否定的态度。② 更细致的分析会把我们的注意力导向这样一个事实：奥罗修斯看似更加赞赏那些信仰基督教的外方人，而不是那些信仰异教的外方人；这样就化解了那种存在于奥罗修斯的罗马人身份与其基督徒身份之间的张力，尽管有人认为他对前一种身份的认同感更强烈一些。③

正如我们在这一章早些时候提到的那样，学界对于这个问题的兴

---

① 如 K. A. Schöndorf, *Die Geschichtstheologie des Orosius*, 前揭，页 62 - 64；H. J. Diesner, "Orosius und Augustinus", *AAAHung* 11, 1963, 页 102；D. Brodka, *Die Romideologie in der römischen Literatur der Spätantike*, Frankfurt am Main: Lang, 1998, 页 209。

② F. Paschoud, *Roma aeterna. Etudes sur le patriotisme romain dans l'occident latin à l'époque des grandes invasions*, Rome: Institut suisse de Rome, 1967, 页 287。

③ A. Lippold, *Rom und die Barbaren in der Beurteilung des Orosius*, Diss.: Erlangen, 1952；A. Lippold, "Orosius, christlicher Apologet und römischer Bürger", *Philologus* 113, 1969, 页 92 - 105。H. W. Goetz, "Orosius und die Barbaren. Zu den umstrittenen Vorstellungen eines spätantiken Geschichtstheologen", *Historia* 29, 1980, 页 356 - 376。同时参见 A. Marchetta, *Orosio et Ataulfo nell' ideologia dei rapporti romano - barbarici*, Rome: Istituto storico italiano per il Medio Evo, 1987；Martínez Cavero, *El pensamiento histórico y antropológico de Orosio*（*Antigüedad y cristianismo* 19）, Murcia, Universidad de Murcia: Servicio de Publicaciones, 2002, 页 255 - 278。

趣一直在消减,①因为学术研究的语境有所变化,学者们在理解古代晚期时,倾向于认为那时候[外方人]入侵——如果可以用这个词的话——起到的作用并不那么关键。②实际上,我们有很好的理由不用从前一贯用来提问的术语来提出这个问题。由于整个讨论被框定为关于奥罗修斯之信仰的问题,所以整个讨论的基础是,我们并没有把《反异教史七书》解读为一部史著,而是将它解读为一部政治小册子(pamphlet),这就使我们有理由从零散的评论中构建出一种前后一贯的看法。

与我在这本书采用的一般进路保持一致,我希望以一种不同的方式重提这个传统的问题,换言之,我要讨论外方人在其叙述中起到什么样的作用。实际上,我认为,如果《反异教史七书》意在引导罗马精英更好地理解罗马的过往和现在这一看法正确的话,如果奥罗修斯的确重新把关于历史的理解集中在上帝与个体之间的关系上的话,那么,外方人至多在其叙述中起到一种配角的作用,而且这种角色并不需要在每一个方面都前后一致。换一种说法,与其说奥罗修斯要描绘外方人的某种连贯的形象,不如说他采用了古代史纂的习惯做法,即为了叙述的目的而塑造外方人的形象。③

---

① 比如说,A. Fear 就没有处理这个问题,参见 Orosius: *Seven Books of History against the Pagans*, A. Fear 译,前揭。

② 最近,Ward‑Perkins 和 Heather 都直言反对当前这种相当"强调和平的"(irenic)说法,参见 B. Ward‑Perkins, *The Fall of Rome and the End of Civilization*, Oxford: Oxford University Press, 2005; P. Heather, *Empires and Barbarians: The Fall of Rome and the Birth of Europe*, New York: Oxford University Press, 2009。

③ 关于"外方人"的文献浩如烟海,其中有用的文献依然是 Dauge 的论述(Y. A. Dauge, *Le Barbare. Recherches sur la conception romaine de la barbarie et de la civilisation*, Brussels: Société des Etudes latines, 1981)。至于公元4世纪的外方人,参见 A. Chauvot, *Opinions romaines face aux barbares au IVe siècle ap. J. C.* Paris: De Boccard, 1998。Chauvot 的书(页 5‑12)很好地回顾了关于此问题的情况(status quaestionis)。

在其第十篇演说辞中，君士坦丁堡城的演说家忒弥斯提乌斯（Themistius）对比了外方人和罗马人：外方人受不知餍足的种种欲望驱使，罗马则代表着理性和秩序。①在评论这一文段时，黑阿特尔（P. Heather）已经指出，外方人的这种经典形象持久不衰，他还表明，这种形象之所以在古代晚期持续存在，是由于其教育作用以及这种形象重在展示榜样（exempla）的作用。② 在如下例子中，外方人便是起对比作用的角色：比如在忒弥斯提乌斯的演说辞里，外方人可能是罗马人的文明理想的反面对比物，或者，比如在塔西佗的《日

---

① 忒弥斯提乌斯，《演说辞》（*Oratio*），10.131bc。这种毫无掩饰的对比很常见，比如可参见普儒登提乌斯（Prudentius）,《驳叙马库斯》（*Contra Symmachum*），2.807 – 809。［译注］忒弥斯提乌斯，希腊修辞学家和亚里士多德哲学的注释者，大约在公元317年生于帕夫拉戈尼亚（Paphlagonia）的一个异教家庭，在君士坦丁堡和东部行省接受教育，后来大约于公元345年在君士坦丁堡开办了一所学校。他最有名的学生可能要算"背教者"尤利安皇帝。忒弥斯提乌斯有三十四篇演说辞传世，此外还有一些对亚里士多德部分哲学著作的解释传世，还有一些书信传世，其中最有名的书信应该是他写给尤利安皇帝的信，可惜已经失传，我们可以从《尤利安皇帝致哲人忒弥斯提乌斯》这封信中大概知晓其书信的内容，"忒弥斯提乌斯劝诫尤利安要扫荡大地上的一切邪恶，净化天空和海洋，成就前无古人、后无来者的伟大功业"，具体内容，可参见《尤利安文选》，马勇编译，北京：华夏出版社，2017，页41 – 56。普儒登提乌斯是用拉丁语写作的最伟大的基督教诗人，西班牙人，大约生于公元348年，公元405年之后逝世。他曾放弃仕途，潜心于基督教诗歌。其《驳叙马库斯》乃反驳笃信异教的叙马库斯。

② P. Heather, The barbarian in late Antiquity: image, reality, and transformation, 载 *Constructing Identities in Late Antiquity*, R. Miles 编, London and New York: Routledge, 1999, 页242。关于外方人作为一种类别以及它在古代晚期的稳定形象，参见 Y. A. Dauge, *Le Barbare. Recherches sur la conception romaine de la barbarie et de la civilisation*, Brussels: Société des Etudes latines, 1981, 页305 – 377；Chauvot 注意到，已经出现了一些反对的看法，参见 A. Chauvot, *Opinions romaines face aux barbares au IVe siècle ap. J. C.*, Paris: De Boccard, 1998, 页482。

耳曼尼亚志》（Germania）里，外方人则可以象征罗马人欠缺的品质。外方人在关于罗马人的叙述中能够起到很多作用，有时是对比的作用。①基于此，我们要是问奥罗修斯到底如何看待外方人，可能就只会注意到各种悖论和矛盾说法。②然而，如果我们视《反异教史七书》为一部罗马史，一部从罗马人的角度写就的罗马史，但它在暗中削弱罗马人看待历史的传统观点，那么，我们就可以理解，外方人不断转换的角色其实在奥罗修斯的叙述里起到了一种特定的功用，也就是质疑那种片面赞颂罗马往昔的做法。

奥罗修斯撼动那种看待罗马历史的传统观点的一个方法是，缩小罗马人与外方人之间的差别——如果不说抹掉这种差别的话。在《反异教史七书》的第三书里，奥罗修斯反驳了同代人做出的区别：他们区别光荣的征伐和不幸的毁灭。实际上，奥罗修斯认为，对于波斯人而言，亚历山大就是一个外方人，正如罗马人在敌人眼中也是外方人一样。另外，奥罗修斯提醒他的论敌，现在起到毁灭作用的外方人，亦有可能成为将来新帝国的伟大王者。③他以此抹平了外方人与罗马人之间的种种品质差别，抹平了有理有据的战争与纯粹的劫掠之间的种种品质差别，奥罗修斯的论证最终以罗马真正有可能灭亡达到高潮——对于以后的人而言，罗马的灭亡将与苏萨（Susa）或雅典的灭亡毫无区别。所有民族的历史最终都是平等的：罗马人的历史只是更有名些，这是因为罗马史家的角度不同，而且他们在文化上有着顽固的优越感。

---

① A. Chauvot, *Opinions romaines face aux barbares au IVe siècle ap. J. C.*, Paris: De Boccard, 1998, 页 11。

② Lippold 和 Goetz 都注意到了奥罗修斯的"模糊性"，见 A. Lippold, *Rom und die Barbaren in der Beurteilung des Orosius*, 前揭, 页 86; H. W. Goetz, *Orosius und die Barbaren. Zu den umstrittenen Vorstellungen eines spätantiken Geschichtstheologen*, 前揭, 页 356 – 376。

③ 奥罗修斯，《反异教史七书》3. 20. 10 – 13。

如果说奥罗修斯在第三书里明确发展了这个论点，那么，在第五书里我们则可以暗中追踪到它。第五书的序言部分提到，那些遭到罗马人征服之人的不幸，与罗马人在征服中取得的成就相称。①通过利用罗马这一座城与整个世界的修辞性对比——我们在此再次看到普遍主义（universalism）的修辞功用，奥罗修斯暗示：如果说罗马的征服战争乃罗马幸福的顶峰，那么，这些征服战争也必定是世界其余部分之苦难的深渊，②迦太基、西班牙和意大利本土都可以向罗马发出它们的怨言。③这一论点的第一个目的在于，把那时充满苦难的世界与眼下相对和平的世界加以对比。

至此，无疑显而易见的是，奥罗修斯经常对比当前［外方人］入侵行为的有限影响与历史上先前入侵行为的毁灭性影响。他肯定说，在统一的帝国（united empire）里总会有些避难之地，总会有人们能够相信其会殷勤好客的民族；与之形成对比的则是这样一个时候：不同的外方部族各自占据着帝国的不同部分，他们甚至因宗教而分裂。④在这个序言里，奥罗修斯修辞性地采纳了两个表面上相互抵牾的立场。在讨论罗马共和晚期的征服行为时，奥罗修斯质疑了罗马人与非罗马人之间的区别，还邀请他的读者从非罗马人的角度来看待过去。

实际上，他在第五书中关于战争的几处叙述展现出，罗马人的行为就跟外方人一样。⑤他赞颂自上帝道成肉身以来人们的生活有所改善，另一方面，他也承认罗马化（romanization）带来的种种益处——

---

① 奥罗修斯，《反异教史七书》5.1.3。
② 奥罗修斯，《反异教史七书》5.1.4。
③ 奥罗修斯，《反异教史七书》5.1.5–9。
④ 奥罗修斯，《反异教史七书》5.1.14。对比《反异教史七书》5.16.9 和 5.22。可对比维吉尔《埃涅阿斯纪》里的伊利翁纽斯（Ilioneus）的看法，见《埃涅阿斯纪》，卷一，行 539–543。
⑤ 奥罗修斯，《反异教史七书》5.19.21–22，5.21.6。

这些益处通过基督教而得到强化——并承认罗马化在帝国内带来的统一。然而,这两个立场都服务于相同的目的,即质疑传统的罗马中心论观点。这一点在第一个立场上看起来可能显而易见,但在第二个立场上就没那么明显。不过,第二个立场乃是基于如下看法之上:今时今日,[外方人]入侵帝国的某一部分并不是什么非常严重的事情,因为帝国范围内有很多地方可供人们逃难,换言之,即便罗马城本身遭到攻击,也还有其他许多地方可以提供临时的庇护所。因而,洗劫罗马不是一件令人十分担忧之事,毕竟,它只是帝国内的一个地方而已。

  因此,第五卷序言里的两个立场只是表面上相互抵牾,而且只有在我们把"外方人"视为一个静态的类型时才相互抵牾。然而,即便是在古典的古代(classical Antiquity),外方人与罗马人之间的分界线也是变动的。"罗马性"(Romanness)可以是道德进步的一种形式,正如希腊性(Hellenism)在罗马帝国里并不是一个民族标志,而是一个社会标志。到古代晚期,基督教则成了另外一个表示道德进步的标志:外方民族的皈依通常被视作道德进步,皈依似乎会驯化他们的残暴品质。①因此,外方人的类型就有了多种可能的组合:罗

---

  ① 比如可参 Paulinus,《安布罗西乌斯传》(*Vita Ambrosii*),36;Rufinus,《教会史》(*Historia ecclesiastica*),10.9 – 10,10.11,11.6;Prudentius,《驳叙马库斯》(*Contra Symmachum*),1.458 – 460,2.578 – 618;奥罗修斯,《反异教史七书》7.37.8 – 9;Victor de Vita,《阿非利加行省迫害史》1.36 – 37。外方人与坏宗教之间的联系并不是典型的基督教看法:参见 Ammianus,《功业纪》(*Res gestae*),31.2.11,那里论到匈奴人(Huns)的坏宗教。至于其他基督教作家,可参见 A. Chauvot, *Opinions romaines face aux barbares au IVe siècle ap. J. C.*,前揭,页 429 – 460。[译注]Paulinus 是米兰的安布罗西乌斯(旧译"安布罗修")的秘书和传记作家,在希波主教圣奥古斯丁的要求下,他根据当时的叙述撰写了这部传记。Ammianus Marcellinus,大约生于公元 325 至 330 年之间,死于公元 391 至 400 年之间,罗马史家,其史著名为《功业纪》(*Res gestae*),是古代晚期流传下来的倒数第二部主要的历史著作,

性和基督教可能变成同一,同时基督教也可以单独作为进步的标志。①在研究维克托尔·德·维塔(Victor de Vita)所写的汪达尔人迫害基督徒的历史时,②豪尔(T. Howe)注意到,比如说,如果汪达尔人是基督徒,他们得到的评价就相当正面,但如果他们迫害基督徒,那么,维克托尔就会把关于外方人的刻板印象加在他们身上。③在《反异教史七书》第七书最后那几个著名的章节里,奥罗修斯有意识地运用不同的可能性,来联系并对比基督教、罗马性以及外方人,为的是展现基督教对历史的积极影响。

第七书的第三十七章似乎是在与外方人交战的预兆下来看待公元4世纪90年代晚期的历史。奥罗修斯在那里把东边和西边的两大强人,儒斐努斯(Rufinus)和斯提里科(Stilicho),视为同一类人,这两人在忒奥多西乌斯一世(Theodosius I)死后分管帝国的东西两个部分。奥罗修斯指责这两人都有篡位之心,还指责他们把外方人引入帝国,以达成自己的目的。④接着文中一连三个隐语(praeteritio)提

最后一部是 Procopius 的作品。其史书以拉丁语写成,按编年顺序叙述,囊括了从公元96年涅尔瓦(Nerva)皇帝登基到公元378年瓦楞斯(Valens)去世这一历史时段,但只有叙述公元353年至378年的部分存留至今。

① 参见 Firpo 关于奥罗修斯的重要评价,见 G. Firpo, "Osservazioni su temi Orosiani", *Apollinaris* 56, 1983, 页 254 - 263。

② [译注]汪达尔人是古代日耳曼民族的一支,公元455年洗劫罗马,于公元4至5世纪期间劫掠北非地区,并在北非地区建立了王国。Victor de Vita 又称 Victor Vitensis,大约生于公元430年,是 Byzacena 行省的非洲主教,他在历史上的重要性乃基于他的《在汪达尔人的王根塞里克和胡内里克治下的阿非利加行省迫害史》(*Historia persecutionis Africanae Provinciae, temporibus Generici et Hunerici regum Wandalorum*),此书主要记叙了他那个时代的汪达尔人在北非地区对正统基督教徒的残酷迫害。

③ T. Howe, *Vandalen, Barbaren und Arianer bei Víctor von Vita* (Studien zur Alten Geschichte 7), Frankfurt: Verlag Antike, 2007, 页 302。

④ 奥罗修斯,《反异教史七书》7.37.1:"同时,老皇帝忒奥多西乌斯把其孩子的监护与其两座皇宫(palatii)的管理托付给两个最强大的人,这

到阿拉里克（Alaric）于公元401至403年首次入侵意大利一事，从而把注意力转向哥特人。实际上，第二次隐语几乎算不上是隐语：奥罗修斯用了充足的篇幅来强调，珀尔楞提亚（Pollentia）战役（402年）中罗马的军队统帅是索尔（Saul），这个人是"来自外族和信奉异教的统帅"，他在复活节偷袭了哥特人，而哥特人则"出于尊重宗教"而撤退。①上帝既赞赏又惩罚了罗马人：罗马人赢得了与阿拉里克的战役，但哥特人也得以撤退，因为罗马人的行为无视宗教。然后，第三次隐语把注意力转向外方人之间随后出现的内讧。这些开篇段落为第三十七章的其余部分设定了基调，后文进一步对比了信奉异教的外方人与信奉基督教的外方人，为的是揭示上帝对待罗马人的仁慈。实际上，要说这里开始提及的主题在第七书的其余部分中有其影响，也算不上有错。②

在第三十七章剩余部分，奥罗修斯对比了拉达盖苏斯（Radagaisus）在405年或406年对罗马构成的威胁与阿拉里克洗劫罗马城的行为。奥古斯丁其实已经对比过这两件事，③只不过奥罗修斯修辞性地详细阐述了这个对比。拉达盖苏斯被打造成罗马有史以来最强大又最凶残的敌人："在古今所有的敌人中，他是目前最凶暴的敌人"，他发誓要把所有罗马人都祭献给他的诸神，"因为在这种野蛮民族中，

两个人是东部的儒斐努斯和西部的斯提里科，他们每个人做了什么，企图做什么，他们各自的下场（exitus），我已经揭示得一清二楚。一个人（儒斐努斯）为自己谋求皇家的尊位（regale fastigium），另一人（斯提里科）为其儿子谋求皇家的尊位，前者引入了外方人部族（barbaras gentes），后者则支援外方人部族，以便共同体在紧急危机中的必然性可以遮盖他虚荣的恶行。"

① 奥罗修斯，《反异教史七书》7.37.2："来自外族和信奉异教的统帅……出于尊重宗教。"
② 奥罗修斯在第七书第三十八章进一步评价了斯提里科，在第三十九章进一步叙述了罗马遭到洗劫一事，其实关于洗劫罗马一事的大体解释在第七书第三十七章就已经出现了。
③ 奥古斯丁，《上帝之城》5.23。

习俗便是如此"。①

通过把奥古斯丁反事实的假设变成事实,奥罗修斯描绘了罗马居民如何悲叹自己即将到来的命运,他们猜想拉达盖苏斯大概得到了异教诸神的支持,将会战胜罗马。然而,就像在珀尔楞提亚战役中一样,上帝的正义同时惩罚了交战双方:拉达盖苏斯遭遇溃败,②而信奉异教的罗马不久之后就要遭到阿拉里克的惩罚。然而,阿拉里克似乎与拉达盖苏斯构成完美的对比:阿拉里克是基督徒,"更像是一个罗马人",他对上帝的畏惧缓和了他的残暴;拉达盖苏斯则只是个信奉异教的外方人,一个"名副其实的斯基泰人(Scythian)"。③

因此,毫不奇怪的是,作者在两章后即第七书第三十九章才叙述洗劫罗马一事,这是一件相当合乎文明的事件,这也是一个再次证明基督教给世界带来了何等益处的事件。正如奥罗修斯自己详细说明的那样,④他叙述事件时的首要目的与宗教相关,也就是向信奉异教的罗马人证明异教信仰并不会带来军事成功,反而是基督教实际上缓和了外方人的入侵。然而,在这个首要的观点之外——这基本上是奥古斯丁的说法——奥罗修斯还提出了另一个说法。与奥古斯丁相比,奥罗修斯实际上更多突出了拉达盖苏斯的野蛮,同时强调了阿拉里克的"准罗马性"(quasi-Roman-ness)。因此,奥罗修斯比其题献对象[奥古斯丁]更自觉地使用了传统上外方人的既定类型。我们不难看出他这样选择的原因:正如奥罗修斯利用地方视角来质疑罗马人看待过去的传统观点,他现在也用异教与基督教的区分来达到这个目的。

---

① 奥罗修斯,《反异教史七书》7.37.4。
② 奥罗修斯,《反异教史七书》7.37.12–17。
③ 奥罗修斯,《反异教史七书》7.37.9:"他们两人中的其中一人[即阿拉里克]是基督徒而且更像罗马人,而且正如事实所示,他因敬畏上帝而在杀戮一事上温和行事,而另一个人[即拉达盖苏斯]则是信奉异教的外族人和真正的斯基泰人(Scytha)。"
④ 奥罗修斯,《反异教史七书》7.37.11。

正如关于阿拉里克的特征描写所示，基督教主要作为野蛮与文明之间的桥梁而发挥作用：真正危险的外方人是那些保持异教信仰的外方人。但基督教还有另一个角色：它还阻止这些残暴的外方人——即便是历史上最为残暴的外方人——发挥任何真正的影响。

的确，奥罗修斯再次回到他在第三十七章开篇的第三次隐语，他指出，拉达盖苏斯实际上是被哥特人和匈奴人的联盟所击败。①因此，这种外方人—罗马人的对立便失去了其尖锐性，因为基督教超越了这些区分。外方人与罗马人之间的习惯性道德区分——这种区分通过学习榜样而得到反复灌输——不应该影响到人们如何看待当下的事件。与其恐惧外方人本身，人们更应该问一问这些外方人信仰什么宗教，然后，人们就会知道该作何期待。

因此，虽然奥罗修斯意在撼动其读者的传统观念，但他也并没有完完全全摒弃传统观念。无论阿拉里克多么近似罗马人，他始终是敌人。在第七书第三十九章中，奥罗修斯履行了自己的诺言，向我们叙述了阿拉里克如何洗劫罗马城。公元 408 年到公元 410 年间的三次长期的围城，在《反异教史七书》里被简化为一个简洁的句子："阿拉里克出现了，他围困、扰乱、侵入了惊慌失措的罗马城。"②然后，这个长长的章节的剩余部分就详细记叙哥特人如何不侵犯基督教的教堂及其财产，如何尽可能地避免涂炭生灵。如前所言，参考第三十七章，奥罗修斯表明，上帝是用洗劫罗马来惩罚异教罗马的不虔敬；他不仅通过明言确认这个目的,③还通过直接地和暗中地与旧约加以对比，并通过引用《新约·启示录》中的段落,④来暗示这些诗篇中所描

---

① 奥罗修斯，《反异教史七书》7.37.12。

② 奥罗修斯，《反异教史七书》7.39.1：adest Alaricus, trepidam Romam obsidet turbat inrumpit.

③ 奥罗修斯，《反异教史七书》7.37.18。

④ 奥罗修斯，《反异教史七书》7.37.9；《马太福音》24：31，《启示录》, 11：15。

述的复仇之神（the avenging deity）［现在已经来到］。①奥罗修斯还把阿拉里克的洗劫行为作为正面事例，与尼禄（Nero）大火造成的毁灭及公元前387年高卢人洗劫罗马城的行为进行比较。②

除了如上论及这次洗劫行为的性质和意义之外，奥罗修斯还表明，现在人类中的真实区分也不同于以前的区分。他叙述了一个传统的故事，故事说的是一个哥特人偶遇一个少女，然后"礼貌地"向她索要金银（奥罗修斯省略了索佐门［Sozomen］所说的这个哥特人想要强暴少女的说法③）。少女拿出属于教堂的器皿，警告这个哥特人，他要是胆敢拿走的话，必会遭到上帝的惩罚。在阿拉里克的命令下，他们以行军式把这些器皿送回了圣彼得教堂。罗马人和外方人也在途中加入这支行进的队伍，唱着赞美诗，很多异教徒加入其中，假装自己是基督徒，这些人因此而得以逃过一劫。奥罗修斯详细道出了这件事情的意义：这些器皿作为隐喻意义上的上帝的筛子，将麦子和糠秕分开。④此外，异教徒靠基督教逃过一劫这一事实，也极好地概括了整部《反异教史七书》的一个关键要点。

可见，在描述阿拉里克洗劫罗马城一事时，奥罗修斯以两种方式利用了外方人。一方面，他利用了那种否定外方人的传统刻板印象，即外方人是有害的和危险的，从而把外方人描绘成执行上帝惩罚异教罗马的工具。另一方面，通过强调外方人的基督徒身份以及因此而来

---

① 奥罗修斯，《反异教史七书》7.37.2；《创世记》19：16；《反异教史七书》7.37.13；《阿摩司书》9：9。

② 奥罗修斯，《反异教史七书》7.37。

③ 索佐门，《教会史》（Historia ecclesiastica），9.11。［译注］索佐门，基督教教会史家，大约公元400年生于贝忒里亚（Bethelia），大约公元450年去世。他写过两本关于基督教教会的史书，第一本叙述了从耶稣升天到公元323年君士坦丁一世（Constantine I）战胜李奇尼乌斯一世（Licinius I）期间的教会史，不过已经亡佚；第二本接续第一本，共劈为九卷，每卷大体上根据罗马皇帝的统治时期来划分。

④ 奥罗修斯，《反异教史七书》7.37.11–14。

的相对不那么令人恐怖的洗劫行为，更不用说这些外方人为基督徒提供的保护，奥罗修斯让这些外方人证明了基督教对真实世界的有益影响。奥罗修斯再一次同时使用了两种看似矛盾的关于外方人的看法，即一方面他们是罗马的敌人，另一方面，基督教化（Christianization）对他们有一种积极正面的影响。

然而，这两种看法并不一定相互抵牾，尽管它们之间有一种特定的张力：前一种看法可视为相当负面消极的看法，后一种看法则是相当正面的看法。实际上，奥罗修斯对绝对神力（absolute divine agency）的强调，将这两种看法结合在了一起。阿拉里克麾下的哥特人是上帝的神意（providence）正好相中的工具：身为外方人，他们纵横劫掠，但身为基督徒，他们却以一种有礼貌的方式做这些事情，还特别关照基督徒。

因此，我在这里论述的观点某些方面与戈茨（Goetz）提出的观点相对。在戈茨看来，奥罗修斯关于外方人的"含混"概念，不仅是因为，事实上他很难协调基督教看待外方人时的福音乐观主义，与罗马人中间所流行的看待外方人时的传统负面看法，而且首要地是因为，事实上对于奥罗修斯而言，做一个罗马人和做一个基督徒是同一件事。信仰基督教的外方人则似乎要打破以上这种同一性，从而无法归入奥罗修斯的分类。①

如我已经论证的那样，宣称奥罗修斯从理论上系统论证了外方人有可能融入罗马帝国这个问题将是方向性错误；毋宁说，在奥罗修斯的叙述中，外方人起到一种修辞上的作用，意在表明上帝的正义之手在起作用。此外，奥罗修斯还质疑了外方人传统的负面角色，强调了罗马人如何可能像外方人一样行事，而外方人也如何可能被文明化，以此对比了罗马人与外方人，从而动摇了罗马人的自我定义（及其自尊感）。以此方式，奥罗修斯得以再次表明，那种对于过去和当下的传

---

① H. W. Goetz, Orosius und die Barbaren. Zu den umstrittenen Vorstellungen eines spätantiken Geschichtstheologen, 前揭，页373。

统看法因其明确界定罗马人和外方人的角色,而歪曲了现实的真正性质;他还尤其表明了基督教是历史中真正起作用的力量。因此,奥罗修斯与戈茨所理解的恰恰相反:后者认为系统地反思罗马在历史中的核心作用构成了奥罗修斯"思想"的基础,而事实上,这位史家恰恰意在逐渐削弱这样一种罗马中心论的看法,他要利用外方人这一类型,让异教徒看到什么才是真正引导历史的东西。

上帝对人类的顾念最后一次明显出现在第七书的最后一章。实际上,洗劫罗马城的行为甚至有一个长期的益处:忒奥多西乌斯一世的女儿普拉奇蒂娅(Galla Placidia)被阿陶尔夫(Athaulf)劫为人质,成了他的妻子,①好像是受神圣判决(divino iudicio)的指派",②而在第七书第四十三章,奥罗修斯把普拉奇蒂娅说成是那个启发其外方人丈夫与罗马帝国寻求和好的人——阿陶尔夫的后继者瓦尔里亚(Vallia)执行了这一政策。这标志着阿陶尔夫改变了心意:他长期以来渴望灭掉罗马共同体(Romania),并用一个哥特共同体(Gothia)取而代之,然而,他逐渐意识到,哥特人"因其无法无天的野蛮品质"将无法尊重法律,无法在一个共同体里生活。③因此,阿陶尔夫没有灭掉罗马,反而开始寻求和好,以求实现罗马的复兴。④在这个段落里,奥罗修斯笔下的外方人概念的作用显而易见:阿陶尔夫内化

---

① [译注]阿陶尔夫,大约生于公元370年,公元415年逝世。阿拉里克去世后,阿陶尔夫接替他成为西哥特人的国王(公元411—415年在位),在他的治下,西哥特共同体从一个部落王国发展壮大成古代晚期的一个重要政治体。

② 奥罗修斯,《反异教史七书》7.40.2:就好像得到神圣判决的指令,作为特殊的担保(pignus),罗马把她(普拉奇蒂娅)当作人质(obsidem)交出。

③ 奥罗修斯,《反异教史七书》7.43.6:"由于无法无天的野蛮"(propter effrenatam barbariem)。

④ 奥罗修斯,《反异教史七书》7.43.6:"复兴罗马者"(Romanae restitutionis auctor)。

了（interiorize）罗马人视外方人为残忍和野蛮之人的传统看法，甚至让自己为罗马效命，承担着后来那位罗马皇帝的关键使命——振兴罗马。阿陶尔夫是一个真正的外方人，同时也是一个真正的罗马人。他之所以从罗马人的隐患摇身一变而成为罗马人的救主，是因着基督教和上帝的神意：阿陶尔夫的和平计划乃是受普拉奇蒂娅的启发和支持，奥罗修斯明确突出了普拉奇蒂娅作为基督徒的信用（Christian credentials）。①虽然第四十三章没有明言提及上帝的神意，但奥罗修斯在第四十章里已经称普拉奇蒂娅被俘一事乃是出于神意。②

显然，普拉奇蒂娅的故事遭到了歪曲，奥罗修斯将之理想化了，我们在上一章里已经表明，第七书的最后几章明显带有颂辞色彩，本章先前的分析再次证实了上一章得出的结论：这颂辞意在赞颂上帝对人类的顾念。与《反异教史七书》的总体规划相一致，奥罗修斯的关注点已经悄然从上帝的惩罚行为转向其神意对世人的眷顾，而且奥罗修斯改编了那些事件，以适应这一模式。因此，读者只能将第七书的最后几章理解为颂辞，而不能认为奥罗修斯要从理论上陈述把外方人融入罗马帝国的可能性。

因此，普遍主义在《反异教史七书》里起着与外方人相似的作用：都质疑了对待历史的显然以罗马为中心的传统看法。然而，奥罗修斯只是暗示了这七书也许可以构成另一套历史叙述的起点，但他本人并没有撰写这种替代传统历史记叙的史书——正如我在前面强调过的，奥罗修斯的史书所处理的事件范围依旧是种种传统式的历史概述所处理的范围。在他的叙述里，他用普遍主义和外方人来动摇那种赞颂过去的习惯看法，同时还利用这二者把读者的注意力转向是谁真正驱动了历史这个问题，那就是——上帝。

---

① 奥罗修斯，《反异教史七书》7.43.7："有着最为敏锐的天资和相当好的宗教敬畏的妇人"（feminae sane ingenio acerrimae et religione satis probae）。

② 奥罗修斯，《反异教史七书》7.40.2。

三位一体的历史含义

约阿希姆（Joachim of Fiore） 撰

麦克金 辑/英译

安 蒨 译

[中译编者按] 约阿希姆（1135—1202，意大利语名 Giovacchino da Fiore），基督教修士，出生于意大利南部的卡拉勃利亚省（Calabria，当时属于西西里王国）。直到上个世纪 60 年代之前，西方学界关注约阿希姆者仅限于极少数研究中世纪基督教神学的专家——德国的中世纪学者龚德曼（Herbert Grundmann）1927 年出版的《约阿希姆研究》是公认的奠基性著作。上世纪 60 年代以降，随着英国的中世纪史专家瑞维斯（Marjorie Reeves）将约阿希姆研究拓展为"约阿希姆主义"（Joachimism）研究，约阿希姆在西方思想史上的地位逐渐提升。约阿希姆出生的年代比托马斯·阿奎那（1224—1274）早半个世纪，虽然后者在思想史上声名显著，但"托马斯主义"更多是中世纪思想的标签，现代思想与之处于断裂关系。约阿希姆则不同，他与各种现代思想有千丝万缕的联系——晚近的研究表明，自中世纪末期直到 20 世纪，"约阿希姆主义"的影响从未中断。倘若如此，西方思想史的历史地图又得重新描绘了。

这里译出约阿希姆要著中的若干关键段落，相关文本辑于麦克金（Bernard McGinn）编译的《终末异象：中古时期的启示录传统》（*Visions of the End: Apocalyptic Traditions in the Middle Ages*，Columbia University Press，1998），页 130 - 141。标题为中译编者所加，原有小节标题亦有所改动。

约阿希姆凭靠异象理解《启示录》的含义

[英译按] 这是约阿希姆长老亲自讲述的异象或称天启，得自他逗留卡萨马理（Casamari）期间。此次天启向他揭示了《启示录》这卷书的含义。约阿希姆长老还提到过后来发生在五旬节期间的另一次异象，那次异象向他启示了三位一体的奥秘（参《十弦琴诗篇》[Psalterium]，f. 227r–v）。据后世（而非约阿希姆本人）的说法，他还讲到过自己在他泊山（Tabor）见到关于圣父上帝的异象。三个异象构成了神显现的三位一体式结构。

注释完《启示录》开头至此（《启示录》1：10）的几节经文后，我感到异乎寻常地艰难，智力上的不足将我缚住，我仿佛在触摸面前那块封锁坟墓出口的巨石……自我卷入纷繁的事务以来，①健忘使我一度把撰写注释的事抛在脑后，直到一年后的复活节到来。那天夜半时分，我从睡梦中醒来，默想这卷书，就在那时，某些事临到我。靠着上帝的恩赐，我增添了继续写作的勇气……

我已经明白了一些奥秘之事，然而更大的奥秘仍然向我隐藏着，所以我还在苦思冥想……然后，就在上述那个夜里，发生了一件这样的事：时值夜半，万籁俱寂，我正思想着我们犹大支派的狮子已从死里复活，突然间，我心灵的眼睛似乎豁然打开——我清楚看到了《启示录》整卷书以及整个新旧约的全部含义。②我脑海里甚至还没有想到前面所说的那章经文，启示就已经赐给了我。

[译自《〈启示录〉释义》（Expositio in Apocalypsim），f. 39r–v]

---

① 可能指他忙于把科拉佐修会并入西笃会（Cistercian）的谈判事务。

② 这次异象促使约阿希姆写下了他最长篇幅的两部著作，《新约与旧约的谐致》（Concordia）和《对新约启示录中"约"的解释》（Expositio），正如五旬节那次异象使他写下了《十弦琴诗篇》。

对教会遭受迫害的历史解释

我们主的年代1184年5月下旬，教宗路修斯（Pope Lucius）阁下在维罗里（Veroli）停留期间，我，约阿希姆，卡拉勃利亚城（Calabria）科森扎（Cosenza）的科拉佐（Corazzo）隐修院院长，受这样一位伟大人物的榜样鼓舞，① 想要解开同年在罗马教廷（Roman curia）发现的那些文字的含义……想以一种真正的解释，来阐明那些我认为与神圣权柄相协调的内容。那段文字的内容如下：

> 罗马将要兴起反对罗马人，被安置在罗马人之地的罗马人将要威胁罗马。牧人的杖将要被夺去，他们的安慰将要止息。热心的人必烦乱而祈祷，安宁必在多人的泪水里。谦卑人将要与狂暴者一同嬉戏，好行毁坏的狂暴者将要受到阿谀奉承。一个新的羊群将要缓缓壮大，成为大群，而那些古时被赐予名号的将要缺衣少食。盼望人的盼望已落空，因为安慰靠的是赐人平安的那一位。在黑暗中行路的将得以见光，被分开和赶散的将要成为一群。一片厚云将要滴落成雨，因为将要改变世界的那一位已经降生。狮子将要被羊羔接替，羊羔将要被猛狮接替。狂怒将要兴起而攻击纯洁的人，曾衰弱的纯洁将要喘过气来。尊荣将要变为耻辱，多人的欢喜将要成为悲哀。②

---

① 指圣奥古斯丁，约阿希姆在作品开篇引到奥古斯丁在《上帝之城》中对女预言师（Sibyl）的使用。

② 这段含义不明的预言有时也被称为 *Sibilla Samia*，由 O. Holder - Egger 根据 *Neues Airhiv* 15：177 - 178 所列八种已知抄本中的两个抄本编辑而成。他认为这段预言出自13世纪，但它更可能出自12世纪，我在《约阿希姆与女预言师》（*Joachim and the Sibyl*）中曾有论证（页118 - 122）；我这么说还有一个特别的原因是，第一句话显然可用于历代罗马教宗与罗马行政区（commune）之间的博弈，而这种博弈构成了12世纪后半期的主要特征。

这些文字发现于我们主的年代 1184 年，是从昂热的马太师父（Master Matthew of Angers）的一堆书卷中发现的，他是圣马尔克路（San Marcello）可敬的枢机主教（cardinal priest）。①我们会很自然地把这段预言当作某种哀歌体来思量其内容，揭示里面蕴藏的奥秘。我们首先注意到先知弥迦的预言中所包含的奥秘，这预言以某种方式预表着教会——弥迦说：

　　锡安的女子啊，你要疼痛劬劳，因为你必从城里出来，住在田野，到巴比伦去。（《弥迦书》4∶10）

我们应当记得，希伯来民族曾遭受七次特大迫害，这七次迫害毫无疑问预示着基督徒也将遭遇七次特别的试炼。那使徒为此作见证说："他们遭遇这些事，都要作为鉴戒。"（《哥林多前书》10∶11）正如旧约中的七次大患难结束后，人类的救赎主就临到了世上，同样，针对教会的七次逼迫完结后，这世界的审判者就会显露出来，他将要施行惩罚。②

针对以色列民族的第一次迫害来自埃及人，第二次来自米甸人（Midianites），第三次来自外邦人，第四次来自亚述人，第五次来自迦勒底人（Chaldeans，或译"卡尔顿人"），第六次来自米底亚人（Medes，和合本也译作"玛代人"）和波斯人，紧接着的第七次迫害来自安提俄克（Antiochus）统治下的希腊人。倘若时间和篇幅允许，我本该花更多篇幅来讨论这些逼迫，但为了尽快往下进行，我们不妨就这样略作概述，然后回转正题。

---

①　不久前亡故的一位枢机主教，以教会改革者著称。
②　犹太人遭遇七次迫害正好对应于教会将要遭遇七次试炼，这是约阿希姆的标志性思想之一。此处所列最为接近《图解书》（Liber Figurarum）plates ix 和 x 的内容。学者们经常把历史的这种双七模式与《启示录》中的七印相连；参见 M. Reeves、B. Hirsch-Reich, "The Seven Seals in the Writings of Joachim of Fiore", 页 216-223。注意这里只字未提第三阶段（Status）。

以色列百姓遭遇的七次试炼，预表着教会将要遭遇的七次逼迫。这些逼迫部分已通过历史进程显明出来，部分则通过众先知的预言显明。教会遭遇的第一次逼迫来自犹太人，第二次来自异教徒，第三次来自亚流派（Arians，或译"阿里乌派"）（即来自哥特人、汪达尔人、伦巴第人的逼迫）。在教会遭遇第三次逼迫的同时，罗马帝国在世界的四部分也处于风雨飘摇之中，但以理所见的异象，"第三只兽如豹，有四个头"（《但以理书》7：6），似乎就快应验。教会遭遇的第四次逼迫对应于亚述人对以色列人的逼迫，来自撒拉森人（Saracens）①。这次逼迫毁掉了许多希腊教会，正如亚述人来犯并灭掉以色列的十个支派一样。当叙利亚籍教宗格列高利（Gregory）及其继任撒迦利（Zachary）在位期间，这场逼迫肆虐了帝国的东部和南部地带，我们读到君士坦丁堡的皇帝几乎已经顶不住撒拉森人对其首府的围攻。②但是，如同主看见希西家王的泪水就动了怜悯之心，加给他十五年寿数，还赐下应许要保守并护卫耶路撒冷免于亚述诸王的进犯（《以赛亚书》38：1—6），同样，主听了罗马教会的祷告后，也让教会在绝境中重新燃起了信心。教会过去常因四围的敌人要吞吃她而战栗，害怕撒拉森人的逼迫（他们就像翻腾的海水），但在虔敬的法兰克王查理（Charles）的统治下，教会却捷报频传，并因此而勇气倍增，欢欢喜喜得享基督的保守。因此，从撒迦利教宗的世代起——那时意大利享有广泛的和平——上述预言的话已开始应验……

教会还要遭遇更为严酷的逼迫，来自巴比伦人，这是第五次逼迫。这次逼迫中，母亲锡安城被掳至巴比伦。救主话中所说的日子此时已经近了，他曾说，"日子将到，你们巴不得看见人子的一个日子，[却不得看见]"（《路加福音》17：22）；又说，"那时大有平安，直

---

① ［译按］十字军时代伊斯兰教徒的别称。

② 就把圣经历史化而言，约阿希姆所做超过了12世纪的其他作者，他很喜欢把圣经文字与教会生活中的实际历史事件对应起来。

到月亮被挪去"(《诗篇》71：7)①——这是指罗马教会被掳去而流落远方,黯淡了它辉煌的荣光。黑云既然已经来临,也就有逼迫的事留下来,第一次逼迫尤其伤及教会的神职人员,不久以后的两次则要普遍攻击教会所有子民……

那神秘显现出来的过往事件明确表明,这事就在旦夕之间了。那段早已记下而新近才发现的文字说,"罗马将要兴起反对罗马人"——如其所言,不久以前所成之事已公开宣明了此事。罗马被兴起来反对罗马教宗亚历山大(Alexander);由于罗马诅咒了神所赋予自己的殊荣,所以凭着某种完全公义的审判,在天上发生了这事:"被安置在罗马人之地的罗马人将要威胁罗马。"②不过,在罗马遭此威胁之前,那正在临近的主的日子(day of the Lord)要先指明时候合适时所要临到之事。既然敌基督必在主的大日到来之前显现,那么敌基督之先必有些暴君(tyrants)出现,正如但以理以及《启示录》中约翰所做的见证。约翰通过天使的启示听到一些事,其中有:

> 第四兽就是世上必有的第四国,必吞吃全地,并且践踏嚼碎。至于你所看见的兽身上的那十角,就是从这国中必兴起的十王。后来又要兴起一王,比先前诸王更强壮。他必制伏三王;他必出言攻击至高者,践踏他的圣民……(《但以理书》7:23-25;《启示录》17:12)

看哪!这"一王"正是指敌基督,他将在十个暴君之后出现,

---

① [译按] 这里指《七十士译本》的诗篇71首,通行的中文和合本圣经为《诗篇》72首。此处译文根据英文直译,不按现有中文译本。
② 亚历山大三世在1179年被迫逃离罗马。其继任路修斯三世似乎就是"被安置在罗马人之地的罗马人",他于1182年也逃离罗马城,并与皇家军队联盟,武力压制反叛的罗马行政区(commune)。

我们在《启示录》中可以读到关于这十王的话,

> ……你所看见的兽身上的那十角,必恨这称为巴比伦的淫妇,使她冷落赤身。又要吃她的肉,用火将她烧尽。(《启示录》17:16)

这话说的是哪个巴比伦呢?是迦勒底的都城吗?当然不是;这里说的是迦勒底的都城巴比伦所代表的,因为"字句叫人死,精意叫人活"(《哥林多后书》3:6)。我想,你们很懂得我知道这里指的是哪个巴比伦,也知道迦勒底的巴比伦是哪个巴比伦,以及谁是巴比伦的王。但是,我宁可只是提到他们而不加解释。①

[译自 McGinn 编译,《约阿希姆和女预言师》(*Joachim and the Sibyl*),行 10–81,91–114]

圣史三阶段

我们所说的三个阶段(Status)中,第一个是律法之下的阶段,那时主的百姓仿佛孩童,暂时伏在此世的诸元素(the elements of the world)之下。他们还不能得着圣灵的自由,直等到说这话的那一位来到:"圣子若叫你们自由、你们就真自由了。"(《约翰福音》8:66)② 第二个是福音之下的阶段,一直持续到现在,此时[主的百姓]拥有相比于过去阶段而言的自由,但尚未得着相比于将来阶段而言的自由。③因为那使徒说,

---

① 从后文如何提到"巴比伦的王"可以明确看出,这个称呼指的是将要逼迫教会的罗马皇帝。

② [译按]和合本圣经中是《约翰福音》8:36。

③ libertas [自由] 这个主题在约阿希姆作品具有重要地位,参见 Grundmann, *Studien*,页 135–142。

我们现在所知道的有限，先知所讲的也有限，等那完全的来到，这有限的必归于无有了。(《哥林多前书》13：12)①

又有一处经文说，"主的灵在哪里，哪里就得以自由"(《哥林多后书》3：17)。因此，第三个阶段已临近世界的终末 (the end of the world)，那时我们将不再有字句的帕子遮盖，而是活在圣灵的完全自由中。那时，灭亡之子 (Son of Perdition) 及其假先知所传的假福音将被消灭和废去，之后，那些以公义之事教导多人的，必明亮如苍穹的光辉，如天上的众星，直到永远。②第一阶段在律法之下兴盛，始于亚当；第二阶段在福音下兴盛，始于乌西雅；第三阶段，就我们从世代的数目上所能理解的而言，始于圣本笃 (St. Benedict) 的世代。终末 (the end) 临近时，我们必看到第三阶段的超卓 (surpassing excellence)：以利亚将在此时现身，不信的犹太民族此时将归信主。③那时，圣灵仿佛在圣经里亲声疾呼："圣父、圣子已做工直到如今，现在是我做工了。"④

前约〔译按：即旧约〕的字句，由于某种属性上的相似 (likeness)，似乎是属圣父的；新约的字句是属圣子的。然后，从前约和新约中所产生的属灵理智 (spiritual understanding) 则属于圣灵。同理，在第一阶段兴盛的人有婚配者品级 (order)，他们因某种属性上的相似，似乎是属圣父的；第二阶段的传道者品级

---

① 〔译按〕和合本为 13：9－10。
② 此处指 viri spirituales〔属灵人〕及其在第三阶段的角色。
③ 根据约阿希姆的勾画，三个阶段彼此有机相连。每个在先的阶段由 63 代 (toto of sixty-three generations) 组成，但第二阶段从第一阶段中的第 42 代即乌西雅王身上开始萌芽，在基督身上达至成熟；第三阶段则从圣本尼狄克身上开始萌芽，然后在从基督开始算起的第 42 代末期结出成熟的果实。〔译注〕见图 3。
④ 这段文本基于《约翰福音》5：17，约阿希姆作了修改，以强调圣灵在第三阶段的活动。

属于圣子；最后的伟大阶段是赐给修士（monks）品级的，他们属圣灵。

按此，第一阶段应归于圣父，第二阶段应归于圣子，第三阶段应归于圣灵。不过，若用另一种说法，此世的诸阶段也可说成是整个一个阶段，蒙拣选的那一位的子民和万物都同时属于圣父、圣子和圣灵。此外，倘若他们说有律法之前的时代、律法之下的时代和恩典之下的时代，我们也不要以为这就有悖于圣父的权柄。①每一种说法各归各类，都是必要的。

[译自《〈启示录〉释义》，前揭，f. 5r - v]

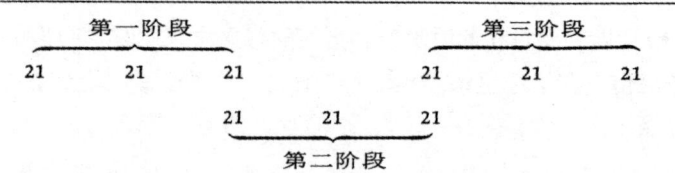

(出自Bernard McGinn, *The Calabrian Abbot: Joachim of Fiore in the History of Western Thought*, New York: Macmillan Publishing Company, 1985，页189)

图3　历史三阶段模式的代际关系

教宗制与属灵人

重大奥秘的结局也以数字的方式晓谕了我们，大卫在《诗篇》中说："我与这世代同在四十年之久，我曾说，他们常在心里犯错。"(《诗篇》94∶10)②如果完全数"六"似乎表明教会的劬劳必将在六

---

① 约阿希姆认为，对救恩历史的分期虽有不同方式，但彼此并无冲突。

② [译按]《和合本》为95∶10。据原文译出，没有参照已有译本。

个七日里结束,那么,教会的第 42 代 [教宗] 必在上帝所知道的某一年或某个时辰开始。①

在这一代期间,首先是普世大灾难将告结束,主将小心地把麦子与稗子扬开。然后,一个新的领袖,也就是新耶路撒冷——即圣洁的母亲教会的一个总主教(Universal Pontiff)将从巴比伦兴起。②我们发现此人的预表已经写在《启示录》里:

> 我又看见另有一位天使,从日出之地上来,拿着永生上帝的印。(《启示录》7:2)③

随这位领袖在一起的,是被赶出之人中所剩的余民。④这位领袖兴起不是因为脚快,也不是因为所处的地位改变,而是因为他将被赐予更新基督信仰以及传上帝之道的充分自由。那时,万军之主开始在全地掌权。

[译自《新约与旧约的谐致》(Concordia), f. 56r]

---

① 第 41 代将从 1201 年开始(《新约与旧约的谐致》f. 55v)。约阿希姆常声称最后两个世代的准确时间无法计算。《新约与旧约的谐致》中一段较靠前的文本清楚表达了这个意思:"我明明白白看见这些事发生的时间近了,但唯有上帝知道那日子、那时辰。就我根据谐致原则的估算而言,如果上帝允许我们免遭这些凶恶之事,得享和平直到 1200 年,那么自那以后,我将多方观察各世代和时刻,免得这些事在意外中突然来到"(f. 41v)。

② 巴比伦即罗马。novus dux [新领袖] 显然不同于《新约与旧约的谐致》v. 92 及别处提到的敌基督时代的教宗,正如圣灵时代的"上帝的新民"品级不同于危机时代的两个品级。

③ 把这个天使形象等同于末日(the last days)时的某个首领,乃约阿希姆首创。后来也有人把这段文本用在圣方济各(St. Francis)身上,参见 Passim,第二部分 23 - 24 小节及该处所引文献。

④ 此次被赶出是因敌基督的迫害。

教宗制被废

  这段论述来自约阿希姆的遗作《论四福音书》(*Treatise on the Four Gospels*,去世时仍未完成),他论述的依据是:旧约中所罗门接替大卫之位,路加福音 2 章 22 - 38 节基督现身圣殿,以及第三阶段中新秩序接替旧秩序。关于这段文本的研究,参见 H. Mottu,《宣告》(*La manifestation*),页 129 - 146。

  因此,当这样一个孩子被显明于上帝的教会时,他实在是好默观(contemplative),满有公义和智慧,而且是属灵的。也正因为如此,他才能接替主所设立的主教(bishops)品级,效法主那样的积极(active)生活,就如所罗门接替了大卫,传福音的约翰接替了使徒中的王子彼得,或者不如说,就如基督本人接替了施洗约翰。教宗(the pope)满心喜乐,灵里坚固,他将平静地忍耐这些事,并承受敌基督的苦害;他知道,主对彼得说过的话,"你年老的时候,别人要把你束上,带你到不愿意去的地方"(《约翰福音》21:18),也是对他说的。年迈的西面(Simeon)将得以抱那婴儿入怀,那时,彼得的继承者们——真道的殊荣以及分辨圣洁与亵渎的能力赐给了他们——将看见一个修会(order)在美德上跟随基督的脚踪,并靠着基督权柄的护持而坚固这一修会。①基督将用他的见证之言坚固这修会,宣告众先知的如下预言如今已在这修会身上应验:"这普天之下的国必赐给至高者的百姓。"(《但以理书》7:27)②教宗也不会为自己被废而悲哀,因为他将知道自己仍留在某种更优良的统绪中。③

  我们知道,如果前任指名建立一个修会,继任指名建立另一个修

---

  ① 西面代表教宗制(the papacy);婴儿基督代表将要出现的默观者品级或修会(contemplative order)。
  ② [译按]据英文译出,未采用已有译本。
  ③ 这段文字使很多人认为,约阿希姆长老以为教宗制度在第三阶段将被废除。事实当然并非如此,不过,在约阿希姆的作品中,关于教宗未来所

会，那么这并不导致信仰上的不同，而只是导致不同特征的宗教生活形式。任何修会一旦开始严肃地存在，只要其形式不变，名称也就不变；但如有些人离开这修会，采用了别的、更佳的修会形式，从而变得更好，那就不可以说他们还在同一修会，而要说他们属于另一个从原修会产生出来的修会。① 人若看到日后会被这样的成果代替，他还会为他里面那有限的完全被普遍的完全接替并归于无有而悲伤吗？不，不会！彼得的继承者不可怀有这样的思想！他不当对属灵修会的完全心存任何嫉妒；他将看见修会和他的上帝同为一灵，按照上帝的教义行在上帝一切的诫命中。②

[译自 E. Buonaiuti 编译，《约阿希姆的〈论四福音书〉》(*Tractarus super quatuor Evangelia di Gioacchino da Fiore*, Rome：Tipografia del Senato, 1930, Fonti per la Storia d'Italia, No. 67)，页 86 – 88]

关于属灵人

我想，[使徒约翰]所看见的坐在白云上、好像人子的那一位（《启示录》14：14），代表某个义人品级，他们蒙恩得以完全效法人子的生活……然而，由于他们要传上帝国的福音，把最后的麦子收入主的谷仓，所以他们还将学会一种方言（tongue）……

现在我们还必须看看从天上殿里走出来、手拿利镰的那一位（《启示录》14：15 – 16）……他从天上的殿里出来……云所代表的

扮演的角色多有含糊之处。约阿希姆本人对这个问题可能也没有清晰的看法。不过有一点是肯定的：默观的恩膏（contemplative charisma），而非等级权威，将成为主宰将来的力量。

① 此处很可能蕴藏着约阿希姆对他自己离开西笃会的思考。

② 第三阶段中最完美的制度将是 ordo monachorum [修士品级]，而不是这样的教宗制（the papacy）。但亦请参看"上帝的新民"一节。

生活低于天所代表的生活。……驾在白云上，即过着默观生活的人，比起那些纠缠于俗世挂虑的人固然层次更高，但从天上殿里出来的那一位似乎还要属于某种更高的生活形式。云所代表的教导的自由以及属灵的教义是一回事，但热爱神圣默观的自由则是另一回事。因此，像人子的那一位应当理解成将来的完人（perfect men）中的某个品级，他们持守基督和众使徒那样的生活；同样，从天上殿里出来的那位天使，则应当看作某个隐士（hermits）品级，他们效法的是众天使的生活……

一个似乎是新的然而又并不新的品级将要兴起。他们身穿黑衣，腰系一条来自上面的腰带，他们的数目将大大增多，他们的名声将传遍四方。他们将靠着以利亚的灵传扬并护卫信仰，直到世界的终结。此外还会有一个隐士（hermit）品级，他们效法的是众天使的生活。他们的生活如同烈火，燃烧着对上帝的爱和炽情，要烧尽一切荆棘和蒺藜，即烧尽、吞灭恶人的邪恶生活，叫他们不能再滥用上帝的忍耐。我想，那时众修士（monks）的生活将如同甘霖，以绝对的完全和兄弟相爱之义浇灌大地，而众隐士的生活则如同烈火……前一品级〔指修士〕较为温柔和悦，为要靠摩西的灵收割上帝的庄稼，即上帝的选民。这一品级〔指隐士〕则较为勇敢火热，为要靠以利亚的灵将恶人割下。①

〔译自《〈启示录〉释义》，前揭，ff. 175v – 176r〕

---

① 两个品级后来确实都见到了。就我们所知，约阿希姆没有把自己确定为其中任何一个品级，也没有将西笃会与这里的角色对应，尽管他对西笃会士心存敬意（参《图解书》，plate xxiii）。关于他对修院制历史的认识，请特别参看其早期著作，《论圣本笃的生平和论圣职》（De vita S. Benedicti et de officio divino），C. Baraut 编，Analecta sacra Tarraconensia（1951），24：42 – 118。第二阶段末期的两个品级预示着第三阶段 the ordo nonachorum〔修士品级〕，但不应把两者等同。

《启示录》中的敌基督和新天地

在［龙的第六个头］①受伤——某种程度上此事已经开始——之后，基督徒将得胜，敬畏主名的人们将喜乐，因为由第六个王所掌管的兽的那头将被掷下，几乎毁坏消灭。数年后，这头的伤要复原，②那骑在头上的王（或是萨拉丁——若他还活着的话，或是另一个坐在他王位上的人）③将召集一支军队，比从前的更大，对神的选民全面开战。那些日子里，必有多人戴上殉道的冠冕。

那时，龙的第七个头也将要兴起，称为敌基督的那王并一众假先知皆追随这头。我们认为这头将从西方兴起，帮助那做异教徒首领的王。④他将在他［指第六个头］及其军队面前行大神迹，就像行邪术

---

① 在这段对《启示录》13 章的疏解中，伴随着龙这一形象的七个头被看作教会七个时期的七个主要逼迫者，分别是：希律、尼禄、君士坦提乌斯（Constantius）、穆罕默德、米塞默特（Mesemoth，此人无考，但他显然是穆罕默德教的某个领袖，可能实有其人，也可能是想象的）、萨拉丁（Saladin）。最后一个头被约阿希姆标上："此乃第七王，名为敌基督；不过还有一个像他的，邪恶丝毫不逊于他，即由尾巴所代表的那一个。"尾巴则被标上："歌革。他是末后的敌基督。"［译注］参见图 4。可见，这位斐奥雷的长老跟许多教父一样，持有关于两种敌基督的传统说法，不过看起来，其看法与其说来自直接阅读教父文献，不如说来其神学体系的内在必然性。此处选译的几个文段讨论第六头和第七头。

② 指《启示录》13 章 3 节以及经文稍前提到的从海里上来的那兽。约阿希姆显然把这里的二兽并视为一兽，因为二兽的力量将联合起来。

③ 关于伊斯兰教尤其是萨拉丁在约阿希姆长老的天启论中的角色，参见 E. R. Daniel, "Apocalyptic Conversion", 页 132 – 135; M. Reeves, "History and Prophecy", 页 60 – 61。

④ 约阿希姆长老的另外一些文字也表达出对教会东西方敌人可能联盟起来的担忧。《〈启示录〉释义》f. 134r – v 值得注意，约阿希姆在该处说，1195 年他在墨西拿（Messina）时曾遇到一人，那人告诉他，穆斯林计划跟异端巴塔里亚派（Patarene heretics）结成联盟［来反对基督的教会］。

的西门(Simon Magus)在尼禄面前所行的……主必为选民的缘故缩短那些时日,使其不超过42个月。

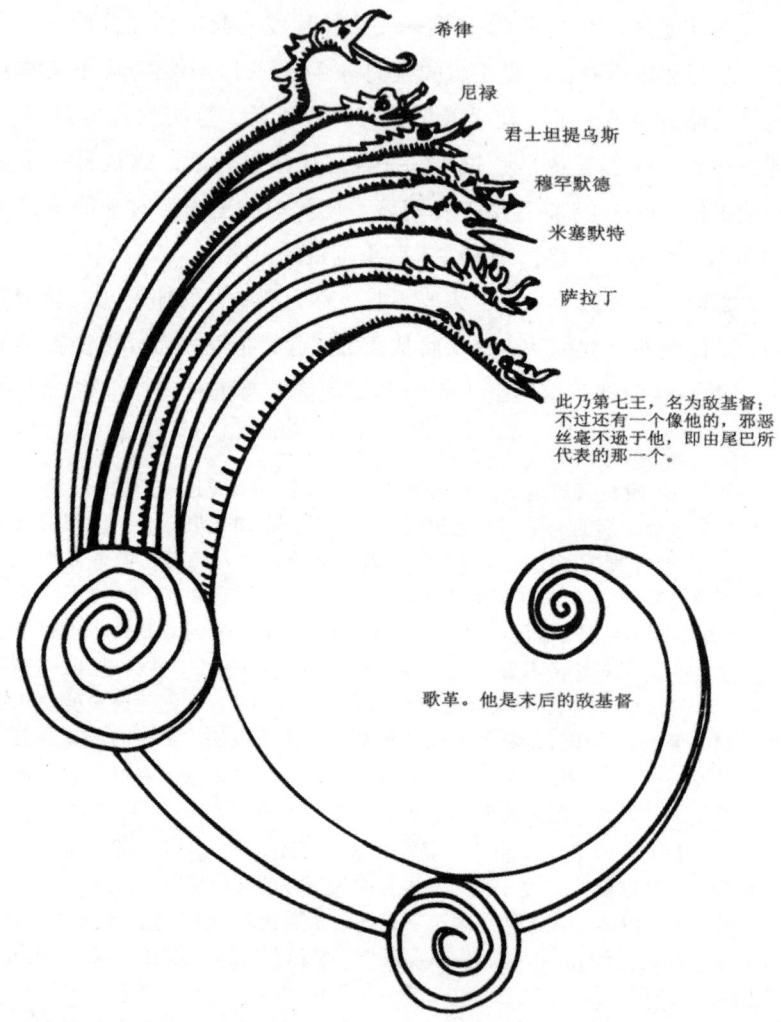

(取自L. Tondelli, M. Reeves, B. Hirsch-Reich, *Il Libro delle Figure dell' Abate Gioachino da Fiore* [Turin, 1953], Vol. II, Tavola XIV.)

图4　约阿希姆所绘《启示录》中的七头龙

如圣洁的教会博士们（the hole Doctors）所说，我们不应该仅仅因为圣经说敌基督将在世界的终末来到，就认为敌基督一受审判世界的终末即刻便到。①世界的终末和末时（the last hour）并不总是指那最后一刻，而常常指整个末世（the time of the End）。千年之前写书的约翰明明白白地教导我们说：

> 小子们哪、如今是末时了。你们曾听见说那敌基督的要来，现在已经有好些敌基督的出来了，从此我们就知道如今是末时了。（《约翰一书》2：18）

我们应当注意，约翰和他的主说有许多敌基督要来，保罗却说要来的是一个敌基督。正如在那位集君王、祭司、先知于一身的独一的基督到来之前，先有许多君王、祭司和先知出现，同样，在那一个将要假装成君王、祭司兼先知的敌基督出现之前，也必先有许多邪恶的君王、假先知和敌基督出来。

这敌基督被消灭后，地上必有公义，并有和平如江河滔滔，

> 主要执掌权柄，从这海直到那海，从大河直到地极。（《诗篇》71：8）②

世人将要把刀剑打成犁头，把矛戟打成镰刀。这国不再向那国动刀剑，不再有战争（《以赛亚书》2：4）；犹太人和不信上帝的多国之民都将归信上主，③全民将为美好的和平欢喜，因为大龙的众头已

---

① 约阿希姆这里可能在影射教父传统中关于敌基督受审判与世界终结之间这段时期的看法。参看 R. Lerner, "the Refreshment of the Saints"，页 115 – 119。

② [译按]《和合本》为《诗篇》72：8。

③ 从约阿希姆最早期的作品开始，犹太民族归信基督就在他的思想中扮演了重要角色。关于这一点可参看 B. Hirsch - Reich, "Joachim von Fiore und das Judentum"。

被打碎。龙自己也要囚在无底坑（abyss）（《启示录》20：2 - 3），即囚在地极余剩的国民中。龙被囚的年、月、日几何，唯有上帝知道。等这年、月、日期满，撒旦将再次被放出来逼迫上帝的选民，因为龙尾所代表的那个剩下的敌基督还在。

[译自 L. Tondelli、M. Reeves、B. Hirsch - Reich 考订,《图解书》(Il Libro Delle Figure, Turin：SEI, 1953), plate xiv, 行 9 - 55 多处]

上帝的新民与属灵的平等

[中译编者按]约阿希姆善于用图解来阐释自己的思想，他在晚年完成的《图解书》堪称中古神学的奇葩。这些神学图谱的形式是：每个图谱有一个题解，并附有说明文字。下面是有关上帝新民的安排的 7 幅图的题解和相关说明文字。参见图 5。

标题：第三阶段中上帝新民的安排，仿照新耶路撒冷的模式。①

1. 圣洁的上帝之母圣玛利亚以及圣民——耶路撒冷——的圣堂（oratory）；鸽子；上帝的座位；劝慰的灵；鼻子。②

这圣堂将是万人之母，里面住着将来统治万人的那位属灵父亲（the Spiritual Father）。③所有人都将服从他的指示和旨意。房子里的众

---

① 这也许是《图解书》(figurae) 中最不同寻常的主题，相关讨论参看 H. Grundmann, Neue Forschungen über Joachim von Fiore, 页 85 - 121; M. Reeves、B. Hirsch - Reich 编译,《图解书》, 页 232 - 248。此处摘录的文字讨论第三阶段各"品级"的圣堂。我采纳了 J. Ratzinger 在 The Theology of History in St. Bonaventure（页 39）中的提议，把 novus ordo 这个普通术语译作"上帝的新民"。

② 每个圣堂分别有一位主保圣人、一个标志性的动物、一种圣灵的恩赐以及身上的一个肢体。

③ 这位"属灵父亲"就是那位 novus dux [新领袖] 或者说第三阶段时的教宗吗？若是，则约阿希姆对未来教宗制的许多模糊看法就变得明朗

弟兄在一切事上都将遵命而行，好叫他们的忍耐和节制可以教益他人。他们在禁食上当跟随西笃会的榜样。照着将要住在那房子里的属灵父亲的旨意，较下品的会友可以通过［现在生活的考验］而过上更克己的生活。

2. 传福音的圣约翰和所有童贞圣徒的圣堂；鹰；智慧的灵；眼睛。

这个圣堂里将住着经［试炼］证明的完人，他们内心燃烧着过默观生活的属灵渴望。他们将拥有个人密室（cell），何时想要祈祷，立刻就可以退入密室。这密室不是在各人自己所愿的地方，而是根据督管一切的属灵父亲的意旨和安排，设在修道院回廊近旁……

3. 圣保罗和众圣洁博士的圣堂；人；理智（understanding）的灵；耳朵。

这个圣堂里将住着博学之人以及那些在属神的事（divine things）上学习且受教之人。比起别人，这些人不但更渴望也更有能力投身于阅读和属灵的事……

4. 圣司提反（St. Stephen）及所有圣洁殉道者的圣堂；牛犊；知识的灵；口。

这个圣堂里将住着那些长于身体劳作，但在属灵的操练上不能成长到所需程度的弟兄……

5. 圣彼得和所有圣洁使徒的圣堂；狮子；忍耐的灵；手。

这个圣堂里将住着年长而体弱的弟兄，也许是因为肠胃不好，他们无法完全遵守严格的禁食规则……

这个修院（monastery）与教会圣职人员（clerics）的所在应间隔

了。就我所知他从来没有明确这样说过，但这很可能就是他的意思。然而，指出如下这点很重要：就算这里的属灵父亲指教宗，将来教宗的权柄也是就神恩而非就等级而言。

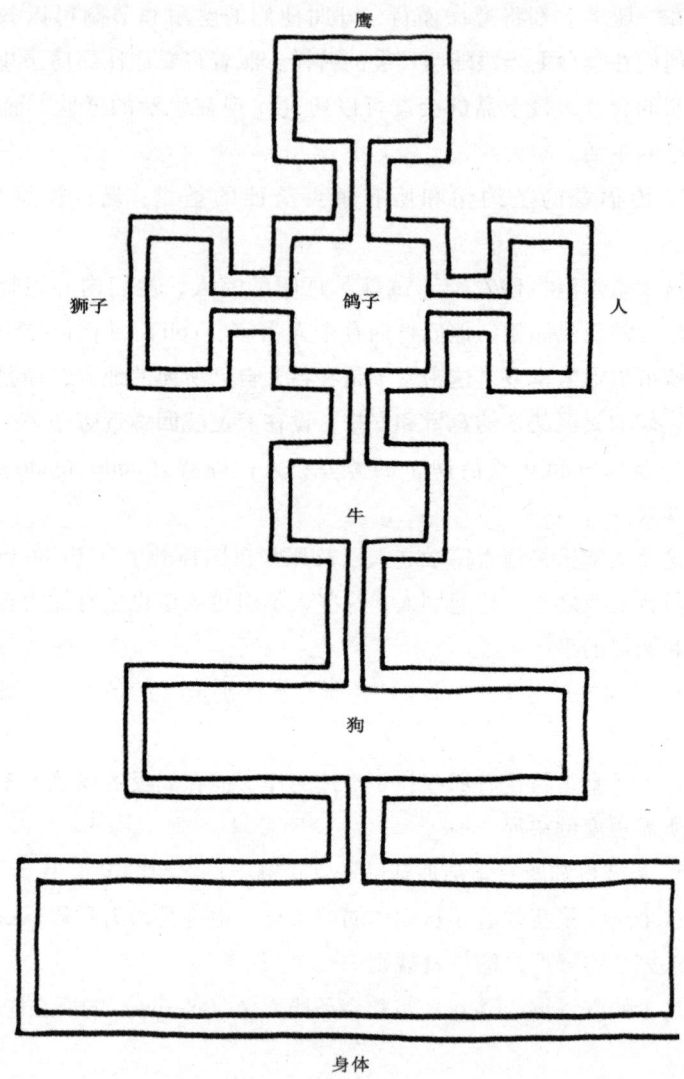

(取自 L. Tondelli, M. Reeves, B. Hirsch-Reich, *Il Libro delle Figure dell' Abate Gioachino da Fiore* [Turin, 1953], Vol. II, Tavola XII)

图 5　上帝子民的新秩序

三英里。①

6. 施洗者圣约翰及圣洁的众先知的圣堂；狗；敬虔的灵；脚。

这个圣堂里聚集着那些想要过贞洁的普通生活，不想完全禁绝暖和衣服及肉食的祭司和教会神职人员……他们将按照督管一切的属灵父亲的指示和旨意，服从他们所在的小修道院的院长……

这两个圣堂②之间应相隔三站（stadia）。

7. 圣先祖亚伯拉罕以及一切圣洁族长的圣堂；绵羊；敬畏的灵；身躯。

那些过着普通生活的有婚配者及其儿女将聚集在这个圣堂名下。他们与妻子同寝非为一时欢愉，而是为了生养。他们会在所安排的时间和日子，求得妻子的同意后与妻子离绝，以便专心祷告（《哥林多前书》7：5）；他们也会体贴年轻妻子的身体和年龄［的需要］，免得她们被撒旦诱惑。他们将有自己的家庭，将保守自己免受一切控告。他们衣食公有，并按照属灵父亲的指示和意旨顺服主（the Master）；所有这些品级都将顺服这位主，他是新的、拥有完美尺寸的挪亚方舟……这些基督徒当中不可有那种不自食其力的懒汉，好叫各人都可以有余去供应穷人。每个人都将靠自己的手艺做工，个体买卖者和工匠会有自己的上级督导（superiors）。因此，有能力做工却不做工的人，应被主强迫做工，众人也都当谴责他。他们当衣食简朴，这于基督徒是得体的。他们中间不应有人穿世俗服装，染色布的衣服也不可穿。诚实可称赞的妇人要亲手织羊毛贴补基督的穷人，要待别人如同她是他们的母亲，存敬畏上帝的心教导年轻妇女和女孩子们。他们要从自己所有的当中取十分之一交给教会圣职人员，好帮助穷人、客旅

---

① 这些关于圣堂与圣堂之间间隔多少的指示，以及精确标注的各项规定，表明约阿希姆脑海里所想的是一个现实存在的而非奥秘性质的共同体。这些因素构成了他历史化地描述第三阶段的有力论证。

② ［译按］即第6和第7圣堂之间。

及学子。他们应当如此行,这样,当别人没有而他们却有很多或略有一些时,就可以按属灵父亲的意旨,从多有的人那里取出有余的分给少有的人。如此,他们中间就可以没有穷乏人,而是凡物公有。①

[译自 Tondelli、Reeves、Hirsch-Reich 考订,《图解书》,前揭,plate xii]

约阿希姆的临终遗言

[英译按] 这封信附于《〈启示录〉释义》(*Expositio*) 前面,虽一直有人质疑其真实性,但绝大多数权威学者都承认此信的确出自约阿希姆。关于各种看法的研究,参 Bloomfield,"Joachim of Flora",页 253-254。拉丁语原文有几处意思含糊。

约阿希姆弟兄,人称斐奥雷的长老的这人,致所有读到此信的弟兄们:愿你们众人都能得着在主里面永远的救恩。从上任教宗克雷芒(Clement)的来信,②以及从教宗路修斯和乌尔班(Urban)的命令,③你们可以知道我已经写了几本书;我现在也还在写作,希望这番辛劳上能自荐于上帝的荣耀面前,下能使读者得益。

靠着上帝的感动及我的力量所能,我已完成的有:五卷本的《新约与旧约的谐致》;《〈启示录〉释义》,按标题分为八个部分;以及三卷本的《十弦琴诗篇》(*Ten-Stringed Psaltery*)。除别的作品外,我还要首先提到我的小书《驳犹太人》(*Against the Jews*) 和《驳大

---

① 约阿希姆的乌托邦理想带有鲜明的"共产主义"要素。
② 克雷芒三世(1187—1191),他是约阿希姆的赞助人之一。
③ 路修斯三世(1181—1185)和乌尔班三世(1185—1187)。关于约阿希姆的几位教宗赞助者,参看 McGinn, *Joachim and the Sibyl*,页 108-116。

公信仰的敌人们》（*Against the Enemies of the Catholic Faith*）。①倘若上帝许我还活在此身时有更多东西以教导基督里的信徒，特别是教导众修士，我定然不会拖延。由于时间仓促，除《新约与旧约的谐致》外，目前我还未能把这些作品呈送教宗（papal）评判和修正，只怕里面有些内容［该舍去而］我没有舍去，或有一些我没有认识到尚需修正的东西。

人无法确定自己在世的日子几何，也许等不到我奉命把这些作品呈送宗座御览，我就已经死去。然而，我写作这些书的前提就是：我的劳苦就是他的劳苦，并且他教导的权柄也完全在书中运行。凭着全权的上帝，我请求与我同为院长的和前任诸院长，以及敬畏上帝的其他众弟兄，并靠着我似乎拥有的权柄如此命令：持有此信或此信抄件的人啊——这信也是一种旨意——我到目前已经写下的所有作品，以及我死之前可能写下的任何新作，你们要尽快收集完整。

原作要留下，妥善保存，以便日后呈送教廷审查。就让我的作品代表我本人来接受同一宗座的纠正，来陈明我的信仰以及我对信仰的献身吧。我已时刻预备好遵守宗座所命令的或将要命令的事。我不会为任何属于自己的观念辩护而反对宗座的圣洁真道；我完全信宗座所信，接受宗座在道德上及教义上的纠正，弃绝宗座所弃绝的，接受宗座所接受的，并坚信阴间的门必不能胜过宗座。纵然宗座一时混乱，被风暴吹袭，他所信的也不致落空，直至世界的末了。

我，约阿希姆长老，在我们主的年代 1200 年，叫人写下这些话，并亲笔签名。我保证，信中所说皆我本人之意。

签名：我，约阿希姆，斐奥雷的长老。

［译自《〈启示录〉释义》，"前言"］

---

① 所有这些作品（最后两部一般也称为 *De articulus fidei*）在 16 世纪才得以编辑付梓，收于 *Fonti Per la Storia d'Italia* 丛书。

约阿希姆：《启示录》中的历史模式

丹尼尔（E. Randolph Daniel） 撰
安 蓓 译

在圣克莱门特（S. Clement）教堂，保存了全罗马最引人注目的教堂后殿镶嵌砖。这里原是一座古代晚期的大教堂，考古学家曾从现存教堂地下挖掘出之前大教堂的一些断壁残垣——新教堂于12世纪20年代建成取代了老教堂。

这些镶嵌砖无疑与圣克莱门特教堂的建成属于同一时代，砖上画面内容结合了古代、中世界早期以及洋溢着革新精神的12世纪的不同主题，风格独树一帜。画面包括羔羊列队走向经教宗祝福的羔羊蜡像（agnus dei），还有象征四位福音书作者的四种动物，这都是圣科斯马和达米阿诺圣殿（SS. Cosma e Damiano）及圣普拉斯瑟德教堂（Sta. Prassede）建成以来的常见主题，成了罗马教堂穹顶和拱壁上按例必有的元素。至于画面上有茂密的葡萄藤缠绕于教堂拱壁表面上，则显然是古代教堂的主题。

然而，镶嵌砖的中间部分出现了新的场景，表现的是十字架上被钉的耶稣：耶稣绵软无力地垂下头，手、脚、肋旁的伤口清晰可见，鲜血从伤口汩汩流出；马利亚和约翰一左一右，站在十字架旁哀哭。此外，葡萄藤间还穿插着无数日常生活场景：①一个女人正在喂她的

---

① 关于圣克莱门特教堂的镶嵌砖，参克劳特海默，《罗马：一座城的剪影（312—1308）》（*Rome: Profile of a city*, 312-1308），Princeton, 1980, 页182-187；Walter Oakeshott，《三至十四世纪罗马建筑中的镶嵌砖》（*The*

孩子们吃东西；几只山羊在吃奶；两只鸟儿正给一群幼鸟喂食，幼鸟的嘴巴向上伸出鸟巢之外；一个精灵（daimon）骑在海豚上，样子很逗趣。整个画面生机盎然，毫无僵硬死板之气，也无等级森严之感。镶嵌砖上的场景具有丰富的象征含义，不过总体上给人的印象是：基督已降临，他要更新地上的生命，使基督徒进入天国成为可能。

镶嵌砖画面反映出两个趋势，对于我们理解 12 世纪那个时代及约阿希姆长老（Abbot Joachim）其人至关重要。其一，12 世纪是一个万象更新的时代，一个充满革新精神的时代。约阿希姆身上充分体现出了他这个时代的精神，虽是一名带有保守倾向的修士，但他对《启示录》的解释，却与前人的注释彻底划清界限：他不但用一种全新的方法把约翰的《启示录》历史化，还提供了一种前所未有的解经法——"谐致法"（concordia）。

其次，12 世纪以乐观的态度看待历史和未来，格列高利派宗教改革者们就确信，他们可以彻底革新并洁净地上的教会。就约阿希姆对这一点心有戚戚而言，他显然也是格列高利派。他相信历史正在走向圣灵掌权下的阶段（status，这个词在约阿希姆那里是 tempus［时代、时期］的同义词，表示一种处在恩典下的状态），到那时教会将进入和平的历史纪元，得享前所未有的属灵欢乐。正如镶嵌砖上的画面反映出一个生机勃勃的世界，同样，在约阿希姆看来，历史本身也已经孕育了一个更美世界的可能性。

克劳特海默（Richard Krautheimer）解释圣克莱门特教堂拱壁上的镶嵌砖画面时，多强调复古元素。然而，十字架场景乃是一个创新，而且处于画面的中心位置，显得非常突出。有人曾把 12 世纪描

Mosaics of Rome from the Third to the Fourteenth Centuries），Greenwich, Conn., 1967，页 98，247 – 250；Mary Stroll，《作为权力的符号》（*Symbols as Power*），Leiden, 1991，页 118 – 131。

述成一场文艺复兴,因为那时人们重新燃起了对古典文化的兴趣和研究。①

"文艺复兴"的说法强调 12 世纪对古代典范的借用,因此特别关注那些模仿古典的元素,尤其强调重新兴起的对古典文学的研究和对古典风格的复兴。然而,"文艺复兴"的提法淡化了 10 世纪晚期直至 13 世纪中期这一时代的诸多革新元素,②其中有两方面的新发展,对于理解约阿希姆长老以及他讨论《启示录》的方式尤为重要:一个是人们看待自然和历史的眼光变了,一个是"归正"(reform)③概念的意义发生了变化。

图尔的格列高利(Gregory of Tours)讲过一件轶事,清楚体现出

---

① 克劳特海默,《罗马:一座城的剪影(312—1308)》,前揭,页 182-187。这方面的经典作品有 Charles H. Haskins,《十二世纪的文艺复兴》(*The Renaissance of the Twelfth Century*),1927; Cleveland, 1957 重印; G. Paré, A. Brunet, P. Tremblay,《十二世纪的文艺复兴:学校和教育》(*La Renaissance du XIIe siècle: Les écoles et l'enseignement*),Ottawa, 1933。关于 Haskins 的学说,可参 Robert L. Benson、Giles Constable 及 Carol D. Lanham,《十二世纪的文艺复兴和更新》(*Renaissance and Renewal in the Twelfth Century*),Cambridge, Mass., 1982。

② 强调 12 世纪革新因素的研究著作有 Charles Radding,《一个由人缔造的世界:公元 400—1200 年间的认知与社会》(*A World Made by Men: Cognition and Society, 400—1200*),Chapel Hilll, N. C., 1985; Carolyn Walker Bynum,《作为母亲的耶稣:中世纪盛期精神的研究》(*Jesus as Mother: Studies in the Spirituality of the High Middle Ages*),Berkeley and Los Angeles,1982; M. -D. Chenu,《自然与人:十二世纪的文艺复兴》("Nature and Man: The Renaissance of the Twelfth Century"),收于 *Nature, Man and Society in the Twelfth Century*, Jerome Taylor、Lester K. Little 编译,Chicago, 1968,页 48。

③ [译注] reform 这个词源自拉丁文 re [再,又,回] 和 form [形式,样式],原意指回到本来的形状与样式的行动,用于教会层面时一般译作"宗教改革"或"改教"。本文延续这一教会层面的译法,只有当用于个人层面时才译作"归正"。

古代晚期和中世纪早期的自然观。在拉特（Latte）修道院，保存着圣马丁（Saint Martin）的遗骨。一天，一支法兰克军队路过此地，那些当兵的从河对岸看见这座修道院，就生歹心，打算过来洗劫一番。修士们警告说，该修道院是属圣马丁的，但二十个士兵不顾警告，划船过来洗劫了修院，然后收集起他们的劫获，重新划着小船要渡过河去。将到河心时，船突然开始在水流中打转，最后在士兵们脚下散架。二十个士兵，死了十九个，唯一的幸存者显然是那个责备过其他人罪行的士兵。圣马丁对他名下殿堂的保护，以及对触犯殿堂之举的报复，即时、具体而且明确。圣徒——恶魔也是这样——总是就在近旁，而非远远待在某个超出尘世的乐园（paradise），各种看不见的势力（powers）也总是活动于日常生活中。因此，圣徒的复仇来得迅速而精准，强盗们根本不用等到死后才为他们的罪行受苦，相反，没等他们过河，圣徒就击沉了他们。他们所受的惩罚肉眼看得见，而且非常严厉。①

其实，我们若从另一个角度来看待这段叙述，没有一件事不能从自然角度得到解释。水流突然开始打转固然不那么寻常，但也许还是可解释的。然而，格列高利根本无意解释什么：拉特教堂是圣马丁的圣地，这里无论发生什么事，在他看来，当然都是这位圣徒的作为。

进入12世纪后，关于世界以及上帝在世界中的位置，人们的观念已然改变。这个世纪见证了一种观念的兴起：自然世界单独是一个实体（entity），正常情况下与神性世界（djvine world）是分离的。克努（M.‑D. Chenu）提出，说这个时代人们发现了自然世界，意思是说，可感世界此时已被去神圣化（disacralized）。这一去神圣化过程的顶峰，就是圣托马斯·阿奎那（Saint Thomas Aquinas）最终做出

---

① 图尔的格列高利，《法兰克人史》（*The History of the Franks*）4.48, Lewis Thorpe 译, Harmondsworth, Middlesex, 1974, 页 244–245。

如下区分：他区分了自然世界与超自然世界，区分了由感觉经验、理性及自然过程构成的领域与由智慧、启示及恩典构成的神圣秩序（divine order）。①人们逐渐把无形势力的活动视为非常之事，而不再视为正常现象。天使和恶魔还是会过到这边的世界来造访，但已经不那么频繁；至少，有人已经开始相信，可感世界一般情况下只是按照神为它制定的法则（norms）运行，不受超自然存在的干预。②神圣势力和邪恶势力［在自然世界中］的持续在场和活动，已不再被视为理所当然的事。

上述转变具有何种意义，从时人看待神裁法（ordeal）的态度便可一窥端倪。至晚从 9 世纪开始，拉丁西方已开始使用神裁法来解决一些证据不足以定案或者缺乏直接见证人的法律争端。使用神裁法，比如设立一个宣誓辅助人（oathhelper）之类，实际上是呼吁上帝的帮助。人们认为上帝知道事情的真相，他会通过水、烧红的铁或搏斗等途径来显明真相，人只需要确保执行神裁法时是上帝或仁慈的神圣权柄在起作用，而不是某个邪恶势力在后面操纵即可。因此，圣职人员会把所用的工具祝圣（consecrate），并在神圣之地执行神裁。

没有人怀疑神裁法的效力，因为人人都想当然地认为，神圣势力

---

① 克努，《自然与人》，前揭，页 4 – 18，特别是页 14 – 15。
② 讨论这种思想转变面临的一个最困难的问题，就是弄清楚转变发生于何时以及发生在哪些类型的人当中。有文字可见的材料仅仅来自小群精英阶层，绝大多数是教士和隐修士，他们给我们留下了一些文字材料。克努在他的《自然与历史》一文中认为，把自然去神圣化首先是神学家们干的事儿，尤其是夏尔特尔（Chartres）的柏拉图主义者们。他认为新的思想景观从该学派肇端，一直渗透到其他智识人并渗透到科技领域（参该文页 37 – 48）。Radding 则认为，认识上的改变首先于 10 世纪晚期和 11 世纪早期发端于帕维亚（Pavia）的法学界，然后从那里传播到了北方各大学和更广泛的圈子里（《一个由人缔造的世界》，前揭，页 153 – 254）。

和恶魔势力总是在日常生活中在场，从不停止起作用。①人要确保自己得救，只能去做士，因为，只有在修院的高墙内才能躲开恶魔的围追堵截，即便躲不开，至少也可确保获得神的及时帮助和保护。由此我们可以理解圣徒遗骨的重要性——我们记得，那些遗骨曾经可以担保其所在之地的圣洁，并因此而担保在此地运行的势力的神圣性（holiness）。但突然之间，12世纪冒出了一些怀疑神裁法效力的端倪，其缘由显然是新兴的关于自然世界的意识。人们认为，自然世界领域通常情况下由"自然"规律或法则掌权，只有在某些"非常"时刻，神圣势力或恶魔势力才会介入。②

古典古代时期也承认神谕和占卜，这表明中世纪早期的精神（mentality）仍是古代精神的延续。新柏拉图主义者区分感性经验的世界与理智秩序，区分物质世界与纯粹存在（pure being）的王国，但尚未像12世纪那样开始区分自然与超自然。与此相反，基督徒新柏拉图主义者如托名狄奥尼索斯（pseudo-Dionysius）则相信，上帝与人类灵魂之间有一个存在的等级（hierarchy of beings），这在某种意

---

① Charles Radding，《一个由人缔造的世界》，前揭，页5-6。Radding还在他一篇文章中更充分地讨论过这个主题，见《对科学的迷信：自然、运气及中世纪神裁法的实施》（"Superstition to Science: Nature, Fortune, and the Passing of the Medieval Ordeal"），收于 American Historical Review 84 (1979): 945-969。

② Charles Radding，《一个由人缔造的世界》，前揭，页6-22；《对科学的迷信：自然、运气及中世纪神裁法的实施》，前揭，页957-959。Radding更愿把这种转变解释成知觉认知模式的转变，并借用瑞士心理学家皮亚格特（Jean Piaget）的学说来服务于他的论证目的。但由于他归给中世纪早期思想的知觉模式其实是皮亚格特在孩子身上发现的那种模式，所以，他的解释没有得到广泛接受。我本人更愿把这种转变解释成精神上的转变。我这里所用的"精神"一词，几乎是作为 Weltanschauung [世界观，人生观] 的同义词，它指这样一些范畴：人们借助这些范畴来解释他们自身、周遭世界以及神圣秩序，但一般而言，又并未意识到他们事实上正在使用这些范畴。

义上把灵魂跟神性（divinity）联系起来。①天启（apocalyptic）作者们相信，他们被赋予了牢固的特权，可以参透不可见的世界，即参透天界（the heavenly sphere）本身，他们的观念中并没有什么仿佛远在时空之外、天宇之上的真正的超越之神。古代的天启作者只是感觉到自己的肉眼无法看到属天的国度（celestial realm），但他们深信这个国度的确就在宇宙之内，并有传信的众天使上下往还，联络天上与地上。此外，灵知派相信，他们的 gnosis［灵识］中含有密码，可使灵魂在朝天之旅中顺利通过众多掌权恶魔所设的重重关卡，但这趟旅程本身仍是进入天界的旅程。②

新的自然意识则把自然看作自治自足的实体，从而对上述假设构成了根本挑战。人们固然还相信上帝创造了"自然"世界，也相信上帝在自然中运行，但他们认为，上帝的运行一般情况下仅借助自然途径，只在非常情况下才借助超自然途径。当古代和中世纪早期的精神还占据主流时，人终将瞥见天国这一假设根本无须检审，但到了 12 世纪，这一假设却迫使人们不得不去追问：属人的观察者何以可能获得这类知识，或者说，此类宣称何以可能得到证实？圣维克多的理查德（Richard of Saint Victor）在其《启示录》注释的开篇处，系统阐述了一些关于属灵异象的理论。③约阿希姆解释《启示录》时则立足于一些可历史地证明其真实性的解经原则，我们后来看到，其中"谐致"原则就是用来支持约阿希姆结论的一个证据。

圣克莱门特教堂后殿的镶嵌砖也证明，12 世纪思考的重点已经

---

① 《托名狄奥尼索斯集》（*The Complete Works*），Colm Luibheid、Paul Rorem 编译，New York，1987（书中有为全集所写的导言）。

② 天启作者得窥天国的一个最典型的例子就是《以诺一书》第 72 - 82 节，那里讲到以诺得以看见天国的大门和众行星行走的路线。

③ 圣维克多的理查，《〈约翰启示录〉注释七书》（*In Apocalypsim Ioannis libri septem*），PL 196：686 - 690。

从作为主的复活的基督转向了作为人的耶稣,这个耶稣曾经在地上生活、受苦,最后死在十字架上。对于复活的主,人只能顺服,但viator——地上的基督徒旅客,乃是蒙召效法属地的耶稣,并与这位属地的耶稣认同。亚西西的圣方济各(Saint Francis of Assis)渴望亲身感受十架之痛,其最高表现就是圣痕(stigmata),①而早期基督教或中世纪早期的精神中则从来没有类似的东西。②

这种新的精神明显与11、12世纪的宗教改革运动相关,尤其与那些所谓的"半隐修"(semi-eremitic)运动或"福音"(evangelical)运动相关。这些运动强调,传道和过贫穷生活不应只是个人圣洁的标志,更是向其他基督徒传播宗教改革信息,激励他们也来加入这场更新运动的途径。③新型隐士从周游各地的传道者逐渐发展到建立起一个个修院团体。格列高利派或改革派的教宗们力求通过控制教宗继承权及枢机主教团,来推行他们的改革计划。格列高利一派致力于解放教士不再受平信徒控制,把神职人员和平信徒一并置于教宗权力的控制之下,以实现把整个拉丁基督教世界真正改造成在地上的"基督的身

---

① [译注]"圣痕"指基督被钉的伤痕。在这里指人身上出现与耶稣的十架伤痕相似的痕迹或伤疤。

② R. W. Southern,《中世纪的形成》(*The Making of the Middle Ages*),London,1953,页221-240;Bernard McGinn,《西方基督教中作为上帝形象的人》("The Human Person as Image of God in Western Chrisianity"),收于 *Christian Spirituality: Origins to the Twelfth Century*,Bernard McGinnn、John Meyendorff、Jean Leclercq 编,New York,1986,页312-330。关于亚西西的圣方济各,可参拙著,《中世纪盛期方济会的宣教观》(*The Franciscan Concept of Mission in the High Middle Ages*),Lexington,Ky.,1975,页26-54。

③ Henrietta Leyser,《隐士与新的隐修制度:公元1000—1500年间西欧宗教团体研究》(*Hermits and the New Monasticism: A Study of Religious Communities in Western Europe, 1000-1500*),New York,1984。Caroline Walker Bynum在文章中强调传道的重要性,认为传道是区分有团规的圣职团团员(cannons)精神与修士精神的一个要素(《圣职团团员的精神》["The Spirituality of Regular Canons"],收于《作为母亲的耶稣》,前揭,页22-58)。

体",使其全然纯净,丝毫不沾染周遭所见的一切败坏这一目标。①

"归正"在奥古斯丁那里曾经是个人性的概念,个体的、蒙上帝所预定的基督徒经历了"归正"过程后便可脱离罪,脱离这个可感、可见宇宙的束缚,踏上朝向上帝的属灵旅程。奥古斯丁从未由此想到改革教会。而11、12世纪的宗教改革者们也还是从个人意义上思考"归正",其主要着力点却在于更新和洁净教会。②这些宗教改革者坚信地上的教会可以变得更圣洁、更与基督相配,此事不但可能,在他们看来也是不得不做成的事。

拔摩岛的约翰（John of Patmos）③似乎认为,未来只是接踵而至的一个个灾难和一次次逼迫,最后恶将达到顶点,那时上帝必介入,消灭逼迫者并囚禁撒旦,然后受苦的众圣徒将得到酬报,欢度他们的千禧年（millennial）。千禧年不是历史之内的发展目标,而是在此世结束之后到来,且是在此世最后一个时代结束之后到来的。④约翰是犹太教和基督教天启作者的典型代表,他认为恶在当下现世（the present world）⑤只会不断累积。奥古斯丁和蒂寇尼乌斯（Tyconius）

---

① R. W. Southern,《中世纪的形成》,前揭,页118 - 169;《中世纪的西方社会和教会》(*Western Society and the Church in the Middle Ages*), Harmondsworth, Middlesex, 1970, 页34 - 44、100 - 133。

② Gerhard Ladner 对"归正"观念从保罗到奥古斯丁的演变进行了宏大的分析,参其《归正的观念》(*The Idea of Reform*), New York, 1967; Ladner 则只对这一演变过程作了粗略勾勒,见《中世纪的改革思想及其与文艺复兴概念的关系》（"Die mittelalterliche Reform - Idee und ihr Verhältnis zur Idee der Renaissance"）, 载于 *Mitteilungen des Instituts für Österreichische Geschichtsforschung* 60 [1952]:31 - 59。

③ [译注] 即《启示录》的作者,因流放拔摩海岛,在那里领受启示而得名。

④ 参下文关于术语"千禧年"的定义的脚注。

⑤ [译注] 指我们现在生活的这个世界,相对于将来邪恶完全除净、基督完全掌权的千禧年国度而言,后者不在历史的范畴之内。

对未来的态度也同样悲观：上帝之城与地上之城将一直斗争到历史的终末（the End）。《启示录》只是一个寓言，告诉我们蒙拣选的个体可能以怎样的方式获得拯救。①

约阿希姆长老属于一个跟奥古斯丁和约翰迥然不同的时代。历史在他那里有了不同的意义：基督徒的最终目标仍是进入超历史的永恒，但上帝对人类的计划却要在一个从过去和现在进化而来的历史性的安息中完成。历史的发展模式不再是恶不断累积，然后宇宙性的大灾难降临，然后一个全新的开端到来；相反，在约阿希姆看来，历史会通过净化性的灾难从一个阶段迈向另一个更好的阶段。约阿希姆的第三阶段——即圣灵时代的观念，体现了他那个时代的革新性发展，即强调历史本身自有其意义，且想要在历史内部改革并洁净教会。②

约阿希姆借用先知以西结（Ezekiel）的车轮异象（《以西结书》

---

① Bernard McGinn,《卡拉勃利亚的长老：西方思想史中的约阿希姆》(*The Calabrian Abbot*: *Joachim of Fiore in the History of Western Thought*)，New York，1985，页 80 – 85；Peter Brown,《希坡的奥古斯丁》(*Augustine of Hippo*)，Berkely、Los Angeles，1967，页 313 – 324。

② 约阿希姆院长的作品一律用简称表示：*Enchiridion* 代表《〈启示录〉手卷》(*Enchiridion super Apocalypsim*)，Edward K. Burger 编，Toronto，1986；*Expositio* 代表《〈启示录〉释义》(*Expositio in Apocalypsim*)，Venice，1527；重印本，Frankfort on Main，1964；*Lib conc*（*Dan*）代表《新约与旧约的谐致》(Dan 版)（*Liber de concordia Noui ac Veteris Testamenti*)，E. Randolph Daniel 编，Philadelphis，1983；*Lib conc*（*Ven*）代表《新约与旧约的谐致》(Ven 版)（*Liber de concordia Noui ac Veteris Testamenti*），Venice，1519；重印本，Frankfort on Main，1964；*Lib fig* 代表《图解书》(*Liber figurarum, in 11 Libro delle Figure dell' – Abate Gioacchino da Fiore*)，Leone Tondelli、Marjorie Reeves、Beatrice Hirsch - Reich 编，两卷本，Turin，1953；*Lib Introd* 代表《〈启示录〉导读（附〈释义〉)》(*Liber introductorius in Apocalypsim, printed withe the Exposito*)，fols. 1vb – 26va。

1：4－28）来理解《启示录》与圣经其他书卷的相互关系。①受"谐致"观念引导，约阿希姆把普遍历史（the general history）中的事件与《启示录》相勾连，认为《启示录》中的象征和异象预示着与普遍历史相对应的一系列人物和事件。如他在某处的表达：

> 如密林般荫蔽着旧约的所有历史书分为五个部分，一部分是普遍历史，另外四部分是特殊历史。因为一个轮子有四个脸。[同样，]一段普遍历史，也有四段特殊历史连接其上。普遍历史即从世界开端一直发展到《以西结书》之时的历史……还有四段特殊的、较小规模的历史，[所对应的书卷]第一是《约伯记》，第二是《多比传》（Tobit），第三是《犹滴传》（Judith），第四是《以斯帖记》……那一个是轮，这四个是脸。②

上面说的四段特殊历史在新约中对应于四福音书，

> 至于"普遍历史"这个部分，[新约中]则有《启示录》赐给我们[与之对应]。③

普遍历史是外轮，《启示录》是内轮。④普遍历史由旧约诸历史书构成，讲述从《创世记》直到《以西结书》，尤其是从先祖亚伯拉罕时代至被掳归回期间以色列民族的历史。内轮与外轮相连，因此，尽

---

① Delno C. West、Sandra Zimdars－Swartz，《斐奥雷的约阿希姆：属灵知觉与历史之研究》（Joachim of Fiore: A Study in Spiritual Perception and History），Bloomington, Ind., 1983，页95－98。

② 约阿希姆，《〈启示录〉手卷》，页10－11；《〈启示录〉导读（附〈释义〉》1, fols, 2vb－3rb。

③ 约阿希姆，《〈启示录〉手卷》，页11；《〈启示录〉导读（附〈释义〉》1, fol, 3ra－rb。《导读》中的文字大大扩充了《手卷》中的文字。

④ 约阿希姆，《〈启示录〉手卷》，页11。

管《启示录》中的异象主要指向基督降生以来教会的历史,但整个历史进程也都包含其中。把内外两个轮子连接起来的就是"谐致"原则。

约阿希姆把"谐致"定义成"新旧约之间等比例上的相似"——我要说的是,这个"等"是数目上的相等,而不是尊贵性上的平等。①约阿希姆还说,

> 这称为"谐致"的[属灵]理解就像一条由荒漠一直蜿蜒到城市的连贯的道路。沿途有深谷,让旅者怀疑[79]自己是否还走在正路上;也有高崖,从那里旅者可以回首来处或眺望他的目的地。②

"谐致"意味着,从亚当至耶稣基督到来之前最后一代人的旧约历史,与从犹大王乌西雅(Uzziah)至基督荣耀再临之间的新约历史,二则间存在着某种一致性,或者说存在着诸多平行对应关系。例如:旧约中的亚伯拉罕、以撒和雅各分别对应新约中的撒迦利亚、施洗约翰和作为人的基督耶稣(the man Christ Jesus);旧约中的以色列十二支派对应新约中的十二教会(五个宗主教会,再加上拔摩海岛的约翰在《启示录》中向其致函的七个教会);还有,尼布甲尼撒(Nebuchadnezzar)所率的迦勒底人,相当于约阿希姆时代的日耳曼皇帝们。这一个个"对子"中的"谐致"或一致在于,成对双方在各自的时期(tempora)或阶段内所处的代(generation)数的位置相等,角色和作用也相似——尽管也有许多方面不相似。

比如,第一阶段中的雅各,与第二阶段中作为人的耶稣基督

---

① 参《新约与旧约的谐致》(Dan 版),2.1.2,页62;《新约与旧约的谐致》(Ven 版),2.1.2, fol. 7rb。

② 参《新约与旧约的谐致》(Dan 版),2.1.4,页66;《新约与旧约的谐致》(Ven 版),2.1.4, fol. 8ra–rb。

（Homo Christus Ihesus）位于同一代的位置，而且二人都是奠基者，具有作用上的相似性——当然角色并不一样。约阿希姆很谨慎地交待说，这种相似是数目上的相似，即代的数目和功绩（deeds）上的相似，而不是尊贵性上的等同。在约阿希姆看来，作为人的耶稣基督比雅各位于更高的层面上，这意味着前者在属灵理智和造诣上优于雅各，正如第二时期的人和品级（orders）普遍优于第一时期一样。

麦克金（Bernard McGinn）认为，"谐致"原则行在约阿希姆勾画出的十二种属灵含义（spiritual senses）之先，它与后者有区别，且尤其不应把它等同于七种预表含义（typological senses）。[①]各种历史模式中最重要的有两个，一个是第一定义（prima diffinitio）或称世界三阶段模式（pattern of three status mundi），一个是第二定义（secunda diffinitio）或称两个时期的观念，二者都自"谐致"原则得出，因而都不属于属灵理智（intelligentia spiritualis）的组成部分。约阿希姆的"谐致"说是从圣经中的历史书出发得出的，尤其是从《创世记》至《尼希米记》的历史书再加上四福音书和《启示录》得出的，因此，我们可以说，"谐致"说属于当时所谓"字面含义"（literal senses）的范畴；但它又在很大程度上不同于"字面含义"在当时的意思，同时也在很大程度上不同于现在人们对这个术语的理解。

在约阿希姆看来，圣经中的历史书由圣灵写成，讲述已经发生的

---

① 麦克金，《卡拉勃利亚的长老》，前揭，页 130 – 131。West 和 Zimdars – Swartz 在《斐奥雷的约阿希姆》中提出了同样的说法（前揭，页 43 – 44），不过没有那么清晰。莫图（Henri Mottu，《约阿希姆笔下圣灵的显示》[La manifestation de l'esprit selon Joachim de Fiore]，Neuchâtel，1977，页 98 – 123）则跟随卢巴克（Henri de Lubac，《中世纪的解经学：经文的四层含义》[Exégèse médiévale：Les quatre sens de l'écriture]，Paris，1961，页 437 – 459，pt. 2，vol. 1）的观点，认为"谐致"是属灵理智的一部分，应当等同于七种预表模式。麦克金在《卡拉勃利亚的长老》中用一张简明的表格总结了约阿希姆所说的各种属灵含义（《卡拉勃利亚的长老》，前揭，页 129）。

事件，通过它们我们可以把握过去、现在和未来的内在结构。约阿希姆有一个注释圣经的全盘计划，倘若该计划如愿完成，将涵盖旧约的全部历史书、全部先知书以及新约的四福音书，也许还有《使徒行传》，再加《启示录》。但他不会讨论旧约智慧文学和新约书信，因为这些不是历史书，从而——用约阿希姆自己的话说——都在"谐致"范畴之外。①

约阿希姆跟随奥古斯丁的榜样，把以色列历史按代（generation）的数目而不是年数划分为不同时代（aetates）。代的数目根据《马太福音》1章1至17节记载的耶稣家谱来推算，亚伯拉罕之前的耶稣家谱则据《路加福音》补足。②个人与个人、制度（institutions）与制度之间的"谐致"，是基于它们分别位于旧约和新约的同一代的位置。《新约与旧约的谐致》卷二、三、四勾勒出了这些代与代之间的平行关系和历史发展模式，约阿希姆相信，后者内在地蕴含于前者之中。

约阿希姆把《启示录》划分为八个部分：开场白和致七教会的

---

① 参《新约与旧约的谐致》（Dan 版），页 xxii – xxv；West、Zimdars – Swartz,《斐奥雷的约阿希姆》，前揭，页 46 – 52。

② 参《新约与旧约的谐致》（Dan 版），2.1.12 – 13，页 81 – 83；《新约与旧约的谐致》（Ven 版），2.1.10 – 11，foo. 10va – vb；奥古斯丁,《上帝之城》（De civitate Dei），22. 30（48：865 重复）；West、Zimdars – Swartz,《斐奥雷的约阿希姆》，前揭，页 30 – 33。约阿希姆的历史发展模式以奥古斯丁的"八个时代（aetates）"说为基础，区别是，在约阿希姆看来，第七个时代在历史进程之内，且紧接着第六时代之后到来。有关这一点的论述参拙文,《斐奥雷的约阿希姆长老：〈最后的大患难〉》（"Abbot Joachim of Fiore: the De ultimis tribulationibus"），收于 Prophecy and Millenarianism: Essays in Honour of Marjorie Reeves, Ann Williams 编, Burnt Hill, Essex, 1980, 页 167 – 189。约阿希姆在他的小册子《论终末》（De ultimis）中把第七个时代看作跟第六个时代同属一期并紧接着第六时代之后到来的时代。

七封信（1：1－3：22）；开启七印（4：1－8：1）；吹响七号（8：2－11：18）；二兽（11：19－14：20）；愤怒的七碗（15：1－16：17）；巴比伦的倾覆（16：18－19：21）；千禧年（20：1－10）；新耶路撒冷的异象（20：11－22：21）。他把这八个部分分别对应于教会纪元中的七期，以及随后到来的永恒；此外，《启示录》中的每个"七"系列（七信、七印、七号等）也都基于七期来讨论，还有七个品级（orders）、七个逼迫者、兽的七头，也都对应于这七期，每段经文也根据它在这个结构中所处的位置来解释。①

由此，约阿希姆把开启七印解释为代表着七期的更替。在《新约与旧约的谐致》卷三，约阿希姆详细计算了七印如何就是旧以色列的七期。按照谐致原则（secundum concordiam），新约时期，或者说开启七印所代表的时期，也都跟旧约的这些"七"系列一一对应。

因此，论到第六封信，即约翰即致非拉铁非教会的信时，约阿希姆的注释中解释说，这封信预言了正在来临的第六期，它将在公元1200年之后开始。然而，约阿希姆这里的注释把大部分焦点放在施洗约翰和耶稣的成胎和出生上。他认为，耶稣之所以在施洗约翰的母亲以利沙伯（Elizabeth）怀孕第六个月时成胎，是因为基督将要在第六期内洁净童贞女——即由属灵人的品级组成的贞洁的教会。②第六印也指第六期，约阿希姆在此仰望一位将来的教宗，他将像所罗巴伯（Zerubbabel）③那样，从"巴比伦"被差往"耶路撒冷"，去复兴被

---

① 麦克金的《卡拉勃利亚的长老》中有一个简明图表，列出了约阿希姆划分的《启示录》大纲及对应章节。（前揭，页 148 - 149）。West、Zimdars - Swartz 所编《斐奥雷的约阿希姆》中也有一个图表（前揭，页 74 - 75），为 Venetian 版的《〈启示录〉释义》给出了对应的圣经章节号。
② 约阿希姆，《〈启示录〉释义》fols. 82va - 84vb。
③ ［译注］所罗巴伯是圣经人物，波斯王大流士时期的犹大省长，带领犹太人从被掳之地返回巴勒斯坦的领袖，并在归回后与大祭司耶书亚一同负责重建圣殿的工作。

龙的第六头和第七头所压迫的教会。①

最后,《启示录》整部书卷的第六部分（16：18 – 19：21）也主要讨论这第六期。其中巴比伦的倾覆对应于古巴比伦倾覆于波斯王居鲁士（Cyrus, 和合本圣经译作"古列"）之手, 圣民回到耶路撒冷则对应于以色列民在所罗伯和耶书亚（Jeshua）的带领下从被掳之地归回（《以斯拉记》2：1 – 2）。约阿希姆认为, 这里的巴比伦对应于君士坦丁堡、希腊诸教会以及拉丁教会中所有被上帝所废弃的教会。②

在《〈启示录〉释义中》, 约阿希姆把前四期跟《以西结书》中轮子的四脸相关联, 并把第五期跟轮子的中心即上帝的宝座相关联。

> Quinque precedentibus partibus diligenter inspectis—secundum quod notare curauimus in summa libri—inuenimus quatuor generales ordines designatos in quatuor animalibus habuisse conflictum cum quatuor bestiis, quas scribit Daniel, singuli per singula tempora specialiter, et tamen omnes simul ab ipso principio generaliter. Deinde in quinto tempore sedem dei, hoc est ecclesiam generalem que dicta est in spiritu Hierusalem, cum ecclesia malignantium, que uocatur Babylon, quatenus completis quinque preliis istis, recipiat utraque ciuitas in successione sue prolis secundum opera sua, et appareat quod differat inter iustos et impios, non modo in futuro seculo, uerum ectiam in hac uita presenti. [在认真考察前面五个部分之后, 如我们在全书总结中已经提到的那样, 我们发现了由四个活物代表的四个体系。这些活物与但以理所描写的四兽有冲突。单个［活物］尤其凭靠单个时期, 而所有［活物］则整个儿一起从头开始。此后, 在第五个时代（我们才看到）神的宝座, 也就是说普世的

---

① 约阿希姆,《〈启示录〉释义》fols. 120vb – 21ra。
② 同上, fols. 192rb – 93rb。

教会,它在灵意上被称为耶路撒冷。还有恶人的教会,它被称为巴比伦。当那五次交战结束时,每个城要根据自己的作为,就是自己在作战中的表现受报,义人和不义之人的差别将会显明,不单显明在来世,也显明在今世。]①

这一解释模式直接来自《新约与旧约的谐致》卷三,有以下文本为证:

> 就我所能估算和理解的来说,七印[所代表]的诸时期必须这样区分;正如有四活物——指四个特殊的品级,即使徒、殉道者、守道者(confessor)②和守童贞者——每活物各有六个翅膀,[或者说]总共有 24 个翅膀,同样,我们必须将 24 代分配给四印,即把同样数目的代分配给这四印的开启。从第 25 代……到第 40 代则要这样分配给第五印……叫其中的 10 代因为是平安年代,所以相对于其他世代而言不列入计数之内,而把它们看作是在新旧约的谐致和一致的轨道之外;所有[这 16 代中]只有 6 代剩下来留在这个织体之内。此外我们必须承认只有第 41 代是一代代表两代——它被恰当地描述为两个 6——确切地说这是因为一场两倍的患难将发生在第六印开启之后,与[旧约中]逾越节的患难对应;此时基督受难,阴影加倍。第 42 代将是一个安息之期,第七印将在此时开启。③

约阿希姆认为,七印和七印的开启应当包含 42 代,这样分配给每个印的就是 6 代。如此一来,第 7 代、第 13 代……及以此类推的

---

① 约阿希姆,《〈启示录〉释义》fols. 191va – vb。
② [译注]在早期教会历史中,这个词指为了守护信仰而遭遇逼迫但最后并没有殉道死亡的信徒。后来教会用这个词来指圣徒。
③ 约阿希姆,《新约与旧约的谐致》(Dan 版),3.1.1,页 209 – 210;《新约与旧约的谐致》(Ven 版),3.1.1,fol. 25va。这段文字译自 Dan 版。

诸代就成了下一个印和下一次开启封印的开端。约阿希姆对待前四印一直保持这一解释模式，但接着，他就决定性地改动了这个模式。事实上，他把属于第六、第七两印的 10 代拿出来加到了第五印上，如此一来，第六印就只有一代，即第 41 代，第七印也只有一代，就是第 42 代；但第五印却占了 16 代。如果我们记得第 40 代将结束于公元 1200 年，而且约阿希姆在 1183 年至 90 年代后半期写作，那么他的目的便一目了然——约阿希姆要表明他本人几乎生活、写作于第六印即将开启之际。

约阿希姆引用先知以赛亚关于希西家王的预言（《以赛亚书》38：5 - 6)，并引用希西家在位期间的一件事，来证明他如此处理代的数目是有理由的：前者指上帝承诺加给希西家王十五年的寿数，后者指上帝将亚哈斯的日晷上的日影往后退了十度（《列王纪下》20：8 - 11；《以赛亚书》38：6 - 8)。①据此，第五印从希西家王开始，结束于耶路撒冷陷落和以色列民被掳往巴比伦之时。②

第六印则是从以色列民被掳，到他们在所罗巴伯和耶书亚的带领下自被掳之地归回这段时期。约阿希姆认为，《犹滴传》和《以斯贴记》分别记载的亚述人和哈曼（Haman）迫害犹太人的事，对应于新约时代的第 41 代。③如前面所提，龙的第六、第七头对应于这些迫害。第六头也许指突厥人，可能以萨拉丁（Saladin）为首；第七头则指最大的敌基督（maximus antichristus)。然而，这第六印也包含着所罗巴伯以及他的对应角色，即期待中的那位将要改革教会的教宗。先知玛拉基（Malachi）之后便不再有历史和预言写作，约阿希姆把这

---

① 约阿希姆，《新约与旧约的谐致》(Dan 版)，2.1.28 - 30，页 115 - 128；《新约与旧约的谐致》(Ven 版)，2.1.25 - 26，fols.14vb - 16va。

② 约阿希姆，《新约与旧约的谐致》(Dan 版)，3.1.1，页 211 - 214；《新约与旧约的谐致》(Ven 版)，3.1.2，fols.25vb - 26rb。

③ 约阿希姆，《新约与旧约的谐致》(Dan 版)，4.1.43 - 45，页 400 - 403；《新约与旧约的谐致》(Ven 版)，4.30 - 31，fols.55vb - 56va。

位先知放在所罗巴伯和耶书亚的年代,因为他相信,第 42 代和第七印及其开启期间将是安息的年代,正如从以色列人被掳归回到基督诞生期间也是一个安息的年代。①

"谐致"观念是革新性的,基督徒解经家们的思想中从来没有过真正与此类似的要素。它粗看似乎与那些更古老的预表(typologies)相似,但也只是表面上相似。基督徒们曾用预表法来论证旧约中的事件和人物实际上预表着基督,从而证明基督就是早前旧约中那些预言和应许的应验。在这个意义上,预表属于——如约阿希姆所主张的——属灵含义之列。但"谐致"原则却主张以色列民族史与基督教历史之间有着一以贯之的平行对应关系,Homo Christus Ihesus,即人性的耶稣本身就是"谐致"框架内部的一个人物。这样的观念对传统预表法而言全然陌生,然而却是约阿希姆"谐致法"的根本观念。②

---

① 约阿希姆所绘七头龙的图非常清楚地传达出他关于末后那些敌基督的观念(《图解书》pl. xiv)。他认为,严格意义上的敌基督即 magnus antichristus [大敌基督] 相当于龙的第七头,而最后一个敌基督则相当于龙的尾巴 [译注:参见图二]。Bernard McGinn 的《天启精神》(*Apocalyptic Spirituality*,New York,1979,页 135 – 141)一书中有对这张图的解说。《〈启示录〉导读(附〈释义〉)》fols. 10ra – 11ra 以及《〈启示录〉释义》fol. 196ra – vb 也提到同样的解释。注释性文献可参 Beatrice Hirsch – Reich、Marjorie Reeves,《约阿希姆的图象》(*The Figurae of Joachim of Fiore*),Oxford,1972,页 146 – 152。Richard 和 Kenneth Emmerson 在其简要的总结中指出,在约阿希姆看来,敌基督在第三时代到来之先出现,因此是在历史的终末之前到来,见二人合编,《中世纪的敌基督:中世纪天启论、艺术及文学研究》(*Antichrist in the Middle Ages:A Study of Medieval Apocalyticism,Art,and Literature*),Seattle,1981,页 60 – 62。Robert Lerner 在其《约阿希姆笔下的敌基督们和敌基督》("Antichrists and Antichrist in Joachim of Fiore",收于 *Speculum* 60 [1985]:553 – 570)一文中指出了约阿希姆敌基督学说中的革新因素。

② 约阿希姆,《新约与旧约的谐致》(Dan 版),2.1.2,页 62;《新约与旧约的谐致》(Ven 版),2.1.2,fol. 7ra – va;麦克金,《卡拉勃利亚的长老》,前揭,页 128 – 134。

约阿希姆力图通过证明新约人物和事件与旧约之间存在着诸多意味深长的平行关系，来证实"谐致法"的有效性。也就是说，观念的有效性可以从历史中得到证明。他说：

> quanta sit in utrisque [testamentis] concordia... in duorum testamentorum consonantia assignare curauimus, quatinus dum testibus ueritatis ydoneis nostra fides munitur, nullis possit erroribus a soliditate diuelli. [我们致力于指出两约之间的和谐……两约之间的共鸣，这样，我们的信仰通过真理的杰出见证者就可以得到坚固，并且不会由于任何错误而失去其可靠的基础。]①

由此，"谐致"原则乃是诉诸一种在12世纪广泛蔓延的从属人历史中看出意义的渴望。然而，以人世间的人物、民族及战争为根据来构造"谐致"，对希坡的奥古斯丁这个新柏拉图主义者而言全然陌生，奥古斯丁只有在那些指向基督的预言性时刻才会看出意义。②约阿希姆凭他的"谐致法"成了真正革新性的人物，实实在在地站在12世纪全新思想景观的前沿。

两个定义，第一个是三阶段的定义，第二个是两个时代的定义，都是从"谐致"原则引出来的合成物。③［译注：见图6］两约——

---

① 约阿希姆，《新约与旧约的谐致》（Dan 版），"序言"，页13。参《新约与旧约的谐致》Ven 版，"序言"，fol. 3vb。

② Brown，《希坡的奥古斯丁》，前揭，页318－319。

③ 关于两个 diffinitiones ［定义］及其相互关系，以及这两个定义与"谐致"的关系，参 E. Randolph Daniel，《约阿希姆历史观中圣灵的双重进程》（"The Double Procession of the Holy Spirit in Joachim of Fiore's Understanding of History"），收于 Speculum 55（1980）：469－483。在《新约与旧约的谐致》卷二开篇，约阿希姆首先限定了"谐致"和"寓意"（allegoria）这两个术语的含义，紧接着就扼要描述两个定义（Dan 版，2.1.4－2.1.11，

330　西方古代的天下观

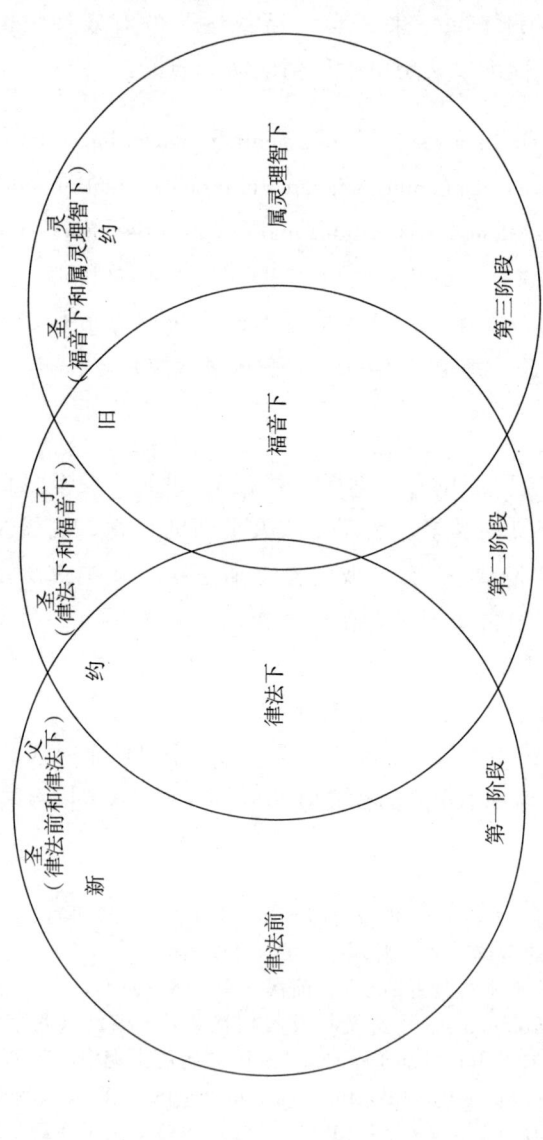

图6　历史三一体的三个圈

(取自L. Tondelli, M. Reeves, B. Hirsch-Reich, *Il Libro delle Figure dell*, *Abate Gioachino da fiore* [Turin, 1953], Vol. Tavola XIb)

新约和旧约——对应于两个时代：第一时代从亚当延伸到基督，第二时代从基督延伸到历史的终末；第一时代属于犹太民族，第二时代属于基督徒。从这两约中产生出一种属灵理智，正如从两个族群中出现一个属灵人（viri spirituales）品级。两个时代都以七次争战或逼迫为主要特征，最后结束于安息。以上乃第二定义。第一定义是三位一体式的结构（tripartite）。第一阶段属三一上帝的第一位格，属于有婚配的平信徒品级，年代上相当于从亚当至基督的第一时代；第二阶段主要属于三一上帝的第二位格，其次也属于圣灵，此时占主导地位的是教士（clerical）品级——尽管修士（monks）自以利亚（Elijah）①以来一直都有。第二阶段的开端与第二时代的开端完全一致，但第二阶段将持续到从基督降生算起的 40 至 42 代（公元 1200 – 1260 年）。第三阶段属于圣灵，并属于修士品级（monastic order）。它的前导期从以利亚和圣本笃（Saint Benedict）开始，但紧随公元 1200 年以后将迎来它的成熟期（fructificatio），时间上与第二时代的安息期重叠。

约阿希姆把三阶段比作三棵树，每棵树有自己的发苗期、成熟期和最后的衰败期。发苗期树自己从根部向上生长，成熟期则结出枝叶果实。基督复活以前，犹太人只能明白旧约的字句，尽管圣灵也特别在先知以利亚、以利沙身上以及属灵人里面运行；基督复活以后，教会不但明白两约的字句，也在某种程度上明白了字句中的属灵含义，因为基督已为门徒差来了圣灵。

圣灵还活跃于希腊和拉丁世界修会的发展过程中，其高潮是西笃

页 66 – 84；Ven 版，2.1.4 – 2.1.9, fols. 8ra – 10rb）。《〈启示录〉导读（附〈释义〉》3 – 7, fols. 4ra – 10ra 对两个定义作了简明的勾勒。

① ［译注］以利亚是圣经人物，公元前 9 世纪北国以色列的先知，也是以色列历史上最重要的先知之一。他最后被上帝接去升天。《玛拉基书》预言，在耶和华大而可畏之日未到以前，上帝要差遣他到以色列人那里。以利亚在耶稣登山变像时出现，新约暗示施洗约翰就是发挥着以利亚的功能。耶稣也把自己的工作与以利亚的相比拟。

会（Cistercians）的出现。约阿希姆生活、写作于第六印即将开启之际，此印开启期间，圣灵阶段将达至成熟期（clarificatio 或 fructificatio 意思就是成熟）。那时，属灵理智（intelligentia spiritualis）的 plenitudo，也就是其完备的规模将被人所认识。第三阶段将出现一组人物，与前面两阶段的人物"谐致"。由于这些人大多要待到将来才出现，所以约阿希姆只能稍作猜测。值得注意的有，约阿希姆认为，西笃会的五大母院对应于以色列民族的前五个支派，并对应于五大宗主教区（patriarchates），即罗马、君士坦丁堡、亚历山大（Alexandria）、安提阿（Antioch）和耶路撒冷。第三阶段持续的时间无法确定，但它与前两个阶段有着同样的基本结构，因为它也是"谐致"的组成部分。①

圣灵阶段是约阿希姆的异象，它承载着 11、12 世纪宗教改革者们热切期待的目标。新约的第六期将在公元 1200 年或之后不久即刻开启（若以 30 年为一代计算，即第 41 代）。《启示录》第 12 章中龙的第六、第七两头所寓示的两次毗连的迫害，将使这第六次开启成为迫害和流亡的年代，对应于犹太人被掳巴比伦，在异乡之地遭受迫害的岁月。约阿希姆把第七头解释成"大敌基督"（the Great Antichrist）。这个人物按传统解释一般与世界的终末（the end of the world）相关，但在约阿希姆看来，此时的这些迫害其实是要洁净教会，之后，教会将在第 42 代得享安息时期，这就是第七印开启了。第七期与第三阶段即圣灵纪元的成熟期（fructificatio 或 clarificatio）完全重叠。这样，迫害和"大敌基督"的显露就不再是历史终结的记号，反倒标志着历史已完全达成它的目标。

---

① 约阿希姆，《新约与旧约的谐致》（Dan 版），4.2.2，页 419；Ven 版，4.39，fol. 59va。《新约与旧约的谐致》图 2 中包含三个圈，代表三个阶段，约阿希姆列出三组属灵人来分别对应于每个阶段（参 Dan 版 2.2.6 - 2.2.7，页 161 - 172；Ven 版，2.2.6，fol. 22ra - vb）。

在《新约与旧约的谐致》卷四，约阿希姆把旧约各代与教会各代逐一比较。轮到他自己那一代时（即第 40 代），约阿希姆以《耶利米哀歌》（Lamentations）的基调，花了一章的篇幅谴责当时的圣职人员和修士：拉丁世界的基督徒与被掳前夕的犹太人一样，不但该当遭受，而且必须遭受被掳与迫害之苦，方可得到洁净。①因此，在第 42 代，

> 大患难已经全部结束，麦子已经艰难地与一切糠秕分开，那时，一个新的领袖将从巴比伦兴起，即新耶路撒冷——圣洁的母亲教会——的一个总主教（universal pontiff）要从巴比伦兴起；《启示录》提到他时说，"我又看见另有一位天使、从日出之地上来、拿着永生上帝的印……"。此外，他不是通过什么有形的旅程，或通过从一个位置到另一个位置的移动而上来的，[说]他上来，是因为他将领受完全的自由来革新基督教信仰，传讲上帝之道。②

在卷四的第二部分，约阿希姆把圣伯尔纳（Saint Bernad of Clairvaux）③比作摩西，赋予他以末后的"出埃及"（Exodus）事件中的领袖角色。如我们刚才所见，第三阶段的西笃总母院及其下面四个如女儿般的母院，对应于以色列众支派中先于另外七个支派在圣地领受产业的五个支派。显然，约阿希姆把第六期的逼迫看作一次改革过程，

---

① 约阿希姆，《新约与旧约的谐致》（Dan 版），4.1.39，页 390 - 394；Ven 版 4.25，fol. 54ra 至 4.27，fol. 55ra。

② 约阿希姆，《新约与旧约的谐致》（Dan 版），4.1.45，页 402；Ven 版 4.31，fol. 56ra - rb。约阿希姆在他的《〈启示录〉释义》fols. 120vb - 21ra 解释开启第六印的天使时指出，这位天使可能指某个罗马教宗，但也可能指基督并因而指殉道者品级（ordo martyrum）。

③ [译注] 法兰西西笃会修士及修道神学家，克勒窝（Clairvaux）修道院院长，是当时教廷举足轻重的人。他曾在教廷和法兰西国王授权下，为第二次十字军东征筹款，不过这次东征以失败告终。他还撰写了不少著名的神学及灵修书籍。

把所有这些事件看作一次被掳,同时也看作一次新的"出埃及"。当教会——对属灵事物具有了完满理解的教会——得享其和平和默观国度时,这一切逼迫都将结束。

约阿希姆的第三阶段往往被描述成"千禧年"(chiliastic 或 millennial),它将取代腐败的教权教会(clerical church)。我跟科恩(Norman Cohn)在同一意义上理解 millennial[千禧年]这个术语。科恩对千禧年的定义是,一个由和平和祝福掌权的新时代取代现存的时代,而且此番取代具有如下性质:集体性的,发生在地上,正在迫近,突然到来,全盘性的,神迹式的。① 约阿希姆笔下的第三阶段的确是集体性的、发生在地上的以及全盘规模的。但是,它固然是已经迫近的,却并非突然到来的;它固然明显是上帝的作为,却并非神迹

---

① 参氏著《追寻千年国》(*Pursuit of the Millennium*),修订版,New York,1970,页 15。卡姆拉(Wilhelm Kamlah)认为约阿希姆把《启示录》的解释历史化了,但他关于一个将来阶段要取代现存阶段的激进观念把他置于主流解经之外。参氏著,《〈启示录〉与历史神学:约阿希姆之前的〈启示录〉解经》(*Apokalypse und Geschichtstheologie:Die mittelalterliche Auslegung der Apokalypse vor Joachim von Fiore*),Berlin,1935,及重印本,Vaduz,1965,页 115 – 124。卢巴克的《中世纪的解经学》(*Exégèse médièvale*,pt. 2,vol. 1:437 – 484),斯莫利(Beryl Smalley)的《中世纪的圣经研究》(*Study of the Bible in the Middle Ages*,第二版,1952,重印本为 Notre Dame,Ind.,1964,页 287 – 289),以及莫图的《约阿希姆笔下圣灵的显示》(前揭,页 98 – 123)也持相似的立场。卡姆拉、卢巴克、斯莫利和莫图四人一致认为,约阿希姆之所以想象出一个如此全新开端的全新教会,根源之一就是他关于圣经经文的十二种属灵含义的思想。瑞维斯(Marjorie Reeves)曾反驳千禧年式的第三阶段观念,并主张制度上的连续性,不过她似乎也相信,"谐致"是十二种属灵含义的一部分;参《约阿希姆长老的历史意识》一文("The Abbot Joachim's Sense of History"),收于 *1272 —Annee Charniere:Mutations et Continuites*,Paris,1977,页 781 – 796。Robert Lerner 把 chiliast 和,这意味着第三阶段构成了一个新的开端,即一个属灵教会的出现,chiliasm 这两个术语用在约阿希姆和他的三阶段观念上(《约阿希姆笔下的敌基督们和敌基督》一文,前揭,页 556 – 557)。

式的，而是从之前的历史进展中生长出来的。《启示录》第 20 章描绘的那个千年也是一个新的开端，但约阿希姆的"圣灵阶段"并非这种意义上的千禧年。

约阿希姆以同一条根上长出的三棵树来理解三个阶段，其中第三棵树既从第一棵树长出又从第二棵树长出［译注：参见图 7］。这样的理解表明，在约阿希姆看来，圣灵阶段乃是一个从亚当就已开始的过程的最终完成，而并非一个新的开端。约阿希姆从来没有恰当地画出这三棵树，抄本中的插图都只有一棵树。我相信，《新约与旧约的谐致》卷二中三个套圈图后面所接的那张图表，①最接近于约阿希姆所想的三棵树的形象。这张表中有两个平行纵列，分别从亚当和乌西亚（Ozias）开始，结束于约瑟和基督诞生后的第 42 代，它们代表第一和第二棵树，或者说代表第一、第二阶段。另外还有两个纵列，从第一棵树中的亚撒（Asa）那一代和第二棵树中的第 16 代开始，为清晰起见，可以称它们为列 3 和列 4。列 3 位于列 1、列 2 之间，列 4 位于列 2 右边。列 1、列 2 结束以后，列 3、列 4 继续往下，暗示列 1、列 2 代表着第三阶段或者说第三棵树的两个开端。又，第二阶段的第 43 代在第三棵树中标作 Christus［基督］，而在第四棵树中标作 Spiritus Sanctus［圣灵］，表明第三阶段既是基督论的又是圣灵论的（pneumatologic）。②

这位院长坚决主张，圣灵阶段和修士品级分别从旧约的以利亚和新约时代的圣本笃开始，这就足以支持以下说法：在约阿希姆的心目中，将要到来的隐修士品级乃是历史从起初就一直在朝向和接近的那个目标。逼迫、争战虽然以传统的终末论语言来表达，在约阿希姆那里却是作为洁净［教会］和推动属灵化进程的工具，

---

① 约阿希姆，《新约与旧约的谐致》（Dan 版）2.1.25，页 107 – 111；Ven 版，2.1.21 – 22, fols. 13va – 14rb。

② 参《新约与旧约的谐致》（Dan 版）2.2.7，页 169 – 178。科西尼抄本（Corsini）和 Ven 版都漏掉了这张表。

(取自L. Tondelli, M. Reeves, B. Hirsch-Reich, *Il Libro delle Figure dell' Abate Gioachino da Fiore* [Turin, 1953], Vol. II, Tavola XXII.)

图7 历史三一体的树喻

而不是作为终结或开端。约阿希姆思想的性质是演进论的，而不是革命论的。他是个宗教改革者（refomer），而不是千禧年主义者。因此，斐奥雷的院长最具原创性且最为重大的贡献，在于他把一个想象中的、得到改革和洁净的基督教世界，设定为某种演进过程的目标，并证明这样一个世界早在亚伯拉罕的日子里就已自有其根源。

约阿希姆认为，《启示录》是轮中之轮，是一把内在的钥匙，可以解开旧约历史书所载普遍历史的含义。因此，约阿希姆在《新约与旧约的谐致》一书中阐明的代际模式（the patterns of generation）成了他解释《启示录》的基本要素。按约阿希姆的理解，《启示录》并非只是新约的"附录"——虽被封为正典，却与新约其他部分相分离，而是整个历史进程的高潮和总结。约阿希姆决定性地打破了蒂寇尼乌斯－奥古斯丁以寓意法解释《启示录》的解经传统，而代之以历史化的解释。

约阿希姆由此成了12世纪这个新纪元的开创者之一。他从奥古斯丁关于不同时代（aetates）的构想出发，但奥古斯丁的目光盯住两座城，他把教会纪元看作一段无限久长的时间，上帝所预定的人在其中得救，上帝所废弃的人在其中被定罪。与之相反，约阿希姆则强调，历史实体、世代、族群及品级都在一个有意义且有限长的年代框架之内逐步演进。对奥古斯丁而言，《启示录》首先是一种通向天国的指引，一条进入天国的通道；对约阿希姆而言，《启示录》却是解开人类历史之含义的钥匙。

约阿希姆的"谐致"是个全新的概念。拔摩海岛的约翰脑海中不曾有过这类构想，早期圣经注释书中也找不到类似的观念，然而，"谐致"概念出现在一个宗教改革的年代不足为怪：那时，敬虔之道开始集中关注耶稣的生活、受苦及死去，那时，人类历史跟自然一样，正在成为神学关注的中心。约阿希姆赋予《启示录》以一个对他的时代而言的意义，从而不但回应也塑造了在他那个世界起作用的力量。

十二世纪的神学与新兴的历史意识

克努(M. -D Chenu) 撰
安 靖 译

> 真理乃时光的女儿。
> ——伯纳德

神学史家们敏于教义论战,并情有可原地忠于学院及正式的教义问答类写作,因而太少关注那体现上帝救恩的时间顺序的历史领域,该领域虽不列入经院课程,却对基督教思想的平衡发展具有极为重要的意义。不过,12世纪拉丁基督教世界最光辉的成就,便是在人们头脑中唤起了活泼的属人历史(human history)的意识。

在这场高贵的思想努力中,受自然发现推动的一些学科无疑行在时代的最前沿。对自然的发现一方面孕育于人们满怀热情地去系统阅读《蒂迈欧》及其仿作,一方面更是受这种文学兴趣下面隐藏的观念所激发,诸如人类物理环境的观念,以及社会生活与自然节律之间存在着实际联系的观念。这些观念孕生出一种尤其兴盛于夏尔特尔(Chartres)那个地方的人类学:它把人看作一个"微观宇宙"(microcosm),认为只有先在某种程度上理解了整个宇宙,才可能理解人的自然(nature)。

这实际上是一种宇宙哲学,其结果注定引向把"自然"(Nature)——大写的自然——假设为一个实体性的实在(substantive reality)。比如,这种宇宙哲学在阿兰(Alan of Lille)身上产生的结果就是,他把这个大写的"自然"说成上帝的代理(vicar);13世纪的让·得墨乌恩（Jean de Meun）也将再次使用这一表达。不过，这个大写的自然，即上帝的代理，对人类历史中时间的流逝、对神圣活动的次序都无所感觉。创造本身被去时间化（detemporalized）、去实存化（deexistentialized），被认为存在于神圣"理念"之中，而非《创世记》六日中展开的受造界。

同样，在12世纪，另外有些人——有时甚至是上面所说的同一些人——则循着迥然不同的思想路线，把他们的好奇心和天赋投入于研究人性（humanity）本身。在他们看来，人类的行事和作为受上帝的神意（providence）支配，从而构成了有别于物理宇宙的另一个"宇宙"，即出于神圣历史的属人宇宙（human universe）。这个上帝是圣经的上帝，而非大写自然的上帝，是作为救赎主的上帝而非作为一（the One）的上帝。对于这些作者，人们往往只把他们视为当时主流思想活动边缘的博学之士，事实上，他们正在构建一套与圣经教导紧密相连的神学，这本圣经中的史述（historia）正是教育神职人员的基础。还要补充一点，12世纪下半叶，比起那些在学院里闭门造车搞辩证法的哲学大师，这些史家与教会的福音觉醒关系要切近得多。

尽管如此，事实上，在这个世纪以及随后的漫长岁月里，他们都无意把教会史课排入学校课程，从而接续前基督时代的历史——无论是为了神职人员的教育还是为了世俗教育。这虽然是个显著的缺陷，却并非我们正在研究的文明圈所特有：对各个民族，正如对每个个人而言，沉思和思考都是历史好奇心的先声，历史好奇心是一个反思的时代结出的果子。

12世纪已经是一个反思的时代，其反思甚至触及当时的宗教经验，但是，如果说那时已经有了认真考虑后圣经历史的写作，那么，这还只是取决于某些头脑私底下的自发行动。这些头脑越来越意识到处于社会集体形式和代际更替中的人类生活：萨里斯伯里的约翰（John of Salisbury）在写作中大量引用古代史家的材料。

> 若有人想要更细致地研究这些事，他不妨去读一读特洛古斯（Pompeius Trogus）、约瑟夫斯、赫格西珀斯（Hegesippus）、苏埃托尼乌斯（Suetonius）、鲁弗斯（Curtius Rufus）、塔西陀、李维、塞热纳斯（Serenus）、特兰奎勒斯（Tranquillus）以及其他无数史家在撰述中所提到的那些事。①

他的友人柏洛瓦的彼得（Peter of Blois）则盘点了当时的文化资源，举出一连串学院外史家的名字，他说，他常常阅读这些人的作品，从中使自己在思想和道德生活上获益良多。

> 除了那些在学院中为人熟知的名著，我也常常求教于特洛古斯、约瑟夫斯、赫格西珀斯、苏埃托尼乌斯、鲁弗斯、塔西陀、李维等作家——他们的史书中有许多东西，不但给我深刻的道德启迪，而且丰富了我的文科知识。②

12世纪末，涅克哈姆（Alexander Neckham）在其博雅教育（liberal education）计划中列出了"史家"一项。

> 接下来，他应该阅读讽刺作家和史家的作品。③

探究激发这些思想的历史环境，会发现这些思想并非发端于学院，而是发端于那些精神上沿袭了自身固有传统，而且易于——至少在当时比较易于——亲眼目睹历史发展的人群，即发端于皇室贵族的侍从人员之中。事实上，这些作家的身份往往是修士，远离都市

---

① 萨里斯伯里的约翰，*Policraticus* viii. 18（Webb, II, 页 363 – 364; Dickinson, 页 356）。关于约翰所引文献的详细列举，参 Webb, *Policraticus*, I, xxi – xlvii。

② *Epp*. Ci（*PL*, CCVII, 314）。彼得在这段话中似乎采用当时通行的做法，照抄了他的老师萨里斯伯里的约翰所列的一份名单。参前注。

③ *Sacerdos ad altare*（Haskins, *Studies*, 页 372）。

学院：

> 史学的历史真是讽刺：史学曾被一位如此有教养的作家——达米纳的彼得（Peter Damina）从与修士身份相称的活动表上删除（他这样描述史学："滑稽无用的年表，或轻浮地唠叨些关于轻浮老太太们的传闻。"），然后几乎又完全靠着修士们的努力在中世纪重生，并靠着他们的努力大放异彩。①

我们若想到经院派大师们实际上从未注意过《上帝之城》（The City of God）这部伟大的史学文本——然而却是一部经常被修士作家们用以灵修默想的文本，这一点便得到了证实并显出其重要性。

但由于某种固有传统——这一传统中的高雅文化曾催生出一些"编年史家"（chroniclers）——有很多史家-修士也会兼任某个强大的世俗基督教国家的属灵顾问，身处要津人物之侧，生活于政治斗争的漩涡中心。比如，俄德瑞库斯（Ordericus Vitalis）曾一度在他的圣恩若尔特隐修院（Abbey of Saint - Evroult）——用格林克（Ghellinck）的话说，那里是"活跃学者的温床"——宁静度日，然而，撒克逊和诺曼族的混血背景，使他对诺曼人在英格兰、意大利及阿拉贡的冒险经历越来越感兴趣。②

此外，金雀花王朝政治伟业和文化成就的最杰出的代表，也都来自修院深处，从马尔墨斯伯里的威廉（William of Malmesbury），到巴黎的马修（Matthew Paris）。亨利四世的外孙、弗里德里希一世（Frederick Barbarossa）的叔叔，弗莱辛的奥托（Otto of Freising），最终入了毛立蒙（Morimond）的西笃会隐修院，但在那里，他肯定没有忘记帝国奥秘说，以及自己曾受的巴黎式教育。

---

① 格林克，*Essor*，页 314。
② 关于这一点，只需提请读者注意"L'histoire"这一精彩篇章，见格林克，*Essor*，页 313 - 387，尤其页 322 - 325。

关于 12 世纪的史纂情况已有人详为著书，本文的任务不是重写这一篇章，因此只需提到格林克的书便足矣。我的目标只是描述当时那种对于人类过往的不断增长的好奇心，并总结这种好奇心的主要特征以及产生这种好奇心的精神条件。所有这些描述都将以当时神学活动的发展为背景来展开。

圣维克托的雨果及哈弗尔贝格的安瑟伦的历史思想

圣维克托的雨果（Hugh of Saint - Victor）著有《阅读研究》（*Didascalicon on the Study of Reading*）一书，系统体现了他的思想方法以及他心目中的学科分类，这些都与他本人的主要进路一致。查询该书的词汇索引，会发现 historia［历史/史学］这个词跟 logica［逻辑学］这个词用得一样频繁，而比 dialectica［辩证学］一词出现的次数要多。①这一关于用词频率的索引意义重大，因为，我们在阿伯拉尔（Abelard）及其夏尔特尔同侪的作品中就看不到同样的现象。

我们注意到，在《阅读研究》中，"史学"这个词跟"逻辑学"、"辩证学"相反，几乎集中出现在全书第二部分，尤其是卷四和卷五，即专门讨论神圣学科（sacred disciplines，即 studia divinarum scripturarum［圣经研究］）的两卷。该索引的意义因此变得越发清晰而明确："历史"指思考某个完整宗教体系时的思考材料，因此也指对该材料的思考方式。基督宗教并非基于逻辑，而是基于某段历史中排列起来的一系列事实，阅读——就严格意义上中世纪的 lectio［阅读］而言——这段历史必须按照某种恰当的方法，而不是按照某一思想体系中的辩证模式。

更值得注意的事实是，在世俗学科中，historia 也跟散文、韵文及故事一起，作为一种文学类型即作为文法学（grammatica）的一个

---

① 参 *Index verborum notabiliorum*（Buttimer, 页 148 - 160）。

部分而存在。①雨果在书中列举了上述文学范畴，但为求简略而没加解释，其实他是间接通过伊西多尔（Isidor）②采用了古代文法学家的分类方法，尤其是古人对故事（fabulae）和纪事（historiae）的分类——故事、纪事都跟哲学即最高的技艺毫不相干，但通常被认为有助于人获得精神上的教养。③可是雨果说，当我们转向圣史时，就会发现不但历史的研究对象变了，而且研究方法也变了，尽管还是采用类似的文学形式。圣史研究中的纪事，既指随着时间流逝而成就的宗教上的救恩经世（economy），也是指把这一研究对象塑造成一门科学学科所必需的特殊方法，这种方法紧系于文本的文字层面，以 littera 即字面叙述为根据。

因此，historia 这个术语跟它在现代语言中一样，带有某种含混性，现代语言中的 history 既指作为史料的历史事实（客观层面），也指处理这些事实所采用的思想方法（主观层面）。《阅读研究》卷四、卷五中对 historia 的用法可证实这一说法。这两卷内容展示了雨果本人充满生机的原创性思想，其中特别阐述了神学的两个部分：阅读历史（lectio historiae）和寓意（allegoria）建构。historia 一方面指故事的字面内容，与神秘主义的寓意探究相对而言，一方面也指跟这一神圣对象相适应的研究方法，它完全不同于世俗学科的研究方法——无论是严格而言的哲学，还是为哲学研究作准备的全部七艺。

> historia 在希腊文中作 $ἱστορέω$，意为"我看见""我讲述"。因此，古人除非自己亲眼所见，否则是不可以著书记事的，免得真假混淆，因为把事情夸大、缩小或所记非事情本来面貌都是作者之过。这才是 historia 严格而准确的定义。不过还可以从更宽泛的意义上来理解，即有时候，historia 也指所用词语的直接含义

---

① *Didascalicon* ii. 29（Buttimer，页 45；Taylor，页 80）。
② *Etym.* i. 5. 4（*PL*, LXXXII, 81–82）。
③ *Didascalicon* iii. 4（Buttimer，页 54；Taylor，页 88）。

最初归给事物的意义。①

这样的历史观念从宗教框架内孕育出来也不奇怪。文明史中有一个众所周知的恒常因素，就是种种宗教价值有利于对实在（realities）的发现。诸实在并非按辩证法被组织在一个思想体系中，而是——用雨果的话来说——依循某种事件更替次序，体现为一个时间中的叙事序列（series narrationis）。在这里，在西方历史诸多转折点的其中一个点上，我们再次看到了这个恒常因素：史学仍然显著地诞生自宗教事物，诞生自宗教大季候中，直到历史"神学"兴盛以后，世俗史学才一点点浮出水面。

由此，如果我们斗胆说现代的历史意识来源于基督教，那么这只能是指新约的终末论展望开启了一种未来必定要实现些什么的视角——这个未来的实现一开始是在历史实存之外，至终却变成了在历史实存之内。我们由于基督教意识而有了一种历史意识，这个历史意识就其来源而论是基督教的，就其结果而言却是非基督教的……。②

这样的史学尽管带有宗教即神学的品质，但终归是史学。雨果希望人在进行神学建构之前，首先维护历史的基本完整，但遭到抗拒：

---

① *De Scripturis et scriptoribus sacris* iii（*PL*，CLXXV，12）。*De sacramentis Christianae fidei* prol. 4（*PL*，CLXXVI，185；Deferrari，页 5）："historia 是对事件的叙述，该叙述包含于意义的第一层面或者说文字层面。"参同上，6（*PL*，CLXXVI，185；Deferrari，页 5），又参 Robert of Melun，*Sententie* i. 1. 6（Martin，I，页 171）。中世纪对 historia 的权威定义出自伊西多尔，他从注释维吉尔作品的拉丁文法学家那里吸收了这个定义，*Etym*. i. 41（*PL*，LXXXII，122）："historia 是对过去所成之事的有条理的叙述。"

② Karl Löwith，*Meaning in History*（Chicago，1949），页 197。关于中世纪历史观念的含义及其效用，参 Etienne Gilson，*The Spirit of Medieval Philosophy*，A. H. C. Downes 译（New York，1936），第 9 章，"Christian Anthropology"。

我知道有些家伙想要立马扮演哲学家,他们说,写故事的事儿该留给伪使徒们去办。这些家伙的知识跟驴子的知识差不多。你们不要跟这种人学。①

13世纪时,人的思考开始侵凌神学,凡此都可以看出史学不是神学。13世纪时,quaestiones[提问辩难]及其产物(解惑)summae[大全]已经与圣经文本的历史阅读(historical lection of sacred texts)分离开来。经院神学把自身与圣史分离开来。雨果基于历史建立一套寓意系统的尝试注定失败,而圣阿奎那则最终放弃了历史和寓意二元论。我们必须理解,这种二元论是作为神学科学功能的一个部分被放弃的;尽管有圣经预表把两个要素联系起来,它们终归还是截然相异的要素。

尽管如此,雨果的教育法还是有助于我们在某种程度上理解作为一系列事件的基督启示,进而在某种程度上理解历史的属人价值和神圣价值。的确,尽管遭到某些思想方法的阻挡和辩证法家的反对,雨果身上还是表现出相当多的要素,足以证明这种新兴的历史敏感。当然,编年史作家们老早就在记录事件了——无论是古代还是晚近的事件,四个多世纪以前的伯德(Bede),就曾展示出一位优秀史家的素质。但现在的情况是,一种直觉性的意识正在兴起,想要自成为一种知识形式。我们要注意这种新兴意识的诸多特征,而暂且抛开这种历史意识在解经上的运用,把它留作一块单独的研究领域——顺及,在这块领地上,圣维克托的安德若(Andrew),史称"新哲罗姆"(New Jerome),就是一位了不起的大师级人物。②

我们要注意的第一个重大细节是,雨果爱用"叙事序列"(series narrationis)这个表达,它精确道出了史学相对于靠逻辑连结起来的

---

① *Didascalicon* vi. 3 (Buttimer, 页114; Taylor, 页136)。

② 参 W. A. Schneider, *Geschichte und Geschichtsphilosophie bei Hugo von St. Victor* (Münster, 1933) [Smally, 第4章, "Andrew of St. Victor", 页112–195]。

理论性学科而言的特有属性。historia 是一个序列（series）、一个有组织的序列，一个环环相扣的连续体，其主题具有意义；这个连续体就是历史的可理解性（intelligibleness of history）［169］的对象——不是柏拉图式的理念，而是上帝在人类时间中的主动作为，即诸救恩事件。

> 我们若是按照时间顺序，按照世代更替，按照所教导给我们的真理的排列次序来详细考察一切的事，就可以自信地宣告：我们已经触及圣经经文的所有层面。①

时间和空间由此成了 historia 的一部分；historia 在事件中，也在对事件意义的理解中：

> ［上帝］复兴［人类］之工的顺序，应从三个方面来考虑：空间、时间和价值……然而，看起来，空间安排和时间安排几乎在每件事上都彼此对应，都依循着事件的次序。②

时间空间只是无足轻重的细节？或许看起来如此，但谁若不重视这些要素，他其实就会错过里面的属灵样式（spiritual pattern）：

> 以下是我们在历史中尤当探索的四个要素——人物、所要完成的事业、时间、地点……不要轻视这些细枝末节。轻视了这类

---

① *De sacramentis Christianae fidei*, i. 10. 6（*PL*, CLXXVI, 336; Deferrari, 页 173）。"叙事系列"（Series narrationis）和"时间顺序"（series temporum）是雨果的典型用语，参同上 i. 1. 29（*PL*, CLXXVI, 204; Deferrari, 页 27）。比较 *In Eccles.* Praef. （*PL*, CLXXV, 115）；*De arca Noe morali* iv. 9（*PL*, CLXXVI, 678; CSMV, 页 149）："时间安排就发现于事件序列中"；*Except. alleg.*，等等。

② *De arca Noe morali* iv. 9（*PL*, CLXXVI, 667; CSMV, 页 147）。

最小的事，就会失之毫厘而谬以千里。①

这个"序列"，就其玄奥深远的——简单说即奥秘的——实在而言，起因于一个总的计划有意识地安排了某个预先设定的目标，此目标将在时间进程中实现，与永恒理念相对的时间是该计划实现的基本条件。西方教父用 dispensatio［指导、管家、治理］来翻译希腊教父的 οἰχονομία：

> 这个宗教的关键就在于上帝的神意为拯救人类——人类必须得到归正、复兴并进入永生——而从事的现世治理，其中包括这一治理的历史以及有关这一治理的预言。②

在雨果及其同类作家笔下，dispensatio 携带了它的全部意涵：

> 上帝向蒙拣选而作代理者的犹太人——［上帝］拯救全人类的治理（dispensatio）将通过他们来激活——宣告说……③

> 接下来还有另外一种律例，称为可变更的律例，因为它们在时间进程中并按照［上帝的］治理来补充自然律令。④

这个词也被应用于上帝的创世行动："然而，造物主的这种治理也是他伟大的创世行动的源头。"⑤ 救恩计划在不同阶段的发展可能会有调节和调整，因此，这里的用词带有某种法律内涵。

---

① *Didascalicon* vi. 3（Buttimer，页 114；Taylor，页 136）。
② 圣奥古斯丁，*De vera religione* vii. 13（*CSEL*, LXXVII, 12）。［译注］dispensatio 及其对应的英文词 dispensation，在本文中都译作"治理"。
③ *De vanitate mundi* iv（*PL*, CLXXVI, 733）。
④ 参 *De sacramentis Christianae fidei* i. 12.9（*PL*, CLXXVI, 360；Deferrari，页 201）。
⑤ *De vanitate mundi* iii（*PL*, CLXXVI, 721）。

因此，从万民中，他造就了犹太人，从犹太人中，他造就了基督徒。他逐渐把一些人分别出来，彻底改变他们，并把他们召聚起来，从而几乎是悄无声息地，他带领人脱离了偶像崇拜，来到律法统治之下。接着，他又领他们脱离那无法领人进入完全的律法，来就福音的完全。等到这全部的治理都已显明，他便教给他们全然成全了的基督律法。①

时间因此不只是宇宙中的一段期限，而是某种历史性的事件更替，一个世代进程（processus saeculi）。mundus［世界］和 saeculum［世纪、世代］两个词相结合，突出了这一奥妙的但又可理解的安排中属人的或实际上是宗教的维度——"按时间的流逝，直到世代终末"（decurrentibus temporibus usque ad finem saeculi），该安排的运作与宇宙的物理和地理安排相一致：

……我们由此就可以断定时间的终末（the end of time）近了，因为事件的进程如今已经来到世界的尽头。②

……叫那些在时间开端发生的事发生在作为世界开端的东方，然后，随着时间向终末运动，诸事件的高潮就会转移到西方。我们由此也就可以推断时间的终末近了，因为事件的进程如今已经来到世界的尽头。③

因此，救恩计划的实现分为不同阶段。其中有一些恒定的因素

---

① 参哈弗尔贝格的安瑟伦，*Dialogi* i. 5（（*PL*, CLXXXVII, 1147）。
② 圣维克托的雨果，*De arca Noe morali* iv. 9（*PL*, CLXXVI, 667；CSMV, 页 147）。
③ 参 *De vanitate mundi* ii（*PL*, CLXXVI, 720；CSMV, 页 182）。Mundus - saeculum 这个复合词指出了宇宙时间与历史时间、地理与历史的一致性。救恩计划本身包含了这种双重的向度。见 *De arca Noe morali* iv. 9。雨果不仅构造了一部编年史，而且设计了一幅世界地图。

（constants）和法则，比如人类文明乃至一个政治大帝国的奇特宿命，乃是注定从东方转移到西方。世俗事件本身由于跟神的规划具有质料性关联，因而带有宗教含义，超越了当事人的意图。我们将会看到，专业史家承担了记录并解释所有事件细节的任务，但神学家雨果同样也紧紧凭靠这些事件，无论在其神学建构——如他的《论基督信仰中的圣事》(De Sacramentis) 一文——还是在我们本以为不会看到这类历史细节的属灵写作中。①

正是以这种史家精神，雨果向创世叙事的古典解释发出了可敬的挑战。这种古典解释以圣奥古斯丁为代表。奥古斯丁主张理念论，他要根据事物在神思想中的永恒之理（rationes aeternae）来理解事物的自然，因此，他从创世六日所看到的，仅仅是对不同自然物的等级归类，这些自然物是在神里面即事物真正被知之处（cognitio matutina，即"早上的"认识）可知，而不是在其时间性存在中可知（cognitio vespertina，即"晚上的"认识）。《创世记》中第几"日"的这个"日"的实在性，在他所说的"早上"和"晚上"（mane et vespere）中被淡化。因此，奥古斯丁的思想抹杀了时间的更替。雨果反对这种"神秘主义归类"，他跟希腊语作者们一起，认为时间中的渐进创造这一观念，丝毫无损于创造主的全能，事实上还更符合神的行动反映于其中的人的行为。

> 我们并不想过于草率地就此下什么断言，但我们认为，说造物主的工作经历不同时期然后成全，这并未丝毫贬损他的全能……全能的上帝……在创造万物时，必定特别注意到那样的运行方式更符合理性受造物本身的益处和趣味。②

---

① 他对历史最重要的观察结论恰恰出现在那些所谓的"属灵"作品中：De arca Noe morali iv. 9 (PL, CLXXVI, 677 – 680; CSMV, 页146 – 153)，以及 De vanitate mundi iv (PL, CLXXVI, 732 – 734)。

② De sacramentis Christianae fidei i. 1. 3 (PL, CLXXVI, 188; Deferrari,

雨果强烈反对阿伯拉尔的学说，后者甚至认为，旧约中的义人也必须拥有关于基督道成肉身的明确知识，因为，信仰的统一性要求所信仰的内容万世不易。我们从雨果对阿伯拉尔的反对中看到了同样的时间实在论（temporal realism）。奥古斯丁曾说："时代可以改变，真道却不会变"；①"基督将会降临"、"基督一直在降临"、"基督已经降临"，真理始终是同一个真理，作为共因的时间仅从外部框定这一个真理，时间只是纯粹的环境。

在这一点上，伦巴德（Peter Lombard）和其他许多神学家利用唯名论者关于命题的——这些命题其实是按年代顺序讨论分散的现象——逻辑同一性理论，某种意义上已经把神的救恩安排这一基要事实去存在化（deexistentialized），但他们表面上却声称是要确保真道和救恩万世不移的统一性。圣维克托的雨果谴责了这样脱离历史、脱离历史进展、脱离历史发展阶段、脱离历史前后更替所带来的愚蠢后果。②

页 8－9）。后来的神学家们根据范本论（exemplarism）和事物的实存构造出种种与上述说法截然不同的真理，圣阿奎那在 *De veritate* q. 8，a. 16（*Quaestiones disputatae*，P. Mandonnet 编，3 卷本，Paris，1925，I，234；*Truth*，R. W. Mulligan 译，3 卷本，Chicago，1952，I，399）中写道："回答：'早上的认识和晚上的认识'系奥古斯丁引入，为要维护他的如下主张：我们所读到的关于起初六天里创造万物的事，其实并非靠任何时间更替而完成。奥古斯丁希望把六天理解为并非指直接的时间，而是指天使的认知。"这是柏拉图理念论的另一种形式——也是《蒂迈欧》的真正形式。雨果反对这种理念论，他在解释《创世记》的叙述时坚决主张上帝做事的历史性，主张宇宙进化论，从而与孔挈的威廉（William of Conches）的夏尔特尔风格的柏拉图主义形成针锋相对之势。见 Huge, *Adnotationes in Pentateuchon* iii－iv（*PL*, CLXXV, 33－34）（参 Taylor, 页 227－228，注 3）。

① *Tract. in Joan.* xlv. 9（*PL*, XXXV, 1722）。关于阿伯拉尔的学说，见 *Introductio ad theologiam* ii. 6（*PL*, CLXXVII, 1056）和 *Theologia Christiana iv*（*PL*, CLXXVIII, 1285）。

② *De sacramentis Christianae fidei* i. 10. 6（*PL*, CLXXVI, 335；Deferrari, 页 173）："真道是否随时间的改变而改变。"关于这场论战，参拙文，

简而言之，辩证学家阿伯拉尔与雨果之间的差别，体现于二人各自努力建构的神学理论的基本设计中：阿伯拉尔的理论分析导致他把圣经教义的材料划分为几大范畴，即 fides［信仰］、caritas［慈爱］和 sacramentum［圣事］（我们可称之为教义、道德神学和圣礼，如今人们也的确是这样称的），这些范畴在教育人上无疑很有效，但完全建基于历史进程之外；雨果则是根据"上帝所预定的时间性治理的历史"（historia dispensationis temporalis divinae providentiae）来建构他的理论方案。这个表达出自圣奥古斯丁。科莫斯托的彼得（Peter Comestor）的 *Historia scholastica* 同属强调历史性的一路，在 12 世纪所得到的推崇不亚于伦巴德的 *Sententiae*。科莫斯托的彼得致力于把圣经作为史书来理解，希望重新发掘其中的历史真理（veritas historiae）——相对于教义性注释强加给圣经文本的框架。为了达到这种历史真理，他甚至返回到异教的史作。①

阿伯拉尔诚然也利用一些历史考证的要素来处理权威之间的矛盾，但这不过是诸多类似手段中的一种，目的在于通过不谐致中的谐致（concordia discordantimu）来达成某种思想上的连贯性。而圣维克托的雨果虽然也把圣史的运动跟基督生平中的地上事件相连，但他完全不关心教会或教义的历史发展。相反，与他同时代且同为教士团成员的哈弗尔贝格的安瑟伦（Anselm of Havelberg），一位普雷蒙特雷修

"Contribution à l'histoire du traité de la foi", *Mélanges thomistes*（Paris, 1923），页 123 – 140。经院派从一开始就从两个方面受到去时间化的诱惑：一个是柏拉图的理念论，一个是逻辑的魅力。从阿伯拉尔和伯纳德（Bernard of Chartres）的 *Nominales* 都有命题乃非时间性真理之说，已经可以见出这一点。如 *Sententiae Parisienses* 这部显然受到阿伯拉尔影响的作品中写道（Landgraf，页 22）："事件都是永恒的。彼得现在坐着，这从世界之初便已为真；我曾坐在这里，这在审判日以后也仍将为真。"

① 参科莫斯托的彼得在该书中的自序，以及 Smalley，页 196 – 263，第 5 章："Masters of the Sacred Page: the Comestor, the Chanter, Stephen Langton。"

会的成员（Premonstratensian），则在一些著名文本中生动有力地表达了上帝之国的运动性（mobility）和种种变化，甚至在教会内部也存在着运动和变化。安瑟伦跟阿伯拉尔完全不同：阿伯拉尔用具有逻辑同一性的命题宣讲信仰的抽象统一，安瑟伦则观察事实，并最终在事实范围内确定了信仰的统一性，这种统一性贯穿于教会不同时期的更替之中，这教会由亚伯一直延续到最后的蒙福之人。

哪些事实呢？首先是旧约和新约时期以及最后终结时期内的一些巨大"突变"（mutations）。此外，在这些较宏观的时期内部，有一些曾经确立下来的风俗制度、社会形式、仪式化象征、道德原则等，经过一代代的修改和调整，现在越来越颓败下去，正在突破传统的规范，就好像它们正在按着上帝的——他了解并尊重人的思想——教导方式和治疗措施，悄悄地、一点点地向前进步。①

> 要改变那些历经古老的习俗和漫长的时代而受到尊崇的东西殊为不易，因此，福音带来的赐人健康的疗方是一点一点被人类接受的，就好像被病人接受一样；这药方靠上帝的技艺被混合制成了叫人类更好成长的良药。②

圣史并未伴随基督的降临而停下脚步，而是在教会中继续下去，靠着圣灵的同在往前进展。

安瑟伦里面这种惊人的历史感觉，毫无疑问是来自与希腊思想论战的需要。要克服希腊思想在学说和制度上的不动性（immobitlity），唯有主张在超越而统一的信仰内部有一个逐步展开的演化过程，并从

---

① 哈弗尔贝格的安瑟伦，*Dialogi* i（*PL*，CLXXXVIII，1141 – 1160）。标题为"论真道的统一性以及从义人亚伯到最后的选民的多样生活方式"。

② *Dialogi* i.6（*PL*，CLXXXVIII，1148）。参 M. van Lee, "Les idées d'Anselme de Havelberg sur le développement des dogmes", *Analecta praemonstratensia*, XIV（1938），页 5 – 35；亦见 G. Schreiber, "Anselm von Havelberg und die Ostkirche", *ZKG*, LX（1941），页 354 – 411。

这个角度展开论证。但除此之外，安瑟伦萌生出这些历史观念还有更重要的原因，那就是他曾在修院传统之外，个人性、竞争性地参与了西方教会中不同生命状态的一场生机勃勃的转变。想必，正是传统派的道德归正论与尽管有些混乱的创造热情之间的张力，激发了这种由时间、由上帝之国的进展而引出的改变意识吧。

我们着力描述两位专业神学家的思想特征，并不是想说，这些思想已经构成了某种历史神学，遑论某种哲学。但值得注意，与真正史家们的工作并行，在一条始自圣伯纳德（St. Bernard）——对他而言整个 historia verbi［圣道的历史］可归结为爱的进程——的沉思作品的路线上，现在兴起了一种对于圣经，以及由此对于虔敬之人（religious man）的历史性（historicity）的某种自觉意识。这种历史性的原则乃是上帝不仅对全宇宙也对一切地上事件享有至高权威（supremacy）。地上事件不再仅仅是一堆材料，即刻被寓意化而变成了象征，其真实性则被消解；相反，这些事件存在过，时间使它们必然地、不可化约地与一切属人的实在休戚相关，甚至比它们与诸宇宙实在的休戚与共更深厚，而且方式也截然不同。

然而，在 12 世纪的进程中，神学家和史学家不仅仅是靠着对圣经历史的宗教沉思，才对时间的行进敏感起来，理智意识及理智法则（intellectual laws）的总体进步，也在一个处于上升态势的文明中支撑了这种觉醒。文学形式的嬗变表明了这种进步。当然，封建制下的人们一直都关心过去，喜爱听过去的故事，但他们也对祖先的伟大业绩大加讴歌，用想象把他们所尊崇的记忆中的往昔转化成英雄史诗。12 世纪下半叶时，人们仍然很容易为武功歌（chansons de geste）的那种戏剧化和抒情诗般的魅力所动，为此他们谱写了大量诗篇。不过，"英雄史诗的发酵作用"（epic fermentation）——如巴黎的卡斯顿（Gaston Paris）所称——不处理当代的材料，比如它也不处理十字军的材料，而这些材料本应享受同样的待遇。于是，他们开始区分实事描述与纯粹的消遣文学，在寓言和说梦文学之外，真正的历史［即使染上了传奇文学的色彩］一寸一寸地逐步取代了史诗在集体记忆中的地位。①

这是一种崭新的意识，它超越了孤立的个体而拥抱整个社会，对这个社会而言，属人事务（human affairs）已成为理当关注的合法材料。

叙事作者久已有之，宗教领域内有些作者在这方面甚至可视为当时的大师。然而，无论这些作者多么才华横溢，他们的写作几乎都从未超出过年鉴体（annales）或为君王歌功颂德（gesta）的文体——除了个别传记（vitae）作品以外。这几个名词表明，那些作者离真正的叙史还很远，甚至离"编年史"也还很远，哪怕后一个领域产出的作品到那时为止普遍都品质平平。画家也一样，他们甚至在描摹历史场景时也不能以同等的敏锐去感觉过去的现实、过去的距离。但现在，有人开始去分析感觉，观察事件的逻辑顺序和成因，把同属一类的东西归纳起来。

从西格伯特（Sigebert of Gembloux，卒于1102年）到萨里斯伯里的约翰（卒于1180年），从弗莱辛的奥托（卒于1157年）到巴黎的马修（卒于1259年），我们可以大体追踪基督教社会中这种历史意识的发展。基督教社会有见于世界的渐渐老化，偶然会被它所认为必将临近的灭亡征兆搅得惶惶不安，于是渴望更多凭借其存在中的事件，而不是凭借抽象定义来认识上帝对它自身的作为，并认识自己地上生命的内在法则。我们不能把这种种历史意识看作无端的好奇，它其实反映出教会渴望借助对于信仰实质的活泼知识，去发现过去（exempla）所给予现在的功课；② 在原始教会的象征即将滋养福音觉醒的

---

① Bloch, I, 105；亦见 I, 页 88 - 102, 第 6 章, "the Folk Memory"。

② 古代世界留给我们的史学观认为，史学是一种改进道德状况的实践技艺，可以为了教化的目的对叙述加以润饰。涅克哈姆在 *Sacerdos ad altare*（Haskins, *Studies*, 页 372）的序言中建议他的学生阅读史家们的作品，"好

年代,这种种历史意识也反映出教会渴望发现铭刻在其早期历史中的关于教会生活的首要要求。

多向度的时间

史学在某个既定文化圈内出现的首要征兆,就是人们开始以一种普世的或准普世的视野,意识到被视为整体的人类活动。在此,首先是所叙述的事件在数量上显著扩展,接下来,这会导致人们越过事实描述和单纯的叙述——传记、颂歌、编年史——去思考事实与事实间的联系,这样的思考尚谈不上精妙,却已非常智性。历史因果随社会的这种历史意识变成了可感知的。

俄德瑞库斯(卒于 1143 年)的编年史就表现出这种向普遍历史的过渡,他对《教会史》(*Historia ecclesiastica*)原本的构想是要写他所在的修院的历史,后来却渐行渐远,最终放弃了定妥的大纲,而写成了一部普遍史。至于英格兰的史家,他们作品的一个特征就是,眼界已经显著地跨过英格兰疆域,投向包括东方在内的更广袤的世界:

> 他们如此渴望超越当前时刻去揭开时间长河的洪流,以至于许多作者,甚至那些主要关注近期地方事件的作者,也认为在作品中以绪论形式简要概述一下普遍历史是有益的。①

叫他在年轻时就学会远避邪恶,并渴望效法那些人物的高贵事迹"。圣阿奎那在《神学大全》(*Summa theological*) Ia Pars, q. 1, a. 2, ad 2 (Aquinas, *Opera omnia*, I, 2; Aquinas, *Summa*, I, 3 - 4) 中说,亚伯拉罕、以撒和雅各的故事之所以记在圣洁的教义中,并非作为一个原则要素,而是"作为像在道德科学中那样的行为榜样"。这种观念一直延续到文艺复兴结束之后:米什莱(Michelet)在法兰西学院的头衔是"伦理学和史学教授",而他对这个头衔始终耿耿于怀。

① Bloch, I, 页 88 - 89。

因此，我们看到他们直接回到道成肉身事件；他们以前凭靠从阅读中获得的零星材料来描述古代时期，现在则转向用一手证据来描绘当代时期，作品风格也随之表现出鲜明的对比。①然而，一旦

>作者离开文献的庇护，发现不得不自己进行研究时，社会的多面性又使他不胜负荷，乃至随着叙述向前发展，单单一项对比就会使作品在细节上变得越来越丰富，而在地理范围上却越来越狭窄。于是，一部法兰西的大型史书——由夏巴纳的阿代默（Adhémar of Chabannes）编纂，他生活在昂古莱姆市（Angoulême）附近的一座修院——就这样渐渐地几乎缩小成了一部阿基坦（Aquitanie）的地方史。②

从这个视角出发就可以看到，基督徒所从事的十字军东征之类的宏图大业，不单适合写成冒险故事，也有助于催生出一种关于定命（destiny）正在做工的历史意识。实际上，书写十字军东征的史家们——以推罗的威廉（William of Tyre）为领军人物（其作品为《国外功绩史实》[*Historia hierosolymitana*]，③ 1169—1184），为反思性神学（reflective theology）同时也为作为文学类型的史学做出了极有用的贡献。不过，这种历史意识还需要经过 13 世纪托钵僧宣教事业的冲击，才能最终定型为一种整体上的普遍主义，甚至于把某种世俗普遍主义也包括其中。

---

① 亨廷顿的亨利（Henry of Huntington，卒于约 1155 年）因此才可能区别那些"我们从阅读古书中发现的"事（quae in libris veterum legendo reperimus）与那些"我们因眼见而知道的"事（quae videndo scimus）；格林克，*Essor*，页 378 也引用了这句话。
② Bloch, I, 页 88。
③ *Recueil des historiens des croisades*, *Historiens occidentaux*, I（Paris, 1844）；*A History of Deeds Done Beyond the Sea*, E. A. Babcock、A. C. Krey 译，2 卷本（New York, 1943）。

敏感于人性的普遍性当然是基督教原本就有的优势，如今史书作者们又加上了对时间中的普遍性的意识：首先是对于连续性的某种意识；其次，这种意识把上帝超越性神意的一个方面即某些恒常因素界定出来，认为它们或决定了地理因素之类的自然现象，或影响了人的自由行动，比如人在面对自然或面对人类社会时所做努力的失败；最后，这种意识认为文明发展有不同阶段，还认为某些群体或民族主导了整个文明进程，比如犹太民族、希腊智识人及罗马帝国等。

既然他们看到，历史有一个不可复返的次序，与古人的历史轮回观截然相反，①如下过程也就按阶段地逐步展开。12世纪的史作者们先是从早期基督徒作者笔下寻找出一些长期以来都在使用的范畴，其首先是划分时间的圣经框架，再利用这些范畴，证明它们乃是历史阐释中划定纪元和时代（aetates）的一个主要资源；也就是说，勾勒时间进程有很多方式。

> 人类——由上帝的子民所代表——的教育，就像个人的教育一样，经历了某些纪元（epochs），或者说仿佛经历了不同的年龄段，好叫对人类的教育从属地的事上升到属天的事，从眼睛看得见的事上升到眼睛看不见的事。②

很自然地，世俗年代学也开始跟诸圣经时期的划分达成一致，象征性地运用某些圣经文本来划分历史时期，确立重要的时间参照点。他们用先知但以理笔下那个超历史的象征性异象中的四大帝国，即巴比伦、米底亚－波斯、马其顿、罗马（《但以理书》第七章），来理

---

① 中世纪作者们很熟悉这种轮回观，就12世纪的情况而言，可参圣维克托的雨果，*In Eccles. Hom.* xix（*PL*, CLXXV, 144）。

② 圣奥古斯丁，*De civitate Dei* x.14（*Corpus Christianorum*, *Series Latina* [Turnhout, 1955], XLVII, 288；*The City of God*, M. Dods 译 [New York, 1950]，页319）。

解时间的前后更替,从而也追随了尤塞比乌斯(Eusebius)、哲罗姆(Jerome)、奥古斯丁、奥罗修斯(Orosius)以及《普通注释本圣经》(*Glossa Ordinaria*)的足迹。按此,位于四大帝国之末并将在这一更替末尾到来的罗马,直接预备了基督的降临。众所周知,弗莱辛的奥托正是据此建构了他的帝国意识形态,对于一个被定义成神圣罗马帝国的基督教世界而言,他也是这种意识形态方面成果最丰的神学家—史家。

不过,最常见的做法是象征性地利用一星期的七天来提出某种时代划分方式。这种方式源于教父时代,直到文艺复兴时期仍然有效。这种划分法从奥古斯丁传到伊西多尔的《编年史》(*Chronica*)(*PL*, LXXXIII, 1018-1058),再传到伯德,在史家和神学家当中引起了一些非常初步的思考。这种划分方法包括很多变化的形式及各种二级划分,且最常得益于数字神秘主义(number mysticism)的启发。①

这里的象征借自自然:如果说"一星期"寓示着时间的造成,如果说《创世记》中的"七"代表时间整体,那是因为人自发地以历史的节奏去配合宇宙的节奏,甚至当事件按启示计划发生而逸出自然循环的决定作用之外时也是如此。圣维克托的雨果明确提出,创世七日的更替对应于圣经纪年中上帝救赎并复兴人类的不同阶段:六日(sex dies)等于六期(sex aetates),前者包含几次大的神圣干预,后者也包含几次大的神圣干预:第七日将是安息日,即最终得享永恒中的至福。

> 创世之工六日完成……复兴人类之工可能也会在六个时期内

---

① 参 H. de Lubac, *Catholicism*, L. C. Sheppard 译(New York, 1950),页 73-76,该处收集了这类划分法的一些典型代表。在此处就像在别处一样,想要沉溺于预表法的诱惑已经逼近,例如,这些划分想要把星期的象征转化为千禧年主义,由此摧毁该象征的历史质素。关于六个时代观念的犹太教起源,参 W. F. Green, *Augustine on the Teaching of History*(Berkeley, 1944),页 322。

成就。这一个六与那一个六重叠,好叫人可以认出,那是创造主的,他同时也是救赎主。①

上帝的六次要干预见于如下事件:亚当受造,挪亚受命,亚伯拉罕蒙召,大卫做王,巴比伦之掳,最后是基督降临。②那时的史作者们利用了这一划分,但以另外的方式来组织这些历史材料,从而对这种划分作了重新界定。比如圣维克托的理查(Richard)在这六个时期中又引入了直到如今仍在使用的四次"更替":即族长时代、士师时代、王政时代、祭司时代。③

比不同的时代划分方式更值得注意的是,这种关于一个时代的观念常常从宇宙层面滑向人一生寿命的层面。此时,不同的时代就不再对应于创世六日,而是对应于人从呱呱坠地到耄耋之年的不同阶段。奥古斯丁早已经提出过这种转换法,从欧坦的洪诺留(Honorius of Autun)到托马斯·阿奎那④等一些人再次采用了这种转换,《百花集》

---

① 圣维克托的理查, *Exceptiones allegoricae* ii. 1 (*PL*, CLXXVII, 203)。同样地,圣维克托的雨果, *De sacramentis Christianae fidei* i. 28 (*PL*, CLXXVI, 204; *Deferrari*, 页 26) 作:"由此,创世之工乃是在世界开端的六日里造成的那些事物,复兴之工则是自世界开端起的六个时代里为更新人类所做成的工。"关于创世的宇宙论观念从未——从旧约开始——离开其救恩论观念而独立存在。

② 关于这些"时期"有无数说法,其中以 Garnier of Rochefort, *Sermo* xix (*PL*, CCV, 695 – 699) 的陈述最具教义导向。

③ *Exceptiones allegoricae* iv. 1 (*PL*, CLXXVII, 215):"前面五个时代,即从亚当一直到基督,共分为四次更迭:第一是族长时代,时间从亚当到摩西;第二是士师时代,时间从摩西到大卫;第三是王政时代,时间从大卫到巴比伦之掳;第四是祭司时代,时间从巴比伦之掳到基督。"

④ 关于圣奥古斯丁的说法,见前面相关注解。欧坦的洪诺留, *De imagine mundi* ii. 75 (*PL*, CLXXII, 156):"人的一生有六个年龄段:第一段从婴儿期到 7 岁;第二段从儿童期到 14 岁;第三段从青春期至 21 岁;第四段从青年期到 50 岁;第五段从老年期到 70 岁;第六段从老迈期到 100 岁或

(*Liber Floridus*, 1120) 的绘制者们通过比较宇宙与人的微宇宙来阐明这一转化。①当然，圣阿奎那思想的重点和实质都不在于数字计算，而在于进步意识（the sense of progress）——这种进步思想对有的人仍然有效，他们数算世纪的数目，就好像世纪真的是历史实体似的。

如此参照人一生的成长来理解历史，显然突破了古代作者笔下自然时间与历史时间的象征性平行，而有助于孕育出某种教育次第的观念——在这种教育中，上帝一开始的时候教人类如教婴儿。神学家们仍在利用这一平行关系潜在的教育作用，史家们却从中得出了人类制度和事件不断进化的观念，甚至连基督教都是在不断进化的。②因为，当史家处理教会历史时，这样计算六个时代便明显无法自圆其说：他们本人生活其中的这第六个时代（aetas sexta）是怎么回事呢？它是老年期，就要衰亡了吗？该如何把这第六个时代跟现时代的诸多发展整合起来呢，既然这些发展似乎并不那么像是要接近终结的样子？

宗教史上还有另外一种传统的时代划分，意义更为深远，即把整

死去时。世界的六个时期也是如此：第一个时期是从亚当到挪亚。"圣托马斯，*In Epist. ad Heb.* ix. lect. 5 (Aquinas, *Opera omnia*, XIII, 744)："世界的不同时期可以用类比法理解为人的不同年龄段，这些年龄段是按成长阶段而不是按岁数划分的。"

① Lambert of Saint - Omer, *Liber Floridus of Lambert* 一书的 Chantilly 和 Leyde 抄本中，对比了大宇宙 (mundus major et etates seculorum) 和微观宇宙 (mundus minor, idest homo et etates eius)。参 M. - Th. d'Alverny, "Le cosmos symbolique du XIIe siècle", *AHDL*, XX (1953), 78。

② 参 Humbert of Romans, *Opusc. Tripartitum de tractandis in concilio Lugdunensi* i. 11（E. Brown 编, *Fasciculus rerum expetendarum et fugiendarum …*[London, 1690], II, 192)："按照时代的更替和事业的转变，基督教世界也包含不同阶段，正如一个成长中的男孩在他成年之前会经历许多不同阶段一样。"关于［上帝的］启示被理解为一种系统性的教谕，参圣托马斯，*Summa theologica*, IIa, IIae, q. 1, a. 7, ad 2 (Aquinas, *Opera omnia*, III, 7 - 8; Aquinas, *Summa*, IX, 16 - 18)。

个时间分为三段：（摩西之）律法前的时代、律法时代和恩典时代（ante legem，sub lege，sub gratia）。①这种划分摆脱了一切象征的陷阱，而且跟任何宇宙论都不相干，由于它体现了救恩次序的管理本身，因而对历史神学具有直接价值；但危险在于，历史事实几乎完全消失在这些表层的属灵范畴之下。此外，这种划分方式未往下作进一步划分，从而完全没有触及道成肉身即"时间满足"（《哥林多前书》10：11）之后的这整个时期，即没有触及整个教会时期，包括教会的过去、教会现在的光景以及教会的时限。

时间仍在继续铺展；尽管道成肉身事件意味着时间已经满足（lenitudo temporis），但时间的累加（incrementum temporis）却仍在发生。

> 他［保罗］谈到时间就是教义的如此代代相传，教义的代代相传就是逝去的时间，因为他用了"古时"这个表达，即［这些教义］并非"现在突然"［赐给我们的］。圣经所说关于基督的事极其崇高，以至于人类不可能相信它，除非经过累世的岁月去学习。②

相应于世界终末的第七天尚未到来，人类还能怎样思想在他们眼

---

① 这种考虑方式来自奥古斯丁这一常新的源泉；参 *Enchiridion* cxviii（*PL*，XL，287；*The Enchiridion*，J. F. Shaw 译［Chicago，1961］，页 136 – 138）。有关自然（Natura）、律法（Lex）、恩典（Gratia）、乃至祖国（Patria）这些宏大的历史–教义范畴的讨论，参圣维克托的雨果，*De sacr. legis natur. et scriptae*（*PL*，CLXXVI，32），*De sacramentis Christianae fidei* i. 8. 11（*PL*，CLXXVI，312 – 313；Deferrari，页 148 – 150）。对这些观念的讨论往往伴随着有关人一生六个年龄段的主题；参圣维克托的雨果，*De sacripturis et scriptoribus sacris* xvii（*PL*，CLXXV，24），以及 Robert of Melun，*Sententie* i. 1. 14，17（Martin，I，197 – 199，202 – 205）。

② 参圣托马斯，*In Epist. ad Heb.* i. lect. 1（Aquinas，*Opera omnia*，XIII，668）。

前所铺展开来的时间的内容呢？我们的史家—神学家一旦突破了对事件的单纯编年式叙述，就开始思考这一奥秘的时间期限问题了。关于人一生不同年龄段的老生常谈，使他们把当前时代想象成某个老年阶段，这种悲观主义的解释使他们再次回到末世正在临近的观点。圣阿奎那说，实际上人的老年期可能持续很长时间，也许从60岁一直持续到120岁：

> 第一时期即洪水以前的时代，那时的人不知有成文律法，也不知有惩戒，好像婴儿。接下来的时期是从挪亚到亚伯拉罕。其他时代也是这样依次到来。最末一个时代就是现今，此后再无其他救恩阶段，正如老年之后再无其他年龄段。然而，正如人的不同年龄段除了老年以外都有固定的年岁——因为老年从60岁开始而有人可以一直活到120岁——同样，我们也无法说出世界的现今阶段将会持续多久。无论如何，它是诸时代的终结，因为再没有其他的救恩阶段了。①

但弗莱辛的奥托正是据此确认了他关于持续衰退的消极哲学：

> ……我们看见，世界……已经开始衰退，也就是说，它正在吐出垂暮之年的最后一口气。②

那位伟大和权能者的宏大性及可说明性（accountability），清楚揭示了历史的含混性。圣经主题和奥古斯丁的激发共同造就了奥托戏剧性历史观的宏大气象。

与奥托的消极思想相反，哈弗尔贝格的安瑟伦则像所有对历史的运动变化有敏锐触觉的人那样，表达出一种积极的得胜思想，甚至在

---

① 同上，ix. lect. 5 （Aquinas, *Opera omnia*, XIII, 744）。
② *Chronica* v. prol. （Lammers - Schmidt, 页 374 - 375；Mierow, 页 323）。

教会经历争战、逼迫和失败期间，情况亦表现出积极的一面。安瑟伦描述了现代世纪的七个连续阶段，并用关于"教会青年期"的两个庄严宣告把七个阶段框起来，这个青年期将靠着真理的积累从一个年龄段更新至下一个年龄段：

> 圣洁的教会经历了不同阶段，渐次更替以至于今，如老鹰返老还童一般始终被更新，并将永被更新。①

德赖堡的亚当（Adam of Dryburgh）和约翰·贝勒斯（John Beleth）则以更简明的方式，亲自见证了一种坚定的信心：教会在经历创生期和求生期之后，必将在第三时期迎来兴盛与和平。②鲁昂的雨果（Hugh of Rouen）则对自己所处时代的重大危机（angustia temporis［时代的局限］）显得更为敏感。③

安瑟伦之所以关注不同历史阶段的更替，是因为他意识到，在恩典和教会时代内部有一个现代（aetas moderna）。弗莱辛的奥托等人为这一意识提供了绝大部分的原始材料。同样地，在圣维克托地区，雨果正在尝试援用任何寓意构建之前先对历史材料进行分析，而这一意识也指引雨果不顾帝国历史的断裂特征，把历史进化过程划分为一些前后连贯的时期。圣史（从亚当到基督）和古代俗史（从最早的各大帝国直到罗马帝国）之后的道成肉身世纪，被划分成如下不同阶段：罗马开国皇帝时期；从图拉真（Trajan）到君士坦丁时期；从

---

① *Dialogi* i. 6 (*PL*, CLXXXVIII, 1149)。

② 德赖堡的亚当，*De triplici sanctae Ecclesiae statu*, Sermo 8 in adventu Domini (*PL*, CXCVIII, 144)；参下面相关注解。建制性教会在世间的稳固地位——与哈弗尔贝格的安瑟伦的多愁善感相反——是常见的主题，后由 John Beleth, *Rationale divinorum officiorum* xxii (*PL*, CCII, 33, 60) 广泛传开。参 H. de Lubac, *The Splendor of the Church* (M. Mason 译, New York, 1956) 页 135-136 处所引文本。

③ *De fide catholica* (*PL*, CXCII, 1345)。

君士坦丁到东罗马皇帝芝诺（Zeno）时期；然后连结到法兰克王国，从法兰克王国的开国皇帝们到率真的查理（Charles the Simple）时期，再到诺曼王朝（Normans）时期。①我们在这里看到了帝国在法兰克王查理大帝（Charlemagne）身上接续的通行说法——他现在被称为罗马皇帝了。历史神话裹挟着彼此难分难解的古罗马神话和基督教罗马的神话，把历史向前推移。

这种帝国转移说（translatio imperii）乃是我们所讨论的这些中世纪作家的历史神学的第一要素，它建基于几位西方基督教作者的古老观念，至少可追溯至奥古斯丁。它紧紧抓住一个实质性部分，那就是罗马帝国的命运或者说定命（predestination）。罗马命运的实质内容众所周知，弗莱辛的奥托已给出精彩的描述。而与此同时，各民族国家的产生，则使俄德瑞库斯等另外一些史家把基督教历史从帝国这一政治单位剥离开来。

无论在历史进程中，还是在救恩地图中，所有神学家都一致同意，把罗马帝国放在古代帝国更替的末尾，将其视作神意为基督时代所做的某种预备。我们清楚地知道，这样一种对历史的神学解释，至今仍在基督教意识形态中占有很重的分量。罗马帝国的命运的关键作用正是它已经扮演的角色：统一了全人类，使一切人向着恩典的运行敞开。这种神学中最重大的一个篇章，就是探究救恩经世在地上所经历的转向，即救恩从预定的犹太国转向罗马的土地，从而使罗马人反强过犹太人。曾有一个学生对这些"震荡和涨落"表现出极大兴趣，圣维克托的雨果在回答他时，以渊博的学识阐明了这一更替的历史—道德原因：

> 然而，我们若仔细观察当时的世界状况就会明显看出，主的降

---

① 圣维克托的理查，*Exceptiones allegoricae*；注意第 6 – 10 章的设计，以及末章如何专门讨论诺曼王朝（*PL*, CLXXVII, 239 – 284）。

临也可以联系外邦人中的政治统治来理解，正如可以联系犹太民族中的政治统治来理解一样。因为，既然主降临不只是为了宣告犹太人的国是属他的，还要征服外邦之国并使其称臣，那么，他就想在外邦人中找到一个在犹太地上作王的人，以及一个稳定而强大的帝国，所有分散的外邦势力都统一于它……因此他就等待，直到全世界的势力都归顺于一个帝国之下，直到胜利的罗马昂起它高傲的头，睥睨万国。然后，当傲慢统治了一切时，他才在卑微中来到，好用自己的谦卑击垮世界的高傲。①

统一的大帝国实现了世界统一，从而准备好了普世基督之国达成的条件。实现人类统一的地上代理人，正是天意所预定的基督教世界秩序的加速器——尽管他们都是异教徒且是迫害教会的人。②

从前，整个远方的蛮夷世界对于面对帝国瓦解的神学家而言曾是个问题，但是，从罗马到日耳曼的帝国转移学说，为 12 世纪的神学家顺利地解决了这个问题，尽管这同时使他们重又掉入了罗马已作为"神圣帝国"重生的神话。③后来的拜占庭承担了这一方案的代价。

---

① 圣维克托的雨果，*De vanitate mundi* iv（*PL*，CLXXVI，732 – 733）。

② 这种关于罗马帝国的"神学"受到许多作者的拥戴——以及曲解和滥用——他们都相信罗马帝国将在末世扮演重要角色。参 J. Adamek, *Vom römischen Endreich der mittelalterlichen Bibelerklärung*（Würzburg, 1938）（亦见 W. Goez, *Translatio Imperii. Ein Beitrag zur Geschichte des Geschichtsdenkens und der politischen Theorien im Mittelalter und in der frühen Neuzeit*［Tübingen, 1958］）。

③ 这种神学记录在罗马教廷的官方法令中。英诺森三世（Innocent III）在他著名的《关于帝国事业的思考》中（*Deliberatio super facto imperii*, 1200/1201; *Regestum Innocentii III papae super negotio Romanti Imperii*, Friedrich Kempf 编, MHP, XII［Rome, 1947］, 74 – 91），以及在《庄严的事物》（*Venerabilem*, 1201）教令中（同上，166 – 175），把这个理论转化成了自己的特权，他提出：教宗必然介入皇帝的选举过程，因为帝国从希腊转移到德意志不但靠教宗之力，也是为了教宗。

这种转移说（translatio）引导神学家观察到并提出另一个史学法则：文明从东向西移动。据圣维克托的雨果，空间和时间一起进入了历史的构造之中：loca simul et tempora，即"通过空间和时间"[来构造历史]。① 空间与时间、地理与历史的相会就体现在这一西进过程中。

> 仿佛上帝的神意已经如此安排：那些发生在时间之初的事就该发生在东方，即世界的开端处，而随着时间向终末移动，事态的高潮也会转向西方。我们由此便可断定时间的终末（the end of time）近了，因为事态的进程如今已来到世界的尽头（the end of world）。②

位于世界尽头（mundus）的罗马帝国，乃是历史行进（saeculum）末尾的决定性乐章。当人类跨越茫茫海疆后，历史和地理环境改变，中世纪时期也就结束了。

根据《但以理书》所述几大帝国的更替情况，弗莱辛的奥托找到了一条让奥罗修斯的主题永久持续下去的方式。他表明，[世界的]权柄将按照天意从罗马转向拜占庭，再转向法兰克，再转向伦巴第，最后转向日耳曼——遵循上述文明移动的路线。

> 罗马帝国由于担任全世界———一个被战争征服的世界———的独一主宰而在《但以理书》中被比作铁的罗马帝国，但由于频频震荡和剧变——尤其是在我们的时代——它非但没有变成最高贵、最一流的，反而成了差不多最垫底儿的，以至于用诗人的话来说，"它几乎连它威名的一片影子也没有留下"[Lucan of Pom-

---

① *De arca Noe morali* iv. 9（*PL*, CLXXVI, 667; CSMV, 页147）："我们理应考虑时间和空间，考虑事情于何地、何时发生。"

② 参 *De vanitate mundi* ii（*PL*, CLXXVI, 720）。

pey, *Pharsalia* i. 135]。这个帝国从罗马城转向希腊人,从希腊人转向法兰克人,从法兰克人转向伦巴第人,再从伦巴第人转向日耳曼法兰克人,随着时间的流逝不但日益年老体衰,而且像一粒曾经随波流转的光滑的卵石,在滚动中沾上许多污秽,弄出许多凹凸不平来。①

如我前面所说,一切属人的权势或智慧都源自东方,而在西方逐渐到达其极限。关于属人的权势——这权势如何从巴比伦人转到米底亚人(Medes)和波斯人,再转到马其顿人,再转到罗马人,然后再转到顶着罗马之名的希腊人——我想我说得已经够多了。②

在那些智慧的法老和那些埃及哲人之前,先有迦勒底人(Chaldeans);在迦勒底人之前,先有印度人。因为对智慧的热爱是从东方出来传给迦勒底人,又从迦勒底人传给埃及人,从埃及人传给希腊人,并从希腊人传给拉丁人的。③

"转移说"这一古典主题到这里还没完,14世纪时,布里的理查(Richard of Bury)又把帝国转移说拓展到日耳曼帝国和法兰克王国之外,直到最后转向"不列颠,众海岛中最高贵的海岛"。他写道:

令人惊叹的[智慧女神]密涅瓦似乎要游遍人间列国,她大有权能,从地的这头到达地的那头,好把自己显与万人。我们看到,她已造访了印度人、巴比伦人、埃及人和希腊人、阿拉伯人

---

① *Chronica* i prol. (Lammers – Schmidt, 页 12 – 13; Mierow, 页 94)。
② *Chronica* v. prol. (Lammers – Schmidt, 页 372 – 373; Mierow, 页 322)。
③ Roland of Cremona, *Expos. in Job* prol. (MS Paris, BN lat. 405, fol. lv)。

和拉丁人。她已丢弃雅典、离开罗马、经过巴黎,现在她正高高兴兴地向着不列颠,众海岛中最高贵的海岛——不,微宇宙本身——而来,好表明她不但是希腊人的恩主,也是蛮族人的恩主。许多人从这一奇迹中明显猜出法兰西的军队已大大衰弱,没了男儿气概,正如法兰西学术(learning)现在变得不冷不热一样。①

这些世俗事件及其中法则所起的作用,还有逐渐拓宽的关于非基督教文明的知识,对神学家们提出了一个问题:这些属于异教徒的时间和空间,似乎向来——至少一度——处在基督教的意识之外(就算基督教意识的历史观包含的内容再怎么广泛),那么,该如何让这个世界的时间,即异教徒的时间,进入他们所使用的宗教范畴呢?这个时间难道不是独立于基督教事件而存在的吗?

13 世纪的宣教冲动,以及随之而来的对远东非圣经文明的发现,则向基督教世界——直到那时为止,人们一直以为,这个世界跟除伊斯兰占领的区域之外的地球表面重合——提出了另一个问题。12 世纪时,基督教世界的完整性还完好无损,只有在联系到过去时才会提出这个问题,而当某种复兴古代的意识出现时,对这个问题的追问便尤其热烈。但圣经本身给出了回答,因为圣经已经把那许多的东方帝国以及罗马帝国纳入它的历史叙述之中。正如所有古代学问——其目录列在七艺百科中——皆被视为神圣教义的预备,同样,形形色色的古代历史也一概视被为第六时代(aetas sexta)即道成肉身纪元的预备。

随着这个时代渐渐成长,不断进步——部分由于地上聚居之人的联合,部分由于人们共同发挥聪明来建立法度,还有一部分是由于智慧的作用和哲人的教导——整个世界都在罗马的权势面前俯伏并被哲人的智慧塑造,人的心智已经适于理解有关正确生

---

① *Philobiblon* ix(A. Altamura [Naples, 1954] 编,页 108;A. Taylor 译 [Berkeley, 1948],页 61)。

活的更崇高的观念。此时,如我所说,万人的救主便在肉身显现,为世人定下新的律法,这乃是合宜的。①

在弗里德里希二世(Frederick II)的心目中,同一命题必须以两种平行的形式提出来:世俗文化在一个基督信徒心目中有其自身的价值;同样地,帝国的政治秩序也不受僧侣阶层的种种一元论宣称所支配。在这一点上,弗莱辛的奥托早已提出并坚称历史的单一性(unity),并认为君士坦丁的出现标志着这一单性的胜利——从那时起,二元论的双城说已然解体,地上之城从此就在教会之内。

> 考虑到自此(指狄奥多西大帝[Theodosius the Great])以后,不单所有人,而且所有的帝王——除了极少数例外——都是公教徒,我认为,我所写的并非双城的历史,而只是——可以这样说——一座城的历史,我把教会称为这城。由于选民和被弃之民尚在同住,所以我不能再像上面那样把城说成是两个城(当然指他题为《有关两城之编年史》[Historia de duabus civitatibus] 的作品);我必须说,它们应恰当地视为一城,因为麦子跟稗子整个混在一起。②

此乃政治上的奥古斯丁主义——但并不忠实于奥古斯丁!此乃文化上的奥古斯丁主义在政治上的对应物,科学和人文学科对它而言都不过是基督教世界的工具。

无论如何,这种复古浪潮以及由复古所激发出来的新观念,使史学家们更真切地意识到了他们所处纪元的"现代性"。迪赛托的拉尔

---

① 弗莱辛的奥托,*Chronica* iii. Prol. (Lammers - Schmidt, 页 208 - 211; Mierow, 页 220)。

② 同上,v. prol. (Lammers - Schmidt, 页 374 - 375; Mierow, 页 323 - 324)。参 A. P. d'Entrèves, "Ottone di Frisinga e la storiografia del medio evo", *RIFD*, XX (1940), 360 - 367。

夫（Ralph of Diceto, 1148-1202）在他的《编年史缩编》（Abbreviationes chronicum）一书序言中把诸历史事件归为三个时期：上古时期（vetustissima），即古代异教徒时期；古代时期（vetera），即基督教时代；现代时期（moderna），即他本人所处的时代，以公元1148年为起点。与此同时，马普（Walter Map）则主张一个永远进行的现在，并把最近一个百年称为"现代"（modernitas）。事实上，绝大多数历史家都潜在地用"现代"来指他们可以依靠直接或间接证据来了解的历史时期，而不必像更早期的年代那样求助于书本才能了解。弗莱辛的奥托在其所撰世界历史第七卷的前面部分说道：

> 到目前为止，我们所说的都是根据我们从书上读到的东西；接下来我们所讲的属于较近的记忆，由我们从可靠之人那里听来的东西加上我自己的所见所闻构成。①

最后，还有一种对历史阶段的划分和界定，我们刻意留到现在才谈。这种历史分期对应于三一上帝的三个位格：圣父时代，对应于旧约；圣子时代，由道成肉身事件开启；圣灵时代，基督的应许将在这一时代成就。这一历史结构建基于牢靠的传统要素，最有头脑的教父们对此早已有过表述，它具有极为深刻的神学含义，但却使人完全脱离了那些史学范畴。我们只需提到12世纪表述过这种思想的两位神学家便足矣，此二人皆具有高尚的品质，但观点尖锐对立：一个是多伊茨的鲁佩特（Rupert of Deutz），出自思想保守的修院背景；一个是哈弗尔贝格的安瑟伦，出自新兴的教士阶层。②可是，在12世纪的最

---

① *Chronica* vii. 11（Lammers – Schmidt，页518–519；Mierow，页417）。
② Rupert of Deutz, *De Trinitate et operibus ejus* prol. （*PL*, CLXVII, 199–200）；三个时代构成了这部著作的基本框架，这三个时代分别与圣父、圣子、圣灵相关，但又都在上帝的独一掌管下。哈弗尔贝格的安瑟伦, *Dialogi* i. 6（*PL*, CLXXXVIII, 1147–1148）。

后 25 年里，这种关于救恩济世的神学观也突然显出了相当的历史价值，它根据受约阿希姆（Joachim of Floris）影响而来的字面推算法（liberal extrapolation），把一些基本的圣经观念置换到年代学的层面上。这种极具魔力、令人晕眩的思想转身几乎众所周知，它使约阿希姆及其弟子们认为圣灵时代担在他们肩上，它将取代如今无疑已经死去并终结的圣子时代。这种观念意味着，打破道成肉身之后时代的整一性，并意味着教会时代的说法不再成立。公元 1200 年前后的福音热情尽管在这种观念中发现了一些真正的价值，但也在其中找到了某种败坏性的酵素，它将在"唯灵论者"（the "spirituals"）中间起作用长达一个多世纪。在种种历史神学中，我们发现，还是有必要至少提到这种地道的革命性观念。①

这种终末论让我们看出这些 12 世纪史家的最后一个特质：他们转向用象征主义来解释历史的行进。为了表明君士坦丁的成就具有决定性意义，为了证明教会已坚立于得胜的和平中，为了把上帝之国等同于教会，弗莱辛的奥托往往不加区分地使用关于上帝之国的弥赛亚观念和终末论观念。然而值得注意的是，每当集体意识中出现一种新的时间意识，种种神启就会再次流行，从而使未来带着常新的可能性保持开放。约阿希姆的极端思想不过是这种历史感觉的夸张表现，我们甚至可以在最忠于事实的史家作品中找到这种历史感的表现。在他们笔下，历史事实经加工后置入这种模式，乃至被当作神圣秩序中的事件。为表达历史事件与永恒计划的亲缘关系，史家们在事件中发掘出经通行的象征主义解释出来的意义，正如自然主义者赋予宇宙现象以某种象征意义，而这个意义反过来又将界定该现象的深层本质一样。

---

① 参如下重要作品：W. Kamlah, *Apokalypse und Geschichtstheologie*: *Die mittelalterliche Auslegung der Apokalypse vor Joachim von Fiore*（Berlin, 1935）（参 M. W. Bloomfield, "Joachim of Flora: A Critical Survey of His Canon, Teachings, Sources, Bibliography, and Influence", *Trad.* XIII [1957], 249–311）.

两种情况中无论哪一种都有危险。史家再怎么专注于所讲故事的具体现实，也往往还是会涉足象征，经不住诱惑地把旧约预表置换到教会时代；而预表即旧约律法，它并不那么容易服从对圣经历史的任何寓意化解释。斯波尔（Spörl）完全正确地阐明了这一视角和象征手法在12世纪史家那里的重要地位，①不过他也有犯错，因为他认为，该手法仅限于其中那些禀有日耳曼气质——与理性化的经院派思想形成对比——的史家，如欧坦的洪诺留、圣维克托的雨果、宾根的希尔德加德（Hildegard of Bingen）。事实上，这种象征主义不仅是史学领域，也是宇宙论领域的共同景观。

当然，无论俄德瑞库斯还是萨里斯伯里的约翰，都不会容忍未来主义者的系统化建构，终末论观点在他们那里尽管挥之不去，却并未淡化其史学作品的纹理。相反，他们充分利用终末论观点来解释所述历史的宗教目的，而象征主义就是为这种外时间维度的基督教时间量身定制的文学手法。他们会用到敌基督的主题，用到那些最后时辰进葡萄园的工人的比喻，用到自然界的灾异兆头，用到教会的受逼迫，甚至用到双城寓言。对此，我们既不可简单视之为文学性的装饰或幼稚的比喻，也不可斥之为陈旧过时的神学。

我们不可以把海斯特巴赫的该撒留（Caesarius of Heisterbach）的异象②——即流俗千禧年主义的幻梦——或传道者们的谩骂与12世纪史家的解释方式归为一类，但是，我们也不应过分夸大12世纪史

---

① J. Spörl, *Grundformen hochmittelalterlicher Geschichtsanschauung*, *Studien zum Weltbild der Geschichtsschreiber des 12. Jahrhunderts*（Munich, 1935）。

② 这些异象让卡佩王朝（Capetian princes）担负着末世王国来临前夕的某种弥赛亚式的角色。*Dialogus miraculorum* v. 22（J. Strange 编，2卷本［Cologne, 1851］，I 页，305 - 306；*The Dialogue of Miracles*, H. Scott、C. C. S. Bland 译，2卷本［London, 1929］，I，页349）："地上万国都要臣服于法兰克王和他的儿子，他们要活在圣灵的治理下，永不死去；而且将有十二个饼——即圣经的知识和权能——赐给法兰克王。"

家历史意识的理性进步,因为这种历史意识恰恰体现于,它仍然停留在某种弥赛亚视野和终末论视野的内部来看待事件之间的联系。此外,弗莱辛的奥托的史作也以讨论终极目标结篇,比如敌基督、最后的圆满、复活、历史的终结等一系列问题。①

我们从中看出基督教思想的一个典型特征:构造历史叙述时,都涉及圣经文本本身,因此都密切关注神圣计划的展开。但如此忠实于圣经的做法本身就有危险,即容易把自己封闭于过往的历史中而与现在割裂。布尔特曼(Bultmann)有感于犹太民族的经验教训,对基督徒思想家敲响了警钟:

> 以色列把自己捆绑在她过去的历史上,从而疏忽了与现在的联系,也懈怠了对现在的责任。忠于过去变成了忠于一本完全在讲述过去的书。上帝不再真的是历史的上帝,因此始终只是将要来的上帝。他不再是当下生机勃勃的要素:他的启示躺卧在往昔。同样地,历史也被带向停顿。整个以色列民族活在历史之外。上帝不再像从前那样兴起先知和君王;不再把他的灵浇灌[在地上]。他再也不会做这事,直至末世来临。②

言下之意,人只能指望一个在神圣历史完成之日才会到来的拯救,这个日子在历史时间的未来以外。对世界历史而言,终末论只能带来含混,寓意解经法严格而言就是这种含混带来的结果。

命题和成见

我们主要关注的是神学史,所以现在的任务不是分析这些史作的

---

① *Chronica* viii (Lammers – Schmidt,页 582 – 681;Mierow,页 453 – 514)。

② R. Bultmann, *Primitive Christianity*, R. H. Fuller 译(New York, 1956),页 60。

内容，甚至不是分析史纂的嬗变过程。归根结底，重要的是辨析出哪些因素在这样一个时代激发了历史意识的增长：那时，世界事件已引起人们对圣史事件的怀疑，至少对奥古斯丁和奥罗修斯以来西方关于圣史事件的诸多观念产生了怀疑。于是，我们再次看到 12 世纪一个令人困惑的成就：此时的神学不但遭遇了古代思想的复兴，还要面对其同样惊人的结果，即一个急剧演变的政治社会。神学在这两个问题上找到的解决方案往往大相径庭，下面我就对这些方案加以简短评述。①

我们已经数次提到，历史反思所开启的关键，就是罗马帝国的存在及角色。某种意义上，圣经已经用但以理的异象预先确证了这一观念。历史应该为救恩经世与帝国权势之间的实质性联系提供辩护：教会所受的逼迫一旦被道德化，就成了谦卑胜过骄傲的典范例证；君士坦丁皇帝的归信，成了在地上和平建立的教会一次并永远被分别为圣的根据。帝国已从罗马向日耳曼转移这一命题，挽救了基督教教义但同时也修改了教义，以迎合历史事件的进程——帝国已从罗马转向蛮族人的帝国，对于已然存在的东西分裂来说，这并非没有导致某些教义和制度上的损失。通过这一切［神学上的努力］，查理大帝的加冕仍然闪耀着罗马神话的光辉。不妨想想那首出自 9 或 10 世纪的诗歌，它这样开头："哦，高贵的罗马，地上的主母！"（O Roma nobilis/orbis et domina）②弗里德里希一世还经斡旋，于 1168 年使查理大帝获得封圣，尽管为他加封的是一个反教宗分子。帝国仍然是基督教的工

---

① Spörl，上文已引。
② L. Traube, *O Roma nobilis. Philologische Untersuchungen aus dem Mittelalter*（Abhandlungen der philosophisch - philologischen Klasse der Königlich Bayerischen Akademie der Wissenschaften, XIX［Munich, 1892］, 297 - 395）。比较 *Mirabilia urbis Romae* 中 12 世纪的朝圣叙事（M. Manitius, *Geschichte der lateinischen Literatur des Mittelalters*, III［Munich, 1931；1964 重印］，页 245 -248 提到该故事）。

具。世俗历史已进入神圣历史，弗莱辛的奥托已清楚讲明。帝国观念明显属于神话的范畴，这种神话具有迷惑人的清晰性，会对演化中的人类共同体产生奇特的魅惑力。① 因此，尽管遭到13世纪新兴福音派群体的反抗，整个政治神学仍将长期密切关注罗马的命运——对古代罗马的仿效，对罗马式和平（Pax Romana）的关注，高抬奥古斯都的地位，奥古斯都在君士坦丁身上的重生，还有君士坦丁的上帝—王神学等等。19世纪的法国史家拉维斯（Ernest Lavisse）提出，帝国看起来就像是世界存在的一个必要条件，一个高居于历史事件之上的实体。②

帝国的神圣角色建基于两个因素：首先，帝国维护正常秩序，使福音得以毫无阻碍地传开；其次，犹太人的民族优越感向来是建立普世教会的障碍，帝国的大一统则为普世教会准备了地基。这是一套宏大的历史神学，但也并非没有某种严肃的相对主义在里面。某种"政治"和平的幻觉已蔓延到这些神学家头脑中，③大公教会的普世思想因此而长期被神圣帝国的大一统神话所压制。16世纪的博丹（Bodin）将声讨这种帝国神话，以反对墨兰希顿（Melanchthon），后者完全沉浸在某种奥古斯丁主义中，并因而转向了支持日耳曼主义。

到此时为止，帝国一直都是把全人类的命运统合进某个单一的、有意义的历史框架之中的手段。12世纪史家在这一点上的意见分歧，恰恰证明了事实就是如此。考察他们在这一点上的不同立场和选择，

---

① 参 R. Folz, *L'idée d'empire en occident du Ve au XIVe siècle*（Paris, 1953）。

② R. Folz, *General View of the Political History of Europe*, Charles Gross 译，New York，1910。

③ 参 Haymo of Halberstadt, *In Cant.* (*PL*, CXVII, 320)："等到世上王侯臣服于大公信仰后，从前受压制的教会便戴上冠冕，在基督里得了荣耀；此事在君士坦丁的时代已经成就，那时由于君士坦丁的如此归信，教会得了非凡的荣耀。"

将表明其中不止涉及政治因素。

弗莱辛的奥托是神圣帝国的鼓吹者。在他看来，神圣帝国以它自身解决了上帝之城的地上形式，尽管还存在帝国与教宗之间的纷争，尽管这种权力二元化可能把基督教世界撕裂。这位史家着迷于缔造一个普遍帝国，他好大喜功，头脑非常敏锐，他比专业神学家更多宣扬某种政治上的奥古斯丁主义：这种政治上的奥古斯丁主义失去了奥古斯丁的精妙，认为政治秩序仅仅是上帝之国的工具和教会的元首政治（principate）。这样把政治秩序与上帝之国联系起来的独特方式，也延伸到这个基督教帝国的种种封建形式中，从而预示了某种封建制的基督教，这些封建形式对意大利城市演变中已成现实的经济和民主转型毫无感觉。就算只考虑这一点，时光的洪流也会淘去奥托的神学。伦巴第很快将成为福音运动反对这个封建基督教世界的一个中心，实在并非偶然。

而俄德瑞库斯从地理上和思想上而论都不是帝国出生的人，作为盎格鲁—诺曼血统的后代，他很乐意把查理大帝留给辉煌的过去。他看到新的民族已顺利崛起，正在经营世界事务，诺曼人就是其中的领跑者；诺曼人的英雄史诗响彻陆地和海洋，鼓舞了十字军东征，也激励了无数人起来过修道生活。俄德瑞库斯书写文明史上以及教会史上的重大事件，令人觉得他仿佛事事亲历。其实，他的写作地点是圣恩若尔特（Saint-Evroult），这个交通便利、文明开化的幽静之地，他的整个写作并非必须援引帝国奥秘说。他见证的是另一个新兴的欧洲，这个欧洲拥有另一套历史哲学。

还有萨里斯伯里的约翰，则可以视为第三种态度的典型代表。他也居住在帝国之外。他甚至反对一个负责维护世界和平统一的超民族的帝国。他生于英格兰，却在法国学校受教育（这方面很像弗莱辛的奥托），在各公国的公爵知道他的名字以前，他已扬名学术界，一流学者都知道他。约翰是夏尔特尔的主教，早年曾在这里学习；与其说他是一名史家，不如说他是一名哲人。他的《城邦力量》（*Poli-*

craticus）比他的《祭司的历史》（Historia pontificalis）更有助于我们了解他的国家（state）观念，他在书中对国家本身的世俗价值作了评估。倒不是说他赞同削减教会的权力，他对托马斯·贝克特（Thomas Becket）的忠诚不二证明，他完全没有这样的想法；毋宁说，作为夏尔特尔当之无愧的子弟，他以他的自然哲学和全面的知识训练预示了未来的发展：随着亚里士多德的作品进入[西方视野]，即将到来的13世纪将宣扬自然的诸形式（the forms of nature）、诸思想方法（the methods of the mind）以及诸社会法则（laws）的自主地位。

无论在史家当中，还是在人文学者当中，萨里斯伯里的约翰无疑都是12世纪的"现代人"。凭着昂热公爵特有的那种政治成熟，他突破了"君王鉴照"（mirrors of princes）文学类型的道德主义，开创出一种权力科学（a science of power），国家被视作客观实体，对国家的治理是基于功能，而不是基于封建主的誓言，治理方法也摆脱了日耳曼人中仍然通行的"上帝审判"的方式。盎格鲁—诺曼帝国在政治上的发展，为约翰的神学思考提供了合适的素材，甚至比帝国封建制度所提供给他的素材更合用。作为优秀的史家，他已敏锐地意识到那些第二因（secondary causes）的价值。

在前文对一般史纂资源进行归类时，我们曾指出对史家的视角及写作而言，基督教终末论的诸观念发挥了重要影响，同样地，当我们在此研究整个思维方式的领域时，我们至少得指出，那些终末论观念也已经在某种程度上侵蚀了当时基督徒对历史的建构，从而或多或少把他们导向现世弥赛亚主义（temporal messianism）。集体意识（collective conscience）不但维护了过去的永在，也维护了未来的决定性影响，以便对现在作出解释，因为集体意识的根源既在它所继承的遗产中，也在它所期盼的未来中。人类难道不是常在运动中的一介客旅（viator）吗？教会本身不也在结局无限开放的弥赛亚主义的视角中运动着吗？然而，这种预言式写作严格来讲已经使我们与历史脱节，因为它极为含混。

此外，从事这类写作的人，确切说，并不是我们一直在谈的那些大师和神学家，而往往是普通的、有时还很单纯的基督徒，最常见的是一些严重迷失了方向的运动中的成员。民众的本能，包括基督徒的本能在内，也造就出一种历史意识。可以预料，我们会在其中发现一些笼统的意见、支离破碎的思想、虚构的神话、混乱的文学类型，以及教义上的异端倾向。但这些并不足以让我们把这些集体努力当作与基督教思想或基督教会格格不入的东西，因为，这种弥赛亚盼望可以从基督教秩序所经历的任何一次变乱中得到验证和坐实；它总是被浇筑在真理之中，它已渗入基督徒对于时间进程、对于教会的历史性以及对于世界终末的意识——一种因世界的败坏而生出的、有时发展得过了头的意识。

两种类型的头脑都参与了这场富于刺激性的普世大变局。一边是改教者，他们联合起来抨击教会在面对社会问题上的失败，指望注定到来的末世把教会从世俗的捆绑中解脱出来。从赖歇尔思贝格的歌亨（Gerhon of Reichersberg，卒于 1169 年），到威尔士的杰拉尔德（Gerald of Wales，卒于 1223 年），都从天启文学中（apocalypses）找到其论据。就连俄德瑞库斯也称"敌基督的时代到来了"（Antichristi tempus appropinquat），以此哀叹自己所处时代的败坏。另一边则是那些所谓的效法使徒的人，他们受当时某些极糟糕的革命和幼稚的教义影响，试图以洁净教会为由，通过废除教会的现世建制甚至最神圣的建制而把教会逐出历史。应当指出，学院里的专业神学家固然对这些流行一时的谬误提出了应有的批判，但他们并不总是知道怎样使这种弥赛亚盼望保持活力。其实，这盼望早应该使他们仿照圣经和众教父的方式，在上帝之国的整体维度下来思考问题。

倘若必须追踪历史意识出现的轨迹，恐怕我们现在还有必要感谢那些用本国语写作的人。在 12 世纪末的法兰西和英格兰，尤其在史学领域，这群人的出现具有某种超越于文学和语言之上的决定性意义。用哈斯金斯（Charles Homer Haskins）的话来说，母语写作的出现,意味着史学的世俗化和大众化。

到公元1200年为止,本土史已经深入人心,这一事实的意义已经超越语言或文学范畴,因为这从根本上涉及历史的世俗化和大众化。①

用拉丁语写作的教士们深陷强大的智性传统,无法即时、全面地感觉并表达人类地上进程所遭遇的事件及其原因,反而是各公国的宫廷为这一新的史学趋向提供了架构和人力,随之各城市又使之成为普及的意识。

维泰尔博的戈弗雷(Godfrey of Viterbo)是本土史作家的一个例子,他于1185年写成《世俗的记忆》(*Memoria saeculorum*)一书,献给英王亨利二世。戈弗雷游历广泛,他曾数度被差往异地宣教:两次往西西里,三次往普罗旺斯,一次往西班牙,无数次往法兰西;他还曾四十次作为随军教士从德国去到意大利。这位四处周游的作者满足于用一般人喜闻乐见的形式表达他的所见所闻,以吸引庞大的平民读者群。本土史的一个重要代表是一首一万二千行的长诗,《圣战史》(*L'estoire de la guerre sainte*)。②该诗由一个叫安布罗斯(Ambrose)的人写于1195年之前,此人可以确定是生于埃弗勒(Evreux)附近地区的吟游诗人,总之他曾在圣地目睹过理查王的侍从队伍。

不过,我们的话题仅限于神学在这场苏醒中扮演的角色,因此,我们可以直接在这一人类命运新趋向内部寻找神学影响的明证。

从神学自12世纪开始转变为一种系统化学科,我们直接看到了这样一种世界观的科学价值:该世界观把世界看作随时间展开并以事件为核心的一种经世(economy),诸事件的内容和意义都由它决定。

---

① Haskins, *Renaissance*, 页275。
② G. Paris 编, Paris, 1897;*Three Old French Chronicles of the Crusades*, E. N. Stone 译, Seattle, 1939。

诸事件构成"救恩的经世"（dispensatio salutis），这种经世由上帝随己意实现，但它更换了世代行进的基础。在某种哲学化的世界观，尤其是倾向于取消时间和历史的种种柏拉图哲学发挥其影响和施展其魅力的时代，以上这个重要的例子让我们看到，在神学这方面，也有其不可根除的基督教观念。这一观念乃是人类朝圣旅途的指南，不可能简化为某种无始无终的宇宙循环论。

12世纪时，圣维克托的雨果是这一传统的神学理解的大师，历史意识正是诞生于这种传统神学之中；而在夏尔特尔，《蒂迈欧》的基督徒注疏者们则含蓄地接受了把自然和人类命运纳入宏观宇宙。因此，13世纪的神学大师们将要面临一个任务，即把古希腊的理念论跟世间一切受上帝的自由意志支配这样一种天佑论（providentialism）相协调，或者说，他们需要在天佑论的框架内，把诸本质的自然主义（naturalism of essences）与主对个人和集体自由施恩说结合起来。

我们的神学家—史家们不单从这种"神圣治理"（divine government）中窥见了圣史所显明的计划，也看出这些计划在前后更替的人类发展的不同阶段如何活泼地实现。他们仍是从婴儿期到老迈期的不同"年龄段"这一老生常谈的角度来理解人类，如奥古斯丁所说，人类就像一个人，在一个有规律的集体进程中，由上帝的绝对干预指引而逐步迈向他的完全。

> 类似地，全人类——它的一生也可说是一个人自亚当到世界终末的一生——也由上帝神意的律法以某种方式管理着，以至于看起来被分作两类。①

斐奥雷的约阿希姆惊世骇俗地倡导其属灵演化论而引起的激烈反应，正表明了上述观点的要害所在，但同时也确定了这一观点的正统性。第四次拉特兰会议（The Fourth Lateran Council）早在约阿希姆的

---

① *De vera religione* xxvii. 50（*CSEL*, LXXVII, 36）。

这种属灵演化思想风行于唯灵论者当中之前，就已发文谴责，但另一方面，如哈弗尔贝格的安瑟伦所理解和指明的，这次会议也见证了，12世纪的神学家们已敏锐意识到，教会将经历不同属地阶段的发展进程。

结　语

既然人类的这个属神社会居于尘世之中，那么，它整个独特的终局就已经包含了实在的人类事件本身，也只有关注这些事件，才能充分理解这个属神社会。这些事件不同于中立的、无定型的材料。12世纪时还没有什么"世俗"历史，但在种种不同的神学观念中，第二因——人们不久就会开始这样称呼了——正被纳入考虑之中，萨里斯伯里的约翰的二元论已经很明显表现出这一点。罗马帝国乃是一切第二因之首，但世界的新发展已对神圣罗马帝国提出质疑，在此压力下，各方都在争夺未来罗马之位。查理大帝再也不可能实际充当君士坦丁的角色。

这就使神学家们多少有几分自觉地把他们本人和他们的时代理解为"第六时期"（sixth age）：一个绝对比他们之前所预料的要漫长得多的时期。第六时期末尾将是基督再临之时，这一展望向来让心思简单的人们恐惧战兢地等候千禧年的来临，却不曾扰乱学院里从事的冷静的神学建构。神学家们发现自己处在这样一个时刻：他们很好奇地想要探讨这个时刻与古代世界以及与文明西进的关系，以此来研究它所对应的圣经时代。①

关于这些自动向西的转移的原因和后果的说法——巴黎大学将成为这种进步意识的中心——赢得了人们的信任，它们也因此被给予种种不同的解释。日耳曼人、诺曼人、法兰克人各为自己营造起一个距

---

① 参 E. Gilson, *The Spirit of Medieval Philosophy*, A. H. C. Downes 译本（New York, 1936），第19章，"The Middle Ages and History"。

离那个仅剩东部残余的古代帝国——查理大帝曾一度使得人们关于这个古代帝国的回忆集中在他本人身上——越来越远的世界,以便形成一个新的罗马式威权;与此同时,伊斯兰在 12 世纪仍旧紧密封锁着基督教世界的精神和地理疆界,"西方"仅存在于他们的术语中。神学家们觉察到"西方"有某种复兴,便热情洋溢地接受了他们所处时代的新气象:一种或许仍被"中世纪"这个含糊的表达向我们掩盖着的新气象。

于是,基督教世界在 12 世纪意识到了它的历史性演化(historical evolution)。这是一个重大飞跃,单单这一点本该把 12 世纪造就成一个伟大的世纪——假如真的出现某种集体性苏醒,不仅带来内在行为的转变,也带来思想拓展的话。① 然而,这一集体苏醒并没有在学院内发生。对此我们不该感到惊讶,因为,此类意识乃是周期性地借着教会与世界,包括自然世界和思想世界的碰撞而在教会中苏醒的。这些成长时机为某种"上帝之城"式的神学——《上帝之城的朝圣者》(*De peregrinante civitate Dei / The Pilgrim City of God*)②——增添了很好的材料,而奥古斯丁已经表明,"上帝之城"远远超越于种种尘世的教会制度。

---

① 参 W. Kamlah, *Christentum und Geschichtlichkeit*, *Untersuchungen zur Entstehung des Christentums und zu Augustins "Bürgerschaft Gottes"* (Stuttgart, 1951)。

② 这是克勒沃(Clairvaux)修院院长马西的亨利(Henry of Marcy,任期 1176—1179)一部作品的标题(*PL*, CCIV, 251 - 402)。

图书在版编目（CIP）数据

西方古代的天下观 / 刘小枫主编；杨志城等译. -- 北京：华夏出版社，2018.8

（西方传统：经典与解释）

ISBN 978-7-5080-9495-3

Ⅰ.①西… Ⅱ.①刘… ②杨… Ⅲ.①世界史－研究 Ⅳ.①K107

中国版本图书馆CIP数据核字(2018)第112286号

西方古代的天下观

编　　者	刘小枫
责任编辑	王霄翎　李安琴
责任印制	刘　洋
出版发行	华夏出版社
经　　销	新华书店
印　　装	北京汇林印务有限公司
版　　次	2018年8月北京第1版 2018年8月北京第1次印刷
开　　本	880×1230　1/32
印　　张	12.5
字　　数	336千字
定　　价	88.00元

华夏出版社 网址：www.hxph.com.cn　地址：北京市东直门外香河园北里4号　邮编：100028
若发现本版图书有印装质量问题，请与我社营销中心联系调换。电话：（010）64663331（转）

西方传统：经典与解释
Classici et Commentarii
HERMES
刘小枫◎主编

古今丛编

孟德斯鸠的自由主义哲学
——《论法的精神》疏证　[美]潘戈 著
莫尔及其乌托邦　[德]考茨基 著
试论古今革命　[法]夏多布里昂 著
但丁：皈依的诗学　[美]弗里切罗 著
在西方的目光下　[英]康拉德 著
大学与博雅教育　董成龙 编
探究哲学与信仰
——基尔克果与苏格拉底　[美]郝岚 著
民主的本性
——托克维尔的政治哲学　[法]马南 著
梅尔维尔的政治哲学
——《切雷诺》及其解读　李小均 编/译
席勒美学的哲学背景　[美]维塞尔 著
果戈里与鬼　[俄]梅列日科夫斯基 著
自传性反思　[美]沃格林 著
黑格尔与普世秩序　[美]希克斯 等著
新的方式与制度
——马基雅维利的《论李维》研究
[美]曼斯菲尔德 著
科耶夫的新拉丁帝国　[法]科耶夫 等著
《利维坦》附录　[英]霍布斯 著
或此或彼（上、下）　[丹麦]基尔克果 著
海德格尔式的现代神学　刘小枫 选编
双重束缚　[法]基拉尔 著
古今之争中的核心问题
——施米特的学说与施特劳斯的论题　[德]迈尔 著
论永恒的智慧　[德]苏索 著
宗教经验种种　[美]詹姆斯 著
尼采反卢梭　[美]凯斯·安塞尔-皮尔逊 著
舍勒思想评述　[美]弗林斯 著
诗与哲学之争　[美]罗森 著
神圣与世俗　[罗]伊利亚德 著

但丁的圣约书　[美]霍金斯 著

古典学丛编

探究希腊人的灵魂　[美]戴维斯 著
尤利安文选　马勇 编/译
论月面　[古罗马]普鲁塔克 著
雅典谐剧与逻各斯
——《云》中的修辞、谐剧性及语言暴力
[美]奥里根 著
莱园哲人伊壁鸠鲁　罗晓颖 选编
《劳作与时日》笺释　吴雅凌 撰
希腊古风时期的真理大师　[法]德蒂安 著
古罗马的教育　[英]葛怀恩 著
古典学与现代性　刘小枫 编
表演文化与雅典民主政制
[英]戈尔德希尔、奥斯本 编
西方古典文献学发凡　刘小枫 编
古典语文学常谈　[德]克拉夫特 著
古希腊文学常谈　[英]多佛 等著
撒路斯特与政治史学　刘小枫 编
希罗多德的王霸之辨　吴小锋 编/译
第二代智术师
——罗马帝国早期的文化现象　[英]安德森 著
英雄诗系笺释　[古希腊]荷马 著
统治的热望
——修昔底德笔下的阿尔喀比亚德和帝国政治
[美]福特 著
论埃及神学与哲学
——伊希斯与俄赛里斯　[古希腊]普鲁塔克 著
凯撒的剑与笔　李世祥 编/译
伊壁鸠鲁主义的政治哲学
[意]詹姆斯·尼古拉斯 著
修昔底德笔下的人性　[美]欧文 著
修昔底德笔下的演说　[美]斯塔特 著
古希腊政治理论　[美]格雷纳 著
神谱笺释　吴雅凌 撰
赫西俄德：神话之艺
[法]居代·德·拉孔波 等著
赫拉克勒斯之盾笺释　罗逍然 译笺

《埃涅阿斯纪》章义 王承教 选编
维吉尔的帝国 [美]阿德勒 著
塔西佗的政治史学 曾维术 编

古希腊诗歌丛编
古希腊早期诉歌诗人 [英]鲍勒 著
诗歌与城邦 [美]费拉格、纳吉 主编
阿尔戈英雄纪（上、下）
[古希腊]阿波罗尼俄斯 著
俄耳甫斯教祷歌 吴雅凌 编译
俄耳甫斯教辑语 吴雅凌 编译

古希腊肃剧注疏集
希腊肃剧与政治哲学 [美]阿伦斯多夫 著

古希腊礼法
希腊人的正义观 [英]哈夫洛克 著

廊下派集
廊下派的神和宇宙 [墨]里卡多·萨勒斯 编
廊下派的城邦观 [英]斯科菲尔德 著

希伯莱圣经历代注疏
希腊化世界中的犹太人 [英]威廉逊 著
第一亚当和第二亚当 [德]朋霍费尔 著

新约历代经解
属灵的寓意 [古罗马]俄里根 著

基督教与古典传统
加尔文与现代政治的基础 [美]汉考克 著
无执之道
——埃克哈特神学思想研究 [德]文森 著
恐惧与战栗 [丹麦]基尔克果 著
托尔斯泰与陀思妥耶夫斯基
[俄]梅列日科夫斯基 著
论宗教大法官的传说 [俄]罗赞诺夫 著
海德格尔与有限性思想（重订版）
刘小枫 选编
上帝国的信息 [德]拉加茨 著
基督教理论与现代 [德]特洛尔奇 著
亚历山大的克雷芒 [意]塞尔瓦托·利拉 著
中世纪的心灵之旅
——波纳文图拉神学著作选 [意]圣·波纳文图拉 著

德意志古典传统丛编
彭忒西勒亚 [德]克莱斯特 著
穆佐书简 [奥]里尔克 著
纪念苏格拉底——哈曼文选 刘新利 选编
夜颂中的革命和宗教
——诺瓦利斯选集卷一 [德]诺瓦利斯 著
大革命与诗话小说
——诺瓦利斯选集卷二 [德]诺瓦利斯 著
黑格尔的观念论 [美]皮平 著
浪漫派风格——施勒格尔批评文集 [德]施勒格尔 著

美国宪政与古典传统
美国1787年宪法讲疏 [美]阿纳斯塔普罗 著

世界史与古典传统
从普遍历史到历史主义 刘小枫 编

启蒙研究丛编
现实与理性 [法]科维纲 著
论古人的智慧 [英]培根 著
托兰德与激进启蒙 刘小枫 编
图书馆里的古今之战 [英]斯威夫特 著

品达注疏集
幽暗的诱惑
——品达、晦涩与古典传统 [美]汉密尔顿 著

欧里庇得斯集
自由与僭越
——欧里庇得斯《酒神的伴侣》绎读 罗峰 编译

阿里斯托芬集
《阿卡奈人》笺释 [古希腊]阿里斯托芬 著

色诺芬注疏集
居鲁士的教育 [古希腊]色诺芬 著
色诺芬的《会饮》 [古希腊]色诺芬 著

柏拉图注疏集
柏拉图书简 彭磊 译著
哲学的奥德赛——《王制》引论 [美]郝兰 著
爱欲与启蒙的迷醉
——论柏拉图的《会饮》 [美]贝尔格 著
为哲学的写作技艺一辩
——《斐德若》疏证 [美]伯格 著

柏拉图式的迷宫——《斐多》义疏　[美]伯格 著
哲学如何成为苏格拉底式的　[美]朗佩特 著
苏格拉底与希琵阿斯　王江涛 编译
理想国　[古希腊]柏拉图 著
谁来教育老师——《普罗塔戈拉》发微　刘小枫 编
立法者的神学
——柏拉图《法义》卷十绎读　林志猛 编
柏拉图对话中的神　[法]薇依 著
厄庇诺米斯　[古希腊]柏拉图 著
智慧与幸福
——柏拉图的《厄庇诺米斯》　程志敏 选编
论柏拉图对话　[德]施莱尔马赫 著
柏拉图《美诺》疏证　[美]克莱因 著
政治哲学的悖论
——苏格拉底的哲学审判　[美]郝岚 著
神话诗人柏拉图　张文涛 选编
阿尔喀比亚德　[古希腊]柏拉图 著
叙拉古的雅典异乡人
——柏拉图《书简七》探幽　彭磊 选编
阿威罗伊论《王制》　[阿拉伯]阿威罗伊 著
《王制》要义　刘小枫 选编
柏拉图的《会饮》　[古希腊]柏拉图 等著
苏格拉底的申辩（修订版）　[古希腊]柏拉图 著
苏格拉底与政治共同体　[美]尼柯尔斯 著
政制与美德——柏拉图《法义》疏解　[美]潘戈 著
《法义》导读　[法]卡斯代尔·布舒奇 著
论真理的本质　[德]海德格尔 著
哲人的无知　[德]费勃 著
米诺斯　[古希腊]柏拉图 著

亚里士多德注疏集

亚里士多德《政治学》中的教诲　[美]潘戈 著
品格的技艺　[美]加佛 著
亚里士多德哲学的基本概念　[德]海德格尔 著
《政治学》疏证　[意]托马斯·阿奎那 著
尼各马可伦理学义疏
——亚里士多德与苏格拉底的对话　[美]伯格 著
哲学之诗
——亚里士多德《诗学》解诂　[美]戴维斯 著

对亚里士多德的现象学解释　[德]海德格尔 著
城邦与自然——亚里士多德与现代性　刘小枫 编
论诗术中篇义疏　[阿拉伯]阿威罗伊 著
哲学的政治
——亚里士多德《政治学》疏证　[美]戴维斯 著

普鲁塔克集

普鲁塔克的《对比列传》　[英]达夫 著
普鲁塔克的实践伦理学　[比利时]胡芙 著

阿尔法拉比集

政治制度与政治箴言　阿尔法拉比 著

莎士比亚绎读

莎士比亚的历史剧　[英]蒂利亚德 著
莎士比亚戏剧与政治哲学　彭磊 选编
莎士比亚的政治盛典　[美]阿鲁里斯/苏利文 编
丹麦王子与马基雅维利　罗峰 选编

洛克集

上帝、洛克与平等　[美]沃尔德伦 著

卢梭集

论哲学生活的幸福　[德]迈尔 著
致博蒙书　[法]卢梭 著
政治制度论　[法]卢梭 著
哲学的自传
——卢梭的《孤独漫步者的遐思》　[美]戴维斯 著
文学与道德杂篇　[法]卢梭 著
设计论证
——卢梭的《社会契约论》　[美]吉尔丁 著
卢梭的自然状态　[美]普拉特纳 等著
卢梭的榜样人生
——作为政治哲学的《忏悔录》　[美]凯利 著

莱辛注疏集

汉堡剧评　[德]莱辛 著
关于悲剧的通信　[德]莱辛 著
《智者纳坦》研究版　[德]莱辛 等著
启蒙运动的内在问题
——莱辛思想再释　[美]维塞尔 著
莱辛剧作七种　[德]莱辛 著
历史与启示——莱辛神学文选　[德]莱辛 著

论人类的教育
——莱辛政治哲学文选 [德]莱辛 著

尼采注疏集
尼采引论 [德]施特格迈尔 著
尼采与基督教
——尼采的《敌基督》论集 刘小枫 编
尼采眼中的苏格拉底 [美]丹豪瑟 著
尼采的使命
——《善恶的彼岸》绎读 [美]朗佩特 著
尼采与现时代
——解读培根、笛卡尔与尼采 [美]朗佩特 著
动物与超人之间的绳索 [德]A.彼珀 著

施特劳斯集
原著
论僭政（重订本）——色诺芬《希耶罗》义疏 [美]施特劳斯 [法]科耶夫 著
苏格拉底问题与现代性（增订本）
——施特劳斯讲演与论文集：卷二
犹太哲人与启蒙
——施特劳斯演讲与论文集：卷一
霍布斯的宗教批判
斯宾诺莎的宗教批判
门德尔松与莱辛
哲学与律法——论迈蒙尼德及其先驱
迫害与写作艺术
柏拉图式政治哲学研究
论柏拉图的《会饮》
柏拉图《法义》的论辩与情节
什么是政治哲学
古典政治理性主义的重生（重订本）
回归古典政治哲学——施特劳斯通信集
苏格拉底与阿里斯托芬
研究作品
论源初遗忘
——海德格尔、施特劳斯与哲学的前提 [美]维克利 著
政治哲学与启示宗教的挑战 [德]迈尔 著
阅读施特劳斯 [美]斯密什 著
施特劳斯与流亡政治学 [美]谢帕德 著

隐匿的对话
——施米特与施特劳斯 [德]迈尔 著
驯服欲望
——施特劳斯笔下的色诺芬撰述 [法]科耶夫 等著

施米特集
宪法专政
——现代民主国家中的危机政府 [美]罗斯托 著
施米特对自由主义的批判 [美]约翰·麦考米克 著

伯纳德特集
古典诗学之路（第二版）
——相遇与反思：与伯纳德特聚谈 [美]伯格 编
弓与琴（重订本）
——从柏拉图解读《奥德赛》 [美]伯纳德特 著
神圣的罪业 [美]伯纳德特 著

布鲁姆集
巨人与侏儒（1960-1990）
人应该如何生活——柏拉图《王制》释义
爱的设计——卢梭与浪漫派
爱的戏剧——莎士比亚与自然
爱的阶梯——柏拉图的《会饮》
伊索克拉底的政治哲学

沃格林集
自传体反思录 [美]沃格林 著

大学素质教育读本
古典诗文绎读 西学卷·古代编（上、下）
古典诗文绎读 西学卷·现代编（上、下）

中国传统：经典与解释
Classici et Commentarii
经典与解释
刘小枫 陈少明◎主编

论语说义 / [清]宋翔凤 撰
周易古经注解考辨 / 李炳海 著
浮山文集 / [明]方以智 著
药地炮庄 / [明]方以智 著
药地炮庄笺释·总论篇 / [明]方以智 著
青原志略 / [明]方以智 编
冬灰录 / [明]方以智 著
冬炼三时传旧火 / 邢益海 编
《毛诗》郑王比义发微 / 史应勇 著
宋人经筵诗讲义四种 / [宋]张纲 等撰
道德真经藏室纂微篇 / [宋]陈景元 撰
道德真经四子古道集解 / [金]寇才质 撰
皇清经解提要 / [清]沈豫 撰
经学通论 / [清]皮锡瑞 著
松阳讲义 / [清]陆陇其 著
起凤书院答问 / [清]姚永朴 撰
周礼疑义辨证 / 陈衍 撰
《铎书》校注 / 孙尚扬 肖清和 等校注
韩愈志 / 钱基博 著
论语辑释 / 陈大齐 著
《庄子·天下篇》注疏四种 / 张丰乾 编
荀子的辩说 / 陈文洁 著
古学经子 / 王锦民 著
经学以自治 / 刘少虎 著
从公羊学论《春秋》的性质 / 阮芝生 撰

刘小枫集

以美为鉴：注意美国立国原则的是非未定之争
海德格尔与中国
古典学与古今之争 [增订本]
这一代人的怕和爱 [第三版]
沉重的肉身 [珍藏版]
圣灵降临的叙事 [增订本]
罪与欠
儒教与民族国家
拣尽寒枝
施特劳斯的路标
重启古典诗学
共和与经纶
设计共和
现代性与现代中国：现代性社会理论绪论
诗化哲学 [重订本]
拯救与逍遥 [修订本]
走向十字架上的真
卢梭与我们
西学断章
现代人及其敌人
好智之罪：普罗米修斯神话通释
民主与爱欲：柏拉图《会饮》绎读
民主与教化：柏拉图《普罗塔戈拉》绎读
巫阳招魂：《诗术》绎读

编修 [博雅读本]

凯若斯：古希腊语文读本 [全二册]
古希腊语文学述要
雅努斯：古典拉丁语文读本
古典拉丁语文学述要
危微精一：政治法学原理九讲
琴瑟友之：钢琴与古典乐色十讲

经典与解释辑刊

1. 柏拉图的哲学戏剧
2. 经典与解释的张力
3. 康德与启蒙
4. 荷尔德林的新神话
5. 古典传统与自由教育
6. 卢梭的苏格拉底主义
7. 赫尔墨斯的计谋
8. 苏格拉底问题
9. 美德可教吗
10. 马基雅维利的喜剧
11. 回想托克维尔
12. 阅读的德性
13. 色诺芬的品味
14. 政治哲学中的摩西
15. 诗学解诂
16. 柏拉图的真伪
17. 修昔底德的春秋笔法
18. 血气与政治
19. 索福克勒斯与雅典启蒙
20. 犹太教中的柏拉图门徒
21. 莎士比亚笔下的王者
22. 政治哲学中的莎士比亚
23. 政治生活的限度与满足
24. 雅典民主的谐剧
25. 维柯与古今之争
26. 霍布斯的修辞
27. 埃斯库罗斯的神义论
28. 施莱尔马赫的柏拉图
29. 奥林匹亚的荣耀
30. 笛卡尔的精灵
31. 柏拉图与天人政治
32. 海德格尔的政治时刻
33. 荷马笔下的伦理
34. 格劳秀斯与国际正义
35. 西塞罗的苏格拉底
36. 基尔克果的苏格拉底
37. 《理想国》的内与外
38. 诗艺与政治
39. 律法与政治哲学
40. 古今之间的但丁
41. 拉伯雷与赫尔墨斯秘学
42. 柏拉图与古典乐教
43. 孟德斯鸠论政制衰败
44. 博丹论主权
45. 道伯与比较古典学
46. 伊索寓言中的伦理
47. 斯威夫特与启蒙
48. 赫西俄德的世界
49. 洛克的自然法辩难